Propriedade Intelectual e Inteligência Artificial

Propriedade Intelectual e Inteligência Artificial

2024

Manoel J. Pereira dos Santos
Flavia Mansur Murad Schaal
Rubeny Goulart
Coordenadores

ALMEDINA

PROPRIEDADE INTELECTUAL E INTELIGÊNCIA ARTIFICIAL

© Almedina, 2024

COORDENADORES: Manoel J. Pereira dos Santos, Flavia Mansur Murad Schaal, Rubeny Goulart

DIRETOR ALMEDINA BRASIL: Rodrigo Mentz
EDITORA-CHEFE: Manuella Santos de Castro
EDITOR PLENO: Aurélio Cesar Nogueira
PRODUTORA EDITORIAL: Erika Alonso
ASSISTENTES EDITORIAIS: Letícia Gabriella Batista e Tacila da Silva Souza
ESTAGIÁRIA DE PRODUÇÃO: Natasha Oliveira

DIAGRAMAÇÃO: Almedina
DESIGN DE CAPA: FBA

ISBN: 9786556279527
Fevereiro, 2024

Dados Internacionais de Catalogação na Publicação (CIP)
(Câmara Brasileira do Livro, SP, Brasil)

Propriedade intelectual e inteligência artificial / coordenadores Manoel J. Pereira dos Santos, Flavia Mansur Murad Schaal, Rubeny Goulart. -- São Paulo : Almedina, 2024.

ISBN 978-65-5627-952-7

1. Direito digital 2. Inovações disruptivas 3. Inteligência artificial – Legislação 4. Propriedade intelectual 5. Propriedade intelectual – Leis e legislação – Brasil 6. Sociedade da informação – Aspectos jurídicos I. Santos, Manoel J. Pereira dos. II. Schaal, Flavia Mansur Murad. III. Goulart, Rubeny.

| 23-166004 | CDU-347.78(81) |

Índices para catálogo sistemático:

1. Brasil : Propriedade intelectual e tecnologia da informação : Direito 347.78(81)

Eliane de Freitas Leite – Bibliotecária – CRB 8/8415

Este livro segue as regras do novo Acordo Ortográfico da Língua Portuguesa (1990).

Todos os direitos reservados. Nenhuma parte deste livro, protegido por copyright, pode ser reproduzida, armazenada ou transmitida de alguma forma ou por algum meio, seja eletrônico ou mecânico, inclusive fotocópia, gravação ou qualquer sistema de armazenagem de informações, sem a permissão expressa e por escrito da editora.

EDITORA: Almedina Brasil
Rua José Maria Lisboa, 860, Conj. 131 e 132, Jardim Paulista | 01423-001 São Paulo | Brasil
www.almedina.com.br

SOBRE OS COORDENADORES

Manoel J. Pereira dos Santos é professor do curso de Propriedade Intelectual e Direito da Inovação do Programa de Pós-Graduação Lato Sensu da FGV/SP e do Curso de Especialização em Direito e Tecnologia da Informação da Escola Politécnica da USP. Mestre e doutor em Direito pela Faculdade de Direito da USP, mestre em Direito pela *New York University*, é autor de obras e artigos sobre Propriedade Intelectual.
mjpsantos@santoslaw.com.br

Flavia Mansur Murad Schaal é coordenadora de Propriedade Intelectual e Direito Digital do CEU Law School e professora em cursos de pós-graduação. É doutora em Direito pela Universidade de Lorraine e mestre em *Droit des Affaires Internationales* pela Universidade René Descartes (Paris V, França). É sócia fundadora de Mansur Murad Advogados.
fmm@muradpma.com

Rubeny Goulart é jornalista de economia, com passagens pelos principais veículos de imprensa do País. Consultor de comunicação, autor de livros e de publicações da área corporativa, incluindo propriedade intelectual. Bacharel em Comunicação pela Pontifícia Universidade Católica do Rio de Janeiro (PUC-RJ), pós-graduado em Filosofia.
rubenyjunior@gmail.com

SOBRE OS AUTORES

Allan Rocha de Souza é professor e pesquisador do curso de Direito da UFRRJ/ITR, do programa de pós-graduação *stricto sensu* em Políticas Públicas, Estratégias e Desenvolvimento do Instituto de Economia da UFRJ e da especialização em Direito da Propriedade Intelectual da PUC-RJ. Doutor em Direito Civil pela UERJ, é diretor Científico do Instituto Brasileiro de Direitos Autorais (IBDAutoral) e pesquisador do INCT *Proprietas* e do NUREP.
   allan@rochadesouza.com

Antonio Márcio Buainain é professor doutor do Instituto de Economia da Unicamp, pesquisador do Instituto Nacional de Ciência e Tecnologia em Políticas Públicas, Estratégia e Desenvolvimento (INCT/PPED) e do Núcleo de Economia Aplicada, Agricultura e Meio Ambiente (NEA+). Foi organizador e coautor dos livros "Propriedade Intelectual e Inovação na Agricultura", 2º Lugar no 63º Prêmio Jabuti, 2016, e "Propriedade Intelectual, Inovação e Desenvolvimento: desafios para o Brasil".
   buainain@gmail.com

Daniel Arbix é diretor jurídico do Google no Brasil. Doutor e mestre em Direito pela Faculdade de Direito da Universidade de São Paulo (USP). LL.M. (Law, Science & Technology) pela Stanford Law School. Inscrito na OAB/SP e *no State Bar of California*. É autor do livro "Resolução Online de Controvérsias".
   arbix@google.com

Débora Cristina de Andrade Vicente é membro da Liga Acadêmica de Propriedade Intelectual da UFRJ (LAPI-UFRJ) e do Grupo de Estudos das Instituições Democráticas, Sociedade e de Políticas Públicas (GIDESPP); *Coordinator of Legal & Business Affairs do BRADUCA*; mentora de Estudantes no "Estudando na Quarentena"; e estagiária Jurídica na FG Propriedade Intelectual. É graduanda em Direito pela FND/UFRJ.
deboracavicente@gmail.com

Flavia Mansur Murad Schaal é coordenadora de Propriedade Intelectual e Direito Digital do CEU Law School e professora em cursos de pós--graduação. É doutora em Direito pela Universidade de Lorraine e mestre em *Droit des Affaires Internationales* pela Universidade René Descartes (Paris V, França). É sócia fundadora de Mansur Murad Advogados.
fmm@muradpma.com

Jean-Luc Piotraut é professor associado de Direito Privado do Instituto Francois Gény, Universidade de Lorraine, França.
jlpiotraut@icloud.com

Kone Prieto Furtunato Cesário é vice-diretora e professora da Faculdade Nacional de Direito da UFRJ (FND/UFRJ) e do Programa de Pós Graduação na Academia de Propriedade Intelectual, Inovação e Desenvolvimento do INPI; coordenadora da Liga Acadêmica de Propriedade Intelectual da UFRJ (LAPI-UFRJ) e do Grupo de Pesquisa de Direito Econômico, Propriedade Intelectual e Sustentabilidade (DEPIS). É doutora e mestre em Direito Comercial pela PUC/SP.
konecesario@direito.ufrj.br

Luca Schirru é diretor executivo do Instituto Brasileiro de Direitos Autorais, pesquisador do INCT Proprietas e do NUREP, professor assistente na Universidade Positivo e professor convidado na especialização em Direito da Propriedade Intelectual da PUC-RJ e do programa de pós-graduação *stricto sensu* em Políticas Públicas, Estratégias e Desenvolvimento do Instituto de Economia da UFRJ. É doutor e mestre em Políticas Públicas, Estratégias e Desenvolvimento da UFRJ. Sócio do escritório Baril Advogados.
5211.luca@gmail.com

SOBRE OS AUTORES

Luciano Benetti Timm é professor de Direito e Economia, Direito e Desenvolvimento e Direito e Regulação Econômica da FGV/SP, do IDP de Brasília e do CEDES/SP. Tem pós-doutorado no Departamento de Direito, Economia e Negócios, *University of California, Berkeley;* doutorado em Direito dos Negócios e da Integração Regional e mestrado em Direito privado pela UFRGS; LLM em Direito Econômico Internacional, *University of Warwick*; bolsista do *British Council.* É sócio do escritório Carvalho, Machado e Timm Advogados.

    ltimm@cmtlaw.com.br

Luiz Otávio Pimentel é consultor em assuntos de PI e transferência de tecnologia. Graduado em Direito, pós-graduado em Direito e Economia, mestre e doutor em Propriedade Industrial, foi presidente do Instituto Nacional da Propriedade Industrial (INPI), professor da UFSC (Universidade Federal de Santa Catarina) e da Academia do INPI/BR.

    pimentel.lop@gmail.com

Manoel J. Pereira dos Santos é professor do curso de Propriedade Intelectual e Direito da Inovação do Programa de Pós-Graduação Lato Sensu da FGV/SP e do Curso de Especialização em Direito e Tecnologia da Informação da Escola Politécnica da USP. Mestre e doutor em Direito pela Faculdade de Direito da USP, mestre em Direito pela *New York University*, é autor de obras e artigos sobre Propriedade Intelectual.

    mjpsantos@santoslaw.com.br

Marcos Wachowicz é professor de Direito da UFPR, docente no Programa de Pós-Graduação – PPGD/UFPR e coordenador do Grupo de Estudos em Direito Autoral e Industrial – GEDAI/UFPR vinculado ao CNPq. Doutor em Direito pela UFPR, mestre em Direito pela Universidade Clássica de Lisboa, foi professor da Cátedra de Propriedade Intelectual no *Institute for Information, Telecommunication and Media Law –* ITM da Universidade de Münster, Alemanha.

    marcos.wachowicz@gmail.com

Mariana G. Valente é advogada, diretora do Centro de Pesquisa em Direito e Tecnologia (InternetLab). Doutora em direito pela Universidade de São Paulo (USP), foi pesquisadora visitante na UC Berkeley.

É autora do livro "A Construção do Direito Autoral no Brasil" (Letramento, 2019).

mariana@internetlab.org.br

Miguel Bastos Alvarenga é advogado, pesquisador do Instituto Brasileiro de Direito Autoral (IBDAutoral) e do Núcleo de Pesquisa em Direitos Fundamentais, Relações Privadas e Políticas Públicas (NUREP). Doutorando em Políticas Públicas, Estratégias e Desenvolvimento pela Universidade Federal do Rio de Janeiro (UFRJ).

miguel.alvarenga33@gmail.com

Natália Kuchar Lohn é advogada corporativa do Google e atua na área de tecnologia e privacidade há mais de dez anos. Bacharel em Direito pela Universidade de São Paulo (USP), com especialização em contratos pela Escola de Direito de São Paulo (GV Law).

nkuchar@google.com

Newton Silveira foi professor sênior na pós-graduação da Faculdade de Direito da USP, *founding father* de *ATRIP – International Association for the Advancement of Teaching and Research in Intellectual Property*. Foi árbitro da Câmara Mineira de Arbitragem Empresarial (CAMINAS) e diretor-geral do Instituto Brasileiro de Propriedade Intelectual (IBPI). Doutor em Direito Comercial e mestre em Direito Civil, foi fundador, ex-presidente e conselheiro da Associação Paulista da Propriedade Intelectual (ASPI).

Pedro de Perdigão Lana é pesquisador do Grupo de Estudos em Direito Autoral e Industrial da Universidade Federal do Paraná GEDAI/UFPR), vinculado ao CNPq, e professor de Direito do Instituto Superior do Litoral do Paraná (ISULPAR). É mestre em Direito pela Universidade de Coimbra, Portugal.

pedrodeperdigaolana@gmail.com

Rodrigo Dufloth é professor em Direito e Economia no Instituto de Economia da Universidade de Campinas (UNICAMP). Mestre em Direito Comercial pela Universidade de São Paulo (USP), é membro da Associação Brasileira de Direito e Economia (ABDE) e da Associa-

ção Brasileira de Direito & Administração (ABD&A). É sócio da área empresarial do escritório Carvalho, Machado e Timm Advogados.
rdufloth@cmtlaw.com.br

Rubeny Goulart é jornalista de economia, com passagens pelos principais veículos de imprensa do País. Consultor de comunicação, autor de livros e de publicações da área corporativa, incluindo propriedade intelectual. Bacharel em Comunicação pela Pontifícia Universidade Católica do Rio de Janeiro (PUC-RJ), pós-graduado em Filosofia.
rubenyjunior@gmail.com

Sergio Medeiros Paulino de Carvalho é professor no mestrado e doutorado profissional em Propriedade Intelectual e Inovação no INPI, onde ocupou os cargos de coordenador geral de Articulação Institucional e Difusão Regional; diretor de Cooperação para o Desenvolvimento – DICOD; e chefe da Assessoria de Assuntos Econômicos (AECON). Economista graduado pela UFF, é mestre e doutor em Política Cientifica e Tecnológica pela Unicamp.
sergio.paulinodecarvalho@gmail.com

Valéria Delgado Bastos é economista, com mestrado pelo Instituto de Economia da UFRJ (IE/UFRJ e doutoranda em Propriedade Intelectual no INPI. Trabalhou no BNDES na assessoria da Presidência e Controladoria e Gerência de Estudos e na Finep chefiou o Departamento de Captação (depois Superintendência). Ocupou cargos executivos e de assessoria nos ministérios da Fazenda, Economia, Saúde e na Câmara dos Deputados, além da Diretoria de Transferência da Tecnologia e da Coordenadoria de Planejamento do INPI.
vdb9@hotmail.com

Victor André Santos de Lima é membro efetivo da Liga Acadêmica de Propriedade Intelectual da UFRJ (LAPI/UFRJ) e do Grupo de Pesquisa de Direito Econômico, Propriedade Intelectual e Sustentabilidade (DEPIS). É assistente jurídico na equipe de Antipirataria Digital e *License Compliance* da Kasznar Leonardos Advogados. Técnico em Mecânica pelo CEFET-RJ é graduando em Direito pela (FND/UFRJ).
victorandresantosdlima@gmail.com

APRESENTAÇÃO

A ideia deste livro surgiu de uma discussão inicial sobre a convergência da Propriedade Intelectual e das novas tecnologias. O tema, que não é recente, suscita na verdade diversas ramificações posto que o desenvolvimento da tecnologia sempre teve repercussões relevantes na Propriedade Intelectual.

Refletindo sobre essa problemática chegou-se à conclusão de que a Inteligência Artificial é realmente a questão mais atual e mais difícil com que no momento a comunidade especializada se defronta na tentativa de buscar respostas e ajustar os institutos da Propriedade Intelectual à nova realidade.

É para de alguma maneira contribuir com esse debate e com essa construção legislativa que se decidiu focar este livro na temática da Propriedade Intelectual no mundo da Inteligência Artificial. Para esse fim, convidamos especialistas nos diversos subtemas em que esta matéria se desdobra, partindo das principais questões suscitadas, tais como, a necessidade de atualização na legislação de Propriedade Intelectual e a conveniência de novas categorias de proteção.

Ao mesmo tempo apresentamos textos de caráter mais geral, destinados a contextualizar a problemática dentro do segmento da Propriedade Intelectual e áreas afins. Este livro tem viés didático e texto acessível, uma vez que é voltado para um arco amplo de público, de dentro e fora do setor jurídico. O objetivo é sinalizar tendências, suscitar a reflexão e apresentar propostas. Contudo, em face da dinâmica do assunto, este livro não se propõe a ser conclusivo.

SUMÁRIO

INTRODUÇÃO   17

1. A INOVAÇÃO DISRUPTIVA DA QUARTA REVOLUÇÃO INDUSTRIAL
Valéria Delgado Bastos, Antonio Márcio Buainain,
Sérgio Medeiros Paulino de Carvalho.   23

2. A PROPRIEDADE INTELECTUAL NA SOCIEDADE INFORMACIONAL
Marcos Wachowicz, Pedro de Perdigão Lana   53

3. LEI DE PROPRIEDADE INDUSTRIAL – DE VOLTA PARA O FUTURO
Kone Prieto Furtunato Cesário, Victor André Santos de Lima,
Débora Cristina de Andrade Vicente   75

4. UMA LEI PARA A NOVA ERA
Newton Silveira   89

5. PEGADAS DIGITAIS NA LEI DE DIREITOS AUTORAIS
Manoel J. Pereira dos Santos   95

6. MOLDURAS JURÍDICAS PARA A IA NO BRASIL
Daniel Arbix, Natália Kuchar Lohn   119

7. MINERAÇÃO DE DADOS NO DESCOMPASSO JURÍDICO
Mariana G. Valente, Miguel Alvarenga   143

8. O MAPA DAS PATENTES TECNOLÓGICAS
Luiz Otávio Pimentel   169

9. OS DIREITOS DE MARCA E DESIGN NO MUNDO DA IA
Jean-Luc Piotraut   215

10. A NOVA FRONTEIRA TECNOLÓGICA
DO DIREITO AUTORAL
Allan Rocha de Souza, Luca Schirru   239

11. UM NOVO SISTEMA DE PROPRIEDADE INTELECTUAL?
Flavia Mansur Murad Schaaal   285

12. O FUTURO À TECNOLOGIA PERTENCE
Luciano Timm, Rodrigo Dufloth   315

INTRODUÇÃO

A Propriedade Intelectual, a IA e o Futuro Líquido

É bom que se diga logo que este livro não busca ser presciente. Quem poderá imaginar os caminhos pelos quais a tecnologia nos levará? Ora, tudo o que nos espanta hoje nos surpreenderá ainda mais amanhã, tal é a velocidade das inovações e o impacto trazido por este admirável mundo em mutação. Da relatividade tridimensional de Einstein aos universos quânticos de Stephen Hawking, a ciência se afirma cada vez mais como o primado do imponderável e dá as tintas no desenho do futuro. A Inteligência Artificial (doravante IA) está no bojo desse enredo de ficção científica, onde tudo é novo e desconcertante. Um mundo líquido, dominado por uma tecnologia indomável, muito além da imaginação.

Atente-se que a IA e suas máquinas pensantes não serão tratadas aqui como *deus ex machina* redentora. Ela não é uma chave-mestra garantidora que, em determinando momento, estabelecerá regras universais para nortear com segurança nossas vidas e nos proteger das adversidades do mundo real, da fome, da miséria, das doenças incuráveis, da injustiça, da solidão humana.

Os artigos deste compêndio de ideias tratam o presente e o futuro como estágios cíclicos nesse devir eterno das descobertas científicas. Se há previsão possível do que está por vir, será de curto prazo. No máximo, a discussão aqui se assenta sobre um horizonte ótimo e possível, que combine algum estágio da criação humana com seu usufruto no tempo e na ocasião. O homem é o homem e a sua circunstância, como cravou Ortega y Gasset. A boa notícia é que, sim, estaremos vivos contemplando o novo tempo, pois ele já chegou. E será a partir desse portal tecnológico, de infinitas possiblidades, que buscaremos novos padrões legais e institucionais, com boas regras de convivência econômica e de bem-estar social.

Segue que não é, pois, precipitado afirmar que a Propriedade Intelectual atual, como ferramenta jurídica estável de proteção dos direitos dos criadores, não dará conta do futuro – talvez nem do que ocorrerá nos próximos anos ou meses. Nem poderia. Se aceitarmos que as redes neurais acionadas por algoritmos em movimento, seja de forma aleatória ou dirigida, produzirão combinações múltiplas que irão virar de cabeça para baixo verdades estabelecidas, pelo menos teremos alguma ideia, mesmo que vaga, do que vem por aí. Se, por outro lado, não aceitarmos essas possibilidades a fila da tecnologia vai andar de qualquer jeito.

Blockchain, drones, realidade virtual, big data, NFT, Internet das Coisas e impressão em 3D são apenas sinais das mudanças radicais vindas no rastro dessa revolução tecnológica permanente, que transformará hábitos, reinventará sistemas fabris, alterará relações de trabalho, modificará comportamentos e colocará em xeque alguns axiomas da criação intelectual e do pensamento contemporâneo. Não será a primeira vez que a tecnologia, mais do que sinalizar um estágio do desenvolvimento humano, ensejará questões que nos tirarão da zona de conforto das coisas supostamente dominadas. E, como força criativa, desconstruirá valores, hábitos e crenças para colocar outros no lugar.

Ou seja, os sistemas neurais artificiais podem trazer soluções para a vida pratica e resolver problemas humanos, mas, por complexos, também ensejam implicações que desacomodam o status quo. Até o surgimento desses sistemas inteligentes, o estabelecido era que qualquer criação tinha como autor um ser humano. Mas já há alguns anos que essa máxima começou a ser questionada. Em 2018, o quadro "Edmond de Belamy", feito por um algoritmo, foi comercializado pela casa de leilão Christie's por US$ 432 mil e se tornou a primeira obra de arte confeccionada por IA. Para fazer a pintura, que é uma criação do coletivo francês Obvious, o artista Pierre Fautrel criou 15.000 retratos clássicos por meio de um software.

De quem é a autoria de "Edmond de Belamy"? Os que acham que a criação é atributo apenas humano e ponto final podem estar de olhos vendados para o *mutatis mutantis* da tecnologia. Da mesma forma que estão promovendo mudanças drásticas na organização social, as criações

INTRODUÇÃO

algorítmicas anunciam grandes transformações no mundo da propriedade intelectual. Definir ou pelo menos esboçar um sistema jurídico capaz de proteger essas criações de *machine learning* e *deep learning* é o desafio sobre o qual estão debruçados juristas, pesquisadores, cientistas e tecnólogos do mundo inteiro. É nessa mesma linha que se insere **Propriedade Intelectual e Inteligência Artificial.**

A discussão que está sendo tratada aqui, portanto, não pretende escorregar na via fácil dessas verdades estabelecidas e das unanimidades. Ora, se a IA traz em si o DNA da dúvida sobre o que virá por aí isso não difere muito do que ocorre com a Propriedade Intelectual, que também carrega consigo o germe da ambiguidade. Peter Burke, professor emérito de História da Cultura da Universidade de Cambridge, em *Uma História do Conhecimento,* dá uma pequena amostra dessa ambivalência. Ele distingue, do ponto de vista social, duas visões conceituais da propriedade intelectual: a individualista, que se assenta na criação como "obra de um cérebro individual", e a coletivista, em que a obra é vista como propriedade comum. E conclui: "A ideia de propriedade comum é certamente ambígua. É preciso perguntar: comum a quem? E a resposta frequentemente é: 'comum a um grupo social', seja uma guilda ou um governo, e não comum a todos".

Note-se que Burke não questiona a propriedade intelectual em si, mas em última análise o seu direcionamento social. Se com o advento da IA há muitas incógnitas no campo regulatório geral, o que dizer quanto a acomodá-la ao estamento jurídico da Propriedade Intelectual? Mais complicado é ajustá-la à sua função social inerente. Será com base nos fundamentos da legislação existente ou estará assentada sobre uma nova ordem social e econômica? É oportuno, portanto, o debate, colocado por Burke, sobre o alcance social da criação tendo como ponto de referência a legislação desses direitos existentes nos países. Seja qual for a resposta, sempre ficará a questão de como preservar o incentivo ao investimento e o espírito inovador para as criações que resultam na melhoria da vida humana, como medicamentos, soluções ambientais e avanços sociais.

É nesse contexto líquido, de um horizonte tecnológico sem limites nem fronteiras, que se propõe o debate sobre a **Propriedade Intelectual e Inteligência Artificial.** A discussão sobre a titularidade das criações intelectuais geradas por IA está apenas começando e, por enquanto, há mais perguntas do que respostas. A criação é atributo apenas dos seres humanos? Qual a fronteira de proteção entre a criação robótica e a humana? Os dados devem ter categorias proprietárias? Como proteger o desenvolvimento acumulado – e evoluído – do algoritmo novo? Qual a extensão de uma proteção de IA? Uma legislação deve apoiar a utilização das obras de interesse público geradas por IA? Qual o limite da mineração de dados em relação às obras autorais protegidas?

Uma vez que o que interessa aqui é o cruzamento entre a Propriedade Intelectual e a IA, cabe definir minimamente a segunda, a fim de balizar o debate que se segue, sempre com a ressalva que essa definição vem evoluindo na proporção das descobertas tecnológicas. Basicamente, a IA se refere a sistemas ou máquinas que imitam a inteligência humana para executar tarefas e o fazem autonomamente a partir das informações que armazenam e de suas próprias experiências, cruzando e interligando milhões de dados.

No seu livro *Inteligência Artificial: como os robôs estão mudando o mundo, a forma como amamos, nos relacionamos, trabalhamos e vivemos*, de 2019, o sul-coreano Kai-Fu Lee dividiu a IA em dois vetores: um, baseado em sistemas estáticos, no qual o computador processa dados por meio de padrões pré-definidos; e outro, de redes neurais que imitam a arquitetura do cérebro humano a partir de dados big data. É este último, em que os algoritmos se tornam autônomos e sem controle a ponto de produzirem obras intelectuais, que enseja questões de direitos de titularidade.

Não é apenas o edifício jurídico da Propriedade Intelectual que balançou com o advento da IA. Juristas do mundo inteiro já apontaram a necessidade de regulação da IA em questões transversais à Propriedade Intelectual, como a definição de limites dos poderes de decisão das máquinas, bem como o seu grau de autonomia e os mecanismos de controle dos sistemas. Há também dúvidas de natureza ética sobre os direitos e responsabilidades dos robôs e quanto ao tipo de ente jurídico a ser atribuído a eles. Uma personalidade eletrônica?

Já há algum tempo os governos dos países desenvolvidos estão atrás destas repostas e já buscam definir suas políticas, estratégias e novas legislações para lidar com a IA. O Centro Alemão de Pesquisa de IA (DFKI), fundado em 1988, é uma parceria público-privada orientada para negócios no campo de tecnologias de software inovadoras baseadas em métodos de IA. O *Alan Turing Institute*, no Reino Unido, foi implementado em 2015 com objetivo de ser líder mundial neste quesito. A Comissão Europeia lançou em 2018 um plano para consolidar um mercado digital único, na construção de políticas nacionais sobre o assunto para ampliar os investimentos na área, preparar os estados–membros para eventuais impactos socioeconômicos, desenvolver um arcabouço ético e um modelo regulatório adequados. O Regulamento Geral de Proteção de Dados (GDPR), incluso no plano, busca criar confiança para garantir clareza jurídica no uso de IA.

Nesse mesmo ano, o governo norte-americano lançou o plano "IA para o Povo Americano". Baseia-se em cinco pilares: pesquisa e desenvolvimento sustentáveis; recursos para o campo; remoção de barreiras para a inovação em IA; treinamento e capacitação dos trabalhadores; ambiente de suporte à inovação e ao uso responsável da IA no país. Entre as iniciativas consta ainda a atuação destacada do *USPTO U.S. Patent and Trademark Office* para viabilizar novos registros de soluções em IA. Austrália, Canadá, Coréia, Dinamarca, entre outros também já ingressaram na corrida mundial da capacitação em IA.

Na China, o governo criou a *Beijing Academy of Artificial Intelligence*, um centro de pesquisa que atua em colaboração entre empresas e universidades. *No ano anterior* o país havia lançado o Plano de Desenvolvimento da IA da Próxima Geração e criou o Escritório de Promoção do Plano de IA. Entre as metas está a aceleração da formação de talentos em ocupações de ponta na construção de sistemas de IA e o fomento a bens e serviços como hardware inteligentes, carros autônomos, realidade virtual aumentada e componentes da Internet das Coisas.

Neste mundo de dúvidas sobre qual o melhor caminho para a proteção jurídica às criações algorítmicas, o Brasil tem a seu favor a boa tradição da Propriedade Intelectual. Ela remonta a 28 de abril de 1809, quando um alvará de D. João VI correspondeu a uma Lei de Patentes. O Brasil foi também um dos 14 países signatários da Convenção de Paris de 1883, que visava uma harmonização internacional do sistema de proteção industrial. As duas legislações atuais sobre o tema – a Lei de Direitos Autorais (Lei 9.610/98) e a Lei de Propriedade Industrial (Lei 9.279/96) – quando implementadas, estavam alinhadas aos melhores padrões internacionais. Com o surgimento da internet começaram a ficar defasadas e, agora, com o advento das novas tecnologias, correm o risco de perder sua razão de ser. Como fazer um arcabouço jurídico capaz de assegurar estabilidade de regras num mundo em frenética transformação?

A dúvida não pode justificar a inércia. A Estratégia Nacional de Propriedade Intelectual (ENPI), lançada pelo governo brasileiro em fins de 2020, é por enquanto um protocolo de boas intenções. Foi anunciada com o objetivo de criar "um Sistema Nacional de Propriedade Intelectual efetivo e amplamente conhecido, que incentive a criatividade e os investimentos em inovação, visando ao aumento da competitividade e ao desenvolvimento socioeconômico do Brasil". A ideia é que, em uma década, o Brasil figure entre os dez países que mais depositam pedidos para proteção da Propriedade Intelectual, com indústrias intensivas em Propriedade Intelectual contribuindo diretamente com 30% do PIB nacional e 80% das empresas inovadoras nacionais se utilizando desta ferramenta jurídica.

Dos sete eixos de ação eleitos na ENPI para esta década, chama a atenção os dois últimos, que propõem "Inteligência e Visão de Futuro" e "Inserção do Brasil no Sistema Global de PI". Se forem para valer, é possível que, nos próximos anos, o País tenha ingressado no mundo da IA amalgamando instituições científicas, universidades e empresas em torno de um sistema de Propriedade Intelectual fundado na segurança jurídica e no incentivo à inovação. Fora destes dois eixos, a ENPI corre o risco de estar defasada antes mesmo de ser implementada. Não há atalhos confiáveis na estrada do futuro.

Rubeny Goulart

1. A INOVAÇÃO DISRUPTIVA NA QUARTA REVOLUÇÃO INDUSTRIAL

Valéria Delgado Bastos,
Antonio Márcio Buainain,
Sérgio Medeiros Paulino de Carvalho

Introdução

A Inteligência Artificial (doravante, IA) surgiu há mais de meio século, mas apenas nos anos 2010 começou a ter visibilidade e se consolidar enquanto atividade econômica. No prazo de apenas uma década deixou o campo da ficção científica e casos anedóticos de competições em jogos de tabuleiro para constituir inovações concretas, abrindo amplos horizontes de mudanças na economia e uma metamorfose completa da sociedade.

Aplicações funcionais como reconhecimento de imagem, processamento de linguagem natural, visão computacional e outras são hoje usadas em tradução automática. Jogos, criações artísticas, desenvolvimento de medicamentos e diagnóstico médico deram origem a inovações tecnológicas, com usos na indústria, comércio, transportes, telecomunicações, saúde, entre outros.

A IA se configura como a principal inovação disruptiva da quarta revolução industrial, ou Indústria 4.0, como o tema é muitas vezes tratado, com o maior poder de transformação e interfaces amplas com as demais tecnologias disruptivas desse novo cenário, como internet das coisas, impressão em três dimensões, computação na nuvem, robótica cognitiva, entre outras (OECD – Organização para Cooperação e

Desenvovlimento Econômico, 2017; WEF, 2016). Ainda que haja forte interface e articulação em muitas aplicações dessas tecnologias, elas são estruturalmente distintas em termos de base técnica, escopo, potencial, velocidade de impactos e requisitos regulatórios.

O maior poder transformador da revolução industrial em curso é devido ao fato de que enquanto as revoluções prévias foram marcadas por uma única tecnologia disruptiva – máquina a vapor, eletricidade e tecnologia de informação e comunicação – a atual é marcada por três conjuntos de sistemas cyberphysics[1] pertencentes ao mundo físico, digital e biológico, que interagem entre si, amplificando e aprofundando as mudanças pelo seu potencial de aplicação generalizada na esfera da produção e da sociedade, sobre o sistema jurídico, artes, educação, saúde e ciência, tecnologia e inovação.

Há um relativo consenso de que a IA é uma efetiva tecnologia de propósito geral (doravante, TPG)[2], com as características de onipresença, estímulo a inovações complementares quase simultâneas – ao invés de sequenciais como nas TPGs prévias – em inúmeros setores a jusante, promovendo mudanças na estrutura produtiva, na organização da produção, nos padrões de competição e redefinindo ganhadores e perdedores na economia (BRESNAHAN; TRAJTENBERG, 1992; TRAJTENBERG, 2018; KLINGER et al., 2018). Os vencedores são, em geral, empresas responsáveis pela TPG emergente e as indústrias na vanguarda do seu uso e difusão; os perdedores são usualmente empresas de setores onde a TPG torna obsoletas as competências existentes e aqueles que estruturalmente não podem se beneficiar dos seus transbordamentos. Uma TPG é disruptiva não apenas pela inovação original em si mesma, mas, por essa ampla capacidade de difusão ao fomentar inova-

---

[1] Sistemas que oferecem interligação entre componentes cibernéticos e físicos, como em robótica e veículos autônomos (KHAITAN; MCCALLEY, 2014).

[2] TPGs são tecnologias que estiveram na base de todas as revoluções industriais, como a máquina a vapor, a energia elétrica, as tecnologias da informação e comunicação, e agora na nova revolução em curso, como a Internet das Coisas, a Impressão em três dimensões e a própria IA. São tecnologias disruptivas não apenas pela inovação original, mas pela sua grande ubiquidade e difusão ampla por várias indústrias, fomentando inovações complementares, mudanças estruturais, multiplicando efeitos pela economia e abrindo perspectivas inéditas em termos de crescimento econômico e produtividade.

1. A INOVAÇÃO DISRUPTIVA NA QUARTA REVOLUÇÃO INDUSTRIAL

ções complementares em outras indústrias e multiplicar os efeitos sobre a economia.

O aspecto central da IA é essa capacidade de se espalhar, infiltrar, propagar e difundir por toda parte, gerando transbordamentos e externalidades na economia. Técnicas da IA têm sido apontadas como TPGs capazes de revolucionar a economia e representarem uma "invenção nos métodos de invenção" (IMI) (COCKBURN et al., 2018), transformando radicalmente a forma como as novas ideias são concebidas.

As perspectivas de efeitos avassaladores da IA têm sido o foco de estudos e políticas públicas em várias partes do mundo. O rápido e espraiado avanço da IA tem chamado a atenção global, desde 2016 fazendo parte da agenda do Fórum Econômico Mundial (WEF, 2016). Economistas renomados têm abordado o tema, como na Conferência de 2017 do *National Bureau of Economic Research* (NBER), organização americana voltada à disseminação de importantes pesquisas econômicas (AGRAWAL et al., 2019) e desde então com reedições anuais. Tais estudos abarcam os impactos possíveis da IA sobre todas as dimensões da economia, como emprego, distribuição de renda, crescimento econômico, produtividade, organização industrial, inovação, desigualdade e política econômica, apenas para exemplificar.

A IA está também no radar de praticamente todos os organismos internacionais. Aspectos éticos vêm sendo tratados em diversos fóruns (OECD, 2019a), grupos de pesquisa das universidades de Oxford e Stanford, englobando questões como privacidade e vieses, além dos riscos políticos, segurança cibernética e o próprio futuro da humanidade, alcançando discussões sobre "superinteligência" artificial e temores de máquinas inteligentes superarem as capacidades do cérebro humano (BOSTROM, 2016)[3]. A OECD tem dedicado atenção especial à concorrência nas plataformas digitais[4], com impactos diretos e indiretos sobre a IA, além de criar um Observatório, com dados, análises multidisciplinares e políticas públicas.

---

[3] A noção de "superinteligência artificial", categoria fictícia foco dos pessimistas sobre a IA, teve como principal porta voz não menos que o renomado astrofísico Stephen Hawking, que considera "O impacto a curto prazo da IA depende de quem a controla; o impacto a longo prazo depende se ele pode ser controlado". https://www.bbc.com/news/technology-37713629. Acesso 01/07/2020.

[4] http://www.oecd.org/daf/competition/roundtables.htm. Acesso 09/12/2020.

Essas questões são certamente importantes e estarão no centro do debate sobre a IA, mas transcendem o escopo deste artigo. Nosso foco se restringe aos seus desafios em termos da criação e apropriação de valor das inovações e implicações sobre os direitos de propriedade intelectual (doravante, PI).

Os mecanismos de proteção da PI são instituições que mudam no tempo, afetados pela evolução do conhecimento, do surgimento de novas tecnologias e da dinâmica de competição das firmas, reinterpretando direitos e incorporando formas novas para lidar com situações inéditas (CARVALHO, 2003). Durante o longo período de desenvolvimento desse sistema, até alcançar o formato atual, mudanças importantes ocorreram. Contudo, nem o software, nem a biotecnologia, nem cultivares, nem nenhuma outra tecnologia disruptiva prévia colocou questões tão extensas para o sistema de proteção da propriedade intelectual e direitos de concorrência, e ainda sem respostas adequadas, como a incorporação da IA à economia e cotidiano da sociedade.

O artigo não tem pretensão de ser conclusivo ou propositivo diante do estágio embrionário do tema, mas busca identificar os temas mais desafiadores da apropriação de valor das inovações relacionadas a IA, abrangendo o regime legal de PI, ativos complementares e capacitações dinâmicas requeridas[5], além da relação da inovação em IA e o padrão de concorrência nos ecossistemas digitais – atualmente sob forte escrutínio antitruste na Europa e EUA. Isso tem exigido abordagens econômicas novas e desafios regulatórios inéditos. O artigo contempla, além desta introdução e das considerações finais, duas outras seções. A seção seguinte apresenta os principais conceitos, evolução e estado da arte, atores e características únicas da inovação em IA. A terceira seção aborda a questão teórica relativa à apropriabilidade e captura de valor da inovação e o sistema legal de PI, em especial patentes de invenção, relacionadas a IA, suas técnicas, seus algoritmos, os massivos dados que utiliza e os "produtos" da IA.

---

[5] Capacidade dinâmica é a capacidade da empresa de integrar, construir e reconfigurar competências internas e externas para lidar com ambientes em rápida mudança.

1. Inteligência Artificial – conceitos, aplicações e dilemas

A evolução da IA levou mais de meio século até começar a se consolidar como atividade econômica, alternando ondas de otimismo e pessimismo e enfrentando períodos de expansão e retração do investimento público e privado.

O conceito foi forjado em meados da década de 1950[6], como disciplina da engenharia ou da ciência da computação. Não há, contudo, uma definição única e universalmente aceita. A IBM lembra que o termo IA se refere a qualquer inteligência semelhante à humana exibida por um computador, robô ou outra máquina. No senso comum, refere-se à capacidade dos computadores ou máquinas imitarem as capacidades da mente humana – aprender a partir de exemplos e experiências, reconhecer objetos, compreender e responder à linguagem, tomar decisões, resolver problemas – e combiná-los para desempenhar funções humanas[7].

Segundo o *Cambridge Dictionary*, IA corresponde ao estudo de como produzir máquinas que tenham algumas das qualidades que a mente humana possui, como a capacidade de compreender a linguagem, reconhecer imagens, resolver problemas e aprender. É frequentemente descrita como sistemas baseados em computador desenvolvidos para imitar o comportamento humano (DREXL et al., 2019). Usamos aqui o termo IA no sentido de sistemas inteligentes não biológicos com referência à inteligência humana.

Rigorosamente, a IA é um termo genérico, um conceito guarda--chuva que abrange técnicas muito distintas, aplicações funcionais variadas com aproveitamento potencial em diferentes setores da economia e da sociedade. Entre essas técnicas, destacam-se o aprendizado de máquina (doravante, ML, sigla da expressão em inglês *machine learning*), o aprendizado profundo (doravante, DL, sigla da expressão *deep learning*) em sua arquitetura em redes neurais artificiais (doravante, ANN, sigla da expressão *artificial neural networks*). São técnicas desenvolvidas há décadas, algumas nos anos 1980, mas só recentemente alcançaram resultados efetivos em aplicações comerciais auspiciosas. Invenções relaciona-

---

[6] A expressão IA foi cunhada na Conferência de Dartmouth (McCARTHY et al., 1955), a partir do conceito presente no trabalho inicial de Alan Turin (e seu teste Turing, o teste de imitação) (WEF, 2018).

[7] https://www.ibm.com/cloud/learn/what-is-artificial-intelligence. Acesso 29/01/2021.

das à técnica de ML apresentam crescimento exponencial e representam quase 40% dos pedidos de patentes de IA e mais da metade das publicações científicas no mundo entre 1998/2016 (WIPO, 2019). A Patente US nº 5.852.815, de 15 de maio de 1998, se tornou a primeira patente conhecida a ser emitida para uma invenção gerada por IA (WEF, 2018).

A IA também é categorizada com base em seu nível de inteligência (ou autonomia), compreendendo a inteligência geral artificial, que seria aquela que exibe um nível de inteligência comparável ao da mente humana, e IA estreita, sua forma atual de IA, que se concentra na resolução de tarefas específicas (WEF, 2018).

Esses sistemas ou modelos de IA, já são inovações tecnológicas que fazem parte da nossa vida cotidiana, presentes em sites de busca e traduções eletrônicas automáticas cada vez mais satisfatórias do Google, notórias assistentes de voz virtuais (*chatbots*), como a Alexa da Amazon, a Siri da Apple, a Cortana da Microsoft e o Google Now, desenvolvidas entre 2011-14, que encontram as informações relevantes, retornam as respostas ao dispositivo de consulta e são capazes de antecipar o que o usuário pode pedir com base nas preferências de consultas anteriores. Muitas inovações já incorporadas na organização de nossa vida doméstica, na indústria, no comércio, nos bancos e nos serviços, até no uso de reconhecimento de imagem para dar origem aos veículos autônomos que sempre habitaram nosso imaginário como o Firefly, da Waymo/Google.

Há exemplos abundantes no campo das criações artísticas não humanas, como o musical *Beyond the Fence*, as proezas no piano do DeepMind/Google, as composições do AIVA (*Artificial Intelligence Virtual Artist*), a conclusão da 8ª Sinfonia de Schubert pelo sistema de IA da Huawei ou o projeto Next Rembrandt que cria obras inéditas do famoso pintor.

A indústria começa a vislumbrar fábricas inteligentes, o comércio e serviços passam por mudanças radicais e o marketing e a publicidade se modificam com o uso de mecanismos de persuasão e recomendação baseados em amplos dados de clientes e algoritmos de IA. Os bancos usam IA para aprovação de empréstimos, avaliação de riscos, segurança e em assistentes virtuais de interação com clientes. Na saúde e medicina, a precisão dos sistemas de diagnóstico e prevenção, em particular por imagem, supera especialistas humanos em oncologia e doenças cardiovasculares. É amplo o potencial de desenvolvimento de fármacos onde a capacidade de coletar e analisar grandes quantidades de dados clínicos e previsão da bioatividade de moléculas candidatas propiciará maior direcionamento da pesquisa e rapidez nos testes clínicos e pré-clínicos, além de abrir caminho para uma medicina personalizada, antecipativa e preventiva.

A segurança cibernética, bem como o policiamento preditivo, usam técnicas de IA. E a vigilância por reconhecimento facial, com uso de câmeras sem supervisão humana, adotada nos EUA e Reino Unido, foi amplamente empregada pela China no controle e rastreamento na pandemia do Covid-19 (KAUFMAN, 2020a). O uso da lógica difusa e outras técnicas no setor de transportes prometem reduções de custos com emissões e riscos nas estradas, melhoria de gerenciamento de tráfego e redução de congestionamentos (WIPO, 2019a; OECD, 2019b). Transporte autônomo de carga com entregas totalmente automatizadas já começaram a ser usados no mercado chinês[8].

O surgimento dessas inovações relacionadas a IA foi possível graças à consolidação e amadurecimento nos avanços dessas técnicas há cerca de uma década, em conjunto com o que poderia ser denominado de um ecossistema de IA, que abrange métodos que permitem desenvolver, coletar, armazenar e interligar gigantescas bases de dados (Big Data), além da expansão sem precedentes na capacidade computacional e o desenvolvimento de sensores potentes difundidos integrados a sistemas de rede.

Os dados têm papel crucial no avanço recente da IA, possibilitando o desenvolvimento e cognição de suas técnicas de aprendizado mais promissoras. Dados são considerados por alguns a matéria-prima crucial da economia mundial, tal como o petróleo foi no passado (THE ECONOMIST, 2017a). As empresas que detêm os dados são justamente as que despontam no cenário da IA. A liderança nas inovações em IA, que se traduz nos maiores portfólios de patentes de invenção em IA, está com empresas tradicionais dos setores de Computação e Tecnologia como IBM, Toshiba, Samsung e outras (WIPO, 2019a). São familiarizadas com o regime legal de proteção à PI e adaptadas à nova onda tecnológica,

---

[8] https://www.uol.com.br/tilt/colunas/felipe-zmoginski/2021/02/03/empresa-chinesa--estreia-frota-de-D5-mil-caminhoes-autonomos.htm?fbclid=IwAR3OAp3_o59Ob-Cdd2S5sTuss8CntvlTMNbwqa9MZHIco688wVVoSmwJae58. Acesso 04/02/2021.

embora o dinamismo mais recente pareça ser de empresas mais jovens detentoras das plataformas digitais, como Google (atual Alphabet[9]), Apple, Facebook, Amazon e Microsoft, as *Big Techs* da economia digital norte-americana, junto com as chinesas Baidu, Alibaba e Tencent, presentes nos rankings anuais de campeões de crescimento e inovação (FORBES, 2018a; 2018b; FORTUNE, 2018). São essas empresas, as *gatekeepers digitais* (US HoR, 2020), que despontam na mídia como responsáveis por levar as inovações em IA ao mercado.

As técnicas de IA aliadas às gigantescas bases de dados possibilitaram o desenvolvimento de algoritmos de aprendizado "autodidatas", expressão utilizada por Varian (2018), capazes de aprender a partir do enorme manacial de dados que caracterizam a sociedade atual, possibilitando realizar tarefas, análises de cunho cognitivo e tomar decisões não previamente programadas. Ao longo do processo de treinamento/aprendizado, o modelo original passa por modificações que ocorrem a partir da interação e aprendizado com os dados, que o programador não é capaz de explicar totalmente (GEIGER, 2020), dando origem ao que muitos autores vêm fazendo referência como a "caixa-preta" (WIPO (2020b) ou opacidade (SCHIRRU, 2019) dos algoritmos da IA.

Em síntese, o sistema de IA é capaz de "aprender" a partir da estrutura de modelo, de um algoritmo de aprendizado e do treinamento com amplo conjunto de dados. Muitos algoritmos de treinamento estabelecidos são padrão e estão disponíveis online em bibliotecas de código aberto na forma de software pré-escrito, embora usualmente novos algoritmos precisem ser desenvolvidos.

Os dados ocupam lugar central no avanço recente da IA, fonte do aprendizado das promissoras técnicas baseadas nesses algoritmos autodidatas, mas encerram questões complexas da regulação. Himel e Seamans (2017) ressaltam que grandes conjuntos de dados são insumo crucial para criação e uso de sistemas de IA e mesmo os melhores algoritmos de IA são inúteis sem um conjunto de dados subjacente em grande escala. Mas que dados são esses? No que consiste a tão falada *Big Data*?

---

[9] A holding Alphabet inclui, além do Google, um número expressivo de empresas, como DeepMind Technologies, a Waymo e a X Development e muitas outras.

Há várias definições de *Big Data*, termo usado para conjuntos de dados muito grandes com estrutura variada e complexa, com dificuldades adicionais em armazenar, analisar e aplicar procedimentos adicionais ou extrair resultados (COX; ELLSWORTH, 1997). De forma simplificada, usamos o termo *Big Data* referindo-se ao imenso volume de dados – estruturados e não-estruturados[10] – gerados na Internet, nas redes sociais, nas compras online, nos aplicativos de assistência médica, entre muitos outros, captados por redes de sensores. Não são majoritariamente dados estruturados, como informações digitais de bancos de dados com nomes, idade, gênero, renda, mas sim dados não estruturados obtidos de fluxos rápidos em tempo real, como fotos e vídeos gerados por usuários de redes sociais([11]), buscas no Google, compras online, informações de trajetos de passageiros do Uber e inúmeros outros fluxos coletados por sensores conectados ao redor do mundo, onde as pessoas deixam trilhas digitais por onde andam, mesmo quando não estão conectadas online (ZUBOFF, 2019).

Esses dados não são, contudo, mercadorias no sentido clássico, não possuem um mercado estruturado, nem são uma matéria-prima da IA, pois seu conteúdo não se extingue durante o processo produtivo, mas continuam existindo, ampliados e modificados.

Importante ressaltar que a teoria econômica convencional considera que os dados em geral, como a informação, são bens públicos, não-excludentes e não-rivais. Não excludentes no sentido de que não é possível excluir terceiros de usar o bem, mesmo sem terem arcado com o custo de sua produção. E não rivais porque seu consumo por um indivíduo não reduz a quantidade disponível para terceiros.

No entanto, os dados (no sentido da *Big Data*) não são comparáveis a informação e conhecimento. Os dados alimentados nos algoritmos de ML são mantidos privados: cada empresa coleta seus próprios dados (JONES; TONETTI, 2020) e a propriedade dos dados influencia

---

[10] Os dados estruturados seriam bancos de dados relacionais (maneira intuitiva e direta de representar dados em tabelas), os dados semiestruturados seriam arquivos CSV, XML, JSON, os dados não estruturados obtidos de e-mails, documentos, PDFs, além de dados binários (imagens, áudio, vídeo).

[11] Até fotos postadas em redes sociais podem gerar "sinais de previsão", a partir de músculos e a simetria da face, informações utilizadas no treinamento de algoritmos de IA de reconhecimento de imagem (KAUFMAN, 2020b).

o acesso a eles. Varian (2018) enfatiza a importância desses dados que não teriam características de bem público. Mesmo que os mercados de dados (ainda) sejam relativamente limitados, alguns tipos de dados (como mapas) são atualmente licenciados por provedores para outras firmas. Os dados, especialmente quando são "grandes", podem ser monitorados facilmente e tornados altamente excludentes (JONES; TONETTI, 2020).

Autores como Petit e Teece (2020), consideram que os dados são ativos cruciais para criação e captura de valor na economia digital – a criação de valor viria dos dados; a captura de valor viria da computação, curadoria, uso e reutilização que requer centralização. A existência de mecanismos de armazenamento e gerenciamento de grandes conjuntos de dados, como *data lakes, data warehouses* e *data meshes*, podem criar vantagens competitivas duradouras sobre rivais em potencial meramente por meio do controle sobre os dados, mais do que por meio de PI formal ou efeitos de rede no lado da demanda (PETIT; TEECE, 2020).

Na realidade, os dados são um ativo estratégico fundamental que assegura vantagem competitiva dinâmica às empresas e a fonte da inovação das técnicas mais exitosas da IA, como ML e DL. São a base da inovação em IA e a direção da diversificação das empresas que os detêm – sobretudo as *big techs, gatekeepers* do mercado digital – que se destacam no cenário da IA. A maioria desses dados, coletados e armazenados pelas plataformas online, tem sido também apontada como fonte do poder de mercado dessas empresas, com base em vários mecanismos, que vêm sendo qualificados como práticas anticompetitivas e estão sob forte escrutínio da política da concorrência na Europa, desde 2016, e antitruste nos Estados Unidos, desde 2019 (US HoR, 2020). Esses mecanismos de coleta de dados também são criticados do ponto de vista da privacidade e proteção de dados do cidadão[12].

---

[12] Esses mecanismos passaram a sofrer restrições desde o surgimento de leis específicas, como o *General Data Protection Regulation (GDPR)*, da Diretiva Europeia 2016/679, em vigência desde 2018, o *California Consumer Privacy Act (CCPA)* e até mesmo a Lei Geral de Proteção de Dados Pessoais (LGPD) brasileira, além de outras legislações que começam a surgir em várias jurisdições.

2. Apropriabilidade da inovação em Inteligência Artificial

Inovações são fontes de desenvolvimento econômico e elementos centrais da competição entre as empresas, com vistas a alcançar e preservar mercados e auferir lucros de monopólio, dando início a surtos de expansão e destruição das antigas estruturas e substituição por novas empresas em um constante rejuvenescimento do aparelho produtivo. No estágio atual, as vantagens competitivas dependem cada vez mais da capacidade de produzir e controlar bens intangíveis (BUAINAIN et al., 2004) e as empresas competem não mais em produtos, mas sobretudo em capacitações dinâmicas (PISANO, 2016).

Neste contexto, cresce a importância da PI como instituição para dar proteção e facilitar a valorização econômica dos ativos intangíveis. Mesmo que muitas vezes sejam insuficientes, a importância dos estatutos legais de proteção a PI não pode ser negligenciada, mas deve estar inserida na estratégia mais ampla das empresas, considerando o papel de conhecimentos tácitos não codificáveis e outros ativos com vistas à captura de valor de inovações. Autores como Dosi et al. (2006) consideram que existem condições de apropriabilidade suficientes para justificar esforços inovadores, mesmo sem proteção de PI, por meio de mecanismos alternativos como sigilo, *lead time*, prestação de serviços e, frequentemente, a simples complexidade dos produtos, que por si são capazes de dificultar a imitação. O patenteamento em indústrias de produtos complexos seria de uso mais defensivo (CIMOLI et al, 2011; COHEN et al., 2002). Cimoli et al (2011) exploram a literatura teórica e evidências empíricas sobre a racionalidade do sistema de patentes que ora aparece como incentivo às atividades inventivas, ora como contrapartida à revelação do conhecimento.

2.1. Direitos de Propriedade Intelectual

O sistema legal de PI é composto por campos distintos de proteção jurídica e contempla instrumentos variados. A proteção a PI corresponde ao arcabouço legal visando proteger invenções e criações do intelecto humano, conferindo a inventores/ autores o direito exclusivo temporário sobre a obra ou invenção. Compreende a propriedade industrial e os direitos de autor. A propriedade industrial abrange patentes de invenção e modelo de utilidade, desenho industrial, marcas, indicações geográficas e concorrência desleal[13]. Esses mecanismos foram gestados em longas negociações multilaterais definidas em tratados internacionais até sua inclusão como instrumento de livre comércio e estabelecimento de padrões mínimos de proteção para os países pelo acordo TRIPS (acrônimo de *Trade Related Aspectsof Intelectual Property Rights*), em 1994, ainda que a concessão de direitos de PI seja prerrogativa nacional.

De acordo com a teoria econômica convencional, as inovações envolveriam falhas de mercado decorrentes de externalidades e dificuldades de apropriação privada dos resultados, que estariam na base do surgimento de sistemas de PI, possibilitando a remuneração de investimentos em P&D, lucros de monopólio e exclusão de terceiros. Por um lado, sem direitos de PI não seria possível excluir terceiros de usar o bem, mesmo sem terem contribuído com o custo de sua produção; por outro, seu consumo por um indivíduo não reduz a quantidade disponível para terceiros. Essas duas "falhas" características de um bem público, não excludente e não rival, é enfrentada pela PI, sobretudo patentes, resolvendo o problema da não exclusão, ao assegurar o direito de excluir terceiros e afastar o risco de imitação por *free-riders* e, através da cobrança de royalties pelo uso da tecnologia, o problema da não rivalidade. A PI, ao conferir um direito exclusivo por determinado período, contornaria essas duas falhas por meio de um esforço permanente de balancear o incentivo à criação/invenção e a difusão de seus resultados, numa aparente contradição traduzida em termos econômicos pelo *trade-off* entre eficiência estática e dinâmica. A ineficiência estática que decorre dos custos sociais inerentes à PI, seria contrabalançada pela eficiência de geração de inovações para a sociedade no longo prazo (PINTO, 2009).

A patente, conforme Macedo & Barbosa (2000), pode ser vista como um contrato entre o inventor e a sociedade, onde o Estado concede um monopólio jurídico representado pelo direito exclusivo sobre a invenção em troca da sua divulgação, como uma recompensa na forma do conhecimento que passa para a sociedade após a expiração do seu

---

[13] Em alguns países há legislação específica relativa ao sigilo, como nos EUA, onde *trade secrets* foram protegidos pela Lei de Defesa dos Segredos Comerciais (DTSA), de 2016, e na União Europeia, pela Diretiva 2016/943, desde que seja secreta, tenha valor comercial e sujeita a medidas razoáveis pelo seu controlador para manutenção confidencial das informações (DEBUSSCHE; CÉSAR, 2019).

prazo de validade. A exclusividade no uso de uma invenção patenteada é a maneira da sociedade reconhecer esse direito de propriedade, impedindo terceiros de vender produtos que incorporassem a mesma ideia. Essa abordagem corresponde a um dos argumentos que sustentam a racionalidade das patentes analisados por Machlup e Penrose (1950).

A racionalidade desse sistema reflete-se nas condições para requerer uma patente. Nos termos do *Trade Related Aspects of Intelectual Property Rights* – TRIPS (art 27 a 34), não é possível patentear uma invenção sem a descrição detalhada das informações que a originaram, sua novidade em relação ao estado da arte, sua atividade inventiva (não obviedade) e sua aplicação industrial (ser passível de aplicação prática e produção demonstrável). A descrição detalhada da invenção no ato do depósito deve ser suficiente para ser reproduzível por uma pessoa qualificada (suficiência descritiva). É esse detalhamento da invenção – além, obviamente, de seus custos e requisitos – que leva as empresas muitas vezes a preferirem mantê-la em sigilo ou protegida por outros instrumentos.

É nesse sentido que uma das principais funções do sistema de patentes está na disseminação da informação e ampliação do estoque de conhecimento da sociedade, por meio da aparente compensação entre direitos exclusivos de um lado em troca da divulgação (*disclosure*) de outro (BARBOSA, 2005). Esse dilema remete a outra dimensão dos direitos de PI, representado pelo direito autoral, forma de proteção escolhida para os programas de computador, que implicou na dispensa do requisito importante de publicação, com implicações óbvias em termos da ampliação do conhecimento pela sociedade, enfrentado por meio de movimentos como do código aberto.

2.2. A dimensão mais ampla da apropriabilidade nos ecossistemas digitais

A história é repleta de casos de empresas inovadoras que não foram capazes de capturar o valor da inovação na forma de lucros, mercados e vantagem econômica, como os casos do Netscape, que perdeu espaço em navegadores para a Microsoft; dos mecanismos de busca na web Excite e Lycos, suplantados pelo Yahoo e depois Google; entre muitos outros (PISANO; TEECE, 2007). Poucas empresas conseguiram sustentar vantagens competitivas a longo prazo e a falha em capturar os retornos econômicos da inovação foi mais regra do que exceção, suplantada basicamente por imitações e inovações incrementais de concorrentes.

O tema foi tratado por Teece (1986), ponto de partida da ampla literatura conhecida como PFI (*Profiting from Innovation*), que conjuga enfoques teóricos de inovação e estratégia empresarial para explicar por que nem sempre o pioneiro na inovação é quem aufere seu maior retorno privado. A efetiva e duradoura captura dos frutos da inovação dependente do regime de apropriabilidade – definido pela natureza da tecnologia e suas barreiras "naturais" à imitação e da eficácia dos mecanismos legais de proteção à PI –, do paradigma do *design* dominante e de ativos complementares.

Teece (1986) enfatiza que a apropriação exitosa da inovação requer o emprego simultâneo de outras atividades – marketing, capacidade de produção a custos competitivos, canais de distribuição, suporte pós-venda – obtidas de ativos complementares, que podem ser genéricos (de uso geral, que não precisam ser adaptados à inovação em questão), especializados (quando há dependência unilateral entre a inovação e o ativo complementar) ou co-especializados (quando existe dependência bilateral, assegurando vantagens importantes para seus detentores). Esses ativos podem ser desenvolvidos pelo próprio inovador ou via contratação/ parcerias com outras empresas que os possuam (esta última alternativa usada principalmente quando os regimes legais são fortes).

Teece (2018)[14] reconhece que o modelo PFI original foi construído baseado em uma economia essencialmente industrial, e que a captura de valor para inovadores na economia digital envolve desafios muito diferentes. Primeiro, o modelo original focava em uma única inovação, eventualmente suplantada por imitações ou inovações incrementais, enquanto a economia digital engloba várias tecnologias e o insucesso no mercado decorre de inovações radicais (e não incrementais), muitas delas tecnologias habilitadoras[15] ou TPGs (como é o caso da IA).

---

[14] O arcabouço da PFI original de Teece (1986) passou por algumas revisões pelo autor, em Teece (2006), incorporando a hipótese de endogenização dos regimes de PI e arquitetura das indústrias, além da sua adequação à nova economia digital que vem sendo promovida pelo autor desde a consolidação da Internet em Teece (2012) e Teece (2018).

[15] O conceito de tecnologia habilitadora é um pouco difuso, compreendendo tecnologias que sustentam a inovação em produtos em muitas indústrias e são importantes para enfrentar os desafios da sociedade. Nesse sentido, parecem se confundir com as TPGs.

Segundo, porque o modelo original não considerava o tempo; diferentes ativos complementares podem ser importantes em diferentes momentos do tempo. Terceiro, porque os ecossistemas digitais têm mercados com características muito distintas da economia industrial, usualmente mercados duais (como no caso dos dados, obtidos sem custo de usuários dos serviços digitais que, por seu turno, são negociados com anunciantes), com limites opacos entre os segmentos da indústria e um padrão de competição indireta (onde a entrada de concorrentes não é direta, como ocorre nos setor industrial, mas fruto da competição que ocorre em três níveis – entre uma plataforma e outra, entre o líder da plataforma e seus complementadores e entre os complementadores entre si), e um papel ainda mais relevante das capacitações dinâmicas para a captura (e criação) de valor da inovação. Por fim, a complementaridade é a essência das plataformas digitais, com diferentes tipos de ativos desenvolvidos permanentemente, afetando a captura de valor da inovação.

Os ecossistemas digitais são estruturados da seguinte forma: uma (ou mais) empresa exerce a liderança e fornece uma plataforma sobre a qual complementadores fornecem bens e serviços em torno do negócio principal. Nesses ecossistemas, as empresas trabalham juntas para criação e captura de valor. A coevolução cria serviços, indústrias ou tecnologias habilitadoras gerais inteiramente novas, como o caso do Amazon Web Services (AWS), originalmente projetado como um simples API (*Application Programming Interface*)[16], mas se transformou em uma infraestrutura completa de computação, armazenamento e serviço de banco de dados para desenvolvedores, tornando-se o segmento mais lucrativo da Amazon (PETIT; TEECE, 2020).

A geração e captura de valor no ecossistema decorre da interação com e entre os complementadores, com os parceiros trabalhando tanto de forma cooperativa quanto competitiva ("coopetição"), na busca de novos produtos, serviços e inovação – em outras palavras, cooperação no curto prazo e competição no longo prazo (PETIT; TEECE, 2020). As

---

[16] Conjunto de rotinas e padrões estabelecidos por um software para utilização de suas funcionalidades por aplicativos de terceiros que não desejem envolver-se nos detalhes da implementação do software, mas apenas usar seus serviços. O usuário de um aplicativo pode estar conectado a diversos outros sistemas e aplicativos via APIs sem ter conhecimento, com implicações para a coleta de dados.

plataformas e complementadores não são membros de um único segmento da indústria, mas participam de uma competição de amplo espectro que atravessa uma variedade de indústrias (TEECE, 2018). Petit e Teece (2020) atribuem ao controle sobre amplos conjuntos de dados – de várias fontes e de diferentes tipos, estruturados, semiestruturados e brutos – para a criação e captura de valor na economia digital. Segundo os autores, "... a taxa e a direção da diversificação da Amazon, Google, Netflix e Facebook são dadas pelos dados coletados como subproduto do envolvimento do usuário com suas plataformas (incluindo transações/ compras)" (PETIT; TEECE, 2020:7). Por fim, os diferentes tipos de ativos complementares (verticais e laterais) no contexto digital não são mais apenas mecanismos de captura de valor (por meio da valorização do preço dos ativos ou por meio da prevenção da exposição a preços de gargalo monopolístico por terceiros), mas podem ser necessários simplesmente para que a própria tecnologia funcione (TEECE, 2018).

2.3. Direitos de PI e apropriabilidade na IA

Uma série de impasses começa a surgir na proteção dos direitos de PI às invenções relacionadas à IA, dando origem a um denso, espargido e reiterado debate no mundo, principalmente nos países mais inovadores. A discussão da IA relacionada a direitos de PI começou a partir das criações artísticas e no âmbito do direito autoral, possivelmente como herança da proteção ao *software*, mas já chegou ao campo das patentes e outras formas de direitos proprietários.

A Organização Mundial da Propriedade Intelectual (OMPI) tem dedicado atenção especial ao tema, produzindo estudos (WIPO, 2019a), promovendo uma consulta pública (WIPO, 2020a)[17] que resultou em 250 contribuições por parte de indivíduos, empresas, organizações governamentais e estados membro da OMPI, além de realizar três fóruns de discussão nos últimos dois anos (WIPO, 2019b; WIPO, 2020b; WIPO, 2020d). A discussão mais recente, em 2020, baseou-se em um documento elaborado pela Secretaria Geral que elenca os pontos mais polêmicos e desafiadores para o sistema. A indagação principal recai sobre que tipo de instrumento seria mais adequado para proteção das

---

[17] Mais de 250 comentários sobre o tema foram submetidos por indivíduos, empresas, organizações governamentais, não governamentais e estados membros da OMPI.

1. A INOVAÇÃO DISRUPTIVA NA QUARTA REVOLUÇÃO INDUSTRIAL

invenções e criações relacionadas a IA, analisando os casos das patentes, do direito autoral e direitos conexos, dos *trade secrets,* e até sobre eventual necessidade de criação de uma nova categoria *Sui Generis*[18], além do uso dos sistemas de IA como ferramenta no exame pelos escritórios nacionais, substituindo ou complementando recursos humanos em tarefas repetitivas e demoradas, intensivas em dados (WIPO, 2020c).

A ênfase nas patentes, que dominou a discussão nos dois primeiros encontros da OMPI, foi ampliada, passando a contemplar praticamente todos os instrumentos de PI e abordando os pontos mais controvertidos, como titularidade dos direitos de propriedade e autoria, originalidade, violações, falsificações, no âmbito do direito autoral e patentes. Além do reconhecimento da dimensão importante dos dados e sua proteção – seja evocando a tradição da proteção do software convencional e seus bancos de dados pelo direito autoral, seja recorrendo a novos instrumentos como segredos comerciais, que são cada vez mais invocados para proteção do investimento na coleta e curadoria de dados no campo da IA. Temas relacionados indiretamente à PI passaram a fazer parte da agenda, como concorrência desleal e privacidade/proteção de dados, além do problema da "caixa-preta" dos algoritmos, refletindo a preocupação com a transparência das invenções relacionadas a IA, vieses e aspectos éticos. Essas mesmas questões também constaram de conferências promovidas pelos principais organismos nacionais de PI da Europa, EUA, China, Japão e outros.

Neste trabalho interessam particularmente os temas relacionados à apropriação das invenções em IA e, nesse sentido, as patentes. A pergunta de Francis Gurry, ex-diretor geral da OMPI, na abertura da primeira conferência é ilustrativa: "As leis atuais de patentes e as diretrizes de patentabilidade são apropriadas para proteger e usar invenções relacionadas a IA?" (WIPO, 2019b).

Os desafios dessas invenções ao sistema de patentes relacionam-se aos aspectos da elegibilidade e requisitos para patenteamento, incluindo a novidade em relação ao estado da arte, a atividade inventiva (não

---

[18] A alternativa foi reforçada pela constatação da incompatibilidade entre a velocidade e ritmo da inovação em IA e o prazo de 20 anos de uma patente e longos prazos de exame. Propostas de proteção por sistemas *Sui Generis* têm sido apresentadas no Brasil para criações/invenções de IA (SCHIRRU, 2020) e mineração de dados (ALVARENGA, 2019).

obviedade) e a aplicação industrial, além da questão da suficiência descritiva, que já permeavam a literatura especializada, ainda que sem posições conclusivas.

Na falta de regras gerais, os principais escritórios nacionais de PI têm dado suas próprias respostas, ainda que convergentes, às lacunas criadas pela IA, admitindo direitos, aceitando pedidos de patentes e muitas vezes reeditando diretrizes de análise[19].

Nos EUA, país precursor na aceitação de patentes para invenções geradas por software (convencional), a despeito da proteção do software em si mesmo ser pelo direito autoral, tratamento similar vinha sendo estendido às invenções relacionadas a IA, considerada um software "inteligente". Seriam elegíveis os casos de "processo, máquina, fabricação ou composição da matéria", excluindo ideias abstratas, leis da natureza e fenômenos naturais. Recentemente, contudo, a interpretação tornou-se mais restritiva, passando a exigir um teste em duas etapas para determinar se a invenção é direcionada a um conceito não-patenteável (ideia abstrata) e se os elementos reivindicados para invenções implementadas por computador fornecem conceito inventivo no sentido de transformar a ideia abstrata em um pedido de patente elegível. Nova diretriz do USPTO, em 2019, reforçou esse entendimento, mas ainda há incertezas quanto à interpretação pelos tribunais. Iancu (2019) observou que o nível de detalhe necessário para a divulgação da patente é o grande desafio, pois deverá explicitar a estrutura e funcionamento (interno) dos algoritmos de IA que, hoje, são capazes de aprender sozinhos e executar tarefas de forma desconhecida pelos programadores.

No Japão, uma invenção de software é patenteável se o processamento de informações for implementado usando recursos de hardware, enfoque estendido para a IA. O debate tem considerado requisitos de descrição e etapa inventiva das patentes de invenção relacionadas a IA, a partir de casos que constam do Anexo ao Manual de Patentes do Japão.

Na Coreia do Sul, a IA, tal como o software, são protegidos por direito autoral, mas se reivindicado em conjunto com hardware, a combinação, o método de operação e um meio legível por computador con-

---

[19] As observações aqui feitas foram baseadas prioritariamente com base nas discussões nas várias conferências que vem sendo promovidas pelos escritórios nacionais para discussão do tema da PI em IA.

1. A INOVAÇÃO DISRUPTIVA NA QUARTA REVOLUÇÃO INDUSTRIAL

tendo o software passam a ser elegíveis para patentes. Suas diretrizes de exame de patentes foram alteradas em 2018 visando fornecer princípios e casos exemplificadores de elegibilidade para patentes e da etapa inventiva das invenções relacionadas a IA – seriam elegíveis "quando software e hardware cooperam" e, em tese, quando a descrição é detalhada de forma clara que um especialista possa reproduzir a invenção.

Na China, as diretrizes para exame de 2017 definiram que não seria excluída da patentabilidade invenção relacionada a um programa de computador que tenha características técnicas. Essas diretrizes foram alteradas em 2020 e foi adicionada uma seção na lei de patentes relativa a pedidos de patentes de invenção relacionadas aos algoritmos e métodos de negócios, da seguinte forma: o pedido não deverá separar o modelo de negócio do método algorítmico, que deverão ser analisados no seu conjunto, englobando os meios técnicos envolvidos, problemas técnicos a serem resolvidos e efeitos técnicos obtidos. Se não possuir esta característica de problema/ efeito técnico, será considerado um algoritmo abstrato, não passível de proteção; caso contrário passa a ser exigível.

Na União Europeia programas de computador são excluídos de elegibilidade para patentes, mas é aceita se a invenção "causar efeito técnico além daqueles que ocorrem inevitavelmente quando um software é executado". As recentes Diretrizes de Exame de Inteligência Artificial e Aprendizagem de Máquina fornecem as orientações para avaliação desse caráter técnico da invenção. Se os pedidos de patente de IA forem feitos como método/modelo matemático, o patenteamento é excluído, mas se tiver caráter técnico, passa a ser elegível. A nova categoria que abarca as invenções em IA, *Computer-Implemented Inventions (CII)*[20], tem ajudado na diferenciação dos sistemas de IA frente ao software comum. A legislação e diretrizes da UE e dos países membros parecem mais restritivas a patentes em IA.

Os encontros promovidos pelo escritório alemão têm aprofundado o debate, com uma visão mais consistente, holística e orientada para a definição de princípios e regras claras, ao invés do atual tratamento caso a caso. A abordagem alemã trouxe para o escopo da política de PI

---

[20] https://www.ipwatchdog.com/2017/09/12/grant-philpott-patenting-computer-implemented-inventions-europe/id=87865/. Acesso 15/10/2019.

questões como o hermetismo dos algoritmos, da "explicabilidade" dos modelos de IA, além da articulação com as legislações de privacidade/proteção de dados pessoais e defesa da concorrência (FLEISCHMANN, 2019). As propostas abrangem até proteção de algoritmos de treinamento dos modelos de IA por meio de *trade secrets* e proteção por patentes restrita apenas a casos especiais. Os pontos críticos apontados são a dificuldade de interpretação da contribuição técnica da IA, o tratamento dos vieses nos dados ou algoritmos e a questão da sua "explicabilidade" na descrição da invenção no pedido de patente. De fato, o hermetismo dos modelos de IA vem sendo apontado como desafiador para atender ao requisito de suficiência descritiva das patentes, tendo sido citadas algumas iniciativas positivas nesse sentido como o programa multidisciplinar Google/PAIR[21] (BRAKEMEIER, 2019).

Em síntese, a elegibilidade para patentes das invenções relacionadas a IA requer que tenham um efeito técnico ou estejam acoplados a um hardware, dependendo de cada legislação nacional. O tratamento que vem sendo dado no exame dos pedidos de patentes parece baseado numa análise caso a caso, a partir de exemplos e situações concretas de aplicação da IA, sem regras transparentes e gerais. Isso pode gerar tratamentos desiguais entre solicitantes e o país, não por diferenças intrínsecas das invenções em IA, mas do formato como o pedido é apresentado.

Para analisar direitos de PI e apropriabilidade na IA parece válido – revendo a dimensão idiossincrática das criações e invenções de IA – afirmar que possuem um caráter mais hermético e intricado do que aquelas que conhecemos no passado. Envolvem técnicas de IA, dados, algoritmos e aplicações específicas, que consideramos um ecossistema.

O software convencional é protegido por direito autoral, proteção que contempla expressões originais nele incorporadas, incluindo bancos de dados[22], mas não seus aspectos funcionais, como algoritmos, formatação, lógica ou design do sistema. Se existiam dúvidas sobre as limitações desse mecanismo de proteção ao software convencional, estas foram potencializadas com a emergência de um "software inteligente", capaz de criar invenções de IA. O programa de computador era conside-

---

[21] https://pair.withgoogle.com/. Acesso 16/07/2020.
[22] Quando contemplam dados estruturados e objeto do trabalho humano e investimentos para sua coleta, organização, armazenamento, análise e tratamento dos dados.

1. A INOVAÇÃO DISRUPTIVA NA QUARTA REVOLUÇÃO INDUSTRIAL

rado apenas uma ferramenta de apoio ao processo criativo/inventivo, de forma que a propriedade em obras e invenções geradas por computador não estava em questão. A IA muda este cenário, com criações e invenções, cada vez mais produzidas por sistemas de ML e DL, com autonomia crescente frente aos seres humanos, demandando um tratamento particularizado da propriedade, no qual a patente tem sido a principal opção.

Segue que os dados empregados pela IA possuem características distintas dos bancos de dados do software convencional, também protegidos por direito autoral. São de natureza essencialmente não estruturada, em volume, variedade, velocidade e outros atributos, cuja análise e mineração transcendem a capacidade humana. Além disso, há grande dificuldade de atender à exigência de serem salvos em uma forma tangível para serem protegidos, por envolver dados em quantidade alta, dinâmicos e dependerem de computação na nuvem. Por esta razão, formas próprias de proteção começam a brotar em algumas jurisdições, como os instrumentos híbridos de proteção *Sui Generis* em uso na Europa[23]. O uso frequente de ferramentas digitais, como *TPM (technologial protection measures)* e *DRM (digital rights management)*, que podem bloquear o acesso aos dados ou controlar tecnologicamente usuários, constitui uma alternativa real de proteção que talvez dispense quaisquer direitos legais de propriedade, sob o risco de significarem uma maximização de direitos proprietários como sugerido por Alvarenga (2020).

Em virtude da importância dos dados para os sistemas de IA, alguns autores têm defendido a necessidade de modelo legal para proteção da Big Data por direito autoral, patentes ou segredo comercial (ELRAYAH, 2016; DEBUSSCHE; CESAR, 2019). KOUTROUMPIS et al. (2020) consideram fraco o regime de apropriação dos dados pelo direito autoral, que protegeria apenas sua expressão, não as observações que ele contém, de modo que em geral acabam protegidos por sigilo comercial e meios contratuais.

---

[23] A proteção na UE a partir da Diretiva de Banco de Dados engloba dois direitos: os direitos autorais, que protegem a estrutura original do banco de dados, e um direito *Sui generis*, de prazo mais curto, que visa cobrir o investimento feito em sua criação. Debussche e Cesar (2019) observam que essa proteção aplicada a Big Data poderá resultar em uma proteção indefinida, devido a esses bancos de dados serem dinâmicos.

Os algoritmos, outro elemento do ecossistema de inovações em IA, atualmente constam das matérias excluídas de proteção, por não serem consideradas invenções, mas matéria abstrata, descobertas como materiais e substâncias existentes na natureza, ou teorias científicas ou métodos matemáticos. No caso dos algoritmos de aprendizado, isso parece ainda mais verdade.

As técnicas de IA (ou, pelo menos, os sistemas de ML e DL), como "invenção nos métodos de invenção" (IMI), corresponderiam a novos métodos científicos e de pesquisa, de caráter mais abstrato, abrangendo a própria geração das inovações, com implicações sobre questões como a propriedade do conhecimento. O caráter de invenção de muitas técnicas de IA parece claro em exemplos como as redes adversárias geradoras (GANs, sigla da expressão *Generative Adversial Networks*"), tipo especial de sistemas de aprendizado, com uso muito amplo, em criações e invenções[24]. Mesmo assim um método de treinamento de uma rede neural convolucional (CNN – sigla da expressão *Convolutional Neural Networks*"), de reconhecimento de imagens, já foi considera solução técnica elegível, ainda que haja dúvida se cabe assegurar direitos proprietários a algo mais próximo do reino científico e do conhecimento.

Por fim, no final da cadeia do ecossistema de inovação da IA estariam os produtos da IA, que são hoje protegidos pelo direito autoral no caso de criações artísticas e literárias, ou por meio de patentes, no caso de invenções que resultem da aplicação dos sistemas de IA no desenvolvimento de produtos e/ou serviços que tenham o claro efeito técnico que vem sendo exigido para serem elegíveis. De fato, esse efeito técnico é um dos pontos que parece conceber menos controvérsia, ao contrário dos demais requisitos para patenteamento. Técnicas que usam redes neurais envolvem conceitos fortemente abstratos (modelos matemáticos, algoritmos e software), para ser elegível o conceito inventivo deve ir além de uma ideia abstrata e demonstrar no pedido de patente ter um efeito técnico. Ao mesmo tempo, são o fechamento com chave de ouro que permite assegurar direitos de propriedade de todos os elos do

---

[24] Tais como obras artísticas, jogos, tradução de texto em imagem, criação de fotos de pessoas que não existem ou seu envelhecimento, geração de objetos em 3D, imagens em diagnóstico médico, moda, efeitos de mudanças climáticas e pesquisas científicas de ponta.

ecossistema de inovação, ainda que pelo regime jurídico vigente muitos deles – que são o cerne das inovações em IA – de outro modo recairiam no domínio público.

Os produtos da IA, dada a crescente autonomia dos sistemas de aprendizado em relação aos seres humanos, garantirão direitos proprietários a um inventor que na verdade não inventou (mas sim o sistema de IA); representarão uma novidade em relação ao estado da arte que está sendo definido pelos seus próprios sistemas e algoritmos; e reverterão a própria racionalidade do sistema de patentes – o direito exclusivo sobre a invenção em troca da sua divulgação que, após sua vigência, contribuiria para o avanço do conhecimento e novas invenções – uma vez que seus métodos heurísticos e o hermetismo de seus algoritmos não permitem cumprir a exigência de descrição detalhada da invenção no ato do depósito, suficiente para ser reproduzível por uma pessoa qualificada. Mesmo que seja possível no futuro atender à exigência de suficiência descritiva, por iniciativas de "explicabilidade" e abertura da caixa preta dos algoritmos por iniciativa das empresas ou instadas por algum tipo de intervenção estatal, terceiros poderão inovar em IA sem o controle de massivos conjuntos de dados?

Nesse sentido, ainda que patentes e outros mecanismos sejam elementos importantes para assegurar direitos de propriedade e instrumento de competição das empresas, a apropriabilidade e captura de valor da inovação relacionada a IA talvez possa prescindir do regime legal de PI na forma como hoje é configurado. O controle das plataformas digitais e o decorrente acesso a Big Data possibilitaram às *Big Techs* participar da corrida tecnológica da IA, suplantando empresas centenárias de Computação e Tecnologia, e ainda, ingressar em parcerias com atores tradicionais, como no caso dos veículos autônomos, aprofundando suas capacidades de uso geral e somando-as com as capacitações da cadeia automobilística[25]

---

[25] Pisano (2016) observa que o Google não precisa projetar um veículo inteiro se puder acessar capacidades específicas de automóveis por meio dessas parcerias ou terceirização. Se entrasse diretamente em veículos autônomos precisaria desenvolver capacidades de engenharia e design, ao invés de apenas aprofundar suas capacidades em ciência de dados e IA.

As *Big Techs* não deixarão de inovar na ausência de proteção a PI; mas a apropriação de valor nessas parcerias em setores que empreguem a IA, os direitos de PI podem se tornar fundamentais. O estágio atual do regime legal de PI parece indicar a possibilidade de uso dos diversos direitos pelas empresas. Mas é o controle dos dados e o hermetismo dos algoritmos que possibilitam a inovação nos sistemas de IA, sugerindo que as *Big Techs* conseguem combinar o regime forte de PI e ativos complementares.

Conclusões

A IA promete ser a tecnologia mais importante desta era, mas perturba as estruturas jurídicas e aparatos regulatórios existentes (WEF, 2018). Os impactos da IA transcendem fronteiras e se caracterizam como um fenômeno eminentemente global. O arranjo intricado que sustenta a inovação em IA, incluindo técnicas de aprendizado, algoritmos e Big Data, concentrado nas mãos de poucas empresas, tem levantado diversas questões relacionadas à proteção jurídica da PI, em especial as patentes. Embora a legislação de PI, sobretudo de patentes, tenha se mostrado resistente a muitas mudanças tecnológicas ao longo da história, a ruptura prevista com a IA parece capaz de desafiar os tradicionais padrões jurídicos.

Ainda que o sistema vigente de PI esteja buscando respostas e envidando esforços de coordenação e harmonização, o tratamento nacional de diversos países a PI, em especial as patentes na área de IA, parece ter um caráter transitório. Este funda-se em considerações genéricas, superficiais, com as revisões das diretrizes nacionais baseadas mais em casos específicos do que em regras gerais e diretrizes transparentes e harmonizadas, sob o risco de manter um sistema desatualizado e que não cumpre seus objetivos.

As invenções em IA precisam mesmo de proteção por meio de direitos de PI? Com quais instrumentos e como eles devem funcionar? O que deve ser protegido? O sistema de IA, algoritmos, dados ou os produtos resultantes? Para lidar com questões tais como a propriedade da inovação baseada em IA será necessário, pelo menos, revisitar os critérios convencionais para concessão de DPIs.

A problemática dos dados, central na inovação em IA, vem sendo contestada em outros dois campos regulatórios. Por um lado, pela pro-

1. A INOVAÇÃO DISRUPTIVA NA QUARTA REVOLUÇÃO INDUSTRIAL

liferação das leis de privacidade e proteção de dados pessoais; por outro, pelo escrutínio antitruste das plataformas digitais por práticas anticompetitivas e poder de mercado. Mas o controle de grandes conjuntos de dados provenientes das plataformas é o ativo crucial para o desenvolvimento dos sistemas de IA. A barreira para acessar esses conjuntos de dados, necessários para desenvolver e treinar seus próprios algoritmos, poderá levar concorrentes potenciais a renunciar a esses mercados. Qual será o resultado de efeitos semelhantes em todos os setores da economia e segmentos da sociedade que serão penetrados e alterados pelos sistemas de IA que, como TPG, tem potencial de alterar padrões e estruturas de mercado?

Algoritmos de aprendizado herméticos, que aprendem a partir de Big Data controlada por poucas empresas e cujo acesso tem ainda bloqueios técnicos, além de modelos de IA mais empíricos que teóricos, levantam dúvidas sobre a real necessidade de proteção intelectual. Hilty et al. (2020, p. 27) resumem o problema: "... a maioria dos aplicativos de IA carece de uma justificativa teórica para a criação de direitos exclusivos. Se esse fato for ignorado, essa legislação pode levar a efeitos disfuncionais que terão impactos negativos no bem-estar social."

Novas regras e instituições precisam ser redefinidas, contemplando esses aspectos, a abertura da caixa preta dos algoritmos e a explicabilidade dos modelos de IA, mas sem comprometer o ritmo da inovação em IA.

Referências

AGRAWAL, A.K.; GAINS S.; GOLDFARB, A. (ed.) (2019). The Economics of Artificial Intelligence University of Chicago Press. Chicago, USA.

ALVARENGA, M. (2019). Mineração de Dados, Big Data e Direitos Autorais no Brasil. Dissertação mestrado PPED/UFRJ. RJ.

BARBOSA, A. L. F. (2005). Patentes: crítica à racionalidade, em busca da racionalidade. Cadernos de Estudos Avançados, v. 2, n. 1, Rio de Janeiro: Instituto Oswaldo Cruz.

BOSTROM, N. (2016). Superintelligence: Paths, Dangers, Strategies. Oxford University Press. UK.

BRAKEMEIER, H. (2019). Apresentação no simpósio do DPMA. https://www.dpma.de/ english/our_office/publications/background/ai/aiconferencea-tdpma/index.html. Acesso 07/07/2020.

BRESNAHAN, T. F.; TRAJTENBERG, M. (1992). General Purpose Technologies: Engines of Growth? Working Paper nº 4148. Cambridge, MA. August.

BUAINAIN, A.M.; CARVALHO, S.T.P.; PAULINO, S.R.; YAMAMURA, S. (2004). Propriedade Intelectual e Inovação Tecnológica: Algumas Questões para o Debate Atual. In O Futuro da Indústria: cadeias produtivas CNI/IEL-MDIC/STI: Brasília.

CARVALHO, S.M.P. (2003). Propriedade Intelectual na Agricultura. Tese de Doutorado. IG/UNICAMP. Campinas/SP. Dezembro.

COCKBURN, I. M.; HENDERSON, R.; STERN, S. (2018). The Impact of Artificial Intelligence on Innovation. NBER Working Paper No. 24449. Cambridge, MA. March.

COX, M.; ELLSWORTH, D. (1997). Application-Controlled Demand Paging for Out-of-Core Visualization. Versão estendida do trabalho apresentado em Proceedings of Visualization 97, Phoenix AZ, October. https://www.nas.nasa.gov/assets/pdf/ techreports/1997/nas-97-010.pdf. Acesso 08/02/2021.

DEBUSSCHE, J., CÉSAR, J. (2019). Big Data & Issues & Opportunities: Intellectual Property Rights. Bird&Bird. News Centre. https://www.twobirds.com/en/news/ articles/2019/global/big-data-and-issues-and-opportunities-ip-rights. Acesso 22/06/2020.

DOSI, G.; MALERBA, F.; RAMELLO, G.B.; SILVA, F. (2006). Information, appropriability, and the generation of innovative knowledge four decades after Arrow and Nelson: an introduction. Industrial and Corporate Change, Volume 15, Number 6, pp. 891-901. November 2.

DREXL, J. et al. (2019). Technical Aspects of Artificial Intelligence: An Ununderstanding from an Intellectual Property Lay Perspective. Max Planck Institute for Innovation and Competition Research Paper Series. Max Planck Institute for Innovation and Competition Research Paper No. 19-13, October.

ELRAYAH, Y. (2016). Big Data: Intellectual Property and Legal Issues. Journal of Digital Information Technology. v. 1, Issue 1, Jun., pp 1-6.

FLEISCHMANN, J. (2019). AI: On the advance worldwide, but not entirely transparent.https://www.dpma.de/english/our_office/publications/background/aktuellesinterviewzuki/index.html. Acesso 07/07/2020.

GEIGER, D. (2020). Ética by Design & Visão da Academia. TIDD-Digital, PUC/SP. https://www.youtube.com/watch?v=WtrgrBAoGfk. Acesso 6/07/2020.

HILTY, R. M.; HOFFMANN, J.; SCHEUERER, S. (2020). Intellectual Property Justification for Artificial Intelligence. Max Planck Institute for Innovation and Competition Research Paper No. 20-02. Max Planck Institute for Innovation and Competition Research Paper Series.

IANCU, A. (2019). Remarks by Director Iancu at the International Conference on AI-Emerging Technologies and IP. International Conference on AI-Emerging Technologies and IP. Tel Aviv, Israel. July, 16. https://www.uspto.gov/about-us/

news-updates/remarks-director-iancu-international-conference-ai-emerging-technologies-and. Acesso 07/07/2020.

JONES, C. I.; TONETTI, C. (2020). Nonrivalry and the Economics of Data. NBER Working Paper No. 26260. Cambridge, MA. April.

KAUFMAN, D. (2020a). O protagonismo da inteligência artificial no combate à Covid-19. Abril. https://epocanegocios.globo.com/colunas/IAgora. Acesso 10/04/2020.

KAUFMAN, D. (2020b). Da personalização do discurso em Aristóteles à personalização com algoritmos de IA. 11 Setembro. https://epocanegocios.globo.com/colunas/IAgora/ noticia/2020/09/da-personalizacao-do-discurso-em-aristoteles-personalizacao-com-algoritmos-de-ia.html. Acesso 12/09/2020.

KLINGER J.; MATEOS-GARCIA, J.; STATHOULOPOULOS, K. (2018). Deep learning, deep change? Mapping the development of the Artificial Intelligence General Purpose Technology. Cornel University.

KOUTROUMPIS, P.; LEIPONEN, A.; THOMAS, L. D. W. (2020). Markets for data. Industrial and Corporate Change, Vol. 29, No. 3, 645-660. March.

MACEDO M. F.; BARBOSA, A. L. (2000). Patentes, Pesquisa & Desenvolvimento: um manual de propriedade intelectual. Rio de Janeiro, Editora Fiocruz, 2000.

MACHLUP, F. & PENROSE, E. (1950). The Patent Controversy in the Nineteenth Century. The Journal of Economic History. New York, Economic History Association, v. 10, n. 1, p. 1-29, May.

McCARTHY, J.; MINSKY, M.L.; ROCHESTER, N.; SHANNON, C. E. (1955). A Proposal for the Dartmouth Summer Research Project on Artificial Intelligence. August 31. https://web.archive.org/web/20070826230310/http://www-formal.stanford.edu/jmc/history/dartmouth/dartmouth.html. Acesso 01/07/2020.

OECD (2019a). Recommendation of the Council on Artificial Intelligence, OECD/ LEGAL/0449.

OECD (2019b). Artificial Intelligence in Society, OECD Publishing. Paris.

OECD (2017), *The Next Production Revolution: Implications for Governments and Business*, OECD Publishing, Paris, https://dx.doi.org/10.1787/9789264271036-en

PETIT, N.; TEECE, D.J. (2020). Taking Ecosystems Competition Seriously in the Digital Economy: A (Preliminary) Dynamic Competition/Capabilities Perspective. 3 December 3[rd.] OECD DAF/COMP/WD, OECD. http://www.oecd.org/daf/competition/competition-economics-of-digital-ecosystems.htm. Acesso 04/12/2020.

PINTO, K. R. V. F. (2009). Integração entre propriedade intelectual e defesa da concorrência: o licenciamento de patentes no Brasil. Tese de doutorado. Junho. Instituto de Economia/UFRJ.

PISANO, G. P. (2016). Towards a Prescriptive Theory of Dynamic Capabilities: Connecting Strategic Choice, Learning, and Competition. Harvard Business School Working Paper, No. 16-146, June.

PISANO, G. P.; TEECE D. J. (2007). How to Capture Value from Innovation: Shaping Intellectual Property and Industry Architecture, California Management Review, vol. 50, nº 1, Fall.

SCHIRRU, L. (2020). Direito Autoral e inteligência Artificial: Autoria e titularidade nos produtos da IA, Tese de Doutorado, PPED/UFRJ. RJ.

TEECE D.J. (2018), Profiting from innovation in the digital economy: Enabling technologies, standards, and licensing models in the wireless world. Research Policy Volume 47, Issue 8, October 2018, pp. 1367-1387.

TEECE, D.J. (2012). Next generation competition: new concepts for understanding how innovation shapes competition and policy in the digital economy. J. Law Econ. Policy 9 (1), 97-118.

TEECE, D.J. (2006). Reflections on profiting from innovation. Reseach Policy 35 (8), 1131-1146.

TEECE, D. J. (1986). Profiting from technological innovation: implications for integration, collaboration, licensing and public policy. In: Research Policy, vol. 15, pp. 285-305.

THE ECONOMIST (2017). Fuel of the Future. Data is Giving Rise to a New Economy: How Is It Shaping Up?, The Economist, May 6. https://www.economist.com/news/briefing/21721634-how-it-shaping-up-data-giving-rise-new-economy. Acesso 08/03/2020.

TRAJTENBERG, M.A. (2018). AI as the next GPT: a Political-Economy Perspective. NBER Working Paper No. 24245.Cambridge, MA. January.

US HoR (2020). Investigation of Competition in Digital Markets. Report Subcommittee on Antitrust, Commercial and Administrative Law of the Committee of the Judiciary, US House of Representatives. Disponível em https://judiciary.house.gov/uploadedfiles/competition_in_digital_markets.pdf?utm_campaign=4493-519. Acesso 27/02/2021.

VARIAN, H. (2018). Artificial Intelligence, Economics, and Industrial Organization. NBER Working Paper No. 24839. Cambridge, MA. July.

WEF (2016). Mastering the Fourth Industrial Revolution. World Economic Forum Annual Meeting. Davos-Klosters, Switzerland, 20-23 January.

WEF (2018). Artificial Intelligence Collides with Patent Law. World Economic Forum White Paper. April. http://www3.weforum.org/docs/WEF_48540_WP_End_of_Innovation_Protecting_Patent_Law.pdf. Acesso 13/02/2021.

WIPO (2020a). Interventions to the WIPO Conversation on IP and AI. https://www.wipo.int/about-ip/en/artificial_intelligence/policy.html. Acesso 08/03/2020.

WIPO (2020b). WIPO CONVERSATION ON INTELLECTUAL PROPERTY (IP) AND ARTIFICIAL INTELLIGENCE (AI): Second Session. Revised Issues paper on intellectual property policy and artificial intelligence. WIPO Secretariat. May, 21. https://www.wipo.int/edocs/mdocs/mdocs/en/wipo_ip_ai_2_ge_20/wipo_ip_ai_2_ge_20_1_rev.pdf. Acesso 10/07/2020.

WIPO (2020c). WIPO's Second Session of Conversation on IP and Artificial Intelligence Ends with Outline of Next Steps. July, 9. https://www.wipo.int/pressroom/en/articles/2020/article_0014.html. Para os vídeos do encontro https://www.wipo.int/meetings/en/details.jsp?meeting_id=55309. Acesso 11/07/2020.

WIPO (2020d). Third Session of the Conversation on IP and AI. November 4. https://www.wipo.int/meetings/en/details.jsp?meeting_id=59168. Acesso 04/11/2020.

WIPO (2019a). Technology Trends 2019: Artificial Intelligence. Geneva: World Intellectual Property Organization.

WIPO (2019b). WIPO Conversation on Intellectual Property and Artificial Intelligence (September 27, 2019). https://www.wipo.int/about-ip/en/artificial_intelligence/news/ 2019/news0007.html. Acesso 02/10/2019.

ZUBOFF, S. M. (2019). The age of surveillance capitalism: the fight for a human future at the new frontier of power. New York: Public Affairs, First Edition: January.

2. A PROPRIEDADE INTELECTUAL NA SOCIEDADE INFORMACIONAL

Marcos Wachowicz
Pedro de Perdigão Lana

A sociedade humana evoluiu por meio de suas ferramentas tecnológicas, da antiguidade até os dias atuais. Cada era do desenvolvimento pode ser representada pela tecnologia e inovação existente em determinados períodos históricos. O Regime Internacional do Direito de Propriedade Intelectual foi instituído no final do Século XIX tendo como ambiente tecnológico os bens intelectuais advindos da Revolução Industrial. Atualmente a Sociedade Informacional se depara com desafios totalmente inéditos, frutos do avanço das novas tecnologias, tornando-se nuclear o debate do Direito da Propriedade Intelectual sobre as obras produzidas por aplicativos de Inteligência Artificial.

O entendimento das noções fundamentais do Direito da Propriedade Intelectual sobre a criatividade e originalidade para a proteção do bem intelectual é absolutamente necessário para uma adequada proteção das invenções e da inovação tecnológica. O presente estudo tem como objetivo a compreensão dos fundamentos do Direito da Propriedade Intelectual, apontando a necessidade de uma tutela jurídica adequada para novas categorias de proteção de obras criadas ou implementadas por meio de aplicativos de Inteligência Artificial.

1. Noções fundamentais do direito da propriedade intelectual

O Direito de propriedade é o poder de uma pessoa sobre um determinado bem. Em princípio, todos os bens jurídicos que se encontram na sociedade são objeto de proteção e tutela pelo Direito, quer sejam classificados como bens materiais ou imateriais.[1]

A proteção que se dispensa aos bens materiais busca coibir a subtração ou utilização inadequada, sendo certo que se trata de bens cuja existência física e corpórea torna-os passíveis de alienação, por meio da compra e venda.

A tutela jurídica da propriedade dos bens imateriais é regida por regras específicas consolidadas, expressas no Direito da Propriedade Intelectual.[2] Os bens imateriais não são passíveis de alienação por meio de instrumentos contratuais de compra e venda, mas tão-somente de cessão de direitos.

O regime jurídico que tutela os bens corpóreos não se aplica à relação jurídica que versam sobre bens imateriais, quais sejam os bens intelectuais.[3] Isto porque, em se tratando de bens corpóreos, a alienação se perfaz com a tradição da posse do bem do alienante ao adquirente.

---

[1] Bens imateriais: não possuem existência corpórea, contudo, mensuráveis economicamente, sempre são fruto da criação e do esforço do intelecto humano, que fixados em um suporte físico adequado tornam-se perceptíveis e utilizáveis nas relações sociais.

[2] "A Propriedade Intelectual pode ser conceituada como o direito de uma pessoa sobre um bem imaterial. As regras, ou leis, que disciplinam esse direito comumente estabelecem as relações de dependência entre a propriedade do bem imaterial e alguns parâmetros. O autor de uma obra literária, ou artística, usufrui da proteção relativa ao bem, concedida pelos direitos autorais, limitada a um certo período, que varia de acordo com o previsto na lei ou Convenção adotada por cada país. O direito outorgado a um inventor, o qual garante o poder deste sobre a invenção, fica condicionado a um prazo determinado pela lei. Vencido o prazo, o direito à propriedade é retirado, caindo em domínio público". BLASI, Gabriel Di. A propriedade industrial. Rio de Janeiro: Forense, 2010, p. 17.

[3] "Abrange a propriedade imaterial, tanto os direitos relativos às produções intelectuais do domínio literário, científico e artístico, como os que têm por objeto as invenções e os desenhos e modelos industriais, pertencentes ao campo industrial. Tendo a mesma natureza, o mesmo objeto, isto é, a criação intelectual, e o mesmo fundamento filosófico, além de possuírem acentuada afinidade econômico-jurídica e apresentarem inúmeros pontos de contato, esses direitos formam uma disciplina jurídica autônoma, cuja unidade doutrinária e científica repousa na identidade dos princípios gerais que regem seus diversos institutos". CERQUEIRA, João da Gama. Tratado da propriedade industrial. Rio de Janeiro: Forense, 1946, vol. I, tomo I, p. 69.

2. A PROPRIEDADE INTELECTUAL NA SOCIEDADE INFORMACIONAL

Os bens intelectuais, cuja existência imaterial impossibilita a tradição física da posse, ensejam a figura da cessão de direitos intelectuais. Ou seja, ao contrário da transferência de domínio que caracteriza a alienação de bens corpóreos, quanto aos bens imateriais dá-se apenas a transferência do direito de exploração sobre o bem intelectual.

O Direito de Propriedade Intelectual como um direito distinto, que tutela um bem imaterial perfeitamente separado do seu objeto físico, vale dizer, da obra criada, surgiu com o desenvolvimento tecnológico.

Foi com a invenção de meios técnicos de reprodução de obras intelectuais que se percebeu a necessidade econômico-social de proteção dos direitos intelectuais e a tutela jurídica da Propriedade Intelectual, essencialmente na questão da remuneração do criador; dos direitos de reprodução; e das formas de utilização do bem intelectual.[4]

A partir do final do século XIX, passou-se a analisar o bem intelectual em duas ordens distintas: como direitos patrimoniais passíveis de alienação ligados às características econômicas e pecuniárias, que consistem na faculdade de fruir, de modo exclusivo, todas as vantagens materiais que a reprodução da obra possa oferecer; e como direitos morais do autor, inerentes à sua personalidade; direitos inalienáveis, ligados à paternidade da obra, nominação ou alteração.[5]

1.1. A proteção das invenções e da inovação tecnológica

O Regime Jurídico da Propriedade Intelectual compreende toda a legislação sobre a propriedade das criações intelectuais, particularmente as invenções tecnológicas e as obras literárias e artísticas. Em relação à Pro-

---

[4] Neste sentido ver: GANDELMAN, Henrique. De Gutemberg à Internet. São Paulo: Record, 2007, p. 30.

[5] Neste sentido ver: ASCENSÃO, José de Oliveira. Direito Autoral. Rio de Janeiro: Renovar. 2.ª ed., 1997, p. 129 a 156; BITTAR, Carlos Alberto. BITTAR FILHO, Carlos Alberto. Tutela dos direitos da personalidade e dos direitos autorais nas atividades empresariais. São Paulo: Revista dos Tribunais, 2.ª ed., 2002, p. 18; ABRÃO, Eliane Y. Direito de autor e direitos conexos. São Paulo: Editora do Brasil, 2014, p. 74 a 79; CERQUEIRA, João da Gama. Tratado da propriedade industrial. Rio de Janeiro: Forense, 1946, vol. I, tomo, p. 69-70; BARBOSA, Denis Borges. Propriedade Intelectual. Direitos Autorais, Direitos Conexos e Software. Rio de Janeiro: Lumen Júris, 2003, 5-6; SILVEIRA, Newton. A Propriedade Intelectual. São Paulo: Manole., 2018, p. 66-67.

priedade Intelectual, tem-se a definição clássica de RUGGIERO como sendo:

> As obras de arte, literária, musical ou dramática, a invenção científica, a descoberta industrial, em suma todo produto do engenho não protegido nem regulado com as mesmas normas que tutelam a propriedade sobre coisas corpóreas e que seriam inaplicáveis.[6]

No mesmo sentido, acrescenta PIMENTEL:

> As diversas produções da inteligência humana e alguns institutos afins são denominados genericamente de propriedade imaterial ou intelectual, dividida em dois grandes grupos, no domínio das artes e das ciências: a propriedade literária, científica e artística, abrangendo os direitos relativos às produções intelectuais na literatura, ciência e artes; e no campo da indústria: a propriedade industrial, abrangendo os direitos que tem por objeto as invenções e os desenhos e modelos industriais, pertencentes ao campo industrial.[7]

A proteção da inovação tecnológica foi uma exigência socioeconômica, sendo estreita a relação existente entre o progresso industrial de um Estado e a observância das legislações sobre patentes de invenção e sua adequação aos tratados internacionais.

No Direito brasileiro, e na maioria das demais legislações estrangeiras,[8] a Propriedade Intelectual engloba as proteções oferecidas conjuntamente pela propriedade industrial e pelo direito de autor, compreendendo a proteção das marcas, invenções, modelos de utilidade, desenhos industriais, indicações de procedências, denominações de origem, concorrência desleal, *know-how*, direitos autorais e conexos, e os programas de computador.

---

[6] RUGGIERO, Roberto de. Instituições de direito Civil. 6ª ed., vol. II, São Paulo: Booksller, 2005, p. 462.

[7] PIMENTEL, Luiz Otávio. Direito industrial. As funções do direito de patentes. Porto Alegre: Síntese, 1999, p. 125.

[8] A exceção dos países anglo-saxões em que a tutela se opera pelo *copyright*, que é um direito reservado a determinado titular desde a concessão do primeiro registro, sua origem remonta à invenção da imprensa.

2. A PROPRIEDADE INTELECTUAL NA SOCIEDADE INFORMACIONAL

A Sociedade Informacional[9] com suas novas tecnologias ocasionou a criação de novos bens intelectuais, aqui denominados bens informacionais, classificados na categoria de bens imateriais, que em suas conjugações básicas compreendem: o programa de computador (*software*) e o próprio computador (*hardware*).

Há uma simetria no entendimento doutrinário[10] que tratam estes novos bens informacionais como uma complementação linear da perspectiva inicial de proteção dos ramos de Direito Autoral e Industrial, determinando seu enquadramento jurídico aos princípios previamente existentes.

A exclusão da patenteabilidade dos programas de computador em si é decorrente da proteção específica da tutela pelo Direito Autoral. Porém, a exclusão não se desdobra linearmente para os *softwares inventions* que combinem características de processo ou de produto com etapas de programa de computador.[11]

---

[9] Gostaria de fazer uma distinção analítica entre as noções de Sociedade de Informação e Sociedade Informacional com consequências similares para economia da informação e economia informacional. (...) Minha terminologia tenta estabelecer um paralelo com a distinção entre indústria e industrial. Uma sociedade industrial (conceito comum na tradição sociológica) não é apenas uma sociedade em que há indústrias, mas uma sociedade em que as formas sociais e tecnológicas de organização industrial permeiam todas as esferas de atividade, começando com as atividades predominantes localizadas no sistema econômico e na tecnologia militar e alcançando os objetos e hábitos da vida cotidiana. Meu emprego dos termos sociedade informacional e economia informacional tenta uma caracterização mais precisa das transformações atuais, além da sensata observação de que a informação e os conhecimentos são importantes para nossas sociedades. Porém, o conteúdo real de sociedade informacional tem de ser determinado pela observação e análise." CASTELLS, Manuel. A sociedade em rede. vol. I, São Paulo: Paz e Terra, 2013, p. 46.

[10] Nesse sentido ver: SANTOS, Manoel Joaquim Pereira dos. A proteção Autoral de Programa de Computador. Rio de Janeiro: Lumen Juris: 2008. VIEIRA, José Alberto. A proteção dos Programas de Computador pelo Direito de Autor. Lisboa: LEX, 2005. MEDEIROS, Heloisa Gomes. *Software* e Direitos de Propriedade Intelectual. Curitiba: GEDAI UFPR, 2019. WACHOWICZ, Marcos. Propriedade Intelectual do *Software* & Revolução da Tecnologia da Informação. Curitiba: Juruá, 2010.

[11] "Há patentes concedidas pelo INPI (...) que se enquadram como patentes de invenção implementadas por software, como por exemplo: PI7703604 comunicação de comandos e instruções de texto; PI7800453 processamento de palavras; PI7800454 processamento de textos; PI8008870 organização de arquivos; PI8009008 simulador de jogo de cartas e PI8108015 sistema de elevador." ABRANTES, Antônio Carlos Souza de. Patentes de inven-

É preciso lembrar que os primados clássicos da Propriedade Intelectual assentam a diferença entre o Direito Autoral e a Propriedade Industrial como sendo: quanto ao primeiro, a proteção e tutela da comunicação de ideias, da beleza e dos sentimentos do gênero humano; e quanto ao segundo, o sentido prático e transformador da matéria e da tecnologia que se pretende proteger, criando-se o direito de exploração exclusiva da mesma.

1.2. A tutela jurídica da Propriedade Intelectual no Brasil

No Brasil a tutela jurídica da Propriedade Intelectual possui como marco regulatório sobre a matéria legislações promulgadas no final do século XX, da qual destacam-se: a Lei nº 9.279/96, que regula direitos e obrigações relativas à propriedade industrial; a Lei nº 9.610/98, que veio alterar e consolidar a legislação sobre direitos autorais; e a Lei nº 9.609/98, que tutela a Propriedade Intelectual sobre os programas de computador e sua comercialização no país.

Também no Brasil os bens informacionais são considerados pela legislação como bens intangíveis. A Propriedade Intelectual do bem informacional, conjuga características advindas das tecnologias informacionais, pode ser tutelada pelo Direito Autoral ou pelo Direito Industrial.

Vale dizer que serão tutelados pelo Direito Autoral os programas de computador, os bancos de dados e compiladores de textos, digitalizadores de músicas, dentre outros. Por sua vez, o Direito Industrial encarrega-se dos equipamentos, computadores, circuitos, placas, dentre outros.

Contudo, a complexidade imanente da tutela jurídica dos bens intelectuais se multiplica com o advento da Sociedade Informacional, novas tecnologias e aplicativos de Inteligência Artificial capaz de produzir obras tuteláveis pelo Direito Autoral e Industrial ou, ainda, pelo regime do *copyright*, que vigora apenas entre os países de origem anglo saxão[12].

ções implementadas por computador e seu papel na promoção da inovação tecnológica. *In* Revista Eletrônica do IBPI – Nr. 7. Disponível em: https://ibpieuropa.org/?media_dl=366 Acesso em: 11 julho de 2021.

[12] "Desde a concessão do primeiro monopólio à indústria editorial e de comércio de livros, o Direito Autoral, o Copyright, figurava como direito reservado ao autor. Antes mesmo de ter sido formalmente estabelecido como instituto jurídico pelo *Copyright Act*, de 1709, da Rainha Ana, já haviam mecanismos de proteção a direito autoral, como o *Licensing Act,* de

2. A importância da proteção jurídica das novas tecnologias na sociedade informacional

O desenvolvimento das novas tecnologias propiciou o advento da Sociedade Informacional com avanços técnicos que estão na base do processo de globalização da economia mundial e que necessitam de uma tutela jurídica adequada para proteção da inovação e da criatividade na produção de bens intelectuais.[13]

A Sociedade Informacional possui como característica, infindáveis potencialidades de criação e difusão de obras intelectuais, seja através de aplicativos de IA, ou ainda, através da própria internet disponibilizando por meio de *softwares* uma base de informações, que a cada dia se ampliam numa velocidade surpreendente.

Contudo, evidencie-se que cada conquista tecnológica é acompanhada do surgimento de novos desafios para o Direito. Isto desde a invenção da impressão gráfica com os tipos móveis por Gutenberg. Indubitavelmente, o surgimento desta nova tecnologia trouxe novos

---

1662, que proibia a impressão de qualquer livro que não estivesse licenciado ou registrado devidamente. A partir desses dispositivos legais, consubstanciou a visão anglo-americana do copyright, que nunca foi abandonada. Na base estaria a materialidade do exemplar e o exclusivo da reprodução deste. (...) Dessa forma, o Copyright precede historicamente o Direito de Autor, mas com este não se confunde. O Copyright é muito mais limitado aos direitos de exploração econômica da obra registrada. Os países Europeu-continental e Latino-americanos adotaram o sistema de direito autoral criado pela Convenção de Berna (1886). WACHOWICZ, Marcos. COSTA, José Augusto F. Plágio Acadêmico. Curitiba: GEDAI UFPR, 2016, p. 17 e 18.

[13] "A globalização é, de certa forma, o ápice do processo de internacionalização do mundo capitalista. Para entendê-la, como de resto, a qualquer fase da história, há dois elementos fundamentais a levar em conta: o estado das técnicas e o estado da política. (...) No fim do século XX e graças aos avanços da ciência, produziu-se um sistema de técnicas presidido pelas técnicas da informação, que passaram a exercer um papel de elo entre as demais, unindo-a se e assegurando ao novo sistema técnico uma presença planetária". SANTOS, Milton. Por uma outra globalização. 4ª Ed; Rio de Janeiro: Record, 2000, p. 23.

contornos à Propriedade Intelectual,[14] mais especificamente na tutela jurídica dos direitos do criador da obra.[15]

Estas conquistas tecnológicas estimularam o surgimento de tratados internacionais norteadores de legislações estrangeiras,[16] como também do direito brasileiro.

A Propriedade Intelectual passou a englobar as proteções distintas oferecidas pelo Direito Industrial e pelo Direito do Autor. Assim, o registro de patente dos equipamentos (tipos móveis) passou a ser tutelado sob a égide jurídica da Propriedade Industrial, enquanto a obra intelectual reproduzida (livros) é tutelada e protegida pelo Direito Autoral, mas, sempre fruto do esforço intelectual.

A tutela à Propriedade Intelectual se opera no âmbito do Direito Interno e do Direito Internacional, visando à proteção da obra produ-

---

[14] Utiliza-se a expressão Propriedade Intelectual para designar as obras fruto do intelecto humano, cujo bem intelectual possui tutela e proteção pelo Direito Autoral ou pelo Direito Industrial. Isto porque, tanto a Convenção de Berna para a Proteção das Obras Literárias e Artísticas, de 9 de setembro de 1886, como a Convenção de Paris para a Proteção da Propriedade Industrial, para a Proteção das Patentes de Invenção, Marcas, Modelos de Utilidade, de março de 1883, cederam à tendência unificadora com a entrada em vigência, em 26 de abril de 1970, da Convenção de Estocolmo, que constituiu a Organização Mundial da Propriedade Intelectual (OMPI).

[15] "Com GUTEMBERG, que inventou a impressão gráfica com os tipos móveis (século XV), fixou-se definitivamente a forma escrita, e as ideias e suas diversas expressões puderam finalmente, e aceleradamente, atingir divulgação em escala industrial. Aí, sim, surge realmente o problema da proteção jurídica do direito autoral, principalmente no que se refere à remuneração dos autores e de seu direito de reproduzir e de qualquer forma utilizar suas obras". GANDELMAN, Henrique. De Gutemberg à INTERNET. São Paulo: Record, 2007, p. 28.

[16] "Os princípios em torno dos quais os interesses convergiram no momento da formação do regime, no final do século XIX, fundamentam-se na ideia de que a proteção ao fruto do trabalho intelectual estimula a criatividade e os investimentos em produção de conhecimento, além de possibilitar um maior intercâmbio entre os participantes. O modo encontrado para proteger efetivamente os bens intelectuais foi transforma-los em bens apropriáveis, isto é, mercadorias que fazem parte do comércio internacional. Os princípios, normas, regras e procedimentos que constituem o regime internacional da Propriedade Intelectual se estruturaram a partir do conceito político e jurídico de propriedade. (...) O regime a que me refiro aqui materializou-se em duas convenções internacionais, a de Berna e a de Paris, ambas promovidas e assinadas por estados em maioria europeus". GALDELMAN, Marisa. Poder e conhecimento na economia global. Rio de Janeiro: Civilização Brasileira, 2004, p. 19 e 56.

2. A PROPRIEDADE INTELECTUAL NA SOCIEDADE INFORMACIONAL

zida por um determinado criador humano. Num primeiro momento, o inventor estaria protegido de acordo com as leis de seu Estado. Num segundo, pelas normativas internacionais ou comunitárias que regulavam a Propriedade Intelectual.

Porém, essa sistemática não foi concebida para as mudanças intrínsecas ao advento da Sociedade Informacional. O processo de digitalização implicou novos contornos para os bens intelectuais, como também provocou o aparecimento de novos bens, tais como os que são produtos de aplicativos de Inteligência Artificial, os quais ganharam rapidamente relevo jurídico e expressivo valor econômico.[17]

O desenvolvimento de ferramentas de Inteligência Artificial, proporcionou grandes desafios nesse cenário, se tornando importante hoje responder à questão sobre a autoria de obras geradas com mínima (ou nenhuma) intervenção humana e a decorrente inexistência de proteção pelas regras de direitos de autor.

O confronto com o arcabouço jurídico revelou uma falta de efetiva proteção dos bens intelectuais, em contrapartida, da celeridade com que este progresso tecnológico se insere no corpo social.

O ordenamento jurídico foi surpreendido com a dinâmica estimulada pelas novas tecnologias, cuja capacidade de gerar fatos novos imobiliza o legislador, incapaz de acompanhá-la.

Neste sentido, o direito da Propriedade Intelectual encontra-se no centro das atenções e preocupações porque a Ciência do Direito com seus primados clássicos, sua lógica hierárquica, territorial e burocratizada, não concebe respostas satisfatórias à solução de conflitos da era digital apenas em imersão.

É indiscutível que no século XXI o bem intelectual esteja altamente internacionalizado, apontando para o esgotamento dos limites do tradicional estado-nação, incapaz de por si só regulamentá-lo, controlá-lo e protegê-lo.

Por certo também que este avanço tecnológico imanente da Sociedade Informacional não se desenvolve dissociado da ordem econômica.

---

[17] Notícias são inúmeras de obras produzidas por aplicativos de Inteligência Artificial que são leiloadas por valores expressivos. Veja mais em https://www.uol.com.br/tilt/colunas/ricardo-cavallini/2020/06/19/arte-produzida-por-inteligencia-artificial-e-arte.htm?cmpid=copiaecola.

Este fato levou os estados industrializados à preocupação de estabelecerem diretrizes mundiais, como base na Convenção de Paris (1883) e na Convenção de Berna (1886) e suas sucessivas revisões.

A discussão sobre o conjunto internacional de regras mínimas de Propriedade Intelectual a serem aplicadas em todos os estados está atualmente sob a responsabilidade de organismos internacionais, notadamente com a Organização Mundial da Propriedade Intelectual – OMPI e da Organização Mundial do Comércio – OMC, pautando-se pelo entendimento de que a tutela adequada deve promover a inovação e o desenvolvimento sustentável.

Neste sentido, é imperioso investigar os caminhos que o Direito terá de percorrer para uma compreensão da existência de uma criatividade computacional advinda de aplicativos de Inteligências Artificiais, para além da criatividade intelectual humana, como necessidade de atribuição de tutela e proteção jurídica. Haverá criatividade informacional num aplicativo de IA que acumula gigantescas quantias de conhecimento, dados e informações, para que a partir destes, venha criar autonomamente algo aparentemente novo, pelo fato de fazer combinações e tomar decisões previamente não determinadas, com certo grau de aleatoriedade.

Torna-se, portanto, indispensável analisar de modo detido os principais conceitos operacionais que permeiam a presente discussão, tais como: inovação e criatividade.

2.1. Os primeiros esforços de normatização internacional decorrentes da inovação da tecnologia de I.A

Os avanços tecnológicos sempre acarretaram impactos profundos na evolução da humanidade, consequentemente modificam muitas estruturas jurídicas consolidadas desde as Convenções de Paris (1883) e Berna (1886). Assim é que, em 2016, o Parlamento Europeu houve por aprovar o *Draft Report with Recommendations to the Comissionon Civil Law Rules on Robotics*, dando início a uma proposta de elaboração legislativa relativamente às regras de Direito Civil sobre robótica. No item 59, alínea 'f', há a recomendação da criação de um status legal específico para robôs a longo prazo, conferindo a entidades não humanas autônomas, com complexo desenvolvimento, o status de personalidades eletrônicas.

2. A PROPRIEDADE INTELECTUAL NA SOCIEDADE INFORMACIONAL

No plano estratégico referente a 2016-2020 da Comissão Europeia sobre *"Communications Network, Content and Technology"*, está evidente a intenção do Parlamento Europeu de refletir sobre possíveis legislações referentes a sistemas autônomos e sua alocação no mundo real, criando metas e objetivos específicos relacionados a avanços tecnológicos.[18]

A Resolução do Parlamento Europeu, de 16 de fevereiro de 2017, também contém recomendações à Comissão sobre disposições de Direito Civil sobre Robótica (2015/2103 (inl)), denominada *"Civil Law Rules on Robotics"*, que abre a possibilidade para que, em um futuro próximo, seja possível a criação de uma personalidade específica para os robôs, utilizando o termo personalidade eletrônica. Na exposição de motivos, aponta que "é exigida a elaboração de critérios para uma «criação intelectual própria» relativamente a obras passíveis de serem objeto de direitos de autor produzidas por computadores ou robôs".[19]

Mais recentemente, em 2018, a Comissão Europeia[20], em seu documento chamado *"Artifficial Intelligence: a European Approach to boost investment and set ethical guidelines"*, reafirmou a importância de o direito acompanhar as mudanças trazidas pelo advento da Inteligência Artificial.

As inovações tecnológicas decorrentes de invenções implementadas por computador[21] envolvendo aplicativos de IA, a Internet das Coisas[22], por serem áreas novas, trazem novos desafios para o sistema internacional de proteção da Propriedade Intelectual. Como também, as invenções implementadas através de programas de computador impactam áreas interdisciplinares e científicas, além do setor de Tecnologia da Informação e Comunicação TIC's, a exemplo da mobilidade/mecatrônica, das

---

[18] Disponível em: https://digital-strategy.ec.europa.eu/en/library/proposed-directive-establishing-european-electronic-communications-code Acesso em: 20 junho 2021.

[19] Disponível em: https://www.europarl.europa.eu/doceo/document/TA-8-2017-0051_PT.html Acesso em: 20 maio 2021.

[20] Disponível em: https://ec.europa.eu/info/index_pt Acesso em: 10 maio 2021.

[21] A invenção implementada por computador (*Computer Implemented Inventions* – CII) é aquela que envolve o uso de um computador, rede de computadores ou outro aparelho programável, onde uma ou mais características são realizadas total ou parcialmente por meio de um programa de computador.

[22] Internet das coisas (*Internet of Things* – IoT) é um conceito que se refere à interconexão digital de objetos cotidianos com a internet, conexão dos objetos mais do que das pessoas. Em outras palavras, a internet das coisas nada mais é que uma rede de objetos físicos capaz de reunir e de transmitir dados.

smartcitys[23], da *cybersecurity*[24], da saúde, da biotecnologia, dentre outros setores.

Diante destas novas tecnologias a Oficina de Patentes Europeia (*European Patent Office* – EPO) emitiu diretrizes para exame da patenteabilidade, avaliação de seus requisitos e características técnicas[25].

No Brasil, o Instituto Nacional de Propriedade Industrial (INPI) no mesmo sentido para auxiliar o exame técnico de pedidos de patente envolvendo invenções implementadas por computador publicou suas diretrizes em conformidade com a LPI 9.279/96 Lei da Propriedade Industrial (LPI) e com os procedimentos estabelecidos nos atos administrativos vigentes. O pedido de patente referente a invenções implementadas por computador, por se basear em um processo, é enquadrado somente na natureza de patente de invenção.[26]

Estas diretrizes de exame, mormente suas diferenças pontuais, convergem na questão da exigência de requisitos de patentabilidade e suficiência descritiva, quando da avaliação das inovações tecnológicas decorrentes de invenções implementadas por computador envolvendo aplicativos de IA.

---

[23] O conceito de *smartcitys* ou cidade inteligente integra a tecnologia da informação e comunicação (TICs), conjugando vários dispositivos físicos conectados à rede de computadores, que estão na base da Internet das Coisas para otimizar a eficiência das operações e serviços da cidade e conectar-se aos cidadãos. As TICs estão na infraestrutura das informações e dados cuja tecnologia monitora, operacionaliza e otimiza os recursos para melhor eficiência dos serviços públicos, para isso utiliza sensores eletrônicos capazes de coletar dados e usá-los em tempo real para gerenciar sistemas de tráfego, usinas de energia, abastecimento de água, saneamento, segurança, hospitais, mobilidade urbana, e diversos outros serviços para a comunidade.

[24] O conceito de *cybersecurity* ou cibersegurança é a proteção de sistemas de computador contra roubo ou danos ao hardware, software ou dados eletrônicos, bem como a interrupção ou desorientação dos serviços que fornecem. Atualmente é ainda mais vulnerável devido crescimento das redes sem fio como a INTERNET, o *Bluetooth* e Wi-Fi, como também os dispositivos *smartphones*, televisores e vários outros tantos dispositivos pequenos que estão na infraestrutura da Internet das Coisas, cuja complexidade tanto em termos de política quanto de tecnologia, é um dos maiores desafios do mundo contemporâneo.

[25] Disponível em: https://www.epo.org/law-practice/legal-texts/html/guidelines/e/j.htm Acesso em: 10 julho de 2021.

[26] Disponível em: https://www.gov.br/inpi/pt-br/servicos/patentes/legislacao/legislacao/PortariaINPIPR4112020_DIRPAInvenesImplementadasemComputador_05012021.pdf Acesso em 10 julho de 2021.

Em 2019, a Organização Mundial da Propriedade Intelectual – OMPI publicou relatório amplo sobre a Inteligência. Artificial[27], apontando-a como a nova fronteira digital que trouxe impacto profundo e transformador no mundo atual. O relatório afirma que, a grande questão pode não ser qual será a próxima descoberta ou criação, mas sim como as tecnologias de IA emergentes serão aplicadas em diferentes áreas da ciência e das artes.

No tocante as obras de arte e as expressões artísticas, são imediatamente resultado da criatividade intelectual da pessoa humana, tanto individualmente como emergindo de um contexto cultural que lhe é intrínseco.

Porém, as novas tecnologias de IA trazem a questão da existência da criatividade informacional dos aplicativos de IA, levantando a hipótese da substituição do sujeito humano, que produz a arte, por uma entidade completamente imaterial e inédita, um algoritmo de IA, como se descortinasse um ramo artístico totalmente inovador com potencial de estabelecer novos paradigmas.

A existência de obras de arte produzidas a partir de aplicações de IA, além do esclarecimento a respeito da natureza jurídica da entidade de Inteligência Artificial[28] no recorte deste estudo, se faz necessário uma reflexão sobre o critério de originalidade e criatividade para a atribuição de tutela jurídica dos direitos intelectuais.

2.2. A Criatividade Informacional vs Criatividade Humana

Atualmente, programas de IA já estão produzindo obras artísticas com as mesmas características e técnicas de grandes músicos, pintores e escritores da história da cultura universal.

---

[27] Disponível em: https://www.wipo.int/edocs/pubdocs/en/wipo_pub_1055.pdf. Acesso em 07 de maio 2021.

[28] "O raciocínio, o pensamento, a consciência e a vontade são componentes intrínsecos da natureza humana. Se for possível enquadrá-los na categoria dos direitos de personalidade, em face dos estudos concernentes ao desenvolvimento da Inteligência Artificial dos computadores e entes congêneres, a humanidade ver-se-á diante do seguinte dilema jurídico: sendo os direitos de personalidade irrenunciáveis, inalienáveis e intransmissíveis, como se poderia justificar, sob a ótica do Direito, a existência de uma Inteligência Artificial, a qual implicaria no mínimo e necessariamente a imitação ou a reprodução nas máquinas daquelas qualidades acima citadas inerentes ao ser humano?" CASTRO JÚNIOR, Marco Aurélio de. Direito Robótico: personalidade jurídica do robô. 2ª edição, Salvador, 2019. P. 259-260.

Prêmios literários são atribuídos a obras fruto de aplicativos de IA Recentemente, um aplicativo de IA, desenvolvido por uma empresa alemã, houve por completar a 10ª Sinfonia de Beethoven, mundialmente conhecida como "a inacabada", obra que muitos compositores não se atreveram a realizar.

A questão fundamental se coloca: existiria criatividade informacional capaz de ter um valor estético suficiente para que lhe possa ser atribuída uma tutela jurídica no plano dos Direitos Autorais? E, havendo, de quem seria, então a titularidade da criatividade e o esforço intelectual empreendido, uma vez que este somente poderia ser atribuído ao autor enquanto uma pessoa, como fruto da criatividade intelectual humana.

Torna-se, portanto, indispensável analisar de modo detido os principais conceitos operacionais que permeiam a presente discussão, tais como: inovação e criatividade.

A princípio ressalte-se o próprio conceito e definição de autor, como sendo exclusivo do ser humano, como razão de existência do próprio sistema jurídico. Neste sentido chamou a atenção para este importante debate o famoso caso *"Naruto et al v. David Slater"* (*selfie* do macaco), quando a Corte estadunidense firmou entendimento de que um macaco não pode possuir Direitos Autorais.

Porém, esta questão relacionada aos Direitos Autorais e IA ainda persiste: existe a possibilidade de um não-humano ser considerado um autor? Existe criatividade informacional? Ou ainda como aferir originalidade a uma obra produzida por aplicativos de IA?

Primeiramente, é preciso ter-se claro que o Regime Internacional de Tutela do Direito Autoral a partir da Convenção de Berna (1886), erigido a partir da percepção de um direito personalíssimo do autor, tem como base os Direitos Morais do Autor sobre sua obra, e o Direito Patrimonial, decorrente da possibilidade de utilização econômica da obra com a comunicação ao público, publicação, distribuição e disponibilização.

O aspecto moral do Direito Autoral é a base e o limite do aspecto patrimonial, por ser indissociável à personalidade do criador.[29]. Com a

---

[29] MENDONÇA, Saulo Bichara. PATRÃO, Benedicto de Vasconcellos Luna Gonçalves. Refletindo sobre Direitos Autorais ante a iminente transformação no âmbito de incidência dos Direitos da Personalidade a partir do caso da *selfie* da macaca. Anais do XII Congresso

melhor compreensão do fenômeno tecnológico na Sociedade Informacional, se faz necessário um alargamento da visão jurídica meramente antropocêntrica, centrada no direito da pessoa – o que por si só já determina profundas mudanças de paradigma.

A realidade tecnológica dos algoritmos de IA, combinados com outras formas de manifestação criativas, é analisada geralmente numa classificação de uma IA forte e uma IA fraca[30].

A primeira se consubstancia na ideia de que as máquinas podem alcançar e serem capazes de pensar igual ou melhor que uma pessoa, tendo níveis de consciência, criatividade e autonomia com expressões artísticas consistentes. A segunda se baseia na ideia de que as máquinas podem simular comportamentos humanos sem os níveis de consciência, nem de autonomia.

A questão da originalidade e criatividade é de fundamental importância para a definição dos direitos autorais, tendo o judiciário se posicionado muitas vezes, chegando a debates sobre a própria percepção do que é arte.[31]

---

de Direito de Autor e Interesse Público Coordenadores: Marcos Wachowicz, Marcia Carla Pereira Ribeiro, Sérgio Staut Jr e José Augusto Fontoura Costa, 2018: Curitiba, p. 613.

[30] Não é possível afirmar que as aplicações de IA mais avançadas dos dias de hoje passariam no Teste de Turing, proposto por Alan Turing para determinar a inteligência das máquinas. Almir Olivette Artero explica com detalhes como funciona o teste: "Neste teste, dois seres humanos, A e B, e um computador, C, são colocados em um ambiente de forma que não haja comunicação entre A,B,C, a não ser através de um dispositivo do tipo terminal de computador. O humano A representa o papel do interrogador e seu objetivo é descobrir, analisando as respostas de B e C, qual deles é o computador. Caso A não consiga determinar, com um mínimo de 50% de precisão, qual do dois (B ou C) é o outro humano, e tal resultado seja confirmado por outras pessoas representando o papel de A e B, diz-se que o computador C passou pelo Teste de Turing e, portanto, a máquina simula a inteligência humana". ARTERO, Almir Olivette. Inteligência Artificial: teoria e prática. São Paulo, Editora Livraria da Física, 2009, 1ª edição, P.16.

[31] LANA, Pedro de Perdigão. A questão da autoria em obras produzidas por Inteligência Artificial. Publicado na Revista Estudos M do Instituto Jurídico da Universidade de Coimbra, Estudos de Doutoramento & Mestrado. Outubro/ 2019. Disponível em: https://www.gedai.com.br/wp-content/uploads/2020/07/ARTIGO_-PEDRO-LANA_-A-questao_da_autoria_em_obras_produzidas.pdf. Acesso em: 20 abril 2021.

Nos Estados Unidos a legislação de *Copyright Act* tem a originalidade como requisito para atribuição do direito autoral. A Suprema Corte estadunidense, no emblemático caso *Feist Publications, Inc. v. Rural Telephone Service Co.*[32], ao analisar a possibilidade de proteção por *Copyright* a uma lista telefônica, estabeleceu que para uma obra ser considerada original é mínimo, mas necessário um certo grau de criatividade.

A criatividade é um elemento chave para se definir a proteção do Direito Autoral. Portanto, na medida que o processo criativo for entendido como faculdade exclusiva humana, restará erigida uma forte barreira para que uma obra derivada de um processo computacional de IA, decorrente de uma criatividade informacional, seja considerada desprovida de tutela ou proteção.

Em 2018, pela primeira vez nos Estados Unidos uma obra de arte produzida por aplicativo de IA foi levada a leilão e arrematada por quatrocentos e trinta e dois mil e quinhentos dólares[33]. Foi a mesma empresa que, em 2020, desenvolveu outro aplicativo de IA, o algoritmo de GAN (*Generative Adversarial Networks*), com a finalidade de criar uma outra obra de arte a partir de uma imensa base de dados digitais, utilizando mais de cinco mil imagens de satélite[34].

O processo informacional de um aplicativo de IA decorrente de uma criatividade informacional advêm da acumulação de enormes quantias de informação e dados que lhe são dados para processamento, criando a partir disto algo aparentemente novo, recombinando e refundido.

Porém, poderá a criatividade informacional criar algo absolutamente novo e inédito, com categorias, conceitos e ideias com as quais nunca tenha tido qualquer tipo de contato? Uma aplicação de IA será capaz de possuir real originalidade sem que seja fruto ou derivação das informações introduzidas e utilizadas de entrada em seu algoritmo?

A partir do entendimento de que a criação intelectual humana emerge de um contexto cultural intrínseco na obra de arte "toda ideia

---

[32] Case: Feist Publications, Inc. v. Rural Telephone Service Co., Inc. – 499 US 340, 111 S. Ct. 1282 (1991) – Disponível em: https://www.lexisnexis.com/community/casebrief/p/case-brief-feist-publications-inc-v-rural-telephone-service-co-inc. Acesso em: 02 maio 2021.

[33] Disponível em https://obvious-art.com/portfolio/edmond-de-belamy. Acesso em: 20 maio 2021.

[34] Disponível em: Disponível em https://obvious-art.com/a-bright-future. Acesso em: 20 maio 2021.

criativa seria simplesmente uma questão de justaposição ou combinação de informações previamente existentes em diferentes configurações"[35], de modo que não existiria, em princípio, qualquer barreira para que aplicações de IA pudessem ser consideradas criativas.

A Criatividade Informacional fruto de aplicação de IA concebida para produzir arte, será semelhante a criatividade intelectual humana na obra do artista, que tem uma amálgama de trabalhos criativos anteriores vividos e apreendidos pelo próprio artista. Isso faz com que a arte como um todo não possa ser encerrada em momentos episódicos, as obras de arte, mas tomada em sua totalidade, levando-se em consideração também o processo criativo e de influências culturais que levou uma obra a tomar esse ou aquele rumo[36].

A importância que o desenvolvimento da arte e das expressões artísticas para a sociedade em todas as modalidades que as novas tecnologias permitem exprimir ideias e sentimentos, consolida a noção de cultura, essencial para o indivíduo e para a coletividade. Segundo José de Oliveira Ascenção:

> Todo o direito atribuído deve servir simultaneamente o interesse público e o interesse privado. O atual empolamento dos poderes privados faz-se à custa do interesse coletivo. Quando a solução está pelo contrário na busca do necessário equilíbrio, de modo que aqueles interesses não se digladiem, mas se combinem harmoniosamente na máxima satisfação das suas finalidades. Por isso o direito autoral deve ser ancorado nas duas vertentes antagônicas que contém, a de propulsor e a de entrave à disseminação cultural.[37]

No que se refere à originalidade de uma obra, independentemente de ter sido produzida por um humano ou uma aplicação, ela dever ser tomada como inovadora quando tem sucesso em continuar o fluxo cria-

---

[35] CASTRO JÚNIOR, Marco Aurélio de. Direito e Pós-humanidade: quando os robôs serão sujeitos de direito. Curitiba: Juruá, 2013, p. 85.

[36] WACHOWICZ, Marcos. GONÇALVES, Lukas Ruthes. Inteligência Artificial e Criatividade: Novos Conceitos na Propriedade Intelectual. Curitiba: GEDAI, 2019, p. 73.

[37] ASCENSÃO, José de Oliveira. O direito autoral numa perspectiva de reforma. P. 18. WACHOWICZ, Marcos. DOS SANTOS, Manuel Joaquim Pereira. (org.). Estudos de direito do autor e a revisão da lei dos direitos autorais. Florianópolis, Fundação Boiteux, 2010.

tivo que a inspirou. Isso habilitaria aplicações de IA a apresentarem, sim, produtos originais.

As áreas de aplicações de IA são inúmeras e capazes de produzir trabalhos criativos tal qual humanos, com pouca ou nenhuma intervenção humana.

Atualmente, os campos com mais pedidos de patentes, segundo o próprio Relatório da OMPI já mencionado, são aqueles vinculados à IA, como transporte, incluindo carros autônomos, *drones* e aviões, ou ainda, nas ciências médicas com aplicações como coleta de dados médicos e médicos relacionados, diagnósticos e previsões, além das inovações implementadas por computador.

Conclusões

O estudo do Direito da Propriedade Intelectual passa necessariamente pelo conhecimento da tecnologia existente em determinada sociedade, para que se possa promover uma adequada regulação jurídica.

As Convenções de Paris (1883) e Berna (1883) foram verdadeiros marcos no direito, criando novos institutos e construindo um sistema internacional de tutela da Propriedade Intelectual.

A compreensão destes institutos à nível internacional e nacionais, que emerge da evolução tecnológica são componentes fundamentais para uma proteção de obras intelectuais na Sociedade Informacional.

Os desafios para o Direito Autoral e Industrial no tocante a proteção das obras autorais, das invenções e das inovações passam pela percepção sistêmica, na qual o Direito da Propriedade Intelectual é nuclear no debate das obras e inventos fruto das novas tecnologias, nomeadamente as decorrentes de aplicativos de IA

A construção de novas categorias conceituais de tutela jurídica e necessidade de atualização da legislação de Propriedade Intelectual são questões que emergem do presente estudo, tal como a tutela jurídica da IA nas diversas áreas de suas múltiplas aplicações.

O avanço tecnológico com os aplicativos de Inteligência Artificial exigirá cada vez mais, que o direito se adapte à realidade.

O alcance do desenvolvimento das empresas tecnológicas é complexo, muitas vezes estão encobertos por segredos industriais, como no caso específico de aplicativos de IA Muitas empresas relutam em torná-los públicos para melhor proteger os bens intelectuais por ela gerados.

2. A PROPRIEDADE INTELECTUAL NA SOCIEDADE INFORMACIONAL

A sociedade toma conhecimento dos avanços tecnológicos, agora com o fenômeno da produção de obras de cunho artísticos

A construção conceitual do Direito da Propriedade Intelectual necessita refletir sobre as relações envolvendo novas tecnologias de IA para promover processos legislativos que venham oferecer soluções para algumas das problemáticas levantadas no presente trabalho.

É importante que, não só as empresas, startups, centros de tecnologia, como também os operadores do direito compreendam o impacto dos algoritmos de IA, seja na discussão do que é arte e autoria, como também nos produtos tecnológicos gerados.

Os direitos intelectuais sempre tiveram de ser (re) pensados no momento em que tecnologias novas apresentaram o potencial de modificar processos de criação artísticas e processos de produção industriais.

Agora, com a tecnologia dos algoritmos de IA é de fundamental o debate sobre a possibilidade de se criarem novos modelos de proteção que resguardem as prerrogativas dos criadores de forma justa, conectado com a realidade fática de uma sociedade profundamente impactada pelo advento da Inteligência Artificial e dos algoritmos, na mesma medida que possibilite acesso e utilização destes novos bens pela sociedade como um todo.

Referências

ABRÃO, Eliane Y. Direito de autor e direitos conexos. São Paulo: Editora do Brasil, 2014.

ABRANTES, Antonio Carlos Souza de. Patentes de invenções implementadas por computador e seu papel na promoção da inovação tecnológica. *In* Revista Eletrônica do IBPI – Nr. 7. Disponível em: https://ibpieuropa.org/?media_dl=366. Acesso em: 11 julho de 2021.

ARTERO, Almir Olivette. Inteligência Artificial: teoria e prática. São Paulo, Editora Livraria da Física, 2009, 1ª edição.

ASCENSÃO, José de Oliveira. Direito Autoral. Rio de Janeiro: Renovar. 2.ª ed. 1997.

ASCENSÃO, José de Oliveira. O direito autoral numa perspectiva de reforma. WACHOWICZ, Marcos. SANTOS, Manuel Joaquim Pereira dos. (org.). Estudos de direito do autor e a revisão da lei dos direitos autorais. Florianópolis, Fundação Boiteux, 2010.

BARBOSA, Denis Borges. Propriedade Intelectual. Direitos Autorais, Direitos Conexos e Software. Rio de Janeiro: Lumen Júris, 2003, 5-6; SILVEIRA, Newton. A Propriedade Intelectual. São Paulo: Manole., 2018.

BITTAR, Carlos Alberto. BITTAR FILHO, Carlos Alberto. Tutela dos direitos da personalidade e dos direitos autorais nas atividades empresariais. São Paulo: Revista dos Tribunais, 2.ª ed. 2002.

BLASI, Gabriel Di. A propriedade industrial. Rio de Janeiro: Forense, 2010.

CASTELLS, Manuel. A sociedade em rede, vol. I São Paulo: Paz e Terra, 2013.

CASTRO JÚNIOR, Marco Aurélio de. Direito e Pós-humanidade: quando os robôs serão sujeitos de direito. Curitiba: Juruá, 2013.

CASTRO JÚNIOR, Marco Aurélio de. Direito Robótico: personalidade jurídica do robô. 2ª edição, Salvador, 2019.

CERQUEIRA, João da Gama. Tratado da propriedade industrial. Rio de Janeiro: Forense, 1946, vol. I, tomo I.

GALDELMAN, Marisa. Poder e conhecimento na economia global. Rio de Janeiro: Civilização Brasileira, 2004.

GANDELMAN, Henrique. De Gutemberg à Internet. São Paulo: Record, 2007.

LANA, Pedro de Perdigão. A questão da autoria em obras produzidas por Inteligência Artificial. Publicado na Revista Estudos M do Instituto Jurídico da Universidade de Coimbra, Estudos de Doutoramento & Mestrado. Outubro/ 2019. Disponível em: https://www.gedai.com.br/wp-content/uploads/2020/07/ ARTIGO_-PEDRO-LANA_-A-questao_da_autoria_em_obras_produzidas. pdf Acesso em: 20 abril 2021.

MEDEIROS, Heloisa Gomes. *Software* e Direitos de Propriedade Intelectual. Curitiba: GEDAI UFPR, 2019.

MENDONÇA, Saulo Bichara. PATRÃO, Benedicto de Vasconcellos Luna Gonçalves. Refletindo sobre Direitos Autorais ante a iminente transformação no âmbito de incidência dos Direitos da Personalidade a partir do caso da *selfie* da macaca. Anais do XII Congresso de Direito de Autor e Interesse Público Coordenadores: Marcos Wachowicz, Marcia Carla Pereira Ribeiro, Sérgio Staut Jr e José Augusto Fontoura Costa, Curitiba: GEDAI, 2018.

PIMENTEL, Luiz Otávio. Direito industrial. As funções do direito de patentes. Porto Alegre: Síntese, 1999.

RUGGIERO, Roberto de. Instituições de direito Civil. 6ª ed. vol. II. São Paulo: Booksller,2005.

SANTOS, Manoel Joaquim Pereira dos. A proteção Autoral de Programa de Computador. Rio de Janeiro: Lumen Juris: 2008.

SANTOS, Milton. Por uma outra globalização. 4ª Ed; Rio de Janeiro: Record, 2000.

VIEIRA, José Alberto. A proteção dos Programas de Computador pelo Direito de Autor. Lisboa: LEX, 2005.

WACHOWICZ, Marcos. COSTA, José Augusto F. Plágio Acadêmico. Curitiba: GEDAI UFPR, 2016.

WACHOWICZ, Marcos. GONÇALVES, Lukas Ruthes. Inteligência Artificial e Criatividade: Novos Conceitos na Propriedade Intelectual. Curitiba: GEDAI, 2019.

WACHOWICZ, Marcos. Propriedade Intelectual do *Software* & Revolução da Tecnologia da Informação. Curitiba: Juruá, 2010.

3. LEI DE PROPRIEDADE INDUSTRIAL – DE VOLTA PARA O FUTURO

Kone Prieto Furtunato Cesário
Victor André Santos de Lima
Débora Cristina de Andrade Vicente

Introdução

O presente ensaio acadêmico foi concebido sob o método hipotético dedutivo, com objetivo de questionar o cabimento das normas positivadas pela Lei 9.279/96 frente à realidade disruptiva da IA. Tratou-se aqui de questionar a relação do sistema de recompensas da propriedade industrial para o criador humano, a ficção jurídica da empresa e a IA. Para tanto, o estudo é dividido em dois eixos: a titularidade e a violação dos direitos industriais, especificadamente: patentes, desenhos industriais e marcas; e sem adentrar em aspectos de direitos autorais que circundam esses ativos da propriedade industrial.

Assim, este artigo se propõe discutir a aplicabilidade dos dispositivos da LPI, em face do avanço do desenvolvimento da IA como criador. Por meio de um olhar contemporâneo vários argumentos foram demonstrados sobre a aplicação plena da IA como meio e de suas barreiras legais em ser tratada como criadora. Em uma análise entre passado, presente e futuro, procurou-se tencionar acepções jurídicas relativas à IA, levando em consideração suas enormes possibilidades de uso e avanços para o futuro da Lei.

A Lei de Propriedade Industrial trouxe avanços para além do sistema de recompensas, como, por exemplo, incentivar o desenvolvimento econômico do Brasil. Tal lei é o motivo pelo qual o país se destacou, na época, como país emergente voltado à inovação e ao crescimento tecnológico. Não à toa, durante sua tramitação, diversas emendas foram necessárias para adequá-la ao contexto da sociedade.

Desde o final do século XIX, por meio de alguns passos largos e outros custosos, o Brasil tem optado pelo estabelecimento de um sistema de direito capaz de promover o incentivo ao desenvolvimento da tecnologia e da criatividade. Até o momento, o sistema de recompensa previsto por lei garante proteção ao criador humano, e à atividade do comerciante ou industrial.

Diante da análise da atual lei e tendo em vista o progressivo desenvolvimento da IA pela perspectiva inovativa e inventiva, o que a lei brasileira prevê no caso de uma IA ser ou poder ser utilizada como agente criador ou meio de procedimentos?

Já se tem ciência de que a IA, cada vez mais, está sendo utilizada por vários tribunais de justiça em todo território nacional, inclusive pelo (STF) Supremo Tribunal Federal. Tal fato nos provoca a pensar sobre os efeitos e consequências disruptivas da IA na aplicação dos princípios e direitos de propriedade industrial.

1. Passado

A humanidade sempre foi criativa e engenhosa, mas, historicamente, apenas em meados do século XV surge a ideia na Europa (Itália e Inglaterra) de incentivar essa engenhosidade com um sistema de exclusivos e recompensas. Nos séculos XVII e XVIII, a Inglaterra aprimora esse sistema por meio do Estatuto dos Monopólios e da Lei de Patentes (MACEDO, 2000, p. 2). No Brasil, ainda no início do século XIX, estabeleceu-se a proteção dos direitos do inventor (SICHEL, 2011, p. 47) pelo sistema de patentes.

João da Gama Cerqueira ensina que a propriedade industrial tem por objetivo a proteção da inteligência e do engenho humano, incluindo *"outros objetos que não constituem propriamente frutos do trabalho intelectual, mas que são protegidos a outros títulos"* (1946, p. 73) e as leis da propriedade industrial *"tendem essencialmente à proteção do trabalho, diretamente ou através de seus resultados econômicos"* (*Ibidem*, p. 80), tratando-se de um sistema de recompensa que garante proteção: *(i)* ao criador humano através da exploração exclusiva das suas criações industriais; *(ii)* ao comerciante ou industrial através da proteção do fruto de seu trabalho e os resultados de sua atividade; e *(iii)* à atividade do comerciante ou industrial através da proteção da soma de resultados e vantagens concretizados (*Ibidem*, p. 81). Esse sistema de proteção consistiu numa série de técnicas de controle da concorrência nos países de economia de mercado, assegurando o investimento da empresa em seus elementos imateriais (BARBOSA: 2010, p. 23).

Uma breve análise da história da legislação demonstra que sempre foi um desafio sopesar os interesses dos inventores e o desenvolvimento dos países; por exemplo, até fins do século XIX, as leis nacionais conferiam proteção somente aos inventores do próprio país (BARBOSA, 2010, p. 14). Assim, a Convenção de Paris de 1883[1] é um marco legal na internacionalização da propriedade industrial, notável pela uniformização e criação de direitos mínimos. O ápice ocorreu na Rodada do Uruguai (1986-1994), quando se concluiu, por meio do Tratado de Marraquexe (1994), que o Acordo Geral de Tarifas e Comércio (1948-1994 GATT) abarcasse também novos padrões de proteção à propriedade intelectual, o qual posteriormente foi chamado de Acordo sobre Aspectos dos Direitos de Propriedade Intelectual Relacionados ao Comércio (BARBOSA, 2010, p. 15).

O *Trips* representou um avanço para Luiz Felipe Palmeira Lampreia (1995, p. 259) no objetivo de proteger a propriedade intelectual à nível internacional, porque dispõe sobre a aplicabilidade dos princípios básicos e estipula a obrigação dos estados membros estabelecer, no contexto de suas legislações, direitos de propriedade intelectual considerados adequados para assegurar a proteção dos bens intelectuais (DA GAMA, 2011, p. 43).

À época o Brasil buscou evitar que os resultados de tal acordo requeressem modificações adicionais na lei brasileira e nos projetos em exame no Congresso. Atualmente no Brasil, o direito de propriedade industrial está reconhecido expressamente no artigo 5º, inciso XXIX, da Constituição Federal de 1988 e regulamentado, de acordo com o *Trips,* na Lei especial 9.279/1996, cabendo ao INPI (Instituto Nacional da Proprie-

---

[1] Conhecida também como CUP, com suas várias revisões ao longo do tempo: Bruxelas de 1900, Washington de 1911, Haia de 1925, Londres de 1934, Lisboa de 1958 e Estocolmo de 1967.

dade Industrial) executar a legislação e normatizar os procedimentos necessários para o Estado outorgar um título de proteção para elementos que são pontos de partida na geração de novas tecnologias, novos empreendimentos e novos negócios (DOS SANTOS, 2018, p. 97), numa sistema nacional e internacional que foi e é essencial ao desenvolvimento socioeconômico do Estado (BARCELLOS, 2010, p. 70).

A concessão de uma patente, por exemplo, privilegia não apenas o desenvolvimento de nova tecnologia, mas também o seu aprimoramento, visando torná-la viável do ponto de vista industrial. Esse sistema é capaz de proporcionar o desenvolvimento da criatividade humana, desafiando as corporações ou centros de pesquisa em dar andamento à criação de novas técnicas e trazê-las para o campo produtivo (PINHEIRO, 2013, p. 48). Ao mesmo tempo, quando o sistema estabelece recompensas temporárias propõe um balanceamento entre os interesses públicos e privados, permitindo tanto a recompensa individual como o uso social da invenção (CRUZ, 2008, p. 20 e BARCELLOS, 2010, p. 69-70).

Diante do passado, presente e do futuro por meio de uma IA disruptiva a nível mundial, o atual cenário legislativo brasileiro demonstra que carece e irá carecer cada vez mais de desenvolvimento e aperfeiçoamento, motivo pelo qual se faz necessária a reflexão abaixo.

2. Presente

A nossa atual legislação ainda não avançou em determinados temas quando comparada as de alguns países. Por exemplo, somente é possível registrar marcas visualmente perceptíveis, excluindo, por conseguinte, a possibilidade de registro de sinais sonoros, gustativos e olfativos, como em outros países se faz há muitos anos. Em relação à IA, também há muito o que ser questionado frente à atual legislação.

É importante fazer um recorte de método sobre duas formas de olhar a IA: uma como um agente criador e outra como um meio para um fim. Como agente a IA se refere à possibilidade de assumir o papel de criador ou inventor ou de titular de um ativo de propriedade industrial, enquanto como meio diz respeito à possibilidade de usá-la para agilizar procedimentos, assim como é feito em alguns órgãos do Poder Judiciário[2].

---

[2] Portaria nº 271 de 04/12/2020 e a Resolução nº 332 de 21/08/2020 do Conselho Nacional de Justiça.

São conhecidos os projetos do STF e do Superior Tribunal de Justiça (STJ) no que se refere à IA. A título de exemplo, vale citar que um dos trabalhos de uma IA do STF, chamada de VICTOR, consiste em analisar todos os recursos extraordinários daquele tribunal a fim de encontrar quais estão relacionados a temas de repercussão geral. A finalidade, portanto, é reduzir o número de processos que tratam de temas já definidos. Ou seja, esta ferramenta traz uma série de vantagens para o país, principalmente no que tange à celeridade processual (ANDRADE, 2020, p. 321 e 322).

Considerando este fato é certo que alguns processos administrativos do INPI, que são regulados pela própria Lei de Propriedade Industrial, também poderiam ser agilizados por uma IA. Por exemplo, procedimentos vinculados aos artigos 22, 23, 24, 35, 101, 102 da LPI, que se referem à análise de vícios no pedido, poderiam ser realizados por uma IA, a exemplo do VICTOR, assim como a verificação dos requisitos de novidade ou anterioridade, o que pouparia o tempo da equipe técnica de examinadores. Sob esta ótica, há um rol extenso de procedimentos administrativos no campo da propriedade intelectual que poderiam ser realizados por uma IA.

Durante o XXXIX Congresso Internacional da Propriedade Intelectual da ABPI, realizado em 2019, o INPI chegou a anunciar uma iniciativa de utilizar IA para dar celeridade na busca e análise de patentes no Brasil, o que vai ao encontro com a ideia e benefícios da IA como meio. É notável a tentativa de modernização tecnológica do INPI, como um *hackathon* que aconteceu entre os dias 5 a 12 de abril de 2021 e o Plano PI Digital, que visou a transformação digital dos serviços do INPI (INPI, 2019). Contudo, as mazelas da administração pública federal com a falta de servidores e recursos oriundos do governo ainda deixam longe a concretização de um uso maior da IA como meio e forma de melhorar a prestação do serviço público.

Outro campo de uso da IA meio, ainda pouco utilizado pelos operadores da propriedade industrial, pode ser explorado no âmbito privado, dado o potencial desta tecnologia para fiscalizar o respeito aos direitos da propriedade industrial, perfazendo jus ao artigo 42, §1 e 130 da LPI. Um exemplo desta aplicação é o uso que o TCU (Tribunal de Contas da União) vem fazendo da IA para fiscalizar compras realizadas com recursos públicos, rastreando diversas licitações e contratações, autuando

22 processos num montante que supera R$ 220.000.000,00 (SECOM TCU: 17/08/2020), o que demonstra que este caminho está aberto para ser explorado no Brasil, assim como já é feito em alguns países pelos próprios titulares da propriedade intelectual ou empresas privadas.

Hodiernamente, diversas empresas estão utilizando IA não apenas para criar ativos de propriedade industrial, mas também para fiscalizar violações de direitos de propriedade industrial ao redor do mundo. Há IA para rastrear em banco de dados, em plataformas digitais, e *in loco* o uso ilícito de marcas, patentes, desenhos industriais etc. Por exemplo, a IBM *Research* desenvolveu o *Crypto Anchor Verifier*, que usa IA para verificar a autenticidade de um bem usando câmera de um celular e *blockchain.*

Por outro lado, nem tudo são rosas, e, sim, existem muitos espinhos. Já são conhecidos alguns casos em que a IA foi utilizada para auxiliar meios de violação de direitos de propriedade intelectual. Já há registros de uso de IA para criar e melhorar falsificações, determinando desde a forma de produção até os materiais necessários para o ato ilícito. O uso indevido dos *deepfakes* se enquadra nesta categoria, uma vez que seus algoritmos são orientados a utilizar um banco de dados para criar imagens, vídeos e até mesmo copiar a voz de uma pessoa (KIETZMANN *et al.*, 2019, p. 3-4), podendo, portanto, ludibriar outrem a fim de gerar benefícios para os fraudadores. Assim, considerando que a IA é capaz de replicar movimentos e fala de pessoas, poderia então ser utilizada para praticar outras condutas ilícitas.

Nesse sentido, da mesma forma que o sistema jurídico precisa criar mecanismos para regular o uso de IA e, quem sabe, garantir direitos para a mesma, também será necessário repensar meios de limitar e punir o uso indevido de uma IA. Isso para que exemplos como o da TayTweets, IA lançada pela Microsoft Corporation em 2019 – que gerou um péssimo resultado logo após sua liberação, devido às publicações de cunho racistas e preconceituosos na plataforma do Twitter – não se tornem recorrentes, muito menos banalizadas.

A IA como criadora de bens intelectuais não é o amanhã, mas sim o presente. O Brasil é signatário de diversos tratados internacionais como o PCT, que permite a solicitação internacional de pedidos de registro de patente, e em alguns países signatários já foram solicitados registros de patente em que o inventor é uma IA. Um dos casos mais conhecidos é a IA DABUS, criada por Stephen L. Thaler – Presidente da Imagination Engines, que teve publicado um pedido de patente nº WO 2020/079499 A1 – 2020, cujo inventor é a DABUS, sendo a primeira vez que uma IA é citada como inventor num pedido de patente.

Porém, infelizmente, diante desta situação, o *U.S. Patent and Trademark Office* já decidiu de forma contrária, assim como ocorreu no Reino Unido e em outros países, cujos argumentos foram pautados no fundamento de que somente pessoa física poderia ser considerada como um inventor (NURTON, 2020, s/p).

O que acontecerá se esse pedido for reivindicado no INPI? Por essa razão, é necessário analisar o cabimento da LPI, como está vigorando, para o enfrentamento de pedidos de registros cujo inventor e/ou titular de um bem de propriedade industrial seja uma IA. Nesse contexto, analisou-se normas da LPI sobre titularidade e autoria de bens intelectuais visando encontrar um provável posicionamento para a hipótese acima.

O artigo 4º da LPI, que limita a aplicabilidade das disposições de tratados internacionais às pessoas físicas e jurídicas, é o ponto de partida pelo qual não seria possível reconhecer o título de inventor a uma IA, mesmo advinda de um pedido PCT, uma vez que, desconhecendo a natureza jurídica da IA, essa norma impossibilitaria o INPI de reconhecer a IA como inventor. Além disso, em que pese no capítulo I da LPI não haver nenhuma previsão explícita de que o criador ou inventor não possa ser uma IA, é necessário fazer uma interpretação sistemicamente com o §3º, do artigo 6º e concluir que o legislador quis limitar a autoria das patentes às pessoas naturais. Por fim, o §2º, do artigo 6º elenca os legitimados para serem titulares de uma patente e, considerando que para exercer direitos patrimoniais é preciso ter personalidade jurídica, pode-se auferir que a IA, até o presente momento, não está possibilitada de assumir este título. Será necessária previsão legal para alterar este cenário.

Diante do fato de a IA ter autonomia para analisar conteúdo e tomar decisões, seja por meio de supervisão ou não, pode ela vir a criar um invento que cumpra todos os requisitos de patenteabilidade previsto nos artigos 8 e 9 da LPI. Não se vislumbra nessas normas citadas nenhum impedimento à criação de um invento por IA. Mas, hoje quem em nosso sistema normativo poderia ser considerado o titular de uma patente criada por uma IA?

Deve-se recordar que a IA é um software (Lei nº 9.609/1998) que está sob o regime normativo dos direitos autorais. Dessa forma, ela tem um autor pessoa natural e um titular que pode ser pessoa física ou jurídica. Assim, parece lógico, até o presente momento, que o titular da IA criadora de um bem da propriedade industrial protegível seja o titular da patente criada por esse software. Esse mesmo raciocínio das patentes cabe para os desenhos industriais (artigo 94, parágrafo único, da LPI) e para as marcas, pois sem a definição da natureza jurídica da IA somente pessoas físicas ou jurídicas podem preitear e obter o registro de uma marca (artigo 128 da LPI).

Em relação aos crimes contra a propriedade industrial é interessante refletir que uma IA por ser criadora e dotada, em alguns casos, de autonomia, poderá vir a violar direitos de propriedade industrial de terceiros. Nesse caso, quem seria punido? Há duas possibilidades: responsabilizar o autor do software ou o titular da IA. Nesse contexto, seguindo a teoria da responsabilidade civil pelo fato da coisa, parece-nos que a melhor interpretação é de que a responsabilidade cível e penal recaia para o titular da IA, uma vez que este é visto como o proprietário da coisa, isto é, o guardião.

Porém, no âmbito penal, salvo nos casos em que o titular tenha utilizado de maneira intencional a IA para violar direitos industriais alheios, não seria possível imputá-lo uma pena, uma vez que não há a modalidade culposa em nenhum dos tipos penais da LPI (título V – dos crimes contra a propriedade intelectual).

4. Futuro

No entanto, é daqui em diante que começa o subtítulo desse estudo – "de volta para o futuro" fazer sentido, porque não é nenhum exercício de futurologia ver o emprego da IA como agente nos dias atuais. Como afirma Nuno Pires de Carvalho *"afinal, o amanhã começou ontem e será continuação de hoje"* (2009: s/p).

O objetivo aqui não é olhar o presente e pensar o que pode ser feito nos próximos anos, como no capítulo anterior, mas sim questionar os conceitos relacionados ao tema. A hipótese principal é: – uma IA poderá ser um criador ou titular de uma propriedade industrial?

De fato, não é uma resposta pronta na Lei, pois é necessário discutir a existência humana e a concepção filosófica do conhecimento humano.

3. LEI DE PROPRIEDADE INDUSTRIAL – DE VOLTA PARA O FUTURO

Entretanto, não foi com a criação da IA que se começou essa discussão, porque esse tema foi objeto de grande debate na criação de uma personalidade jurídica para uma ficção legal que são as pessoas jurídicas (COELHO: 2012, p. 211). Nesse sentido, Fábio Ulhoa Coelho descreve

> Pessoa jurídica é o sujeito de direito personificado não humano. É também chamada de pessoa moral. Como sujeito de direito, tem aptidão para titularizar direitos e obrigações. Por ser personificada, está autorizada a praticar os atos em geral da vida civil – comprar, vender, tomar emprestado, dar em locação etc. –, independentemente de específicas autorizações da lei. Finalmente, como entidade não humana, está excluída da prática dos atos para os quais o atributo da humanidade é pressuposto, como se casar, adotar, doar órgãos e outros. (2012, p. 212):

O atual código civil no artigo 52 diz que se aplica às pessoas jurídicas, no que couber, a proteção dos direitos da personalidade. Dessa forma, uma pessoa jurídica pode ser reparada material e moralmente por violações à sua personalidade. Então, por que não poderia ser igual para a IA?

Nossa sociedade já se debateu nessa temática de ficções jurídicas dotadas de direitos e deveres, portanto, o mesmo poderá se pensar na criação de uma personalidade para IA perante o sistema jurídico. Entretanto, bem como aconteceu com as pessoas jurídicas, deve-se imaginar que este processo será gradual. Por exemplo, no Brasil, as pessoas jurídicas não eram, até o final do século passado, consideradas passiveis de danos morais, porém hoje o STJ já reconhece o dano moral para pessoa jurídica, conforme a súmula 227 desta corte (BRASIL, 1999).

Um obstáculo poderia ser a noção de conhecimento autônomo da IA. Sob esse aspecto, cabe lembrar que desde a Grécia antiga se discutia a origem das ideias e do conhecimento humano. Esse debate filosófico perdura até hoje no mundo acadêmico e científico, considerando as duas principais correntes: o racionalismo e o empirismo; na qual está defende que todo o conhecimento humano deriva de experiências sensíveis, enquanto aquela argumenta que o fundamento do conhecimento humano, incluindo as ideais, é a razão (ABBAGNANO, 2007, p. 326--327 e p. 821-822).

Considerando este contexto, tem-se que a IA atua de forma muito similar de como a humanidade gera conhecimento. Ou seja, ela usa informações fornecidas em uma base de dados para gerar resultados e padrões, inclusive para tomar decisões. Por meio do *machine learning*, a IA consegue usar, através de seus algoritmos, dados para aprender e então gerar uma determinação ou predição acerca de uma demanda (JORDAN, MITCHELL, 2015, p. 255-256). Indo mais além, com o desenvolvimento do *deep learning*, a IA ganha ainda mais autonomia para gerar conteúdo e tomar decisões sem necessariamente uma supervisão (DENG, L., YU, D., 2013, p. 201-202).

Logo, conclui-se que, assim como os humanos, através de um banco de experiências, a IA pode criar resultados, o que não é muito diferente de como a doutrina empirista explica a formação do pensamento humano. Assim, partindo do marco empirista de que o conhecimento humano vem da experiência sensorial, defende-se nesse artigo a possibilidade de uma IA vir gerar conhecimento próprio, por meio de experiências de *input* em seu banco de dados e, desta forma, deter personalidade jurídica, podendo, então, ser considerada criador e titular de um bem de propriedade industrial. Na obra Ensaio ao Entendimento Humano de 1671, John Locke diz:

> Imagino que todo o conhecimento esteja fundado no sentido e derive, em última instância, dele ou de algo análogo, que pode ser chamado sensação, produzidos pelos sentidos em contato com os objetos particulares que nos fornecem ideias simples ou imagens de coisas. Assim, adquirimos ideias como as de calor e luz, de duro e mole, as quais consistem apenas em reviver, uma vez mais em nossa mente, as imaginações que esses objetos causaram em nós quando afetaram os nossos sentidos por movimentos ou de outra maneira que não importa aqui considerar. (2012, p.s/n)

O algoritmo da IA "é um conjunto de instruções para a máquina executar tarefas de pesquisa, comparação e elaboração de propostas/predição de interpretações/aplicações" (DA ROSA: 2020, p. 6). Desse, resultam "predições" que é um termo técnico, usado para indicar que uma IA não tem memória ou recordação no sentido humano, porque ela opera por meio de comparações das informações inseridas no *input* do banco de dados e que preveem o significado de um objeto; essas "predições" vêm de cálculos probabilísticos, feitos com base nos dados de treinamento e validação, mas sendo aí que se concentra o conhecimento da IA. (DA ROSA: 2020).

É lógico que esse mecanismo de captação do conhecimento da IA é diferente do humano, até porque será um humano com sua memória e recordação sensorial que fará o *input* que vai chegar as "predições" da IA, que são paralelas ao conhecimento humano filosófico de Locke.

Conclusões

Parte do ciclo da inovação no sistema capitalista é a "destruição criativa"; expressão utilizada por Joseph Schumpeter para explicar à maneira como os produtos e métodos inovadores dão lugares a outros em um ciclo infinito. Como explica Joseph Stiglitz na introdução de "Capitalismo, Socialismo e Democracia", de Schumpeter: "o coração do capitalismo era a inovação e essa exige um certo grau de poder de monopólio" (2017, s/p).

Diante disso, não podemos temer o novo para defender que será necessário prever, em breve, na LPI, a proteção de um bem da propriedade industrial criado por uma IA, pois, como afirma Alexandre Moraes da Rosa, a tecnologia "dá de ombros" e não vai pedir autorização ou consentimento aos juristas para avançar e, por isso, "o primeiro obstáculo a ser superado é o medo do novo. O segundo consiste em ver o novo com os olhos do velho." (2020, p/3).

Muitos podem ser os pontos de desarmonia em relação a uma IA e a atual LPI, sobretudo no que tange a essa ser titular ou criadora de direitos industriais. No entanto, os benefícios de se utilizar da IA, como meio de gerar celeridade aos processos e redução das atividades repetitivas e burocráticas, é patente. De forma que a fixação de debates dos temas expostos pela comunidade de desenvolvedores industriais, juristas, operadores de direito e economistas é valiosa e essencial para a égide da segurança jurídica e a inovação – ao menos a nível nacional que, por sua vez, se faz importante para o maior desenvolvimento da IA *per si* e dessa em relação ao sistema jurídico e de aplicação do direito.

O que nos traz a memória um clássico do cinema, o filme: O homem bicentenário (1999) onde um robô androide incorpora emoções humanas e busca o reconhecimento de sua existência como tal, incluindo o seu direito à morte e diz: "as coisas mudam, as coisas sempre mudam".

Referências

ABBAGNANO, Nicola. Dicionário de filosofia. São Paulo: Martins Fontes, 2007.

ANDRADE, Mariana Dionísio. IA para o rastreamento de ações com repercussão geral: o projeto VICTOR e a realização do princípio da razoável duração do processo. Revista Eletrônica de Direito Processual – REDP. Rio de Janeiro, vol. 21, nº 1, p. 312-335. 2020.

NURTON, James. EPO and UKIPO Refuse AI-Invented Patent Applications. IP Watch Dog, 2020. Disponível em: <https://www.ipwatchdog.com/2020/01/07/epo-ukipo-refuse-ai-invented-patent-applications/id=117648/>. Acesso em: 10 de abr. de 2021.

BARBOSA, Denis Borges. Tratado da Propriedade Intelectual. Introdução à Propriedade Intelectual, Lumen Juris, 2010 – acessado em 16/03/2021 por https://www.dbba.com.br/wp-content/uploads/introducao_pi.pdf.

BARCELLOS, Milton Lucídio Leão. Limites e Possibilidades Hermenêuticas do Princípio da Igualdade no Direito de Patentes Brasileiro, Porto Alegre, 2010 – acessado em 15/03/2021 por http://tede2.pucrs.br/tede2/handle/tede/4137.

BBC. Tay: Microsoft issues apology over racist chatbot fiasco. Disponível em: < https://www.bbc.com/news/technology-35902104 >. Acesso em: 22 mar. 2021.

BRASIL. SUPERIOR TRIBUNAL DE JUSTIÇA. Súmula 227. Disponível em: https://scon.stj.jus.br/SCON/sumstj/toc.jsp. Acessado em 04 mar. 2021.

CERQUEIRA, João Da Gama. Tratado da Propriedade Industrial. Rio de Janeiro: Edição Forense, 1946, v. 1.

COELHO, Fábio Ulhoa. Curso de Direito Civil – Parte Geral, volume 1. 5. ed. São Paulo: Saraiva, 2012.

CRUZ, Liliam Ane Cavalhieri. O Regime Global da Propriedade Intelectual e a Questão do Desenvolvimento: O Poder dos Países em Desenvolvimento no Campo Multilateral,

DENG, L.; YU, D. Deep Learning: Methods and Applications. Foundations and Trends in Signal Processing, vol. 7, nºs 3-4, pp. 197-387, 2013.

Universidade Estadual de Campinas, 2008 – acessado em 16/03/2021 por https://repositorio.unesp.br/bitstream/handle/11449/98117/cruz_lac_me_mar.pdf?sequence=1&isAllowed=y.

JORDAN, M. I.; MITCHELL, T. M. Machine learning: Trends, perspectives, and prospects. American Association for the Advancement of Science. Science 349, 255. 2015.

DA GAMA, Guilherme Calmon Nogueira. Propriedade intelectual: questões polêmicas in Revista da EMARF, Especial de Propriedade Intelectual, p. 9 – 46, Rio de Janeiro, 2011 – acessado em 17/03/2021 por https://emarf.trf2.jus.br/site/documentos/revistapinternet2011.pdf.

DA ROSA, Alexandre Moraes. IA e o Direito: ensinando um robô a julgar. 11/09/2020. AB2L – Resposta ao Lênio Streck: in: https://ab2l.org.br/inteligencia-artificial-e-direito-ensinando-um-robo-a-julgar/ – acesso em 21/04/2021.

DOS SANTOS, Wagna Piler Carvalho (Organizadora). Propriedade intelectual [Recurso eletrônico on-line], in Coleção PROFNIT – Sério Conceitos e Aplicações de Propriedade Intelectual. IFBA, v. 1/2018, Salvador – acessado em 15/03/2021 por http://www.profnit.org.br/wp-content/uploads/2020/07/PROFNIT-Serie-Conceitos-e-Aplica%C3%A7%C3%B5es-de-Propriedade-Intelectual-Volume-I.pdf. IBM *Crypto Anchor Verifier*. IBM, 2021. Disponível em <https://www.ibm.com/products/verifier>. Acesso em: 10 de abr. de 2021.

INPI. Instituto Nacional da Propriedade Intelectual – acessado em 17/03/2021 por https://www.gov.br/pt-br/orgaos/instituto-nacional-da-propriedade-industrial. INPI. Instituto Nacional da Propriedade Industrial. Plano PI Digital.pdf. 2019. Disponível em: < https://www.gov.br/inpi/pt-br/governanca/ouvidoria/arquivos/documentos/plano-pi-digital.pdf/view >. Acesso em: 24 mar. 2021.

KIETZMANN, J. et al. *Deepfakes: Trick or treat? Kelley School of Business, Indiana University. Published by Elsevier Inc.*, 2019.

LAMPREIA, Luiz Felipe Palmeira. Resultados da Rodada Uruguai: uma tentativa de síntese, Estudos Avançados 9(23), 1995 – acessado em 14/03/2021 por https://www.scielo.br/pdf/ea/v9n23/v9n23a16.pdf.

LOCKE, John. Draft A: Do ensaio sobre o entendimento humano. Tradução: Pedro Paulo Pimenta – São Paulo: Editora Unesp Digital 2017.

MACEDO, Maria Fernanda Gonçalves e BARBOSA, A. L. Figueira. Patente: uma breve introdução in Patentes, pesquisa & desenvolvimento: um manual de propriedade intelectual [online], Rio de Janeiro, Editora Fiocruz, 2000 – acessado em 16/03/2021 por http://books.scielo.org/id/6tmww/pdf/macedo-9788575412725-03.pdf.

PINHEIRO, Patricia Peck (Coord.). Manual de Propriedade Intelectual, Núcleo de Educação à Distância (NEaD) da Universidade Estadual Paulista Júlio de Mesquita Filho (UNESP), 2012-2013 – acessado em 17/03/2021 por https://www.foar.unesp.br/Home/Biblioteca/unesp_nead_manual_propriedade_intelectual.pdf.

SICHEL, Debora Lacs. Evolução da Legislação Pátria para Proteção à Propriedade Industrial in Revista da EMARF, Especial de Propriedade Intelectual, p. 47-54, Rio de Janeiro, 2011 – acessado em 17/03/2021 por https://emarf.trf2.jus.br/site/documentos/revistapinternet2011.pdf.

SOUSA, Weslei Gomes de. IA e celeridade processual no Judiciário: mito, realidade ou necessidade? 2020. 123 f., il. Dissertação (Mestrado em Administração) – Universidade de Brasília, Brasília, 2020.

SCHUMPETER, Joseph A. Capitalismo, Socialismo e Democracia. 2016 Editora Unesp.

World Trade Organization. Agreement on Trade-Related Aspects of Intellectual Property rights as Amended by the 2005 Protocol Amending the TRIPS Agreement, acessado em 14/03/2021 por https://www.wto.org/english/docs_e/legal_e/27-trips_01_e.htm.

SECOM TCU. IA auxilia fiscalização do TCU sobre compras relacionadas à Covid-19. Disponível em: https://portal.tcu.gov.br/imprensa/noticias/inteligencia-artificial-auxilia-fiscalizacao-do-tcu-sobre-compras-relacionadas-a-covid-19.htm. Acessado em 09/04/2021.

WIPO-IP PORTAL in https://patentscope.wipo.int/search/en/detail.jsf?docId=WO2020079499 – acessado em 22/04/2021.

4. UMA LEI PARA A NOVA ERA

Newton Silveira

Mais de duas décadas depois de promulgada, a Lei de Propriedade Industrial (Lei 9.279/96) trouxe importantes inovações. No que se refere às marcas, introduziu-se na legislação ordinária a proteção às marcas notórias (em uso notório) e às marcas de alto renome, albergando expressamente as marcas coletivas, de certificação e as marcas tridimensionais. Quanto aos modelos e desenhos industriais, passaram a chamar-se, todos, desenhos industriais, e a ser não mais objeto de patentes, mas de simples registro.

A querela relativa à Lei de Propriedade Industrial consistia nas patentes da área farmacêutica, em obediência ao disposto no art. 27, n. I do Acordo Trips (Decreto n. 1.355 de 1994) que estabeleceu que qualquer invenção de produto ou de processo em todos os setores tecnológicos será patenteável desde que nova, envolva um passo inventivo e seja passível de aplicação industrial (ou, não óbvio e utilizável). O item II do art. 27 do TRIPS admitiu como possível a não patenteabilidade de métodos diagnósticos, terapêuticos e cirúrgicos para o tratamento de seres humanos ou de animais (item III, a). Quanto a variedades vegetais, estabeleceu aquele artigo fosse a proteção conferida por meio de patentes ou de um sistema sui generis eficaz.

O Brasil optou por proteger as variedades vegetais através da Lei de Cultivares (n. 9.456 de 1997). Observo, como uma preliminar à conclusão que se seguirá acerca da Inteligência Artificial, que, a meu ver, a tecnologia nas variedades vegetais não está na mente do pesquisador, mas no interior da semente (o pesquisador, ou obtentor, simplesmente escolhe uma combinação que decorre das leis naturais).

Outro ponto é a questão da proteção aos programas de computador: "Logo se estará reivindicando outra nova lei para albergar, também, patentes para programas de computador, em face da recente decisão da Suprema Corte norte-americana no caso Lotus vs. Borland." (Silveira, Newton, 2018). Por ora, os programas de computador são excluídos da proteção por patentes (art. 10, V, – programas de computador em si – LPI), mas somente protegidos como Direitos Autorais por lei própria n. 9.609 de 1998. Esse é um ponto que deverá ser considerado em legislação futura, pois o Direito Autoral, no caso, somente protege texto, mas não solução técnica, coisa diferente. Nessa oportunidade dever-se-á pensar na questão da proteção dos métodos de fazer negócios, que também se acham na zona gris da Propriedade Intelectual.

Ainda, no que se refere às Patentes: "Mas as discussões do projeto trouxeram seus frutos: introduziu-se na lei a figura do *contributory infrigement* – faltando a sua contrapartida, a ser estabelecida via jurisprudência, como ocorreu nos Estados Unidos – e uma tímida abertura para as importações paralelas no caso de patentes, que contradiz a prática nos tempos de globalização de economia. Não se advertiu que o problema das importações paralelas é diferente quando se trata de marcas registradas ou patentes." (Silveira, Newton, 2018)

Quanto à exaustão de Direitos e importação paralela: "O princípio da exaustão se acha expresso no art. 43, IV, que declara não constituir violação da patente a comercialização de produto fabricado de acordo com patente de processo ou produto que tiver sido colocado no mercado interno diretamente pelo seu titular da patente ou com o seu consentimento. A importação paralela por qualquer terceiro será admitida quando o próprio titular da patente praticar a importação do objeto da patente (art. 68, § 1º, I) ou quando o licenciado o importar (art. 68, § 3º), desde que o produto tenha sido colocado no mercado (internacional) diretamente pelo titular da patente ou com o seu consentimento (art. 68, § 4º), regra esta repetida no art. 184, II, sem restrições." (Silveira, Newton, 2018)

No que se refere às marcas solicitadas de má-fé – marcas de alto renome e notoriamente conhecidas – uso anterior: "O art. 124, XXIII, proíbe o registro de marca por quem evidentemente não poderia desconhecer, em razão de sua atividade, tratar-se de marca alheia, para distinguir produto ou serviço idêntico, semelhante ou afim. À marca de alto renome será assegurada proteção especial em todos os ramos de atividade (art. 125). O art. 126 assegura proteção às marcas notoriamente conhecidas nos termos do artigo 6 bis (item 1) da Convenção de Paris, proteção essa que também alcança as marcas de serviços (art. 126, § 1º). O INPI poderá indeferir de ofício os pedidos de registros de marcas que imitem ou reproduzam marcas notoriamente conhecidas (§ 2º). Toda pessoa que utilizava, de boa-fé, marca no país há pelo menos seis meses, terá direito de precedência sobre depósito de marca idêntica ou semelhante para distinguir produto ou serviço idêntico, semelhante ou afim (art. 129, § 1º)." (Silveira, Newton, 2018).

Uma questão que remanesce apesar da nova lei é a da possibilidade de cumulação de proteção aos Desenhos Industriais através do Direito Autoral (obra de arte aplicada). Essa questão não será solucionada nem por nova legislação, já que permanece instável até na sua regulação pela Comunidade Europeia, ainda mais com o acréscimo da proteção às marcas tridimensionais. Talvez deva se pensar em regulamentar a questão da cópia servil, independentemente de confundir (art. 195 da LPI).

Resolvidos os problemas acima elencados, como a proteção de software por meio de patentes, do Desenho Industrial como obra de arte aplicada e da imitação servil como ato de concorrência desleal, bem como o enquadramento dos chamados métodos de fazer negócios, sem que firam as normas de repressão ao abuso de poder econômico, resta considerar o tratamento legal a ser dado para obras criadas através de Inteligência Artificial, seja no campo da técnica, seja da arte.

Os principais campos considerados pela doutrina são os sistemas especialistas, a robótica, sistemas visuais, processamento de linguagem natural, planejamento e linguística. Lembro, neste ponto, que, muito embora as bases de dados estejam protegidas através da nossa Lei de Direitos Autorais (n. 9.610 de 1998, art. 7º, XIII), estabeleceu a lei condição: desde que por sua seleção, organização ou disposição de seu conteúdo constituam uma criação intelectual (requisito já dispensado na legislação europeia, que protege as bases de dados que tenham representado relevante investimento, mesmo que sem o requisito de criatividade). Certamente, o investimento será considerado nas novas criações da Inteligência Artificial.

A juíza Caroline Somesom Tauk em trabalho acerca de "A era das máquinas criativas: a proteção patentária de invenções geradas por sistemas de inteligência artificial" ponderou: "A questão passa a ser, então, saber se existem e quais são os prejuízos advindos do não reconhecimento da qualidade de inventor às máquinas. Será que a lei deve permitir que um sistema de IA seja nomeado como inventor? É necessário ter disposições legais específicas para disciplinar quem é o inventor e quem é o titular das invenções de IA geradas de forma autônoma, ou a propriedade deve seguir eventuais acordos privados feitos entre proprietários, programadores e usuários dos sistemas de IA?"

Assim, entendo que podemos adotar as conclusões da juíza Caroline Tauk: "Os sistemas de IA podem resolver problemas de maneiras novas e, em alguns casos, acredita-se, mais eficientes do que as pessoas. Suas invenções podem ter novidade, atividade inventiva e aplicação industrial, conforme reconhecido pelo Escritório Europeu de Patentes no caso Dabus. Como é frequente nos casos de tecnologias emergentes, os seus avanços tendem a ser mais rápidos do que as estruturas que os regulam. A discussão inevitável é, portanto, saber se é necessária uma reestruturação das legislações de propriedade intelectual, mais adaptadas aos avanços da tecnologia, sobretudo os relacionados a invenções autônomas por sistema de IA. E, indo além, saber se o sistema de propriedade intelectual vigente em países como Brasil, EUA e Reino Unido é a ferramenta mais adequada para recompensar o desenvolvimento e proteger esse tipo de invenção. Vale lembrar a antiga, porém atual, observação do professor de Harvard e juiz da Suprema Corte dos EUA, Stephen Breyer: "a questão não é se devemos ter direitos de propriedade intelectual, mas que forma eles devem ter"[1] Imaginemos que sejam alteradas as legislações nacionais para aceitar sistemas de IA como inventores. É questionável se essa mudança seria eficaz para a finalidade que se pretende: proteger a invenção e incentivar investimentos no setor. As novas tecnologias crescem em uma velocidade que talvez seja incompatível com o sistema tradicional de proteção patentária e é provável que fiquem obsoletas antes mesmo de finalizado o procedimento administrativo para obtenção da carta-patente. A vigência da patente pelo prazo de 20 anos, portanto, pode não ser tão vantajosa para as empresas e nem o incentivo principal para que elas continuem investindo no setor. Considerando a afirmação de Schumpeter de que a inovação é um aspecto central da atividade econômica, regimes de propriedade intelectual são economicamente sensíveis para os países. Seja qual for o caminho trilhado – alteração das legislações de propriedade intelectual para este tipo de invenção, ausência de proteção patentária ou uma terceira hipótese –, é crucial que a abordagem seja feita em conjunto, com diálogos em âmbito internacional, a fim de se chegar a uma compreensão e tratamento uniforme do tema. Os desafios são grandes, mas as oportunidades oferecidas pelas tecnologias de IA são ainda maiores."

Outra questão que permanece indefinida é a relativa às invenções de 2º uso. Gama Cerqueira, no vol. I de seu Tratado (n. 68), afirmou: "A invenção, de modo geral, consiste na criação de uma coisa inexistente na natureza". Ou, mais adiante: A coisa inventada deve ser diferente do que já é conhecido" (n. 71). E ainda mais: "Reconhecer que um produto natural ou fabricado possui certas propriedades e indicar o proveito que delas se pode tirar não é inventar" (n. 74). No entanto se afirma que Gama Cerqueira admitia a concessão de patentes de 2º uso. Antes de mais nada, certamente não se tratava de 2º uso farmacêutico, já que é notório que o autor considerava razoável não se conceder patentes para medicamentos.

No vol. II prosseguia Gama Cerqueira: "Somente os produtos fabricados ou elaborados pelo homem podem ser objeto de patente... Mas os processos e métodos destinados à produção, tratamento e exploração industrial dos produtos naturais podem ser privilegiados, assim como a aplicação nova desses produtos para obter um outro produto ou um resultado industrial" (n. 26). Ou seja, a ideia de nova aplicação não pode se referir a produto, como exposto. Pode, no entender de Gama Cerqueira, achar-se entre os processos e métodos para produzir um resultado industrial. Será então, um meio industrial para se obter um produto ou outro resultado.

É muito possível e provável que, passados quase setenta anos dos estudos de Gama Cerqueira, a doutrina deva se adaptar aos novos tempos, principalmente na época da biotecnologia, dos genes e da nanotecnologia. Mas sem perder a noção dos princípios que regem a criação intelectual e sua apropriação.

Referências

SILVEIRA, NEWTON – Propriedade Intelectual – 6ª Edição revisada e ampliada, Ed. Manole, 2018 – Capítulo VI – A Lei da Propriedade Industrial.

SILVEIRA NEWTON – Patentes de 2º uso. 2013. Acessado em: https://ibpieuropa.org/?media_ dl=378

Tauk, Caroline, A Era Das Máquinas Criativas: A Proteção Patentária De Invenções Geradas Por Sistemas De Inteligência Artificial (The Era of Creative Machines: Patent Protection for Inventions Generated by Artificial Intelligence Systems) (March 14, 2020). Available at SSRN: https://ssrn.com/abstract=3554433 or http://dx.doi.org/10.2139/ssrn.3554433

5. PEGADAS DIGITAIS NA LEI DE DIREITOS AUTORAIS

Manoel J. Pereira dos Santos

Introdução

O trabalho legislativo ocorrido na década de 1990 para a revisão da Lei nº 5.988, de 14 de dezembro de 1973, resultou da constatação de que a Lei de Direitos Autorais então vigente precisava ser adaptada à Constituição Federal de 1988, aos novos tratados e convenções internacionais, em especial o Acordo sobre Aspectos dos Direitos de Propriedade Intelectual Relacionados ao Comércio, promulgado pelo Brasil em 15 de dezembro de 1994, e às novas tecnologias que já impulsionavam o crescimento da indústria cultural no Brasil.

A atual Lei de Direitos Autorais (Lei nº 9.610, de 19 de fevereiro de 1998) foi promulgada após o advento da Tecnologia da Informação e, por essa razão, já reflete o ajustamento da disciplina autoral ao ambiente digital. Contudo, trata-se apenas da adaptação de conceitos e regras tradicionais a novas situações, operando-se mera integração e não ruptura ou inovação.

Com efeito, na década de 1990, a Internet ainda estava no começo e o mercado de obras intelectuais se concentrava na produção e distribuição de suportes físicos, como CDs, filmes, vídeos e exemplares impressos. À medida em que a Tecnologia da Informação evoluiu e com ela a Internet, houve uma rápida transformação na maneira como as obras intelectuais são criadas, exploradas e circuladas para o público.

O mercado digital resultou dessa evolução tecnológica que acarretou significativas mudanças nos modelos de negócios, na atuação dos agentes econômicos e na demanda do público. Além disso, novos problemas surgiram e a adaptação dos conceitos e regras antigos ao novo ambiente nem sempre foi tranquila.

1. A estrutura geral da Lei nº 9.610/1998

Por essa razão, pode-se dizer que a Lei nº 9.610/98 significou basicamente uma modernização da Lei nº 5.988/73, em que se manteve a estrutura básica da lei anterior. Assim é que ambas as Leis contém um título inicial, denominado *Disposições Preliminares*, com a definição do escopo da Lei, a norma de direito internacional privado, a caracterização dos direitos autorais como bens móveis, o princípio da interpretação restritiva dos negócios jurídicos e as definições legais.

No que se refere à proteção dos estrangeiros domiciliados no exterior, o legislador manteve a regra de que a matéria é regulada pelos acordos, convenções e tratados em vigor no Brasil, acrescentando que se aplica a Lei aos nacionais ou pessoas domiciliadas em país que assegure aos nacionais a reciprocidade na proteção aos direitos autorais e equivalentes. O resultado é, sempre, que se aplica a Lei brasileira no território nacional, desde que obedecidas as regras estabelecidas nos acordos, convenções e tratados.

O principal aprimoramento legislativo foi no dispositivo relativo às definições, com a atualização dos conceitos de transmissão, estabelecido no inciso II do Art. 5º para incluir satélites, cabos, meios óticos ou qualquer processo eletromagnético; de distribuição no inciso IV; de comunicação ao público no inciso V e de reprodução no inciso VI, que, além da cópia de um ou vários exemplares de obra intelectual ou fonograma, passou a incluir *"qualquer armazenamento permanente ou temporário por meios eletrônicos ou qualquer outro meio de fixação que venha a ser desenvolvido."* Neste ponto, o Legislador brasileiro seguiu a orientação do Tratado da OMPI de Direito de Autor de 1996, segundo o qual as normas vigentes poderiam ser aplicadas às novas exigências tecnológicas mediante interpretação ou simples adaptação, sem necessidade de novas normas.

No caso do direito de reprodução, nosso legislador acolheu o conceito adotado nas Declarações Acordadas com relação ao Artigo 1(4), segundo as quais o direito de reprodução aplica-se integralmente no ambiente digital, entendendo-se que o armazenamento de uma obra protegida em formato digital em meio eletrônico constitui uma reprodução na acepção do artigo 9º da Convenção de Berna.

O legislador manteve no inciso VII do Art. 5º o conceito de contrafação que havia sido estabelecido na Lei nº 5.988/73 de *"reprodução não autorizada"*, afastando-se assim do conceito mais amplo e corrente de que *"todo o atentado doloso ou fraudulento contra os direitos de autor constitui o crime de contrafação"*, conforme previa o Art. 19 da Lei Medeiros e Albuquerque de 1898 (Lei nº 496, de 1º de agosto de 1898). Por outro lado, alterou no inciso VIII a terminologia da *"obra em colaboração"* para *"obra em coautoria"* e introduziu a definição de *"obra audiovisual"*, eliminando a figura do *"videofonograma"*. Além disso, deixou mais claro o que é fonograma, com isso distinguindo os registros de sons e de imagens dos fonogramas protegidos por Direitos Conexos e das obras audiovisuais protegidas por Direito de Autor, e o campo de atuação dos respectivos produtores. Por fim, foi recentemente, inserida a definição de titular originário no inciso XIV para fins de emprego no capítulo relativo às associações de titulares de direitos autorais.

No Capítulo I do título II, denominado *Das obras protegidas*, o legislador aperfeiçoou o conceito de obra intelectual protegida, delimitando-a como as criações do espírito, expressas por qualquer meio ou fixadas em qualquer suporte, tangível ou intangível, conhecido ou que se invente no futuro. Vislumbra-se na inclusão de menção ao suporte intangível ou que se invente no futuro a preocupação com o surgimento de novos suportes tecnicamente distintos dos convencionais. A questão evoca a natureza dos suportes digitais, cuja caracterização mais adequada – embora não isenta de discussão – é de suporte tangível uma vez que ficam armazenados de forma permanente em meios eletrônicos.

Além disso, na relação exemplificativa das obras intelectuais, incluem-se agora os programas de computador, cujo ingresso no ecossistema do Direito de Autor havia se dado com a Lei nº 7.646/87. Contudo, o legislador manteve a opção de regular os programas de computador por meio de legislação específica (Lei nº 9.609/98), à qual as disposições da Lei de Direito Autoral aplicam-se subsidiariamente. Pode-se questionar o acerto dessa decisão uma vez que a legislação específica passou a tratar de forma fragmentária a comercialização de programas de computador no Brasil, limitando-se nesse aspecto ao capítulo das garantias aos usuários, sendo que o capítulo relativo às infrações e penalidades poderia ser simplificado e incorporado ao Código Penal. A conclusão parece ser a de que a opção legislativa continua sendo de estabelecer um regime especial de proteção a programas de computador, o que levou OLIVEIRA ASCENSÃO a afirmar, no tocante à lei anterior (Lei nº 7.646/87), que *a lei brasileira pressupõe que sobre o programa de computador não recai um direito de autor*", resultando daí que "*o direito concedido é afinal um direito análogo ao direito de autor e não um direito de autor propriamente dito.*"[1]

O legislador eliminou a referência às cartas-missivas do elenco de obras protegidas (inciso I do Art. 6º da Lei nº 5.988/73), embora a elas ainda se refira no Art. 34.[2] A exclusão parece atender à crítica da doutrina segundo a qual a carta-missiva "*é um veículo, manuscrito ou não, não se confundindo com a obra que porventura encerra.*"[3] A crítica procede, pois de fato o legislador não mais menciona, como obras protegidas, "*os livros, brochuras, folhetos e outros escritos*" que são igualmente veículos e não as obras em si mesmas, estas melhor qualificadas como obras literárias, artísticas ou científicas.

O legislador também deixou de condicionar a proteção das obras fotográficas ou daquelas produzidas por processo análogo ao atendimento do requisito de que "*pela escolha de seu objeto e pelas condições de sua execução, possam ser consideradas criação artística.*" (inciso VII do Art. 6º da Lei nº 5.988/73). Essa condição evoca a discussão durante o Século XIX se havia uma relação de causalidade entre a fotografia e o fotógrafo de tal maneira que o resultado do processo fosse de alguma maneira afetado pela ação do fotógrafo, revelando assim a sua contribuição pessoal do fotógrafo. Esse requisito foi suprimido na atual Lei de Direitos Autorais, passando o Brasil a acompanhar a maioria dos países onde a fotografia é protegida sem condições especiais.

Outra inovação importante foi a exclusão das obras de arte aplicada, anteriormente protegidas desde que seu valor artístico pudesse dissociar-se do caráter industrial do objeto a que estivessem sobrepostas. A obra de arte aplicada evoca a questão de sua tutela tanto no domínio do

---

[1] José de Oliveira Ascensão, Direito Autoral, 2ª ed., Rio: Renovar, 1997, p. 669.
[2] "*As cartas missivas, cuja publicação está condicionada à permissão do autor, poderão ser juntadas como documento de prova em processos administrativos e judiciais.*"
[3] José de Oliveira Ascensão, Direito Autoral, o.c., p. 22.

5. PEGADAS DIGITAIS NA LEI DE DIREITOS AUTORAIS

Direito de Autor, como obra intelectual, quanto da Propriedade Industrial, como desenho industrial, o qual é objeto de regime específico na Lei nº 9.279/96 (Lei de Propriedade Industrial), cujo Art. 98 dispõe, acertadamente, que não se considera desenho industrial qualquer obra de caráter puramente artístico, uma vez que esta deveria estar apenas no domínio do Direito de Autor.

Esta exclusão parece sinalizar que *uma obra de arte aplicada ou é protegida pelo Direito de Autor ou não é*", como diz OLIVEIRA ASCENSÃO[4], permitindo assim que a mesma criação possa ser amparada por ambos os regimes protetivos. Isto não significa que a legislação de Direito de Autor passou a tutelar desenhos industriais enquanto tais, mas sim que obras intelectuais continuam protegidas ainda que possam servir como objeto de aplicação industrial, embora não devam sê-lo quando se tratar de forma meramente técnica. O trabalho do intérprete consiste, pois, em distinguir a verdadeira obra de arte do mero desenho industrial, evitando a indevida cumulação de tutelas legais, que produz efeitos negativos, como a prorrogação do prazo protetivo.

Por outro lado, o legislador introduz um dispositivo legal específico (Art. 8º), regulando o que não é objeto de proteção como direitos autorais, à semelhança do que preveem o Art. 9,2 do Acordo TRIPs e o Art. 2 do Tratado da OMPI sobre Direito de Autor de 1996. Neste ponto, não se trata de uma inovação conceitual, mas apenas da codificação da tradicional distinção entre forma e conteúdo, estando este no domínio das ideias (*"conteudo ideativo"*) e aquele no domínio da expressão (*"forma expressiva"*). Esse princípio existe em todos os sistemas de direito autoral, ainda que as regras aplicadas possam ser diferenciadas em função das particularidades da *"common law"* em contraste com os regimes autorais da Europa continental. O legislador incorporou ao Art. 8º a exclusão contemplada no Art. 11 da Lei nº 5.988/73, que se referia apenas *"aos textos de tratados ou convenções, leis, decretos, regulamentos, decisões judiciais e demais atos oficiais."*

No Capítulo II do título II, denominado *Da Autoria das Obras Intelectuais*, o legislador passou a restringir a autoria à pessoa física criadora da obra, embora estendendo a proteção autoral às pessoas jurídicas. Assim sendo, há uma distinção legal entre autoria como tal e a titularidade dos

---

[4] José de Oliveira Ascensão, Direito Autoral, o.c., p. 414.

direitos de autor. Trata-se do reconhecimento de que, ao contrário da criação independente e individual, muitas obras resultam do trabalho de equipe, sob iniciativa e supervisão de alguém que assume o papel do *"organizador"* do processo criativo, o que caracteriza boa parte da produção cultural moderna.

Esse "organizador" é geralmente uma pessoa jurídica, como admite a definição de obra coletiva contida no Art. 5º, VIII da Lei nº 9.610/98, a quem se atribui a titularidade dos direitos patrimoniais sobre o conjunto da obra coletiva (§ 2º do Art. 17). Por essa razão, o legislador agora regula a proteção às participações individuais em obras coletivas, nos termos do que dispõe o Art. 5º, inciso XXVIII, letra (a) da Constituição Federal. Contudo, ao contrário da Lei nº 5.988/73 (Art. 15), a legislação atual não mais reconhece à pessoa jurídica o caráter de autor, apenas de titular de direitos.

Por outro lado, mantém-se a liberdade de o autor identificar-se como tal (Art. 12) ou mesmo de optar por divulgar sua obra de forma anônima, criando-se a presunção de autor para quem anunciar essa qualidade durante a utilização da obra (Art. 13). Uma inovação legislativa importante foi definir, no § 1º do Art. 15 que *"não se considera coautor quem simplesmente auxiliou o autor na produção da obra literária, artística ou científica, revendo-a, atualizando-a, bem como fiscalizando ou dirigindo sua edição ou apresentação por qualquer meio."* É salutar essa providência legislativa, pois como se sabe pode haver controvérsia sobre a definição de coautoria, em particular por causa da tendência moderna de multi-autorias em artigos científicos.

No Capítulo III do Título II, denominado *Do Registro das Obras Intelectuais,* o legislador manteve os órgãos de registro definidos no Art. 17 da Lei nº 5.988/73, embora preceituando que os serviços de registro serão reorganizados pelo Poder Executivo. Essa norma, ainda que apenas estabeleça uma diretriz para atuação futura dos órgãos estatais, não foi implementada e até hoje os serviços de registro seguem a sistemática da Lei nº 5.888/73, demonstrando que o provisório se tornou permanente.

O título III contém a base do regime protetivo, estabelecendo no Capítulo I – *Disposições Preliminares* que os direitos de autor compreendem os direitos morais e os direitos patrimoniais. Os primeiros são regulados no Capítulo II, que manteve basicamente o mesmo regramento da Lei nº 5.888/73, introduzindo apenas alterações de redação. O Legis-

5. PEGADAS DIGITAIS NA LEI DE DIREITOS AUTORAIS

lador optou por substituir o termo paternidade por autoria, limitou o direito de retirada e o de suspender a utilização da obra já autorizada, às vezes denominado de direito de arrependimento, e introduziu o direito de acesso a exemplar único e raro da obra, já contemplado nas legislações de outros países, como a espanhola e a alemã.

O legislador manteve a regra aplicável ao direito moral da obra arquitetônica, segundo a qual o autor poderá repudiar a autoria de projeto arquitetônico alterado sem o seu consentimento durante a execução ou após a conclusão da construção. A Lei deixa claro que o proprietário pode modificar o prédio mesmo que construído em função de projeto arquitetônico, restando ao autor repudiar a autoria, uma solução que nem o Código Civil de 2002 nem a jurisprudência aplicam por entenderam que o construtor é obrigado a respeitar o projeto[5]. Outra questão controversa é da proteção dos direitos morais relativos à obra caída em domínio público. O legislador manteve a regra anterior segundo a qual compete ao Estado sua defesa (§ 2º do Art. 14): a Lei parece atribuir exclusivamente ao Estado a defesa da integridade e autoria da obra, mas pode ocorrer de haver herdeiros sobreviventes. Não poderiam eles defender a autoria e a integridade da obra quando a mesma estiver em domínio público?

No Capítulo III do Título III, denominado *Dos Direitos Patrimoniais do Autor e de sua Duração,* o legislador introduziu algumas modificações que tem se revelado altamente relevantes. A primeira consta do Art. 29, segundo o qual a utilização da obra, por quaisquer modalidades, depende de autorização prévia e expressa do autor. A exigência de que a autorização seja prévia e expressa tem suscitado na doutrina e na jurisprudência a interpretação de que essa concessão tem de ser estabelecida por escrito, o que não parece ser a melhor hermenêutica.[6]

A segunda se traduz no maior detalhamento das faculdades de ordem patrimonial de que é investido o autor, em consequência de discussões sobre o emprego de alto-falante ou de sistemas análogos, a captação de

---

[5] Vide Plínio Cabral, A Nova Lei de Direitos Autorais: comentários, 4ª ed., São Paulo, Habra, 2003, p. 47.

[6] Vide Plínio Cabral, A Nova Lei de Direitos Autorais: comentários, o.c., p. 49. *"Autorização expressa é o mesmo que autorização escrita e prévia."* Apelação Cível nº 329.983-4/9-00, 4ª Câmara de Direito Privado, T.J.S.P., 29.11.2007 (Rel. Ribeiro da Silva).

transmissão de radiodifusão em locais de frequência coletiva e a sonorização ambiental, com particular atenção para a inclusão em base de dados, o armazenamento em computador, a microfilmagem e as demais formas de arquivamento do gênero, além da distribuição de obras ou produções mediante cabo, fibra ótica, satélite, ondas ou qualquer outro sistema oferta da obra. Ressalte-se ainda que o legislador expressamente incluiu a reprodução entre as modalidades de utilização expressamente relacionadas no Art. 29, a partir da consagração do direito de reprodução na revisão de Estocolmo da Convenção de Berna.

Merece destaque a regra do Art. 30 da Lei, segundo o qual, no exercício do direito de reprodução, o titular dos direitos autorais poderá colocar à disposição do público a obra, na forma, local e pelo tempo que desejar, a título oneroso ou gratuito. A colocação da obra à disposição do público, que representa uma modalidade de utilização da obra, foi na época da promulgação da Lei nº 9.610/98 objeto internacionalmente de grande discussão com relação à modalidade de utilização que estaria em causa, sobretudo durante a aprovação do Tratado da OMPI sobre Direito de Autor e do Tratado da OMPI sobre Interpretações e Execuções e Fonogramas, ambos de 1996.

A discussão relacionava-se, sobretudo, com a oferta de conteúdos de forma interativa e resumia-se a definir se a colocação à disposição do público na Internet estaria integrada no direito de reprodução ou no direito de comunicação. No Tratado de Direito de Autor, essa modalidade de utilização passou a integrar o direito de comunicação ao público como um subdireito (Art. 8º), enquanto no Tratado de Interpretações e Execuções e Fonogramas, aparece como uma categoria autônoma (Arts. 10 e 14).

O Art. 30 da Lei nº 9.610/98 sinaliza que a colocação de obra à disposição do público, mediante oferta de conteúdos para que este tivesse acesso a obras desde um lugar e no momento que individualmente escolhesse, estaria integrada no direito de reprodução, apesar da definição de comunicação ao público contida no inciso V do Art. 4º, segundo o qual comunicação é o ato mediante o qual a obra é colocada ao alcance do público, por qualquer meio ou procedimento e que não consista na distribuição de exemplares[7]. A questão foi, recentemente, objeto de

---

[7] Plínio Cabral, por exemplo, enquadrava essa hipótese na faculdade de distribuição eletrônica, prevista no inciso VII do Art. 29, ou seja, o sistema *"através do qual o usuário pode*

5. PEGADAS DIGITAIS NA LEI DE DIREITOS AUTORAIS

decisão pelo Superior Tribunal de Justiça, para quem *"[o] ordenamento jurídico pátrio consagrou o reconhecimento de um amplo direito de comunicação ao público, no qual a simples disponibilização da obra já qualifica o seu uso como uma execução pública, abrangendo, portanto, a transmissão digital interativa (art. 29, VII, da Lei nº 9.610/1998) ou qualquer outra forma de transmissão imaterial a ensejar a cobrança de direitos autorais pelo ECAD."*[8]

O § 1º do Art. 30 trouxe também outra inovação normativa relevante ao dispor que *"[o] direito de exclusividade de reprodução não será aplicável quando ela for temporária e apenas tiver o propósito de tornar a obra, fonograma ou interpretação perceptível em meio eletrônico ou quando for de natureza transitória e incidental, desde que ocorra no curso do uso devidamente autorizado da obra, pelo titular."* O legislador regulou as atividades realizadas no ambiente digital que são de caráter temporário, transitório ou incidental, tais como as ações de carregamento e funcionamento necessárias à utilização da cópia de um programa legalmente adquirido e o *"browsing"*, caso em que é dispensada a autorização prévia e expressa do autor desde que ocorram no curso do uso devidamente autorizado da obra pelo titular.

Por outro lado, o Art. 31 estabelece não só que as diversas modalidades de utilização da obra intelectual são independentes entre si, ou seja, que as faculdades podem ser autonomamente exercidas, mas também que a autorização concedida pelo titular não se estende a quaisquer das demais. Este preceito, portanto, reforça o princípio da interpretação restritiva dos negócios jurídicos, insculpido no Art. 3º e reiterado no Art. 49, VI da Lei.

Além disso, o Art. 41 estende o prazo post-mortem de proteção aos direitos patrimoniais de 60 para 70 anos, que são contados com base na data de publicação ou divulgação para as obras anônimas, pseudônimas, audiovisuais e fotográficas, conforme Artigos 43 e 44 da Lei. A Lei atual suprimiu o prazo vitalício, estabelecido desde 1958 para os filhos, pais e cônjuges. A extensão do prazo de duração dos direitos patrimoniais gera uma questão relevante, que é a situação das obras criadas anteriormente

---

realizar a seleção da obra num tempo e lugar determinados por quem formula a demanda, ou seja, o proprietário da máquina." (A Nova Lei de Direitos Autorais: comentários, o.c., p. 50).

[8] Recurso Especial nº 1.559.264 – 2ª Seção – S.T.J. – Rel. Min. Ricardo Villas Boas Cueva – j. 8.2.2017.

à entrada em vigor da Lei nova: aplica-se a elas o prazo da Lei em cuja vigência foram criadas ou aplica-se a elas o novo prazo?

A solução foi definida no Art. 112 da Lei nº 9.610/98, ao dispor que *"se uma obra, em consequência de ter expirado o prazo de proteção que lhe era anteriormente reconhecido pelo § 2º do art. 42 da Lei nº 5.988, de 14 de dezembro de 1973, caiu no domínio público, não terá o prazo de proteção dos direitos patrimoniais ampliado por força do art. 41 desta Lei."* Essa norma traz duas consequências: primeiro, obra caída em domínio público antes da vigência da nova Lei continua em domínio público; segundo, a obra que ainda não caiu em domínio público terá seu prazo de proteção ampliado de acordo com a nova Lei. A primeira consequência impede a aplicação retroativa da Lei; a segunda consequência determina a aplicação imediata da Lei, conforme dispõe o Art. 6º do Decreto-Lei nº 4.657/1941[9].

Finalmente, o Art. 45 não mais dispõe que pertencem ao domínio público as obras transmitidas pela tradição oral, conforme constava do Art. 48 da Lei nº 5.888/73. Contudo, a redação da norma foi imprecisa pois ressalvou *"a proteção legal aos conhecimentos étnicos e tradicionais"*, quando deveria se referir às expressões culturais tradicionais.

Este Capítulo III do Título III se ressente de uma lacuna imperdoável: o regime de titularidade dos direitos patrimoniais da obra criada por iniciativa e interesse de outrem, denominada obra sob encomenda ou criada em cumprimento a contrato de trabalho. A encomenda é contemplada na legislação brasileira desde o Código Civil de 1916, sempre associada ao contrato de edição. Com efeito, dispunha o Art. 1347 do Código Civil de 1916 que "[p]elo mesmo contrato pode o autor obrigar-se à feitura de uma obra literária, científica ou artística, em cuja publicação e divulgação se empenha o editor". A disposição legal foi transposta para a Lei nº 5.988/73 exatamente com a mesma redação e como parte do capítulo destinado ao contrato de edição, tendo sido mantida no Art. 54 da Lei atual[10]. Havia, porém, uma inovação da Lei Autoral de 1973. Ao contrário do Código Civil que nada dispunha sobre o regime jurídico da obra sob encomenda ou criada pelo empregado, a Lei nº 5.988/73 regu-

---

[9] *"A Lei em vigor terá efeito imediato e geral, respeitados o ato jurídico perfeito, o direito adquirido e a coisa julgada."*

[10] Art. 54. Pelo mesmo contrato pode o autor obrigar-se à feitura de obra literária, artística ou científica em cuja publicação e divulgação se empenha o editor.

lou a titularidade dos direitos autorais sobre a criação dirigida por meio do Artigo 36, segundo o qual os direitos patrimoniais pertenceriam a ambas as partes, conforme fosse estabelecido pelo Conselho Nacional de Direito Autoral.

Embora a matéria constasse dos projetos de lei discutidos no Congresso, inclusive no Art. 37 do PL 5.430/1990, que foi transformado na Lei nº 9.610/1998, o dispositivo regulando os direitos patrimoniais de autor na obra produzida em cumprimento a dever funcional, ou a contrato de trabalho ou de prestação de serviços, foi excluído da Lei atual durante a tramitação final da proposta legislativa. Portanto, na vigência da atual Lei Autoral, o estatuto próprio da obra sob encomenda estabelecido pelo Art. 36 da Lei nº 5.988/73 deixou de existir.

Isso não significa que, na ausência de norma especial, tenha o legislador privado o encomendante ou empregador de qualquer direito de utilização da obra cuja elaboração ele contratou e pela qual pagou. Essa solução impediria que o negócio jurídico atendesse às suas finalidades econômicas, de forma que a única interpretação razoável é a de que deve haver uma autorização implícita do criador para a utilização da obra pelo encomendante ou empregador. Contudo, na ausência de norma reguladora, as condições de exercício do direito de uso da obra intelectual, quanto a modalidades de utilização, tempo e lugar, tornam-se incertas a não ser que expressamente delineadas em contrato escrito.

O Capítulo IV do Título III, denominado *Das Limitações aos Direitos Autorais*, trata de uma das áreas atualmente mais controvertidas em Direito de Autor. Esse capítulo suscita muita discussão não só pelo que regulou, mas também pelo que deixou de regular.

Uma das primeiras alterações significativas foi com respeito às hipóteses de *reprodução* de trechos de obras já publicadas, ou ainda que integral, de pequenas composições alheias no contexto de obra maior, desde que esta apresente caráter científico, didático ou religioso e haja a indicação da origem e do nome do autor, e de *reprodução* no corpo de um escrito, de obras de arte, que sirvam, como acessório, para explicar o texto, desde que mencionados o nome do autor e a fonte de que provieram, as quais estavam reguladas nas letras (a) e (d) do inciso I do Art. 49 da Lei nº 5.888/73. Estas limitações estão agora contempladas no inciso VIII do Art. 46, que permite *"a reprodução, em quaisquer obras, de pequenos trechos de obras preexistentes, de qualquer natureza, ou de obra integral, quando de artes plásticas, sempre que a reprodução em si não seja o objetivo principal da obra nova e que não prejudique a exploração normal da obra reproduzida nem cause um prejuízo injustificado aos legítimos interesses dos autores".*

A permissão da utilização de obra alheia para finalidades científicas e didáticas foi incorporada à legislação nacional desde a Lei Medeiros e Albuquerque de 1898 (Lei nº 496, de 1º de agosto de 1898), passando pelo Art. 666, I do Código Civil e pelo Art. 49, I, letras (a) e (d) da Lei nº 5.888/73. A matéria foi transposta para a Lei vigente com algumas inovações importantes. De início, observa-se que o legislador eliminou a exigência de indicação da fonte, com o que se tem uma omissão injustificável. Não se vislumbra porque, sendo o caso de reprodução de trechos de obras alheias e de obras de arte em obra maior, não se identifique pelo menos a autoria, conforme ainda dispõe, para situação similar, a letra "a" do inciso I do mesmo Artigo 46.

Por outro lado, o legislador suprimiu a exigência do caráter científico, didático ou religioso de que, no regime anterior, deveria se revestir a obra maior no caso da reprodução de pequenos trechos. Com isso, o novo permissivo legal poderia ser utilizado para legitimar outros usos incidentais, porém com finalidade diversa e eventualmente comercial[11]. Em contrapartida, estabelece-se uma regra salutar, ou seja, a de que "a reprodução em si não seja o objetivo principal da obra nova", com o que se elimina a possibilidade de serem realizadas as antigas antologias ou compilações que nada mais representavam do que a justaposição de obras preexistentes, que não configuravam parte acessória de uma obra maior. Ressalte-se que a jurisprudência tem aplicado este preceito de

---

[11] Cf. Apelação Cível nº 480.378-4/0 – São Paulo – 9ª Câmara de Direito Privado – T.J.S.P. – Relator: Carlos Stroppa – j 10.6.2008. O titular alegou prejuízo a seus legítimos interesses por se tratar de uso em campanha publicitária. Do teor do acórdão se comprova que as músicas foram utilizadas como fundo musical para caracterizar o período carnavalesco, tema do anúncio. Mesmo assim, o tribunal aplicou o permissivo do inciso VIII do Art. 46 da Lei 9.610/98. Vide também Apelação Cível nº 2003.001.20636 – 18ª Câmara Cível – T.J.R.J. – Relatora: Cássia Medeiros – j. 28.10.2003. Porém, sem sentido contrário: Apelação Cível nº 181.208-4/6-00-SP – 5ª Câmara de Direito Privado – T.J.S.P. – Relator: Mathias Coltro – j. 12.7.2006; Apelação Cível nº 258.228-4/2-SP – 4ª Câmara de Direito Privado – T.J.S.P. – Relator: Jacobina Rabello – j. 29.11.2007.

5. PEGADAS DIGITAIS NA LEI DE DIREITOS AUTORAIS

modo restritivo, exigindo inclusive o caráter de acessoriedade que estava previsto na letra (d) do inciso I do Art. 49 da Lei anterior[12].

Com relação às obras de arte situadas permanentemente em logradouros públicos, previstas na letra (e) do inciso I do Art. 49 da Lei anterior, o Art. 48 da Lei nº 9.610/1998 permite agora apenas que sejam *representadas* por meio de pinturas, desenhos, fotografias e procedimentos audiovisuais. O verbo *representar* tem na Lei de Direitos Autorais um sentido técnico específico, que é dado pelo § 1º do Art. 68, ao definir a *representação pública* como *"a utilização de obras teatrais no gênero drama, tragédia, comédia, ópera, opereta, balé, pantomimas e assemelhadas, musicadas ou não, mediante a participação de artistas, remunerados ou não, em locais de freqüência coletiva ou pela radiodifusão, transmissão e exibição cinematográfica."*

Este sentido técnico, empregado no âmbito do direito de comunicação ao público, é distinto da representação em sentido amplo, conforme empregado no Art. 48 da Lei vigente, que compreende o ato de reproduzir pela pintura, desenho, fotografia e outros procedimentos determinada imagem. Representar consiste, pois, em retratar uma imagem existente e não reproduzi-la no sentido do inciso do inciso VI do Art. 5º da Lei, ou seja, *"a cópia de um ou vários exemplares de uma obra literária, artística ou científica ou de um fonograma, de qualquer forma tangível"*, o que ocorreria, por exemplo, com a reprodução de miniaturas de obras de arte. A jurisprudência tem também feito a distinção entre "reprodução" e "representação".[13]

---

[12] *"RECURSO ESPECIAL. DIREITO AUTORAL. TELA QUE COMPÔS CENÁRIO DE FILME PUBLICITÁRIO. ALEGAÇÃO DE EXPOSIÇÃO NÃO CONSENTIDA. LIMITAÇÕES AO DIREITO. ART. 46 DA LEI N. 9.610/1998. PERMISSÃO DE EXPOSIÇÃO DE PEQUENOS TRECHOS DA OBRA. CARÁTER ACESSÓRIO. INEXISTÊNCIA DE PREJUÍZO INJUSTIFICADO AO AUTOR. VIOLAÇÃO AO ART. 535 DO CPC. NÃO OCORRÊNCIA. [...].* Recurso Especial nº 1.343.961 – S.T.J. – 4ª Turma – Rel. Ministro Luis Felipe Salomão – j. 6.10.2015.

[13] *"A distinção de "reprodução" e "representação", embora possa parecer simples, possui particularidades que justificam algumas palavras. Reproduzir é distribuir cópias em larga escala e fica mais grave quando se faz com o intuito de lucro. Para reproduzir não há como dispensar autorização do autor. Representar, contudo, significa utilizar em perspectiva ou desenhar, fotografar para deleite ou para finalidade ilustrativa e deverá ser entendido que ilustrar uma campanha publicitária explorando a obra situada em local público, como um calendário ou qualquer outro peça informativa sem superposição de fotos ou arranjos, constitui uso indevido, caso se for realizada sem licença do autor."* Apelação

PROPRIEDADE INTELECTUAL E INTELIGÊNCIA ARTIFICIAL

Outra alteração importante foi com relação à cópia privada, regulada no inciso II do Art. 46 da Lei nº 9.610/1998. A regra contida nesse dispositivo legal tem sua gênese no inciso VI do Artigo 666 do antigo Código Civil de 1916, segundo o qual não se considerava ofensa aos direitos de autor *"a cópia, feita à mão, de uma obra qualquer, contanto que não se destine à venda"*. O legislador de 1973 substituiu a exigência de que a cópia fosse feita a mão pela limitação da reprodução a um só exemplar e, além disso, vedou não apenas a venda, mas qualquer utilização econômica dessa cópia.

A configuração desse dispositivo, na redação que lhe deu a Lei atual, manteve a limitação da quantidade de cópias a um exemplar, mas agora o legislador restringiu o âmbito da reprodução a "pequenos trechos". A segunda parte do dispositivo reflete o cuidado com que se quis caracterizar o conceito de cópia privada. Faz-se agora expressa referência a que a cópia seja feita pelo usuário para "uso privado do copista", explicitando assim uma condição que estava ínsita nessa norma desde sua introdução no Código Civil. Finalmente, o legislador reitera outra condição básica que vinha do direito anterior: a reprodução não pode ser feita com intuito de lucro. Todas essas alterações decorrem da preocupação em restringir os efeitos da reprografia.

Por fim, o legislador regulou com mais detalhes a faculdade de citação, incorporada à legislação nacional de regência desde os primórdios do reconhecimento do Direito Autoral. Assim é que o inciso 4 do Art. 22 da Lei Medeiros e Albuquerque de 1898 (Lei nº 496, de 1º de agosto de 1898) expressamente dispunha que a reprodução em livros e jornais, de passagens de uma obra qualquer, com intuito de crítica ou polêmica não constituía infração aos Direitos de Autor. A mesma regra se repete no inciso V do Art. 666 do Código Civil de 1916, embora com a substituição da palavra "reprodução" por "citação", sem alterar a essência do preceito. A mesma redação se repete no inciso III do Art. 49 da Lei nº 5.888/73.

A matéria foi transposta, com algumas alterações importantes, para a nova Lei Autoral de 1998. A nova norma, contida no inciso III do Art. 46, introduz duas regras que, embora implícitas, não estavam expres-

1034084-79.2015.8.26.0100 – T.J.S.P. – 30ª Câmara Extraordinária de Direito Privado – Rel. Enio Zuliani – 27/2/2018.

5. PEGADAS DIGITAIS NA LEI DE DIREITOS AUTORAIS

sas no texto legal anterior. A primeira é a de que, para haver a liberdade plena das citações, não é a extensão em si mesma que importa, mas sim a função que ela exerce dentro do texto da obra maior. Daí que a expressão "na medida justificada para o fim a atingir", emprestada do Art. 10(1) da Convenção de Berna, mostra-se mais consentânea com a finalidade da citação. A segunda é a exigência de indicação da fonte (autor e origem da obra), omissão inaceitável do dispositivo anterior. O que a citação tem comum com a hipótese prevista no inciso VIII do Art. 46 é o caráter de acessoriedade[14].

Por fim, o legislador contemplou no Art. 47 duas hipóteses de uso livre que são bastante importantes na prática: as paráfrases e as paródias. As paráfrases são recriações de conteúdos preexistentes, que são lícitas desde que não constituam verdadeiras reproduções da obra originária. Portanto, a utilização do conteúdo preexistente é aceitável desde que tenha o caráter de revisão bibliográfica e que haja a indicação da fonte, requisito não expressamente estabelecido no Art. 47, mas que descaracteriza o plágio. As paródias são recriações de obras anteriores mediante imitação cômica ou satírica. Sua validade depende da satisfação dos requisitos essenciais de constituir uma criação nova e de não implicar descrédito à obra anterior. Por outro lado, o Art. 47 não exige que a criação nova possua finalidade não lucrativa ou não comercial[15].

No Capítulo V do título III, denominado *Da Transferência dos Direitos de Autor*, o legislador buscou modernizar a disciplina dos negócios jurídicos sobre os direitos autorais. Com efeito, ao contrário da Lei nº 5.888/73, que apenas contemplava a cessão de direitos de autor, o Art. 49 agora menciona especificamente três tipos de negócios jurídicos: o licenciamento, a concessão e a cessão. Contudo, o Legislador não regula a licença e apenas se deteve sucintamente na cessão, regulando-lhe os aspectos fundamentais no Art. 50, como já fazia a Lei anterior. Não se distingue também a licença da concessão, embora ambas sejam em tese distintas da cessão.

Mesmo neste ponto, contudo, a lei não revela coerência na caracterização dos diferentes tipos de negócios jurídicos. Com efeito, em tese a

---

[14] Eduardo Vieira Manso, Direito Autoral, São Paulo José Bushatsky, 1980, pág. 281.
[15] Cf. Recurso Especial nº 1.597.678-RJ, 4ª Turma, S.T.J., Rel. Min. Ricardo Villas Boas Cueva, j. 21.8.2018.

licença se distingue da cessão, porquanto pela cessão o titular transfere a titularidade, enquanto na licença o titular transfere o direito de utilização. A cessão é, pois, uma modalidade de alienação, enquanto a licença é um contrato de uso e gozo. Assim sendo, a licença está para a locação como a cessão está para a compra e venda. Mas, ao estabelecer que a cessão pode ser limitada no tempo (Art. 50, § 2º), a distinção entre uma cessão temporária e uma licença é, na prática, difícil de determinar. Mais recentemente, quando se pensou em revisar a Lei de Direitos Autorais, uma das preocupações nesta matéria foi justamente a de distinguir a cessão da licença.

De uma maneira muito genérica, poderíamos dizer, com base nos elementos nucleares dos direitos patrimoniais (Art. 29), que há basicamente duas categorias essenciais de negócios jurídicos relativos a direitos autorais: aqueles que implicam a autorização para a utilização ou fruição da obra intelectual e aqueles relativos à disposição da obra intelectual ou alienação dos direitos patrimoniais de autor. O Legislador abrangeu ambas as modalidades sob o termo genérico de *"transferência"*, que, embora equívoco, é mais apropriado do que *"cessão"* como era empregado na Lei anterior. Contudo, há uma grande atipicidade dos negócios jurídicos relativos a direitos autorais em decorrência da variedade de modalidades de utilização da obra intelectual.

A Lei atual trouxe outras alterações relevantes nesta matéria. Os diferentes incisos do Art. 49, ao estabelecerem determinadas limitações à autonomia privada, definem regras de interpretação dos negócios jurídicos de Direitos de Autor, complementares ao princípio geral da interpretação restritiva estatuído no Art. 4º da Lei. Contudo, parte das normas é de caráter supletivo, pois admite estipulação em contrário.

Além disso, o Art. 52 agora estabelece que a omissão do nome do autor ou de coautor na divulgação da obra não presume a cessão de seus direitos. Este preceito é oposto ao previsto no Art. 55 da Lei nº 5.888/73, segundo o qual *"até prova em contrário, presume-se que os colaboradores omitidos na divulgação ou publicação da obra cederam seus direitos àqueles em cujo nome foi ela publicada."* Foi também revogado o preceito, contido no Art. 56 da Lei anterior, segundo o qual *"a tradição de negativo, ou de meio de reprodução análogo, induz à presunção de que foram cedidos os direitos do autor sobre a fotografia."*

5. PEGADAS DIGITAIS NA LEI DE DIREITOS AUTORAIS

Esse preceito era uma exceção à regra geral do Art. 38 da Lei anterior, mantido no Art. 37 da Lei atual, segundo o qual a aquisição do original de uma obra ou de exemplar não confere ao adquirente qualquer dos direitos patrimoniais do autor, salvo convenção em contrário ou nos casos previstos na Lei. Portanto, a Lei vigente estabelece como princípio básico que a cessão não se presume, devendo sempre decorrer de convenção escrita entre as partes. A Lei nº 5.988/73 estabelecia três hipóteses de presunção legal de cessão (Arts. 55, 56 e 80), que foram eliminadas na atual Lei Autoral, estabelecendo-se a regra inversa.

No Título IV, denominado *Da Utilização de Obras Intelectuais e dos Fonogramas*, o legislador aperfeiçoou a disciplina jurídica do contrato de edição, modernizou o regime da comunicação ao público, corrigiu a omissão legislativa ao tratar do direito do adquirente da obra de arte plástica, atualizando as regras aplicáveis à utilização de obra fotográfica, de fonograma e de obra audivisual, nova denominação para a obra cinematográfica.

A maior novidade nesse Título IV fica por conta do regime da base de dados, nova modalidade de obra intelectual agora expressamente mencionada no inciso XIII do Art. 7º, porquanto no Art. 87 o legislador define que (a) a proteção se estende à forma de expressão da estrutura da base de dados e (b) os direitos patrimoniais compreendem especificamente o direito de reprodução, derivação (ou seja, tradução, adaptação, reordenação ou qualquer outra modificação), distribuição e comunicação ao público. A redação deste dispositivo segue o texto constante da Diretiva 96/9/CE da União Europeia, na parte que trata das bases de dados protegidas pelo Direito de Autor.

O legislador de 1998 suprimiu o capítulo que tratava da utilização de obra publicada em diários ou periódicos, remanejando os dispositivos respectivos para o Art. 36 da Lei, e também inseriu um novo capítulo sobre a utilização da obra coletiva, apenas para definir no Art. 88 o que o organizador deve mencionar em cada exemplar. Além disso, regulou o exercício pelo participante de obra coletiva de seu direito moral de proibir que se indique ou anuncie seu nome na obra coletiva, faculdade essa que melhor seria tratada no § 1º do Art. 17 da Lei.

O Título V trata dos *direitos conexos*, em que a inovação mais relevante recai sobre os direitos dos artistas intérpretes ou executantes, que agora são regulados separadamente dos direitos dos produtores de fonogramas. Em ambos os casos, o legislador aperfeiçoou as faculdades de direito patrimonial reconhecidas, além de agora regular de forma mais abrangente os direitos morais dos artistas, a quem atribui os direitos morais de paternidade e de integridade, ainda que sujeitos a mitigação (Art. 92). Além disso, o prazo de proteção dos direitos conexos é também ampliado para 70 anos.

O Título VI, denominado *Das Associações de Titulares de Direitos de Autor e dos que lhes são Conexos*, foi substancialmente alterado pela Lei nº 12.853, de 14/8/2013, que reformulou o sistema da gestão coletiva de direitos autorais. Contudo, coerentes com a metodologia de comparação da Lei vigente com a Lei anterior, devemos inicialmente mencionar essas inovações. O Art. 105 da Lei nº 5.988/73 dispunha que as associações dependiam de autorização prévia do Conselho Nacional de Direito Autoral para funcionarem no País. E os Arts. 106 a 114 dispunham sobre os requisitos de organização e funcionamento dessas associações. Como a partir da Constituição Federal de 1988 a criação de associações independe de autorização e seu funcionamento não pode sofrer interferência estatal, esse regramento foi excluído da Lei nº 9.610/98, mantendo-se apenas as regras gerais aplicáveis às associações de titulares de direitos autorais.

A Lei vigente manteve a previsão da Lei nº 5.988/73 de que a arrecadação e a distribuição dos direitos relativos à execução pública de obras musicais e literomusicais e de fonogramas será feita por meio de um único escritório central para arrecadação e distribuição, denominado ECAD – Escritório Central de Arrecadação e Distribuição, composto e administrado por associações de titulares de direitos autorais.

Em decorrência do disposto na Lei nº 12.853/2013, as sociedades de gestão coletiva estão sujeitas a determinadas regras especiais no exercício de suas atividades: (i) toda sociedade precisa ser habilitada por órgão da Administração Pública Federal, conforme previsto em Artigo 98-A, para fins de cobrança de direitos autorais; (ii) as atividades das sociedades de gestão coletiva estão sujeitas a normas de governança, baseadas nos princípios da isonomia, eficiência e transparência, conforme disposto no Artigo 98-B; (iii) as sociedades devem divulgar em formato eletrônico todas as informações relevantes sobre obras, titulares de direitos, contratos e valores arrecadados para que todas as partes interessadas possam ter livre acesso a tais dados e documentação a qualquer

5. PEGADAS DIGITAIS NA LEI DE DIREITOS AUTORAIS

momento; (iv) as sociedades devem publicar relatórios detalhados dos valores devidos aos seus membros, conforme previsto no Artigo 98-C; (v) os valores que não forem distribuídos por falta de informação sobre quem tem direito devem ser retidos por um período de 5 anos, após o qual serão distribuídos aos titulares de direitos da mesma categoria; (vi) as taxas de administração cobradas por essas sociedades são limitadas aos custos reais e não podem exceder certas porcentagens predefinidas sobre o valor total arrecadado, e (vii) as disputas entre usuários finais e titulares de direitos em relação a valores de arrecadação poderão ser objeto da atuação de órgão da Administração Pública Federal para a resolução de conflitos por meio de mediação ou arbitragem, na forma do regulamento poderão ser objeto da atuação de órgão da Administração Pública Federal para a resolução de conflitos por meio de mediação ou arbitragem, na forma do regulamento.

O Título VII, denominado *Das Sanções às Violações dos Direitos Autorais*, regula apenas as sanções civis, que, segundo o Art. 101, *"aplicam-se sem prejuízo das penas cabíveis"*, referindo-se obviamente às sanções penais, e não à pena civil, como melhor dispunha o Art. 121 da Lei anterior. As sanções penais são tratadas nos Artigos 184 e 186 do Código Penal[16]. O Título VII é composto de três capítulos, dos quais o primeiro contém a disposição preliminar acima referida e o capítulo segundo as *Sanções Civis*.

O Art. 102 prevê a possibilidade de o titular de obra fraudulentamente reproduzida, divulgada ou de qualquer forma utilizada, requerer a apreensão dos exemplares reproduzidos e a suspensão da divulgação, sem prejuízo da indenização cabível. A faculdade de o titular requerer a busca e apreensão dos objetos contrafeitos já estava prevista no Art. 27 da Lei Medeiros e Albuquerque de 1898 (Lei nº 496, de 1º de agosto de 1898), embora associada à ação criminal. Mas o Art. 672 do Código Civil de 1916 contemplou a apreensão dos exemplares reproduzidos de modo mais amplo, preceito que se manteve no Art. 123 da Lei nº 5.988/73, com a ampliação para os casos de suspensão da divulgação ou utilização da obra. A norma do Código Civil tinha uma ressalva importante: a de que a indenização seria devida *"ainda que nenhum exemplar se encon-*

---

[16] O Art. 185, que tratava da usurpação de nome ou pseudônimo alheio, foi revogado pela Lei nº 10.695, de 1/7/2003.

tre" uma vez que, tendo havido reprodução fraudulenta, a indenização de perdas de danos se impõe.

O Art. 103 contempla a perda dos exemplares apreendidos no caso de edição não autorizada assim como o pagamento do preço daqueles que tiverm sido vendidos. Essa pena civil estava prevista no Art. 669 do Código Civil e no Art. 122 da Lei nº 5.988/73, juntamente com a cominação de pagamento do valor de toda a edição (menos os apreendidos). Não se conhecendo o número de exemplares fraudulentamente reproduzidos, o infrator pagaria o valor de mil exemplares além dos apreendidos na vigência do Código Civil, mínimo esse aumentado para 2.000 na Lei nº 5.988/73 e para 3.000 na Lei atual, com base na tiragem presumida de cada edição, conforme Art. 61 da Lei anterior e Art. 56, parágrafo único da Lei vigente.

O Art. 104 estabelece a responsabilidade solidária de quem vende, expõe a venda, oculta, adquire, distribui, tem em depósito ou utiliza obra ou fonograma reproduzidos com fraude, com a finalidade de vender, obter ganho, vantagem, proveito, lucro direto ou indireto, para si ou para outrem. O Art. 19 da Lei Medeiros e Albuquerque de 1898 (Lei nº 496, de 1º de agosto de 1898) continha disposição semelhante, que foi reproduzida no Art. 670 do Código Civil, com extensão da responsabilidade para o vendedor ou expositor de obra importada. O mesmo preceito constava do Art. 124 da Lei nº 5.988/73. O Art. 110 também contempla a responsabilidade solidária dos proprietários, diretores, gerentes, empresários e arrendatários pela violação de direitos autorais em espetáculos e audições públicas, realizadas nos locais ou estabelecimentos referidos no Art. 68 da Lei.

A jurisprudência por algum tempo discutiu se essas hipóteses de responsabilidade solidária eram de natureza subjetiva ou objetiva. Inicialmente, os tribunais entendiam que a solidariedade não prescindia da comprovação de culpa, exceto no caso previsto no Art. 110 da Lei, especialmente se ausentes as circunstâncias que envolvessem diretamente a empresa imputada na prática do ato infrator. Atualmente, sobretudo após decisão proferida no Recurso Especial nº 1.123.456 de 19/10/2010 da Terceira Turma do Superior Tribunal de Justiça, a jurisprudência tem entendido que a responsabilidade decorrente do Art. 104 é solidária e objetiva.[17]

---

[17] Recurso Especial nº 1.123.456, 3ª Turma, S.T.J. Rel. Massami Uyeda, j. 19/10/2010.

A redação do Art.105 é bem mais adequada do que a dos dispositivos análogos que constavam dos Art. 125 e 127 da Lei nº 5.988/73. O legislador deixa claro que devem ser suspensas ou interrompidas as transmissões, retransmissões e comunicações ao público de obras, interpretações e fonogramas realizadas com infração aos direitos autorais, sem prejuízo da cominação de multa diária pelo descumprimento e das demais indenizações cabíveis. Há uma alteração importante que é a atribuição do poder de suspensão ou interrupção à autoridade judicial competente e não mais à autoridade policial.

O Art. 106 faculta ao juiz determinar a destruição dos exemplares ilícitos e de suas matrizes, moldes e negativos. Embora tenha sido vista como uma inovação moralizadora, destinada a evitar que a contrafação se repetisse facilmente, o fato é que o Art. 23 da Lei Medeiros e Albuquerque de 1898 (Lei nº 496, de 1º de agosto de 1898) já contemplava, no crime de contrafação, *"o confisco dos objectos contrafeitos e de todos os moldes, matrizes e quaesquer utensilios que tenham servido para a contrafacção"*. Trata-se também de medida que encontra respaldo no Art. 46 do Acordo TRIPS.[18]

O Art. 107 regula o tratamento jurídico das medidas tecnológicas de proteção que precisam ser implementadas em função da vulnerabilidade do ambiente digital. Trata-se de dispositivos técnicos destinados a restringir o acesso e a reprodução de arquivos digitais de obras intelectuais ou de objeto de direitos conexos bem como a controlar seu uso. Os Tratados da Internet da OMPI de 1996 regularam a proteção jurídica das medidas tecnológicas de proteção, com vistas a impedir a modificação ou inutilização de dispositivos técnicos ou a supressão ou alteração de informações sobre a gestão de direitos.

Nesse sentido, a Lei considera como ilícito (i) alterar, suprimir, modificar ou inutilizar, de qualquer maneira, dispositivos técnicos introduzidos nos exemplares das obras e produções protegidas para evitar ou restringir sua cópia; (ii) alterar, suprimir ou inutilizar, de qualquer maneira, os sinais codificados destinados a restringir a comunicação ao

---

[18] *"As autoridades judiciais terão também o poder de determinar que materiais e implementos cujo uso predominante tenha sido o de elaborar os bens que violam direitos de propriedade intelectual sejam objeto de disposição fora dos canais comerciais, sem qualquer forma de compensação, de maneira a minimizar os riscos de violações adicionais."*

público de obras, produções ou emissões protegidas ou a evitar a sua cópia; (iii) suprimir ou alterar, sem autorização, qualquer informação sobre a gestão de direitos; e (iv) distribuir, importar para distribuição, emitir, comunicar ou puser à disposição do público, sem autorização, obras, interpretações ou execuções, exemplares de interpretações ou execuções fixadas em fonogramas e emissões, sabendo que a informação sobre a gestão de direitos, sinais codificados e dispositivos técnicos foram suprimidos ou alterados sem autorização.

Nos Tratados da Internet da OMPI a preocupação era também coibir as chamadas "atividades preparatórias", como a fabricação, importação e comercialização de bens destinados primariamente a elidir as medidas tecnológicas de proteção. Por essa razão, o Art. 107 também contempla a perda dos equipamentos utilizados nessas atividades consideradas expressamente como ilícitas.

O Art. 108 define os mecanismos para reparar a utilização de obra intelectual sem a indicação da autoria, portanto, com infração aos direitos morais de autor, cuja adoção não afasta a condenação do infrator na indenização por danos morais. Trata-se de uma prescrição salutar porque indica desde logo os remédios que o prejudicado pode obter judicialmente.

Finalmente, o Art. 109 prevê o pagamento de multa de vinte vezes o valor que deveria ser originalmente pago no caso de execução pública feita em desacordo com os Artigos 68, 97, 98 e 99 da Lei. E o Art. 190-A, introduzido pela Lei nº 12.853/2013, contempla o pagamento da multa de 10 (dez) a 30% (trinta por cento) do valor que deveria ser originariamente pago, sem prejuízo das perdas e danos, pela falta de prestação ou a prestação de informações falsas no cumprimento do disposto no § 6º do art. 68 e no § 9º do Art. 98. O Judiciário vem aplicando com relutância a multa prevista no Art. 109 por entender que, sendo muito elevada, exige a existência de má-fé e a intenção ilícita de usurpar os direitos autorais.[19]

O Capítulo III do Título VII, denominado *Da Prescrição da Ação*, era composto pelo Art. 111, que mantinha o prazo de cinco anos para ofensas a direitos autorais (e não mais ofensas a direitos patrimoniais), mas

---

[19] AgRg no Agravo em Recurso Especial nº 233.232 – SC (2012/0200356-3), 2ª Turma, S.T.J., Rel. Min. Sidnei Benetti, j. 18.12.2012.

5. PEGADAS DIGITAIS NA LEI DE DIREITOS AUTORAIS

alterava o marco inicial da contagem para a data da ciência da infração. Esse dispositivo foi vetado pela Presidência da República, conforme Mensagem nº 234, de 19/2/1998, por se entender que *"o prazo prescricional de cinco anos deve ser contado da data em que se deu a violação, não da data do conhecimento da infração, como previsto na norma projetada."*

Em razão do veto presidencial, discutiu-se qual seria o prazo prescricional aplicável. Essa discussão se divide em dois momentos: antes e depois da promulgação do Código Civil de 2002. Na vigência do Código de 1916, sustentou-se que a regra nele contida (Art. 178, § 10, inciso VII) não havia sido revogada expressamente, tese que o Judiciário não endossou. Houve quem advogasse a aplicação do prazo relativo ao direito de propriedade (Art. 178, inciso IX), mas prevaleceu o entendimento de que incidia a regra geral do Art. 177, aplicando-se o prazo prescricional de 20 anos.[20]

Como o Código Civil de 2002 não contempla um prazo prescricional específico para a violação de direitos autorais, a jurisprudência majoritária entendeu que *"a matéria passou a ser regulada pelo art. 206, § 3º, V, que fixa um prazo prescricional de 03 anos para a pretensão de reparação civil, dispositivo de caráter amplo, em que se inclui a reparação de danos patrimoniais suportados pelo autor de obra intelectual."*[21] Contudo, posteriormente, a jurisprudência do Superior Tribunal de Justiça, em casos envolvendo demandas indenizatórias por ilícito extracontratual, passou a entender que o prazo prescricional tem início quando o autor tem comprovada ciência da lesão.[22]

Conclusões

Como vimos inicialmente, a atual Lei de Direitos Autorais foi promulgada após o advento da Tecnologia da Informação e, por essa razão, já reflete o ajustamento da disciplina autoral ao ambiente digital. Porém, trata-se apenas da adaptação de conceitos e regras tradicionais a novas situações, operando-se mera integração e não ruptura ou inovação. Por

---

[20] Recurso Especial nº 1.168.336, 3ª Turma, S.T.J., Rel. Min. Nancy Andrighi, j. 22.03.2011.

[21] Recurso Especial nº 1.168.336, acima citado.

[22] Recurso Especial nº 1.645.746, 3ª Turma, S.T.J., Rel. Min. Ricardo Villas Boas Cueva, j. 6.06.2017; Recurso Especial nº 1.785.771, 3ª Turma, S.T.J., Rel. Min. Nancy Andrighi, j. 18.06.2020.

essa razão, alguns conceitos já discutidos na década de 1990 ainda não foram plenamente incorporados à nova legislação, como é o caso da colocação das obras intelectuais e objetos de direitos conexos à disposição do público na Internet.

Um quarto de século depois, a Tecnologia da Informação evoluiu e com ela a Internet, provocando uma alteração substancial no universo das atividades criativas e dos produtos resultantes dessas atividades.

Dentre os fenômenos mais importantes está justamente a Inteligência Artificial, que gera não apenas progresso e conforto, como se vê pela aplicação da IoT, mas sobretudo conhecimento, cultura e entretenimento. Por essa razão, seu impacto se reflete na Propriedade Intelectual e, em particular, nos Direitos Autorais.

Referências

ABRÃO, Eliane Y. Direitos de autor e direitos conexos. 2ª edição. São Paulo: Migalhas, 2014.

ASCENSÃO, José de Oliveira. Direito autoral. 2ª ed.. Rio: Renovar, 1997.

ASCENSÃO, José de Oliveira. Estudos sobre Direito da Internet e da Sociedade da Informação. Rio: Forense, 2002.

BARBOSA, Denis Borges. Propriedade intelectual: direitos autorais, direitos conexos e software. Rio de Janeiro: Lumen Juris, 2003.

CABRAL, Plínio. A Nova Lei de Direitos Autorais : comentários. 4ª ed. São Paulo: Habra, 2003.

BITTAR, Carlos Alberto. Direito de autor. 6ª ed. Rio: Forense, 2015.

BRANCO JR, Sérgio Vieira. Direitos Autorais na Internet e o Uso de Obras Alheias. Rio: Lumen Juris, 2007.

CHAVES, Antônio. Direito de Autor. Rio: Forense, 1987.

CHAVES, Antônio. Criador da obra intelectual. São Paulo: LTr, 1995.

CHAVES, Antônio. Direitos Conexos: atualizado de acordo com a nova Lei de Direitos Autorais, n. 9.610, de 19 de fevereiro de 1998. São Paulo: LTr, 1999.

HAMMES, Bruno Jorge. O direito de propriedade intelectual. 3a. ed. São Paulo: Unisinos, 2002.

6. MOLDURAS JURÍDICAS PARA A IA NO BRASIL

Daniel Arbix
Natália Kuchar Lohn

Este artigo busca introduzir os candentes debates modernos sobre a regulação da Inteligência Artificial (IA), apontando os riscos e oportunidades centrais a serem levados em conta para a formatação e a implementação de uma agenda regulatória ainda nascente. Inicia-se, com este objetivo, uma discussão sobre o Direito e as mudanças tecnológicas, com foco no impacto de escolhas que amplifiquem ou limitem o alcance e o potencial de inovações, de forma acelerada, no campo da inteligência artificial nos últimos anos.

Em seguida discutem-se rumos possíveis, a partir de referências jurídicas clássicas, em especial porque muitas das opções regulatórias à disposição geram consequências de alta previsibilidade, seja sobre a flexibilidade para experimentar e inovar com vistas à criação de valor social, seja sobre a latitude das políticas públicas que abracem a Inteligência Artificial. O artigo é concluído com breves considerações sobre como a regulação pode ser socialmente benéfica e, fundamentada em riscos e ancorada em expertise especializada, promover o desenvolvimento tecnológico responsável.

1. Direito, mudanças tecnológicas e o potencial da Inteligência Artificial

Escrever sobre tecnologia exige alguma tolerância a intempéries: as palavras aqui fixadas irão, sem dúvida, sofrer de forma dura o teste do tempo. Se alguns institutos jurídicos se mantiveram relativamente estáveis ao longo dos séculos (não é por mero capricho que ainda se estuda o direito romano para entender a base de direitos de propriedade), há saltos tecnológicos que forçam aqueles que estudam e aplicam o Direito a rapidamente se atualizar, mergulhando em conceitos estrangeiros a já sedimentada razão prática – alguns diriam ciência jurídica – e investigando, com cuidado, os desafios que tais saltos trazem.

Vivemos atualmente imersos em discursos sobre algoritmos, *machine learning* e inteligência artificial, e é inegável que tais elementos permeiam a vida das pessoas, em especial das que têm acesso a bens tecnológicos como computadores e celulares. Além disso, a aplicação de IA na alocação de recursos e tomada de decisão trazem consequências para a vida concreta também de quem não está digitalmente incluído, algo que, não muito tempo atrás, emergia no campo de atenção apenas de poucos cientistas e de autores e leitores de ficção científica.[1] Empregados de forma apropriada, os avanços da Inteligência Artificial podem trazer grandes benefícios para a sociedade[2] – e, justamente por esse potencial, reguladores ao redor do mundo enfrentam hoje um balanço delicado.

Ao contrastar as mudanças tecnológicas da IA com as previsões do Direito (neste artigo, em particular, o sistema jurídico brasileiro), é necessário reconhecer, em primeiro lugar, que as arquiteturas de risco já existentes podem ser os alicerces para novas regulações ou mesmo as tornar supérfluas. Não se pode, sob pressão do caráter desafiador das novas tecnologias, ignorar que os diversos sistemas jurídicos ao redor do mundo, em larga medida, já possuem regras adequadas para enfren-

---

[1] Para um excelente resumo da evolução da inteligência artificial nos séculos XX e XXI, ver Blagoj DELIPETREV, Chrisa TSINARAKI, Uroš KOSTIĆ. "Historical Evolution of Artificial Intelligence", EUR 30221EN, Publications Office of the European Union, Luxembourg, 2020, ISBN 978-92-76-18940-4, doi:10.2760/801580, JRC120469, disponível em https://publications.jrc.ec.europa.eu/repository/bitstream/JRC120469/jrc120469_historical_evolution_of_ai-v1.1.pdf. Recomenda-se, ainda, a narrativa mais elaborada disponível em WIRED. 2018. The WIRED Guide to Artificial Intelligence, disponível em https://www.wired.com/story/guide-artificial-intelligence/.

[2] Sobre o contato entre IA e outras tecnologias capazes de propulsionar revoluções tecnológicas, ver WIPO. 2019. Technology Trends 2019 – Artificial Intelligence. Genebra: World Intellectual Property Organization. Disponível em https://www.wipo.int/edocs/pubdocs/en/wipo_pub_1055.pdf.

tar novas situações, resolver conflitos ainda pouco nítidos no horizonte ou aconselhar agentes públicos sobre como se aproximar deles. Exemplificando algumas das regulamentações e previsões legais plenamente aplicáveis à IA, aplicativos de IA relacionados a cuidados com a saúde situam-se sob a competência dos órgãos reguladores de atividades médicas e de saúde e precisam observar as regras sobre pesquisa e desenvolvimento na área médica, tal como qualquer outra tecnologia. Outra ilustração: quando integrados a produtos ou serviços físicos, os sistemas de IA devem cumprir as regras já existentes associadas à responsabilidade civil e criminal, defesa de direitos de consumidores etc. Não há, em suma, um deserto legal, mas sim escolhas regulatórias em um mar de possibilidades.

Dentre essas possibilidades, a proibição de determinadas tecnologias por vezes ganha espaço no debate público como se fosse um oásis, mas costuma se revelar uma miragem. Conforme a doutrina nacional já reconhece: *"o passado e as implicações da internet demonstraram ao Direito que a mera repressão de tecnologias, desvinculada de suas recepções sociais e de mercado, foi incapaz de colaborar para o amadurecimento do debate entre os códigos de lei e de computação"* (Souza e Oliveira, 2019:78)[3]. A amplitude da IA, ainda inexplorada em diversas áreas, exige abordagens mais sofisticadas. Em outras palavras, é o momento de os operadores do Direito se engajarem em um amplo e verdadeiro diálogo com as áreas tecnológicas, nas esferas pública e privada, com olhares atentos às políticas públicas e aos benefícios sociais das tecnologias nascentes.

Dado o estágio inicial do desenvolvimento da IA, é crucial manter o foco em normas que garantam flexibilidade e experimentação, que protejam a sociedade de forma cirúrgica e que se adaptem à medida que novas questões surjam, uma vez que a IA, como muitas outras tecnologias, possui por definição propósitos múltiplos. Franco diálogo e exercícios de balanceamento exigem reconhecer que o escrutínio social deve ser proporcional ao potencial associado de risco maior para a sociedade, inclusive diferenciando-se casos corriqueiros que tenham um baixo grau

---

[3] SOUZA, Carlos Affonso Pereira de; OLIVEIRA, Jordan Vinícius de. 2019:78. Sobre os ombros de robôs? A Inteligência Artificial entre fascínios e desilusões. In FRAZÃO, Ana; MULHOLLAND, Caitlin (coord). Inteligência artificial e direito: ética, regulação e responsabilidade. São Paulo: Thompson Reuters Brasil, pp. 65-81.

de risco ou potencial lesivo associado. Leis e regulamentações importam para esse escrutínio criterioso, por certo, mas ele também pode ser bem efetivado por meio de medidas técnicas aplicadas pelos próprios operadores das tecnologias[4]. Em qualquer dos casos, a calibragem entre riscos e controles é fundamental. Por exemplo, iniciativas que envolvam uma área tão detalhadamente regulada como a condução de veículos automotores devem estar submetidas ao escrutínio que é praxe da indústria também nas tecnologias auto-guiadas[5]. Em contraste, no outro espectro, muitos dos usos de IA pela indústria criativa (feitos há anos para a simulação de cenários ou grandes populações, por exemplo) podem ser deixados livres para exploração e uso pelos artistas[6].

Por fim, é importante enfatizar que, além das regras específicas setoriais (como os exemplos citados de saúde), que já recaem em múltiplos contexto sobre tecnologias intensivas em IA, o Brasil possui dois importantes marcos legais de referência para a IA: o Marco Civil da Internet e a Lei Geral de Proteção de Dados. Aquele porque estabelece obrigações gerais e o regime de responsabilidade para provedores de "aplicações de internet"[7], e esta porque estabelece as condições para o tratamento de dados pessoais no Brasil ou em conexão com pessoas naturais brasileiras.

---

[4] Conferir ilustrações na Parte III abaixo.

[5] Interessante notar que a agência federal norte-americana para segurança no tráfego de veículos [National Highway Traffic Safety Administration (NHTSA)] indicou a possibilidade de flexibilizar certas regras para veículos autônomos que transportassem apenas bens e não pessoas. Conferir a respeito WIRED. 2020. New Rules Could Finally Clear the Way for Self-Driving Cars, disponível em https://www.wired.com/story/news-rules-clear-way-self-driving-cars/.

[6] Por exemplo, o concurso oferecido por uma rede de televisão holandesa para a melhor música gerada por IA: https://www.vprobroadcast.com/titles/ai-songcontest.html. Outro exemplo foi um desafio feito pelo Google no Brasil em 2019 para uma nova versão da música "Divino Maravilhoso" (https://www.tecmundo.com.br/software/139055-usando-ia-google-caetano-veloso-iza-recriam-classico-da-tropicalia.htm). Ressalte-se que foge ao escopo deste artigo abordar os desafios na proteção de obras intelectuais geradas parcial ou exclusivamente através de ferramentas de IA (e a intrigante incógnita acerca de sua constituição como "criações do espírito", nos termos do art. 7º da Lei 9.610/1998).

[7] Definidas como "o conjunto de funcionalidades que podem ser acessadas por meio de um terminal conectado à internet", nos termos do art. 5º, VII da Lei 12.965/2014.

Avançando na questão de como o debate social em relação à melhor regulação da IA pode se beneficiar de olhares jurídicos, partindo do pressuposto de que a IA não é, por si só, inerentemente boa ou ruim, a chave passa a ser a sua implementação ética. O diálogo entre regras abstratas (deontologia), de um lado, e atenção às consequências, de outro, é fundamental para o Direito e para o vínculo ético entre prescrições normativas e sua efetiva concretização[8]. Porém com o avanço na aplicação de IA nas mais variadas tarefas cotidianas, práticas éticas acerca da IA devem ser internalizadas não só pelos responsáveis diretos no desenvolvimento destas novas tecnologias mas também difundidas para a sociedade em geral, através da construção de uma nova ética *tecno-moral* que permita evoluirmos, como sociedade, sem cairmos nas ilusões de repressão e retrocesso tecnológico citadas acima[9].

Fechando esta seção introdutória com uma nota mais pragmática, destaca-se que empresas que adotam a aplicação de IA de forma responsável se mostram mais competitivas em seus mercados[10]. Por exemplo, uma empresa que incorpora práticas responsáveis de IA durante o ciclo de desenvolvimento de produtos pode ter uma vantagem competitiva externada na melhor qualidade de seus produtos. Isto porque, ao aplicar

---

[8] Ver Friedrich MÜLLER. 2013:10. O novo paradigma do direito: introdução à teoria e metódica estruturantes. 3 ed. São Paulo: Editora Revista dos Tribunais. Note-se ainda que deveres éticos são via de regra ressignificados pelas lentes das novas tecnologias, como ilustrado pelos deveres que recaem sobre profissionais do meio jurídico – conferir a respeito Noah WAISBERG e Alexander HUDEK. 2021:81-90. AI for Lawyers. Hoboken (EUA): Wiley.

[9] Uma proposta sobre quais seriam essas virtudes componentes de uma ética para o século XXI é feita por Shannon VALLOR. 2016. Technology and the Virtues: a philosophical guide to a future worth wanting. Nova York: Oxford University Press. Segundo a professora de filosofia, valores inspirados em correntes filosóficas ocidentais e orientais, tais como empatia e flexibilidade, informam a construção de uma verdadeira prática cotidiana, essencial para evitar o hipotético Grande Filtro, um evento de autodestruição social por avanços tecnológicos que explicaria a ausência de sinais de vida inteligente no universo (embora identifique o risco como alto, a autora é otimista em relação à capacidade humana de se reinventar e cooperar face à adversidade).

[10] Ver estudo patrocinado pelo Google Cloud em THE ECONOMIST. 2020. The Economist Intelligence Unit, "Staying ahead of the curve – The business case for responsible AI", disponível em https://pages.eiu.com/rs/753-RIQ-438/images/EIUStayingAheadOfThe-Curve.pdf.

de forma consciente filtros para evitar vieses cognitivos e ao endereçar potenciais problemas que minorias e outros grupos desprivilegiados e subrepresentados podem enfrentar ao usar um determinado produto, a empresa impulsiona as chances de tal produto ser mais acessível e inclusivo, e, portanto, de ter um público consumidor mais satisfeito e mais engajado com sua marca.

Um exemplo concreto de tal abordagem foi o desenvolvimento da funcionalidade Face Match do aparelho Nest Hub Max[11]: a ferramenta atende ao interesse dos usuários de ter uma experiência personalizada ao usar o dispositivo, que conta com uma câmera de vídeo embutida. Com ela, seria possível programar o aparelho para reconhecer rostos e identificá-los com um determinado usuário. Além da preocupação de ter tal funcionalidade desligada como padrão (o usuário que a desejar deve ativá-la nas configurações), uma preocupação das pessoas envolvidas em seu desenvolvimento foi garantir que o sistema de reconhecimento facial funcionasse em gêneros e tons de pele os mais diversos, testando o modelo para endereçar falhas neste ponto.

Esta seção do artigo apresentou a tensão trazida ao Direito pelos desenvolvimentos tecnológicos da IA, traçando alguns dos vários matizes que formam o panorama geral de desafios e inquietações enfrentados pelo meio jurídico ao se deparar com aplicações inéditas de IA. A seguir, aborda-se em profundidade o que significaria uma regulamentação sábia (prudente) nesta área, ou seja, quais são as principais armadilhas a se evitar, que boas práticas regulatórias devem ser disseminadas e quais bons exemplos na iniciativa privada podem inspirar iniciativas de autorregulação.

2. IA, criação de valor e políticas públicas. Rumo a regulações saudáveis de IA

Dentre a ampla gama de possibilidades regulatórias para a IA[12], há certamente opções boas e ruins, embora poucas já tenham sido testadas

---

[11] Conferir "Google AI Principles 2020 Progress update", disponível em https://ai.google/static/documents/ai-principles-2020-progress-update.pdf.

[12] "[A]s iniciativas de formulação normativa em IA ainda são incipientes, sobretudo pela necessidade de aprofundamento das várias abordagens para as modalidades de interação entre os sistemas autônomos e inteligentes, o meio ambiente, as tecnologias e os seres humanos." POLIDO, Fabricio B. P. 2019:186. Novas perspectivas para regulação da Inteli-

no atual contexto tecnológico. Aqueles incidentes sobre responsabilidade costumam galvanizar a atenção de estudiosos e de pessoas e organizações diretamente envolvidas com o desenvolvimento de soluções de IA. Procura-se, pois, abordar este ponto focal e, após, ainda nesta seção, sugerir uma série de medidas procedimentais e recursos técnicos capazes de aprimorar o debate regulatório e de prevenir problemas potencialmente presentes em aplicações de IA que vêm ganhando maior escala ao redor do mundo.

2.1. Riscos de se imputar uma personalidade jurídica à IA e novos regimes de responsabilidade

Atualmente virou um lugar-comum imputar determinadas decisões ao "algoritmo" – uma palavra por vezes levada ao extremo da sua definição[13] para ofuscar ou despersonalizar os responsáveis por tais decisões. Conforme recente provocação[14], nem todo algoritmo é necessariamente uma aplicação de IA ou *machine learning*: muitas vezes estamos diante apenas de uma programação computacional de uma árvore de decisões, por exemplo, cujos ramos foram todos definidos por humanos. E mesmo ao se discutir IA em sentido próprio, deparando-se com várias aplicações de algoritmos específicos da área, pode ser tentador cair na armadilha de se considerar a IA como um construto independente, completamente autônomo daqueles que o desenvolveram e, por consequência, um ente que deveria ser dotado de personalidade jurídica própria.

---

gência Artificial: diálogos entre as políticas domésticas e os processos legais transnacionais. In FRAZÃO, Ana; MULHOLLAND, Caitlin (coord). Inteligência artificial e direito: ética, regulação e responsabilidade. São Paulo: Thompson Reuters Brasil, pp. 179-205.

[13] Anote-se, porém, que a definição legal de software no Brasil não contribui para este debate, uma vez que conferiu ao termo abrangência extraordinária (de cartões perfurados a peças de lego, por exemplo), nos termos do art. 1º da Lei 9.609/1998.

[14] *"Describing a decision-making system as an "algorithm" is often a way to deflect accountability for human decisions. For many, the term implies a set of rules based objectively on empirical evidence or data. It also suggests a system that is highly complex—perhaps so complex that a human would struggle to understand its inner workings or anticipate its behavior when deployed. But is this characterization accurate? Not always"* LUM, Kristian; CHOWDHURY, Rumman. 2021. What is an "algorithm"? It depends whom you ask, MIT Technology Review, disponível em https://www.technologyreview.com/2021/02/26/1020007/what-is-an-algorithm/.

Há fortes motivos para que o Direito rechace esta ficção. Em primeiro lugar, ela não corresponde ao processo de desenvolvimento de aplicações de *machine learning* atuais, pois ao longo do processo há diversas etapas que dependem de decisões humanas[15], feitas por cientistas de dados e da computação, com objetivos definidos e resultados não apenas mensuráveis como efetivamente medidos ao longo do processo.

Além disso, é importante sermos realistas com relação à capacidade das aplicações de IA que estão hoje disponíveis: todas são específicas, ou seja, mesmo que excelentes em cumprirem a sua missão, sempre serão incapazes de cruzar qualquer barreira e extrapolar sua "inteligência", por conta própria, para outros campos. Por exemplo, atualmente um dos mais discutidos modelos para geração de linguagem natural é o GPT-3[16]. Ele é de fato excelente em gerar textos sobre os mais variados assuntos, em estilos os mais diversos. Contudo, ele é ao mesmo tempo incapaz de fazer qualquer análise de imagens ou sons, ou de realizar qualquer tarefa que vá além do seu objetivo programado: gerar textos. Ainda que haja enorme produção acadêmica sobre modelos de inteligência artificial de uso geral (*strong AI*), pesquisas sérias neste sentido e publicações sobre os controles técnicos e éticos de tais modelos, caso se demonstrem algum dia viáveis, essa não é a realidade atual dos diversos usos comerciais e acadêmicos de IA.

Esta visão romanceada sobre IA permeou, por exemplo, a resolução adotada pelo Parlamento Europeu em fevereiro de 2017, cujas recomendações à Comissão Europeia incluíam:

> *creating a specific legal status for robots in the long run, so that at least the most sophisticated autonomous robots could be established as having the status of electronic persons responsible for making good any damage they may cause, and possibly*

---

[15] Não se pretende neste artigo descrever em profundidade o ciclo técnico de desenvolvimento de uma aplicação de *machine learning*, mas de forma simplificada há desde a definição da base de dados para treinamento e validação do modelo até a definição em si dos algoritmos que serão aplicados e constituirão o modelo (que é o resultado do algoritmo depois de ter sido treinado com a base de dados escolhida).

[16] Descrito por Tom B. BROWN, Benjamin MANN *et al.* 2020. Language Models are Few-Shot Learners, disponível em https://arxiv.org/abs/2005.14165.

applying electronic personality to cases where robots make autonomous decisions or otherwise interact with third parties independently[17].

Após tal resolução, em abril de 2018, um grupo de especialistas em IA e roboticistas expôs suas opiniões sobre por que essa era uma má ideia em uma carta aberta à Comissão Europeia[18]. Os principais pontos críticos levantados acerca da personificação jurídica da AI foram:

- Seria desnecessário, pois sempre haverá uma pessoa natural ou corporação responsável, dentro das leis e estruturas legais existentes;
- Seria impraticável, pois mesmo que fosse possível criar uma definição viável de IA ou de robôs que justificasse sua identificação como pessoa jurídica, seria impossível responsabilizar essas entidades por violações de suas obrigações. Em outras palavras, como uma máquina que carece de consciência ou sentimentos pode ser punida?
- Seria imoral, pois a responsabilidade é uma propriedade intrinsecamente humana. É moralmente inapropriado transferir a responsabilidade para "pessoas sintéticas" na forma de máquinas ou código.
- Poderia abrir a porta para abusos, ao facilitar que os maus atores se protejam da responsabilidade por atividades ilegais executadas pelas máquinas que tenham criado.

Colocando-se de lado os debates sobre os fundamentos da responsabilidade nas esferas civil, criminal e administrativa, ou as medidas de garantia auxiliares (por exemplo no campo securitário), ainda assim os desafios regulatórios são vultosos. Regimes de responsabilidade e a hipótese de personificação precisam ser examinados à luz de uma questão fundamental: quais são as expectativas de comportamento que devem se aplicar aos fornecedores de IA.

---

[17] P8_TA(2017)0051, Civil Law Rules on Robotics, disponível em https://www.europarl. europa.eu/doceo/document/TA-8-2017-0051_EN.html.

[18] "Open Letter to the European Commission on Artificial Intelligence and Robotics", disponível em https://www.politico.eu/wp-content/uploads/2018/04/RoboticsOpenLetter. pdf.

Do ponto de vista de adoção, poucas organizações fora da arena tecnológica desenvolvem sistemas de IA próprios utilizando apenas conhecimento interno, sendo mais frequente a colaboração com fornecedores terceiros de IA, que possuem o conhecimento técnico e as ferramentas já desenvolvidas para ajudar a projetar e operacionalizar um sistema de IA que atenda às necessidades da organização, muito mais rapidamente e com maior qualidade[19].

Deveres de conduta em vários formatos poderiam ser impostos para estes casos de colaboração negociada ou sob arranjos concebidos de antemão, como por exemplo, no caso de consultorias sobre IA, uma obrigação acessória exigindo dos provedores de IA que ajudem seus clientes a entender e a mensurar os riscos inerentes ao uso de sistemas de IA, para que eles possam tomar decisões informadas sobre como mitigá-los e monitorá-los. Ou, ainda, a requisição de que avisos proeminentes sobre as limitações de desempenho de modelos de IA disponíveis no mercado estejam disponíveis a quem os pretende utilizar. Naturalmente, no entanto, diferentes colaboradores de qualquer sistema corporativo complexo podem não ter visibilidade total de todas as aplicações – o que traz à tona, mais uma vez, a necessidade de cautela ao se imputar novos regimes de responsabilidades nesta cadeia.

Compreender a IA e os possíveis regimes de responsabilidade especial que ela demanda, sem o apelo fácil – mais adequado a obras de ficção científica – de personificar a responsabilidade, é uma tarefa árdua, mas que precisa ser prontamente encampada por reguladores dedicados e conscientes das complexidades oriundas de novas aplicações de IA. Debates transparentes e abertos a contribuições de terceiros são uma excelente medida para auxiliar reguladores nos vários estágios de trabalho rumo à construção de novas regras sobre o tema. Nesse esteio, governos podem trabalhar com outras partes interessadas, aproveitando suas experiências, para fornecer maior clareza sobre o comportamento esperado dos provedores de serviços de IA e dos clientes que usam a IA para aplicações em campos específicos. Por exemplo,

---

[19] É extremamente comum, neste sentido, a adoção de modelos desenvolvidos por terceiros, inclusive os disponibilizados sob licenças de software livre, tais como os da iniciativa TensorFlow, disponível em https://www.tensorflow.org/resources/models-datasets, ou OpenAI, disponível em https://github.com/openai/.

6. MOLDURAS JURÍDICAS PARA A IA NO BRASIL

deve haver precauções adicionais para certas categorias de uso final e setor? Se surgirem evidências de uso indevido, como os fornecedores de IA devem responder se os clientes não estiverem dispostos a abordar a preocupação? É claro que eventuais requisitos precisam ser apoiados por novas normas, padrões e regulamentos, para serem aplicados de maneira consistente e útil em toda a cadeia produtiva e para que possam inclusive ser compreendidos por quem será afetado por eles.

Ao revisitar a questão sobre se o surgimento da IA exige a criação de novas leis sobre responsabilidade, vale ressaltar que estruturas jurídicas estabelecidas há muito tempo, ao redor do mundo, fornecem orientação quanto à alocação de riscos – inclusive no campo dos contratos, proteção ao consumidor e direito penal –, embora quais institutos entram em jogo e em que medida variam entre setores possa ser (e efetivamente seja) diferente em contextos, setores e jurisdições distintos. Buscar reparação dentro de cadeias de valor complexas não é por si só um obstáculo: isso é possível em indústrias centenárias, como na indústria automotiva, em todos os países com veículos automotores, há muitas décadas. As leis existentes sobre responsabilidade nos parecem também, via de regra, adequadas para lidar com as tecnologias de IA.

No entanto, embora em muitos casos essa abordagem testada e comprovada da responsabilidade funcione, é possível que se identifique áreas em que ela falhe. Desembaraçar os fios causais de quem foi responsável pelo quê pode ser complicado, mesmo em situações que envolvam apenas humanos, e isso pode se tornar muito mais difícil à medida que algoritmos complexos passam a constituir processos decisórios que também possuem vários pontos de contato humanos. Existe uma preocupação crescente sobre qual seria a melhor maneira de garantir que os usuários finais de sistemas complexos de IA sejam adequadamente protegidos. Com tantos fatores contribuintes para a ação final de um sistema de IA (incluindo, potencialmente, até as ações autônomas de uma máquina), a responsabilidade pode tornar-se difusa e atribuir de forma confiável a culpa por problemas tornar-se muito difícil.

Por exemplo, a Comissão Europeia está atualmente avaliando a estrutura de responsabilidade existente para sua adequação à luz das chamadas "tecnologias digitais emergentes" que incluem sistemas de IA[20]. Uma abordagem sob análise é a extensão do escopo de "produtos" para incluir software e serviços, o que tornaria os sistemas de IA, em algumas circunstâncias, sujeitos a regimes de responsabilidade objetiva. Há inclusive proponentes da extensão do conceito de produto defeituoso para incluir o fornecimento de "informações defeituosas". Outras abordagens envolvem uma responsabilidade solidária de todos os atores da rede, ou a reversão do ônus da prova, mesmo nos casos em que a verificação de culpa (por exemplo um elemento de *negligência*) ainda seja necessária para a atribuição de responsabilidade.

Embora essas propostas possam realmente fortalecer a posição legal dos usuários finais dos sistemas de IA, elas também apresentam desvantagens consideráveis. A responsabilidade objetiva traria maior exposição a incertezas jurídicas, pois significaria que qualquer pessoa envolvida na criação de um sistema de IA poderia ser responsabilizada por problemas dos quais ela não tinha conhecimento, influência ou controle sobre. Isso poderia levar à responsabilização equivocada, se o sistema de IA não estivesse realmente com defeito e, sim, fosse apenas um canal pelo qual o defeito transitou. A sobrecarga dos fabricantes de sistemas de IA com esse risco teria um efeito aterrador sobre a inovação e a concorrência. Da mesma forma, uma abordagem abrangente para responsabilizar os sistemas por "informações defeituosas" também correria o risco de restringir a expressão de ideias – em especial se a formulação abstrata permitir cenários semelhantes ao da responsabilização de um aplicativo que fornece instruções de direção nos casos em que a pessoa conduzindo o veículo não foi informada que uma estrada estava inundada ou em obras.

A responsabilidade solidária também é problemática, pelo alto potencial de reduzir os incentivos para que empresas menores da cadeia de valor se comportem de maneira responsável, pois seriam menos propensas a serem demandadas se algo desse errado, uma vez que os demandantes tenderiam a buscar compensação apenas das empresas maiores. A introdução da responsabilidade solidária, portanto, pode-

---

[20] Relatório preparado pelo Expert Group on Liability and New Technologies New Technologies Formation, denominado "Liability for Artificial Intelligence and other Emerging Digital Technologies", disponível em https://www.europarl.europa.eu/legislative-train/theme-area-of-justice-and-fundamental-rights/file-civil-law-rules-on-robotics/02-2021.

ria ter o impacto perverso de reduzir a segurança geral dos sistemas de IA, mesmo nos remotos cenários em que organizações maiores conseguiriam, sem altos custos, compensação por parte de participantes de menor porte na cadeia de valor.

Esses alertas convergem para a necessária cautela, por reguladores potenciais (sejam governos ou entidades de autorregulação), com relação à responsabilidade nos sistemas de IA, uma vez que estruturas equivocadas podem levar a responsabilizações injustas, sufocar a inovação ou até reduzir a segurança da IA. Quaisquer alterações nas estruturas de responsabilidade já previstas pelo Direito de maneira geral devem ocorrer somente após estudos de impacto, ou seja, pesquisas aprofundadas que estabeleçam ser imperativo complementar ou modificar as regras aplicáveis a violações de contratos, condutas ilícitas já previstas em leis ou deveres de conduta de outras leis já existentes.

Se forem identificados riscos relevantes em áreas que envolvam aumento de riscos para os usuários finais das soluções de IA (por exemplo, serviços de saúde, serviços financeiros, tráfego rodoviário, aviação), isso deve ser tratado de maneira específica por setor, com a nova regulamentação adicionada apenas onde houver uma lacuna clara. Também vale a pena considerar estruturas de imunidade ou limites de responsabilidade específicos por setor (como os já previstos em leis e tratados internacionais com relação a negligência médica[21], medicamentos órfãos ou usinas de energia nuclear[22]), sempre com atenção à possibilidade de que as regras especiais de responsabilidade possam desencorajar a inovação socialmente benéfica.

Por exemplo, podemos supor que fosse considerado desejável um regime de responsabilidade objetiva, na Europa, para os sistemas de IA usados para determinar tratamento médico. A maneira mais simples de conseguir isso seria atualizar a regulamentação europeia sobre dispositivos médicos. Isso não alteraria os padrões legais vigentes referentes a dispositivos médicos (ademais, já existe um precedente indicando que o software pode ser considerado um dispositivo médico na Europa).

---

[21] E.g. Law of Negligence and Limitation of Liability Act 2008 da Austrália, disponível em https://www.legislation.gov.au/Details/C2016Q00058/Html/Text#_Toc197935230.

[22] E.g. Vienna Convention on Civil Liability for Nuclear Damage, disponível em https://www-pub.iaea.org/MTCD/Publications/PDF/Pub1279_web.pdf.

A atualização dessa regulamentação específica do setor, em lugar de mudanças abrangentes nas estruturas gerais de responsabilidade por fato do produto, permitiria um direcionamento mais preciso das mudanças. Nos casos em que se mostrarem necessárias, disposições especiais sobre imunidade ou limitação de responsabilidade podem incentivar a inovação, crucial para, por exemplo, avançar o estado da arte no combate a doenças de alta prioridade ou doenças negligenciadas.

Em síntese, há uma variedade de possíveis regimes de responsabilidade que podem ser aplicados aos sistemas de IA. Cada um tem prós e contras, cuja avaliação requer um intenso debate nos círculos jurídicos e políticos, com participação de múltiplos *stakeholders*. Sem dúvida, à medida que a tecnologia evolui, o mesmo deve acontecer com as leis. Contudo, alterações estruturais, que modificam alicerces jurídicos que fundamentam a atividade econômica e negócios jurídicos fundamentais no campo público e no terceiro setor, ou que abalam pilares para a interação social, tais quais a responsabilidade civil e criminal, devem ser feitas de maneira cuidadosa e prudente, em resposta apenas às evidências de uma clara lacuna e com atenção às consequências imediatas e secundárias da alteração[23].

Por fim, independentemente do regime de responsabilidade em vigor, é vital garantir que haja meios de exoneração para os variados envolvidos com IA, quando possam demonstrar que não causaram um resultado prejudicial que pudesse ser razoavelmente previsto.

2.2. Em busca de boas práticas regulatórias

A IA pode impactar a sociedade de várias maneiras. Novas regras que enfrentem resultados negativos específicos, em lugar de se voltarem genericamente contra as técnicas ou tecnologias empregadas no caminho que desembocou em tais resultados, podem evitar o desincentivo de usos positivos das tecnologias em questão. Por isso, uma das maneiras mais efetivas de insculpir em sua regulação salvaguardas adequadas

---

[23] Criar um novo regime de responsabilidade civil poderia gestar uma "constrangedora incompatibilidade com a segurança jurídica oferecida pela dogmática do direito civil na legalidade constitucional." TEPEDINO, Gustavo; SILVA, Rodrigo G. 2019:320. Inteligência artificial e elementos da responsabilidade civil. In FRAZÃO, Ana; MULHOLLAND, Caitlin (coord). Inteligência artificial e direito: ética, regulação e responsabilidade. São Paulo: Thompson Reuters Brasil, pp. 293-323.

é o desenvolvimento e o compartilhamento de princípios e de melhores práticas.

Para alcançar o importante equilíbrio entre proteger a sociedade, maximizar a inovação e ampliar os muitos benefícios da IA, é essencial divulgar e dialogar sobre princípios e boas práticas. Abaixo são listadas sugestões divididas em dois grupos: medidas procedimentais voltadas a esforços regulatórios, em primeiro lugar, e recursos técnicos passíveis de adoção, pelos reguladores ou por entidades ou pessoas reguladas, a baixos custos, em segundo. Na sequência, um exemplo de mobilização de governança no setor privado para tornar princípios de IA concretos é utilizada como ilustração da abordagem proposta, de maneira mais ampla, neste artigo: atenta aos riscos envolvidos, prudente e, no mesmo passo, fomentadora de inovação tecnológica.

Primeiro, no campo de medidas procedimentais para contextualizar e enriquecer debates regulatórios:

- Reconhecimento de que o uso e a adoção de tecnologias de IA têm crescido cada vez mais na economia digital e têm o potencial de gerar imensos benefícios sociais quando usadas de maneira segura, responsável e ética, inclusive em áreas como saúde, meio ambiente, segurança e produtividade econômica.
- Esforços para promover aplicativos de IA confiáveis e robustos pelo próprio Poder Público, a fim de fortalecer a confiança social na IA e permitir que a inovação floresça.
- Reconhecimento de que, dada a diversidade de aplicações de IA em quase todos os setores da sociedade, a regulamentação da IA será abordada de maneira mais eficiente por meio de debates setoriais, que aproveitam a experiência regulatória existente em domínios específicos, em lugar de abordagens horizontais ("tamanho único" / "one size fits all").
- Abordagem baseada em risco para determinar o efeito da regulamentação potencial na inovação e no crescimento da IA, com estudo de impacto regulatório que abranja a avaliação sobre se os riscos potenciais podem ser mitigados ou tratados por meio de instrumentos e estruturas regulatórias já existentes, em oposição a novas normas.
- Busca de equilíbrio, no exame de regulamentos novos ou propostos, entre danos potenciais e benefícios econômicos e sociais, com

ônus para iniciativas regulatórias de justificar sua proporcionalidade e de explicar quais seriam os efeitos de não implementar IA versus empregar os métodos tradicionais.

- Promoção do desenvolvimento de padrões voluntários e consensuais para gerenciar os riscos associados aos aplicativos de IA, de uma maneira que seja adaptável às demandas dessa tecnologia dinâmica e em evolução.
- Inclusão, nos debates regulatórios, sobre os benefícios de se garantir interoperabilidade nas estruturas de governança da IA e nos padrões técnicos, assim como avaliação sobre seu alinhamento internacional, a fim de facilitar a adoção, o uso e a exportação de tecnologias de IA.
- Garantia de que as estruturas de governança da IA e os padrões técnicos levem em consideração princípios ou diretrizes internacionalmente reconhecidos.

Em segundo lugar, no campo de recursos técnicos passíveis de adoção, pelos reguladores ou por entidades ou pessoas reguladas, cabe um destaque para as preocupações sobre a criação de sistemas algorítmicos justos. Ao sublinhar seu papel no desenvolvimento ético da IA, diversas organizações ajudaram a desencadear esforços de pesquisa e políticas públicas sobre justiça na IA. Empresas e entidades do terceiro setor que levam suas responsabilidades nessa área a sério vêm auxiliando reguladores na compreensão de causas-raiz para a imperfeição da IA, tais como vieses e heurísticas no design tecnológico, ou problemas inerentes à eleição de dados de treino não-representativos. Algumas, como Google e Amazon, buscam o desenvolvimento de ferramentas para combater preconceitos injustos na IA ou aumentar a transparência de suas aplicações. Alguns exemplos:

- **Facets**[24]: ferramenta de visualização para ajudar a entender e a analisar os conjuntos de dados de aprendizado por máquina. Permite antecipar a forma do conjunto de dados usando a visão geral

---

[24] Disponível em https://ai.googleblog.com/2017/07/facets-open-source-visualization-tool. html Em 2018, o Facets foi usado no projeto Gender Shades do MIT Media Lab (disponível em https://www.media.mit.edu/projects/gender-shades/overview/) para explorar o quão bem os serviços de IA de IBM, Microsoft e Face ++ detectam o gênero de um rosto. Ao des-

de Facets e explorar observações individuais usando o Facets Dive. O objetivo é fornecer aos desenvolvedores uma visão clara dos dados que estão usando para treinar sistemas de IA, ajudando a mitigar o risco de viés e preconceito.

- **What-If**[25]: plug-in do repositório de modelos de IA Tensor Flow que oferece uma interface visual interativa para explorar o modelo de resultados, sem a necessidade de escrever código adicional. Por exemplo, What-If permite que os construtores de modelos editem um ponto de dados para explorar como as previsões do modelo mudam, fornecendo uma noção de quais fatores são mais influentes na determinação do resultado.

- **Cartões de dados de modelos**[26]: similar a etiquetas nutricionais de alimentos, esta documentação busca oferecer aos desenvolvedores uma forma de organizar as informações dos componentes e performance ótima dos modelos de *machine learning*. Através de tais cartões, as informações relevantes sobre determinado modelo são geradas de forma facilitada para seus desenvolvedores, além de tornar explícitas certas características para aqueles que apliquem tal modelo em outros cenários. Da mesma forma, para delinear claramente a composição de um conjunto de dados, a documentação propõe descrever suas características únicas, incluindo de onde obtém os dados, a distribuição dos dados demográficos representados e a fonte das especificações (para conjuntos de dados já rotulados). Um bom exemplo de sua adoção foi o GPT-2, da OpenAI[27].

- **SageMaker Clarify**[28]: ferramenta que busca o aumento de transparência em modelos de IA por meio da detecção de vieses em bases de dados (antes e durante seu uso para o aprendizado por máquinas) e a mensuração destes vieses por meio de um conjunto de métricas estatísticas.

---

cobrir o viés algorítmico entre gênero e raça, o projeto ajudou a motivar o desenvolvimento de IA mais inclusiva e ética.

[25] Disponível em https://www.tensorflow.org/tensorboard/what_if_tool.

[26] Disponível em https://modelcards.withgoogle.com/about.

[27] Disponível em https://github.com/openai/gpt-2/blob/master/model_card.md.

[28] Disponível em https://docs.aws.amazon.com/sagemaker/latest/dg/clarify-fairness-and--explainability.html.

Finalmente, no campo das experiências bem sucedidas pelo setor privado, destaca-se o estabelecimento de princípios de IA a partir da experiência do Google. Investida na evolução tecnológica da IA e no constante desenvolvimento e aperfeiçoamento de aplicações de IA[29], a empresa se deparou com a seguinte questão: como passar de uma empresa que coloca IA em primeiro lugar para uma empresa que coloca *IA responsável* em primeiro lugar? A resposta a este desafio foi a constituição, em 2017, de um grupo de trabalho multidisciplinar que discutiu a questão com pesquisadores externos e propôs o comprometimento público com uma série de princípios. Em 2018 foram publicados os Princípios de IA do Google, que orientam o desenvolvimento ético e responsável no uso da IA dentro da empresa[30].

Tais princípios foram desenvolvidos como um norte para a empresa, formulados como uma reafirmação dos objetivos das aplicações de AI. Mas são também apoiados por processos internos robustos voltados a garantir que sejam implementados, caso a caso, nas decisões sobre produtos[31]. Segundo os princípios, as aplicações de IA devem:

> *1. Trazer benefícios para a sociedade*
>
> *2. Evitar a criação e a afirmação de ideias e comportamentos injustos e tendenciosos*
>
> *3. Ser criada e testada para garantir segurança*
>
> *4. Ser responsável com os usuários*
>
> *5. Ser projetada de acordo com princípios de privacidade*
>
> *6. Observar padrões elevados de excelência científica*
>
> *7. Estar disponível para outras pessoas, para utilizações que respeitem os princípios acima.*

Adicionalmente, os princípios contêm uma inovadora lista de aplicações que não fariam parte da estratégia de negócios da empresa:

---

[29] Ver Bernard MARR. 2018. The Most Amazing Artificial Intelligence Milestones So Far. Forbes. Disponível em https://www.forbes.com/sites/bernardmarr/2018/12/31/the-most--amazing-artificial-intelligence-milestones-so-far/.

[30] Disponível em https://brasil.googleblog.com/2018/06/ia-no-google-nossos-principios.html.

[31] Conferir exemplos em GOOGLE. 2020:10-11. AI Principles 2020 Progress update. Disponível em https://ai.google/static/documents/ai-principles-2020-progress-update.pdf.

1. Tecnologias que causam ou podem causar danos. Nos casos em que houver risco evidente de causar danos, seguiremos adiante apenas se acreditarmos que os benefícios superam de longe os riscos, e adotaremos medidas adequadas de segurança e proteção

2. Armas e outras tecnologias cujo principal objetivo ou efeito da sua implantação seja causar ou facilitar ferimentos a seres humanos

3. Tecnologias que coletem ou usem informações para fins de vigilância que violem normas internacionais de direitos humanos

4. Tecnologias cujo propósito seja contrário aos princípios amplamente aceitos do direito internacional

A importância do estabelecimento de tais princípios (e uma lista clara de aplicações fora de escopo) traduz-se em sua capacidade de imbuir um norte comum para uma força de trabalho distribuída em diversas localidades, cada uma com sua cultura própria. A alternativa de assumir o compromisso amplo de "ter aplicações de AI éticas", ainda que louvável, provavelmente não seria efetiva nem suficiente como passo inicial para orientar, no dia-a-dia, as decisões de diversos times de desenvolvimento e produção tecnológicos. Ademais, princípios como os elencados acima impõem às empresas empenhadas no desenvolvimento de IA responsável que não apenas se dediquem a revisões cuidadosas sobre suas aplicações de IA, mas que contribuam também com esforços amplos para justiça e IA, seja por meio de ferramentas para a IA ética, seja por meio do envolvimento com esforços de tornar a IA mais transparente e compreensível.

Por fim, cabe citar o esforço do Google, no contexto de seus princípios de IA, em dialogar com agentes externos, organizando e participando de palestras, workshops e conferências, além de ativamente publicar materiais que integram a discussão na esfera pública sobre a IA ética[32]. Significativamente, em 2019 foi publicado um *paper* sobre governança de IA[33] que traz, por exemplo, alguns eixos de discussão e atuação que requerem diálogos constantes e construtivos entre reguladores e setores diversos da sociedade, tais como:

---

[32] Conferir informações disponíveis em https://blog.google/technology/ai/responsible-ai-principles/.

[33] Ver *"Perspectives on Issues in AI Governance"*, disponível em https://ai.google/static/documents/perspectives-on-issues-in-ai-governance.pdf.

- **Padrões de explicabilidade**[34]: trazer elementos que expliquem o comportamento de uma determinada IA é um passo crucial para aumentar a confiança da sociedade em suas aplicações. O desafio é impor aos desenvolvedores um padrão razoável de explicabilidade, que seja viável (isto é, não exija esforços desproporcionais) e, ao mesmo tempo, útil para audiências heterogêneas, novamente em medida razoável. Assim, uma explicação detalhada dos algoritmos utilizados pode não ajudar diretamente um usuário de uma aplicação de IA a entender o que está ocorrendo quando um aparelho em sua casa faz uma determinada ação, mas pode servir para que um analista técnico da agência responsável pela certificação deste dispositivo em um país importador entenda precisamente sua operação. Outra questão a se considerar no tema de explicabilidade é o reconhecimento de que, muitas vezes, não será possível, técnica e comercialmente, oferecer uma explicação que traga confiança em sua operação. Nestes casos, é possível explorar outros caminhos para uma "prestação de contas" transparente sobre como a IA funciona, tais como: (i) facilitar o envio de feedbacks caso o resultado do sistema pareça errado ou de baixa qualidade; (ii) opções para contestar o resultado do sistema, de acordo com limites razoáveis e possíveis e ponderando a relevância destas contestações e o potencial impacto da aplicação de IA (especialmente eventuais riscos para quem a utiliza); (iii) testes adversariais, em que times de desenvolvedores internos ou externos à organização que criou o sistema de IA o utilizam com o objetivo expresso de encontrar falhas não só em seu resultado como também nos processos envolvidos (como os de feedback e contestação mencionados acima); e (iv) auditorias[35], em que times internos ou con-

---

[34] Os termos "inteligibilidade" ou "interpretabilidade" costumam traduzir este conceito – cf. Nilton Correia da SILVA. 2019:46-47. Inteligência Artificial. In FRAZÃO, Ana; MULHOLLAND, Caitlin (coord). Inteligência artificial e direito: ética, regulação e responsabilidade. São Paulo: Thompson Reuters Brasil, pp. 35-52.

[35] É relevante também determinar de antemão o objeto da auditoria. Nos EUA, em que uma agência governamental determina padrões para checagem de vieses na contratação de recursos, está se tornando comum a auditoria de aplicações para seleção de candidatos. Um ponto de atenção nesta esfera é que tais auditorias buscam checar apenas se o padrão determinado pelo regulador é cumprido – não é objetivo da auditoria garantir, de

sultores externos revisam desde a documentação relevante até os processos de revisão de código (cabendo, na ponderação de riscos deste último caso, a aferição de vulnerabilidades de segurança e de proteção da propriedade intelectual).

- **Considerações de segurança**: se por um lado seria impossível ter aplicações tecnológicas absolutamente isentas de erros (e por consequência, de riscos), é importante que reguladores e entidades governamentais proativa e explicitamente incentivem boas práticas de segurança, erigindo um ambiente que permita à sociedade confiar nas aplicações que utilizam IA. Boas práticas neste campo, conforme a experiência da indústria de tecnologia, incluem entre outras medidas o monitoramento contínuo da aplicação de IA; *failovers* automáticos (gatilhos de segurança que automaticamente desligam a aplicação ou suspendem sua atuação em hipóteses pré-determinadas); análises e estimativas de incerteza[36] para garantia de que apenas aplicações que superem uma determinada barreira de qualidade sejam colocadas à disposição das pessoas.

Conclusões

A IA é importante demais para não ser regulada. O desafio é fazer isso de maneira prudente, que reduza riscos sem prejudicar indevidamente a inovação e sem minar as promessas da IA. Como propomos acima, essa prudência pode ser obtida por meio de diálogos, em particular se o foco

---

maneira mais ampla, uma seleção isenta de vieses. Ver a respeito Hilke SCHELLMANN. 2021. Auditors are testing hiring algorithms for bias, but there's no easy fix. Disponível em https://www.technologyreview.com/2021/02/11/1017955/auditors-testing-ai-hiring-algorithms-bias-big-questions-remain/.

[36] Atuar sob incerteza é da natureza de todas as aplicações de IA, uma vez que elas empregam descrições lógicas para encontrar o provável melhor resultado possível dentre parâmetros determinados e treinados. Dentre as diversas possibilidades, o algoritmo busca reduzir o conjunto de opções e, dentro dele, calcular qual é a que tem a maior chance de ser o resultado buscado – porém não é certo que a opção escolhida será a correta: será apenas aquela que o algoritmo determinou como a mais provável. Por isso a estatística é essencial no desenvolvimento de IA e *machine learning*: tais probabilidades e incertezas são mensuradas e balanceadas tanto na definição da decisão pela IA como também para definir os erros esperados no seu output. Ver a respeito Stuart RUSSEL e Peter NORVIG. 2004: Capítulo 13. Inteligência Artificial. Rio de Janeiro: Elsevier.

recair sobre riscos e se todos os envolvidos com a IA contribuírem com sua experiência, dados empíricos[37] e compromissos públicos no campo ético[38].

Com relação ao conteúdo da regulação, lembramos que não há uma solução única, assim como não há uma única aplicação para a IA. A solução supostamente simples, proibição a título de precaução, só conduz a espinheiros sociais e tecnológicos[39]. O discurso sobre a justiça, afinal, se dá por meio de diálogos, ainda que o direito possua por vezes a estrutura de um monólogo, exatamente porque a regra *justa* é aquela que não é dada de antemão: precisa adequar-se à realidade, com a dificuldade de estarem, ambas, em constante mutação[40].

Refrerências Bibliográficas

BERLIN, Isaiah. The Hedgehog And The Fox: An Essay on Tolstoy's View of History. Londres: Weidenfeld & Nicolson, 1953.
DELIPETREV, Blagoj; TSINARAKI, Chrisa; KOSTIĆ, Uroš. Historical Evolution of Artificial Intelligence, Luxembourg: Publications Office of the European Union, 2020.

---

[37] "Various policies, regulations and initiatives reflect the optimism around AI and its potential benefits and try to incentivize AI research and encourage the investment or adoption of AI or address the legal and ethical concerns linked to AI. The latter include the transparency, verifiability and accountability of AI, the right to privacy, the right to equal treatment and avoidance of bias, and the mitigation of negative impacts on employment. In the light of these challenges, it is crucial that policy decisions are based on evidence." WIPO. 2019:125. Technology Trends 2019 – Artificial Intelligence. Genebra: World Intellectual Property Organization. 2019. Disponível em https://www.wipo.int/edocs/pubdocs/en/wipo_pub_1055.pdf.

[38] Este artigo não teve por fito esmiuçar estes compromissos, mas cumpre notar que eles dialogam com os princípios, recursos técnicos e medidas procedimentais apresentados na Parte III, em particular aqueles voltados a combater discriminações de qualquer espécie, a promover diversidade e inclusão e a garantir direitos fundamentais, como o direito à privacidade.

[39] No contexto de que "a raposa sabe muitas coisas, mas o porco-espinho sabe uma grande coisa", apela-se aqui à astúcia das múltiplas abordagens diferentes, em lugar dos espinhos da inação. O fragmento, do poeta grego Arquíloco, teve sua popularidade multiplicada pelo famoso artigo de Isaiah BERLIN. 1953. The Hedgehog And The Fox: An Essay on Tolstoy's View of History. Londres: Weidenfeld & Nicolson, de onde o extraímos.

[40] Conferir Tércio S. FERRAZ JR. 1979. Do discurso sobre a justiça. Revista da Faculdade de Direito, Universidade de São Paulo, vol. 74, pp. 153-166.

EXPERT GROUP ON LIABILITY AND NEW TECHNOLOGIES NEW TECHNO-LOGIES FORMATION. Legislative train schedule. European Parliament. Disponível em: https://www.europarl.europa.eu/legislative-train/theme-area-ofjustice-and-fundamental-rights/file-civil-law-rules-on-robotics/02-2021. 2021.

Facets: An Open Source Visualization Tool for Machine Learning Training Data. Google AI Blog. Disponível em: https://ai.googleblog.com/2017/07/facets--opensource-visualization-tool.html. Acesso em: 14 Out. 2021.

FARINACCIO, Rafael. Usando a IA da Google, Caetano Veloso e Iza recriam clássico da Tropicália. TecMundo, 2019. Disponível em: https://www.tecmundo.com.br/software/139055-usando-ia-google-caetano-veloso-iza-recriam-classico-datropicalia.htm. Acesso em: 14 Out. 2021.

FERRAZ JÚNIOR, Tércio Sampaio. Do discurso sobre a justiça. Revista da Faculdade de Direito, Universidade de São Paulo, v. 74, p. 153, 1979. Google AI Principles 2020 Progress update. Disponível em https://ai.google/static/documents/ai-principles-2020-progress-update.pdf. Acesso em: 14 Out. 2021.

Law of Negligence and Limitation of Liability Act 2008 da Austrália, Disponível em https://www.legislation.gov.au/Details/C2016Q00058/Html/Text#_Toc197935230.

LUM, Kristian; CHOWDHURY, Rumman. What is an "algorithm"? It depends whom you ask. MIT Technology Review, 2021. Disponível em: https://www.technologyreview.com/2021/02/26/1020007/what-is-an-algorithm/ Acesso em: 14 Out. 2021.

MARR, Bernard. The Most Amazing Artificial Intelligence Milestones So Far. Forbes, 2018. Disponível em: https://www.forbes.com/sites/bernardmarr/2018/12/31/themost-amazing-artificial-intelligence-milestones-so-far/. Acesso em: 14 Out. 2021.

MARSHALL, Aarian. New Rules Could Finally Clear the Way for Self-Driving Cars. WIRED, 2020. Disponível em: https://www.wired.com/story/news-rules-clear--wayself-driving-cars; Acesso em: 14 Out. 2021.

MÜLLER, Friedrich. O novo paradigma do direito: Introdução à teoria e metódica estruturantes. São Paulo: Editora Revista dos Tribunais, 2009.

Perspectives on Issues in AI Governance, disponível em https://ai.google/static/documents/perspectives-on-issues-in-ai-governance.pdf.

POLIDO, Fabricio B. P.. Novas perspectivas para regulação da Inteligência Artificial: diálogos entre as políticas domésticas e os processos legais transnacionais. In FRAZÃO, Ana; MULHOLLAND, Caitlin (coord). Inteligência artificial e direito: ética, regulação e responsabilidade. São Paulo: Thompson Reuters Brasil, 2019.

Project Overview Gender Shades ⊠ MIT Media Lab. MIT Media Lab. Disponível em: https://www.media.mit.edu/projects/gender-shades/overview/. Acesso em: 14 Out. 2021.

RUSSELL, Stuart; NORVIG, Peter. Inteligência artificial. Rio de Janeiro: Elsevier, 2004.

SCHELLMANN, Hilke. Auditors are testing hiring algorithms for bias, but there's no easy fix. MIT Technology Review, 2021. Disponível em: https://www.technologyreview.com/2021/02/11/1017955/auditors-testing-ai-hiring-algorithms--bias-big-questionsremain. Acesso em: 14 Out. 2021.

SILVA, Nilton Correia da. Inteligência Artificial. In FRAZÃO, Ana; MULHOLLAND, Caitlin (coord). Inteligência artificial e direito: ética, regulação e responsabilidade. São Paulo: Thompson Reuters Brasil, 2019.

SIMONITE, Tom. What Defines Artificial Intelligence? The Complete WIRED Guide. WIRED, 2018. Disponível em: https://www.wired.com/story/guide--artificialintelligence. Acesso em: 14 Out. 2021.

SOUZA, Carlos Affonso Pereira de; OLIVEIRA, Jordan Vinícius de. Sobre os ombros de robôs? A Inteligência Artificial entre fascínios e desilusões. In FRAZÃO, Ana; MULHOLLAND, Caitlin (coord). Inteligência artificial e direito: ética, regulação e responsabilidade. São Paulo: Thompson Reuters Brasil, 2019.

TEPEDINO, Gustavo; SILVA, Rodrigo G. Inteligência artificial e elementos da responsabilidade civil. In FRAZÃO, Ana; MULHOLLAND, Caitlin (coord). Inteligência artificial e direito: ética, regulação e responsabilidade. São Paulo: Thompson Reuters Brasil, 2019.

Texts adopted - Civil Law Rules on Robotics. February 2017. Disponível em: https://www.europarl.europa.eu/doceo/document/TA-8-2017-0051_EN.htm; Acesso em: 14 Out. 2021.

THE ECONOMIST INTELLIGENCE UNIT. Staying ahead of the curve - The business case for responsible AI. Disponível em https://pages.eiu.com/rs/753--RIQ-438/images/EIUStayingAheadOfTheCurve.pdf. Acesso em: 14 Out. 2021

BROWN, Tom B.; MANN, Benjamin; et al. 2020. Language Models are Few-Shot Learners, Disponível em https://arxiv.org/abs/2005.14165.

VALLOR, Shannon. Technology and the Virtues: A Philosophical Guide to a Future Worth Wanting. [s.l.]: Oxford University Press, 2016.

Vienna Convention on Civil Liability for Nuclear Damage, disponível em https://www-pub.iaea.org/MTCD/Publications/PDF/Pub1279_web.pdf

WAISBERG, Noah; HUDEK, Alexander. AI For Lawyers: How Artificial Intelligence is Adding Value, Amplifying Expertise, and Transforming Careers. Hoboken: John Wiley & Sons, 2021.

WIPO, World Intellectual Property Organization. WIPO Technology Trends 2019: Artificial Intelligence. Disponível em: https://www.wipo.int/edocs/pubdocs/en/wipo_pub_1055.pdf.

7. MINERAÇÃO DE DADOS NO DESCOMPASSO JURÍDICO[1]

Mariana G. Valente
Miguel Alvarenga

Introdução

O presente artigo aborda as relações entre o direito autoral e as atividades de inovação baseadas em dados, considerando a crescente importância da mineração de dados e textos nesses processos, as dificuldades no acesso e uso de dados decorrentes da atual estrutura de proteção autoralista para bancos de dados e outras obras protegidas, e as recentes movimentações no Brasil e no mundo para a resolução desses problemas.

Essas questões se situam em um contexto socioeconômico no qual o crescimento da capacidade de processamento e armazenamento dos computadores, bem como o aumento exponencial da largura da banda de internet, favoreceram um cenário no qual a posse e o controle de um grande volume de dados, acoplados a ferramentas avançadas de coleta

---

[1] Este texto foi originalmente escrito em 2021, antes da explosão de inteligências artificiais generativas (Generative AI) que viria a ocorrer mais recentemente. Desta forma, concentramo-nos sobre técnicas de mineração de textos e dados no campo da pesquisa científica e na realização de outras atividades de relevante interesse social e pouco ou nenhum potencial disruptivo aos autores. Diante dessas transformações tecnológicas, alertamos ao leitor e à leitora que são necessários acréscimos de diagnóstico, especialmente no que tange à necessidade de diferenciar os inputs utilizados pela IA dos seus produtos, e distinguir usos potencialmente danosos de TDM daqueles que não o são (e, portanto, merecem ser assegurados). Ademais, é imprescindível que este debate venha acompanhado de uma discussão mais ampla sobre capacidade de processamento de dados, o abismo regulatório entre países do Norte e do Sul Global e como resguardar a proteção a criadores neste cenário.

e análise de dados e textos, passaram a ocupar posição de destaque no desenvolvimento científico e tecnológico (DEAN, 2014; PINHEIRO e TIGRE, 2019). Com efeito, tais tecnologias são hoje usadas para os mais diversos fins: treinamento e operação de sistemas de Inteligência Artificial (IA) à gestão (privada e governamental) baseada em dados, desenvolvimento e aprimoramento de bens e serviços, e avanços na realização de pesquisas científicas, que ganham em rapidez e detalhamento (CHEN, CHIANG e STOREY, 2012, p. 1168-1172; MCAFEE e BRYNJOLFSSON, 2012, p. 6-8; RUSSEL e NORVIG, 2013, p. 5; DREXL et al, 2019).

Atrelada ao crescimento na importância dos dados, elevou-se a demanda por regimes institucionais que facilitam o controle da apropriação e uso desses dados por seus titulares, a fim de preservar os interesses de diversos agentes envolvidos na economia de dados. Uma das facetas desse cenário é o direito autoral, que foi estendido para cobrir bancos de dados e seu conteúdo desde o Acordo TRIPS, assinado pelo Brasil em 1994. Tal extensão, em adição a outros mecanismos legais e extralegais, compõe uma estrutura regulatória extremamente complexa e composta por várias camadas (DERCLAYE, 2008).

Essa estrutura protetiva, contudo, formou-se em um momento no qual a Propriedade Intelectual experimentava um alargamento de seu escopo e suas fronteiras, valorizando a proteção ao investimento em detrimento dos direitos morais e das limitações e exceções (ASCENSÃO, 2006, p. 8-16). Criou-se, assim, um descompasso com a atual realidade científica e tecnológica, que depende cada vez mais de um maior acesso e circulação de dados para fins de análise e desenvolvimento de pesquisas, bens e serviços, mas que se vê obstaculizada por um regime de proteção que não garante segurança jurídica para essas atividades (ALVARENGA, 2019).

Diante desse cenário, debruçamo-nos sobre a mineração de dados e textos, como essa atividade é afetada pelo direito autoral, e de que forma nosso sistema regulatório pode se referir a essas questões. Para tanto, dividimos nosso trabalho da seguinte maneira: primeiramente, abordamos as tecnologias de mineração de dados e textos e sua importância na atividade inovativa, destacando seu funcionamento, aplicação e dependência do acesso e uso de bancos de dados e outros materiais-fonte. Em seguida, observamos o atual sistema de proteção de direito autoral em suas múltiplas camadas e como essa estrutura afeta o acesso e a exploração de dados para fins de análise. A partir daí, dirigimos nosso olhar para o atual panorama de regulações ao redor do mundo voltadas para facilitar o uso de obras protegidas em processos de TDM (*Text and Data Mining*) para, por fim, destacar a importância do Brasil de acompanhar esse movimento, elencando sete pontos fundamentais a serem considerados pelo legislador e pela jurisprudência para a construção de uma limitação de direito autoral que garanta maior liberdade e segurança para o uso dessas tecnologias.

1. A importância do uso dos dados na atividade inovativa

Para compreender o papel da propriedade intelectual sobre a inovação em uma sociedade crescentemente intensiva no uso de dados, é preciso estabelecer uma noção, ainda que breve, de como a coleta e análise de dados funciona e qual o seu papel no progresso científico, tecnológico e mesmo social.

Nesse sentido, é importante destacar que o uso de técnicas sistemáticas de coleta e análise de dados como elemento importante para a construção de resultados relevantes não constitui um fenômeno recente: Daniel Rosenberg (2013, p. 15-40) já apontava para o uso de estudos intensivos no uso e apresentação de conjuntos de dados interrelacionados pelo filósofo e teólogo Joseph Priestley ainda em meados do século XVI. Ellen Garvey (2013, p. 89-102) já utilizou o livro "American Slavery As It Is: Testimony of a Thousand Witnesses" como exemplo de um produto, ainda no século XIX, de um processo sistemático e meticuloso de coleta, organização, correlação e apresentação de dados, seguindo uma finalidade e narrativa específicas.

Igualmente, os problemas em torno de se lidar com grandes volumes de informação não são exclusivos do século XXI: Dean (2014, p. 8-9, 11-14) e Martens (2018, p. 6-7) apontam que, embora dados desde sempre fossem vistos como um recurso importante, não havia, até o final do século XX, meios satisfatórios para lidar com a quantidade e variedade de dados disponíveis – muitas vezes, era necessário fazer uso de técnicas de análise para se obter resultados "por aproximação" (ex.: filtragem, seleção e análise por amostragem). Hoje, com a possibilidade de analisar uma vastidão de dados em tempo real, é possível depurar a informação em dados cada vez mais específicos (e obter resultados ao mesmo tempo muito mais detalhados e completos).

O resultado dessa evolução é um maior protagonismo dos dados como peça-chave para o desenvolvimento de inúmeras aplicações. Os exemplos estão em várias áreas: a indicação de caminhos ainda inexplorados dentro da pesquisa científica e predição de futuras descobertas, auxílio na gestão de governos e empresas, no desenvolvimento de novas tecnologias, no aprimoramento de sistemas de segurança e, no campo da saúde, a introdução de melhores diagnósticos médicos e de técnicas de sequenciamento genético para melhor compreender diversas doenças (CHEN, CHIANG e STOREY, 2012, p. 1168-1172; MCAFEE e BRYN-JOLFSSON, 2012, p. 6-8). Ressalta-se que tais técnicas têm operado de forma vital nas pesquisas sobre o comportamento do vírus SARS-CoV-2 e no desenvolvimento de tratamentos e vacinas contra a COVID-19 (BRASIL, 2020).

1.1. A mineração de dados

Dados, contudo, não possuem valor intrínseco no seu estado bruto: enquanto abstrações isoladas que se referem a atributos isolados, eles só fornecem informação relevante e acionável quando são devidamente relacionados entre si e situados dentro de um determinado contexto (ROWLEY, 2007, p. 170-171). Por essa razão, o sucesso de projetos intensivos em dados depende não só da posse de grandes quantidades deles, mas também de ferramentas e técnicas de coleta e análise capazes de realizar um processo de contextualização e extração de informação (DEAN, 2014, p. 4-5).

A essas técnicas dá-se o nome de *mineração de dados* (*data mining*, em inglês), *mineração de dados e textos*, ou *text and data mining* (referida também pela sigla TDM). Elas são mais propriamente parte de um processo mais amplo, que pode ser explicado por diferentes etapas (HAN, PEI e KAMBER, 2011, p. 7; KELLEHER e TIERNEY, 2018, p. 241-242; KROENKE et al, 2016, p. 493):

1. Coleta dos dados, normalmente oriundos de diversas fontes;
2. Limpeza (retirada de ruídos e dados inconsistentes);
3. Extração e agregação do conteúdo remanescente em um único local;
4. Seleção do material a ser usado na análise;
5. Transformação do conteúdo para um formato inteligível para análise;

6. A mineração de dados em si, que consiste na busca de correlações e padrões entre os dados, de onde são extraídas diversas informações;

7. Avaliação, por um analista ou cientista de dados, de quais informações são relevantes para o fim pretendido e, por fim,

8. Apresentação dos resultados ao usuário.

Uma vez que são utilizadas, em grande parte, para o rápido processamento de grandes conjuntos de dados, essas técnicas têm constituído parte crucial do desenvolvimento, treinamento e aprimoramento de sistemas de Inteligência Artificial (IA) em processos de aprendizado de máquina, ou *machine learning*. Nesses processos, a máquina interpreta os dados, extrai informação a seu respeito e a toma como ponto de partida para realizar tarefas e atingir objetivos de forma flexível (KAPLAN e HAENLEIN, 2018, p. 7). Um exemplo de aplicação de inteligência artificial que utiliza TDM como base são os SDSs, *smart disclosure systems*, que poderiam ser traduzidos como sistemas inteligentes de divulgação (DUCATO e STROWEL, 2019). SDSs são sistemas que organizam informações pré-contratuais complexas para auxiliar consumidores a tomar decisões informadas com base na legislação aplicável, como o Usable Privacy Policy Project.[2]

A importância da TDM para a IA e para algoritmos de uma forma geral se dá pelo fato de que em geral, tais sistemas geralmente requerem milhões de entradas para apreender informações simples que uma pessoa comum seria capaz de reunir com apenas algumas observações. Assim, a seleção e classificação de grandes quantidades de dados são fundamentais para que um algoritmo aprenda e, consequentemente, seja capaz de obter o resultado pretendido de sua operação (RUSSEL e NORVIG, 2013, p. 5; DREXL et al, 2019). Vale apontar, ainda, que a mineração de dados é essencial para o campo de pesquisas emergentes em reconhecimento de vieses e discriminação em sistemas de inteligência artificial, a partir do escrutínio de suas bases de dados. Assim, além das aplicações comerciais com evidentes finalidades econômicas ou de avanço científico, a mineração de dados pode servir também a finalidades relacionadas a direitos humanos e, mais amplamente, ao interesse público.

---

[2] http://usableprivacy.org.

Ademais, o funcionamento adequado desses processos de mineração demanda uma arquitetura que inclui servidores responsáveis pela busca dos dados relevantes, uma base de conhecimento que informa os parâmetros a serem utilizados no processamento, busca e avaliação de padrões, o mecanismo de mineração (que contém módulos responsáveis por realizar as correlações e previsões), um módulo de avaliação dos padrões, uma interface, pela qual o usuário interage com o sistema e obtém os resultados da análise e, naturalmente, a fonte dos dados (HAN, PEI e KAMBER, 2011, p. 7-9). Tal fonte normalmente surge na forma de um registro onde os dados são devidamente organizados, filtrados e preparados com o intuito de facilitar sua preservação e acesso, além de permitir o cruzamento de várias informações com mais eficácia: trata-se do banco (ou base) de dados digital (KROENKE et al, 2016, p. 3-32).

1.2. Os bancos de dados

Normalmente, os bancos de dados surgem duas vezes no processo de coleta e análise de dados. Inicialmente, são usados para simples armazenamento, consulta e outras atividades operacionais, servindo como ponto de origem comum de muitos dos elementos que são filtrados e extraídos na mineração.

Já durante o processo de limpeza, integração e transformação, bancos de dados concentram o conteúdo de outros repositórios em um só local, para que ele possa ser modelado e analisado, além de armazenar as informações resultantes do processo de mineração de dados (HAN, PEI e KAMBER, 2011, p. 105-107; KELLEHER e TIERNEY, 2018, p. 8-9; KROENKE et al, 2016, p. 492-494). Desta maneira, a montagem, aquisição e manutenção de grandes bases de dados constituem parte vital dentro da estrutura que é construída para que a mineração de dados seja possível.

Contudo, o processo de construção e manutenção desses repositórios não raramente também demanda investimentos consideráveis de tempo, capital, recursos técnicos e mão-de-obra. Assim, determinados agentes podem ver-se incentivados a buscar a implementação de medidas que visem limitar ou proibir o acesso de seus bancos de dados por concorrentes ou, ainda, impedir que terceiros utilizem o conteúdo dessas bases sem autorização, a fim de preservar os interesses de seus titulares (STUCKE e GRUNES, 2015, p. 3). Isso é potencializado pelo fato de que os dados, enquanto representações abstratas, não estão presos a um

7. MINERAÇÃO DE DADOS NO DESCOMPASSO JURÍDICO

suporte físico, constituindo bens não-rivais (seu consumo não impede o uso posterior por terceiros) e, em tese, "não-excludentes" (seria impossível, ou muito difícil, controlar e restringir sua aquisição) (CORIAT, 2013, p. 13; OSTROM e HESS, 2007, p. 9).

O caráter não-rival e supostamente pouco excludente dos dados traria uma alta facilidade de imitação de bases e repositórios em relação ao custo de sua produção e manutenção, trazendo uma preocupação quanto a possíveis subinvestimentos que serviria de justificativa para a adoção de medidas institucionais, a nível nacional e global, voltadas à mitigação desta questão através de uma espécie de escassez artificial (DERCLAYE, 2008; WU, 2017, p. 4). Uma dessas medidas foi a extensão do escopo de obras protegidas por propriedade intelectual – e, mais especificamente, pelo direito autoral – para incluir, também, a proteção de bases de dados e seu conteúdo.

2. Principais implicações da atual proteção autoral para a análise de dados

A extensão da propriedade intelectual para bancos de dados em um nível internacional ocorreu em meados dos anos 90, com a conclusão do acordo TRIPS em 1994 e sua vinculação à recém-criada Organização Mundial do Comércio – OMC (GRANSTRAND, 2007, p. 274-275; ORSI e CORIAT, 2006). Antes disso, A Convenção de Berna previa a proteção de compilações de obras literárias, como enciclopédias e antologias (art. 2(5));[3] o TRIPS passava, agora, a prever a proteção a dados *ou* outro material, sendo condição de proteção a criatividade em função da seleção *ou* da disposição dos materiais. Ali, não apenas as compilações de dados, mas também os *softwares* de forma geral passaram a receber proteção por direito autoral.[4]

---

[3] Alguns comentadores afirmavam que a combinação entre 2(1) e 2(5) de Berna poderia, sim, levar à interpretação de que qualquer compilação original de dados fosse protegida; substistiam, entretanto, dúvidas (GERVAIS, 2008, p. 227).

[4] "Article 10

Computer Programs and Compilations of Data

1. Computer programs, whether in source or object code, shall be protected as literary works under the Berne Convention (1971).

2. Compilations of data or other material, whether in machine readable or other form, which by reason of the selection or arrangement of their contents constitute intellectual

A inclusão da proteção de bases de dados no TRIPS foi resultado de pressão principalmente dos Estados Unidos, que tinham a visão de que bases de dados eletrônicas teriam cada vez mais importância econômica (KATZENBERGER; KUR, 1996, p. 84). Vale dizer que, quando da negociação dos Tratados da OMPI de 1996, a proposta inicial norte-americana incluía a previsão de um direito *sui generis* sobre bases de dados, proibindo extrações e usos de conteúdos (SAMUELSON, 1996). Houve forte reação da comunidade científica norte-americana contra a proposta, pelo efeito que teria no acesso e uso de dados científicos por pesquisadores e educadores, e o assunto foi retirado de pauta completamente.

No Brasil, a lei de 1973 previa a proteção de compilações diversas como obras protegidas,[5] sem prever expressamente a proteção a bases de dados. A nova lei ganhou não somente menção explícita,[6] como um artigo dedicado à proteção das bases. Naquele momento, a lei previu também a proteção autoral aos programas de computador, acompanhando o cenário internacional.[7]

---

creations shall be protected as such. Such protection, which shall not extend to the data or material itself, shall be without prejudice to any copyright subsisting in the data or material itself" (ORGANIZAÇÃO MUNDIAL DO COMÉRCIO, 1994, p. 324).

[5] O art. 7º da antiga Lei de Direito Autoral, a Lei nº 5.988/73, dispunha: "Protegem-se como obras intelectuais independentes, sem prejuízo dos direitos dos autores das partes que as constituem, as coletâneas ou as compilações, como seletas, compêndios, antologias, enciclopédias, dicionários, jornais, revistas, coletâneas de textos legais, de despachos, de decisões ou de pareceres administrativos, parlamentares ou judiciais, desde que, pelos critérios de seleção e organização, constituam criação intelectual. Parágrafo único. Cada autor conserva, neste caso, o seu direito sobre a sua produção, e poderá reproduzi-la em separado." (BRASIL, 1973).

[6] "Art. 7º São obras intelectuais protegidas as criações do espírito, expressas por qualquer meio ou fixadas em qualquer suporte, tangível ou intangível, conhecido ou que se invente no futuro, tais como: (...) XII – os programas de computador; XIII – as coletâneas ou compilações, antologias, enciclopédias, dicionários, bases de dados e outras obras, que, por sua seleção, organização ou disposição de seu conteúdo, constituam uma criação intelectual (...) § 2º A proteção concedida no inciso XIII não abarca os dados ou materiais em si mesmos e se entende sem prejuízo de quaisquer direitos autorais que subsistam a respeito dos dados ou materiais contidos nas obras" (BRASIL, 1998).

[7] Como os projetos de lei que, após debate, resultaram na Lei nº 9.610/98 eram de 1989, eles não incluíam a proteção a bases de dados, que vieram a ser uma exigência explícita com o TRIPS. A inclusão da proteção de bases de dados na Lei nº 9.610/98 foi resultado de uma proposta advinda do Executivo em 1997, e aparentemente não foi objeto de controvérsias ou debates. Para uma reconstrução dessa história, v. VALENTE (2019).

7. MINERAÇÃO DE DADOS NO DESCOMPASSO JURÍDICO

O artigo 87 da Lei nº 9.610/98 prevê não somente a proteção à estrutura da base, como também o direito exclusivo do seu titular de direitos patrimoniais de permitir ou proibir as reproduções totais ou parciais, traduções, adaptações e reordenações, entre outras utilizações. A adição de obras protegidas a bases de dados também é incluída como ato que necessita da anuência prévia e expressa do autor, por força do art. 29, inciso IX do mesmo documento legal. Vale observar, aí, a escolha restritiva de palavras – condicionando várias utilizações da base, inclusive a própria adição de outras obras, à autorização. Isso, como veremos, é relativizado por uma interpretação sistemática da lei, que leva necessariamente em consideração as limitações e exceções e a interpretação que essas limitações vem ganhando nos tribunais superiores brasileiros.

> Art. 29. Depende de autorização prévia e expressa do autor a utilização da obra, por quaisquer modalidades, tais como:
>
> (...)
>
> IX – a inclusão em base de dados, o armazenamento em computador, a microfilmagem e as demais formas de arquivamento do gênero;
>
> (...)
>
> Art. 87. O titular do direito patrimonial sobre uma base de dados terá o direito exclusivo, a respeito da forma de expressão da estrutura da referida base, de autorizar ou proibir:
>
> I – sua reprodução total ou parcial, por qualquer meio ou processo;
>
> II – sua tradução, adaptação, reordenação ou qualquer outra modificação;
>
> III – a distribuição do original ou cópias da base de dados ou a sua comunicação ao público;
>
> IV – a reprodução, distribuição ou comunicação ao público dos resultados das operações mencionadas no inciso II deste artigo.

Aqui, são necessários alguns aprofundamentos: o primeiro é que, de acordo com o art. 7º, § 2º, a proteção de bases ou compilações de dados por direito autoral não se estende aos dados ou materiais nelas contidos. Por outro lado, qualquer material protegido que conste em uma base de dados preserva os direitos morais e patrimoniais referentes à obra original, que existem de forma independente da compilação em que se encontra – nenhum direito novo sobre aquela obra é criado para o titular da base de dados.

Outra questão crucial é que só é protegida a compilação que, pela seleção ou arranjo do seu conteúdo, constitui criação intelectual, dotada de originalidade ou "distinguibilidade": não pode, portanto, ser banal ou comum, devendo trazer algo novo por si só de forma a ser inconfundível com outras obras do mesmo gênero (BARBOSA, 2015, p. 4-6). Não é o caso da maioria dos bancos de dados digitais, que servem meramente para armazenar conteúdo de forma automática, sem uma preocupação com a seleção ou organização. Há três razões para isto: primeiro, porque o valor daqueles dados vem das inferências extraídas deles, e não de sua disposição (conforme visto anteriormente); em segundo lugar, porque o critério de seleção para coleta de dados é, muitas vezes, puramente quantitativo ("quanto mais, melhor"). Finalmente, porque é natural que se queira organizar esses bancos de dados por padrões específicos de armazenamento e organização, por questões de acessibilidade e compatibilidade (DERCLAYE, 2008; TRUYENS e VAN EECKE, 2014, p. 163--164; BANTERLE, 2018, p. 5).

Contudo, isso não implica em dizer que o conteúdo desses bancos de dados pode ser livremente utilizado por terceiros. Primeiramente, porque se o conteúdo envolver obras protegidas por direito autoral, como textos, imagens e música, estas seguem protegidas e sua utilização ainda deve se dar com prévia e expressa autorização dos titulares de cada uma dessas obras, ou dentro das limitações e exceções presentes nos artigos 46 a 48 da LDA. Embora Lawrence Lessig (2004), em seu livro *Cultura Livre*, já apontasse a dificuldade inerente em se localizar e negociar com detentores de direitos quando estamos tratando de um conjunto considerável de obras, este problema se exacerba à enésima potência quando consideramos que, atualmente, processos corriqueiros de coleta e análise lidam com quantidades astronômicas de dados – e, potencialmente, de detentores de direitos.

Além disso, Estelle Derclaye (2008) já apontava que a legislação de direito autoral é apenas a primeira de múltiplas camadas que compõem um sistema maior de proteções. Nesse sentido, estamos tratando de um segundo nível, correspondente aos mecanismos de Digital Rights Management (DRM) e às medidas tecnológicas de proteção (technological protection measures, ou TPM). Tais mecanismos são corriqueiramente usados para controlar e restringir o acesso e uso de obras por meios técnicos. No entanto, muitos autores vieram denunciando seu uso

7. MINERAÇÃO DE DADOS NO DESCOMPASSO JURÍDICO

abusivo, ao restringir usos legítimos de material licitamente adquirido: da imposição de cláusulas abusivas e restrição ao acesso e uso de dados não-protegidos ou de obras em domínio público à instalação de programas espiões. São mecanismos de atuação *extra legem*, que se utilizam da arquitetura dos bancos de dados para controlar o acesso e uso de conteúdo protegido além do escopo que é garantido pela legislação autoral (LESSIG, 2004; LEWICKI, 2007, p. 228-229; BRANCO, 2011, p. 269; SOUZA, A. e SCHIRRU, 2016, p. 41).

Diante da possibilidade técnica de contornar esses dispositivos, ergue-se uma terceira camada de proteção, erigida na própria legislação de direito autoral: trata-se das medidas anti-burla (do inglês *anti-circumvention measures*): dispositivos legais que vedam a alteração, supressão, modificação ou inutilização desses mecanismos tecnológicos, a exemplo do art. 107 da LDA. Tais provisões são postas em um terceiro nível por não visarem a proteção de obras, mas dos dispositivos tecnológicos que previnem o acesso ou cópia não-autorizados de obras protegidas – uma espécie de "paracopyright", que opera à margem do objeto central do direito autoral, mas ainda dentro do sistema (BROWN, 2003).

Este processo de expansão do direito autoral para os bancos de dados, contudo, não foi acompanhado por qualquer contrapartida que estabelecesse ao usuário possibilidades explícitas e concretas para o acesso e uso legítimo deste material – o que é deveras desconcertante quando se considera que processos de TDM geralmente não interferem na exploração econômica normal de um trabalho protegido por direitos autorais, uma vez que se concentram sobre o uso de arquivos unicamente como fonte para análise de dados. Em outras palavras, não há uso da expressão destas obras – que é o verdadeiro objeto da proteção de direitos autorais, como dita a distinção entre ideia e expressão (European Copyright Society, 2017; FLYNN et al, 2020).[8]

É certo que, à época do julgamento do Recurso Especial nº 964404/ ES, o Superior Tribunal de Justiça tenha, em 2011, se manifestado no sentido de que o rol de limitações e exceções da lei autoral brasileira seria extensivo, permitindo a inclusão de limitações adicionais, como exploraremos adiante (entendimento este consolidado no Enunciado

---

[8] Sobre a questão da distinção ideia/expressão no uso de dados, ver Hugenholtz (2017, p. 69).

nº 115 da III Jornada de Direito Comercial).[9] Contudo, isso implica em dizer que qualquer limitação nova referente ao uso de dados (ou bancos de dados) deverá ser construída pelo Judiciário, com base em casos concretos – em outras palavras, por meio de disputas judiciais.

Para Geiger, Frosio e Bulayenko (2018, p. 6-7), isso se torna problemático quando consideramos que processos de coleta e análise de dados lidam com a cópia, extração e modificação do conteúdo existente em bases de dados alheias, implicando em diversos atos que dependem, em tese, de autorização prévia dos titulares para serem conduzidos. Assim, no caso de os dados envolverem conteúdo protegido (como livros, fotografias, etc.), há potencial violação de direitos de reprodução, especialmente se for copiada uma parte substancial do acervo – o que é bastante comum, dado que muitos processos de TDM habitualmente visam obter o máximo de informação relevante possível. Por outro lado, caso estejamos lidando com um banco de dados original, tanto a extração do material relevante como o descarte de conteúdo irrelevante para a análise também podem constituir uma violação de direito autoral em relação à própria compilação, já que podem replicar ou alterar a seleção ou arranjo do banco de dados de onde se extraiu o material, implicando em violação tanto do direito de reproduzir como de adaptar a obra. Finalmente, a própria divulgação dos resultados da análise pode violar direitos de comunicação ao público, caso necessite utilizar elementos da obra original na apresentação. Notamos, ainda, que a observação acima não exclui a possibilidade de enquadramento das condutas de TDM em violações de outros direitos – como exemplo, lembramos que o art. 29 da LDA, para além da cláusula aberta em seu inciso X (referente a quaisquer outros tipos de utilização existentes ou que venham a ser criados).[10]

---

[9] "ENUNCIADO 115 – As limitações de direitos autorais estabelecidas nos arts. 46, 47 e 48 da Lei de Direitos Autorais devem ser interpretadas extensivamente, em conformidade com os direitos fundamentais e a função social da propriedade estabelecida no art. 5º, XXIII, da CF/88" (BRASIL, 2019, p. 6).

[10] "Art. 29. Depende de autorização prévia e expressa do autor a utilização da obra, por quaisquer modalidades, tais como:
(...)
X – quaisquer outras modalidades de utilização existentes ou que venham a ser inventadas" (BRASIL, 1998).

Em suma, o cenário legislativo relativo à proteção às bases de dados consiste em: art. 87, que determina serem direitos exclusivos dos titulares utilizações como como a reprodução total e parcial, adaptação e reordenação; o art. 29, IX da LDA, que prevê adição de obra em base de dados como um direito patrimonial de autor; e possibilidades de utilização consistentes nas limitações e exceções, que, além de preverem a licitude geral da utilização de pequenos trechos, são interpretadas pelo Judiciário como extensivas a outras utilizações justas, que sigam determinados critérios.

Neste cenário, qualquer projeto que dependa da coleta e análise de dados que envolvam material protegido por direito autoral se vê diante de três opções: (1) evitar o uso de material protegido, limitando a eficácia e a qualidade dos resultados ou mesmo inviabilizando o trabalho; (2) buscar a autorização dos titulares de direitos (o que, conforme vimos acima, em muitos casos será inviável) ou (3) utilizar o material protegido sem autorização e sujeitar-se a um eventual litígio, trazendo custos financeiros e temporais potencialmente proibitivos (SOUZA, A., SCHIRRU e ALVARENGA, 2020). O resultado é um arcabouço institucional que gera insegurança àqueles que realizam a atividade de mineração e impõe barreiras burocráticas ao acesso legítimo a bases de dados e ao uso de seu conteúdo, prejudicando a coleta e análise de dados hoje tão enraizadas no processo de pesquisa científica e de criação e aprimoramento de bens e serviços (BROWN, 2003; LEWICKI, 2007; SOUZA C., 2009, p. 221-253). É o caso do Brasil.

3. Panorama de regulações que permitem a mineração de dados (incluindo o Brasil)

Segundo estudo apresentado por Flynn et al (2020), a extensão das limitações e exceções de direito autoral para cobrir também atividades de pesquisa que envolvam a coleta e análise de dados constitui um passo importante a ser explorado para o desenvolvimento de tecnologias de inteligência artificial, o que vem sendo reconhecido por muitos países. Dentre eles, há os que permitem a cópia, reprodução e compartilhamento de obras protegidas para fins de pesquisa, independentemente de essa pesquisa envolver mineração de dados – ou seja, uma permissão genérica que abarca a mineração. Outros países contam com limitações específicas para a mineração de dados ou para pesquisas de caráter não--comercial, por vezes apenas para usos privados ou apenas parcialmente.

Os Estados Unidos foram um dos primeiros países a reconhecer, na sua jurisprudência, a licitude de práticas de reprodução e uso de obras protegidas para fins de mineração de dados e textos. Michael Carroll (2020) enumera diversos desses casos, dentre os quais três merecem destaque. No primeiro deles, *Kelly versus Arriba Soft*, 336 F.3d 811 (9thCir. 2003), decidiu-se pela licitude do uso de imagens em resultados de busca para aprimorar a indexação e acesso a imagens na internet. O segundo caso de destaque, *Authors' Guild versus Google*, 770 F.Supp.2d 666 (S.D.N.Y. 2011), conhecido como o "Caso Google Books", tratou da possibilidade de digitalização de livros de acervos de bibliotecas parceiras para a construção de um banco de dados que permitia a busca de textos por usuários e a disponibilização de trechos das obras digitalizadas – utilizações que foram consideradas abarcadas pelo *fair use*. Por fim, no caso Authors' Guild versus HathiTrust, 755 F.3d 87 (2d Cir. 2014) a digitalização de conteúdo protegido e inclusão em bancos de dados foi abordada de forma mais direta – e também considerada lícita. Estes e mais outros casos ao longo das duas primeiras décadas do século XXI ajudaram a construir a noção de que técnicas de TDM, especialmente para fins de pesquisa, são consideradas *fair use* no direito norte-americano, independentemente do propósito final da atividade.[11]

Já em termos legais, o Japão foi o primeiro país a incluir uma limitação de direito autoral para TDM de forma explícita. Em 2009, o Copyright Act japonês passou a permitir a gravação ou adaptação de uma obra em processos de análise de dados, independentemente da finalidade, desde que (novamente) o titular de direitos não tenha reservado para si esse direito. Contudo, em sua Estratégia de Propriedade Intelectual de 2017, o governo japonês destacou a persistência de diversos pro-

---

[11] Outros casos de destaque: *White v. West* (S.D.N.Y. 2014), sobre inclusão de documentos legais em bancos de dados; *Fox v. TVEyes* (S.D.N.Y. 2014), sobre construção de bancos de dados com conteúdo extraído de transmissões de televisão e rádio, com disponibilização de trechos das transmissões; *A.V. v. iParadigms, LLC* (4thCir. 2009), sobre o uso de aplicativos para comparação de trabalhos acadêmicos e o caráter transformativo de cópia de conteúdo para fins comerciais; *Perfect 10 v. Amazon*, 508 F.3d 1146 (9thCir. 2007), sobre o uso de imagens protegidas por Direito Autoral nas prévias de resultados em sites de busca; *Field v. Google*, 412 F.Supp.2d 1106 (D. Nv. 2006), que tratou da disponibilização de cópias de um trabalho para arquivamento, comparações ou identificação em uma busca. Para mais informações, ver COX (2015, p. 3-4).

blemas em relação ao estado do regime de *copyright* no país até aquele momento, como a impossibilidade de se obter o consentimento de todos os titulares de direitos quando se lida com uma grande quantidade de conteúdo protegido em meio aos dados coletados. Assim, manifestou-se a necessidade de um sistema de limitações que trouxesse um maior equilíbrio entre clareza regulatória e flexibilidade.

O resultado foi uma reformulação da lei autoral japonesa em 2018, que incluiu diversas limitações concernentes à mineração de dados: seu Artigo 30-4 atualmente permite qualquer exploração não-expressiva de uma obra, "de qualquer maneira e na medida considerada necessária", incluindo processos de análise de dados (e excluindo o uso de programas de computador que constituam obras protegidas).[12] O artigo 47-4 permite a disponibilização incidental de uma obra para ser explorada de forma mais eficiente – a exemplo do que ocorre no processo de reunião e transformação de dados, visto anteriormente. Por fim, o artigo 47-5 permite a exploração de obras apresentadas ao público em certos casos que contribuam para a criação de conhecimento ou de informação por meio do processamento de dados – desde que essa exploração seja dentro dos limites considerados necessários, seja de caráter proporcionalmente mínimo em relação ao total da obra utilizada, e não viole, de forma consciente, os interesses legítimos dos titulares de direitos de autor face à natureza do trabalho e da exploração. Isso inclui, explicitamente, análise de dados e atos

---

[12] Article 30-4: It is permissible to exploit a work, in any way and to the extent considered necessary, in any of the following cases, or in any other case in which it is not a person's purpose to personally enjoy or cause another person to enjoy the thoughts or sentiments expressed in that work; provided, however, that this does not apply if the action would unreasonably prejudice the interests of the copyright owner in light of the nature or purpose of the work or the circumstances of its exploitation:
(i) if it is done for use in testing to develop or put into practical use technology that is connected with the recording of sounds or visuals of a work or other such exploitation;
(ii) if it is done for use in data analysis (meaning the extraction, comparison, classification, or other statistical analysis of the constituent language, sounds, images, or other elemental data from a large number of works or a large volume of other such data; the same applies in Article 47-5, paragraph (1), item (ii));
(iii) if it is exploited in the course of computer data processing or otherwise exploited in a way that does not involve what is expressed in the work being perceived by the human senses (for works of computer programming, such exploitation excludes the execution of the work on a computer), beyond as set forth in the preceding two items.

governamentais visando o aprimoramento da qualidade de vida da população – ressaltando um papel mais proeminente da lei no que se refere a objetivos de política pública para a inovação e o desenvolvimento.

Na União Europeia, a recentemente aprovada Diretiva de Direito de Autor, de 2019, previu duas exceções para a atividade de mineração de textos e dados. No artigo 3º, é prevista uma exceção mandatória, isto é, que deve ser adotada por todos os países, permitindo que instituições de pesquisa e instituições de memória minerem texto e dados em obra que tenham adquirido licitamente, exclusivamente para a finalidade de pesquisa científica.[13] Já o art. 4º estabelece uma exceção, também mandatória, para a realização de reproduções temporárias durante um processo de TDM, desde que esse uso não tenha sido expressamente proibido pelo titular de direitos – incluindo por meios técnicos, isto é, técnicas anti-circunvenção.[14]

---

[13] Artigo 3º Prospeção de textos e dados para fins de investigação científica
1. Os Estados-Membros preveem uma exceção aos direitos previstos no artigo 5º, alínea a), e no artigo 7º, nº 1, da Diretiva 96/9/CE, no artigo 2º da Diretiva 2001/29/CE, e no artigo 15º, nº 1, da presente diretiva no que se refere às reproduções e extrações efetuadas por organismos de investigação e por instituições responsáveis pelo património cultural para a realização de prospeção de textos e dados de obras ou outro material protegido a que tenham acesso legal para efeitos de investigação científica.
2. As cópias de obras ou de outro material protegido efetuadas nos termos do nº 1 devem ser armazenadas com um nível de segurança adequado e podem ser conservadas para fins de investigação científica, incluindo para a verificação dos resultados da investigação.
3. Os titulares de direitos devem ser autorizados a aplicar medidas para assegurar a segurança e a integridade das redes e bases de dados em que as obras ou outro material protegido são acolhidos. Essas medidas não podem exceder o necessário para alcançar esse objetivo.
4. Os Estados-Membros devem incentivar os titulares de direitos, os organismos de investigação e as instituições responsáveis pelo património cultural a definir melhores práticas previamente acordadas no que se refere à aplicação da obrigação e das medidas a que se referem, respetivamente, os nºs 2 e 3.
[14] Artigo 4º Exceções ou limitações para a prospeção de textos e dados
1. Os Estados-Membros devem prever uma exceção ou uma limitação aos direitos previstos no artigo 5º, alínea a), e no artigo 7º, nº 1, da Diretiva 96/9/CE, no artigo 2º da Diretiva 2001/29/CE, no artigo 4º, nº 1, alíneas a) e b), da Diretiva 2009/24/CE e no artigo 15º, nº 1, da presente diretiva, para as reproduções e as extrações de obras e de outro material protegido legalmente acessíveis para fins de prospeção de textos e dados.
2. As reproduções e extrações efetuadas nos termos do nº 1 podem ser conservadas enquanto for necessário para fins de prospeção de textos e dados.

7. MINERAÇÃO DE DADOS NO DESCOMPASSO JURÍDICO

Essas exceções, embora introduzam elementos novos no direito europeu e tragam alguma segurança jurídica, vêm sendo criticadas por acadêmicos como sendo excessivamente limitadas. O principal problema da primeira delas, dirigida a instituições de pesquisa e de memória, seria que não é prevista uma garantia adequada contra medidas de proteção tecnológica; além disso, a limitação a instituições de pesquisa e de memória exclui outros atores importantes, como jornalistas e startups (GEIGER, FROSIO e BULAYENKO, 2018). No segundo caso, além da previsão explícita proibindo a "burla" ou "circunvenção", detentores de direitos sobre as bases de dados podem muito facilmente impedir a mineração delas por meio de instrumentos contratuais.

Esse problema está longe de ser hipotético ou abstrato. Em uma pesquisa de 2018, Rossana Ducato e Alain M. Stowel identificaram que, de 20 plataformas de economia do compartilhamento que publicam termos de uso nos seus sites que analisaram, 14 continham cláusulas de propriedade intelectual que lidavam direta ou indiretamente com TDM, proibindo várias das atividades necessárias à atividade de mineração em seu conteúdo (DUCATO e STOWEL, 2018). Nesses casos, sistemas como os SDSs, que simplificam, por exemplo, os termos de uso para os usuários, ficariam impedidos de funcionar.

Na América Latina, há somente um país que conta com uma limitação específica, no direito autoral, para atividades de mineração de dados: o Equador (CHARQUERO, 2021). A legislação de direito autoral equatoriana conta com um número elevado de limitações e exceções, particularmente para contextos educacionais e de pesquisa,[15] e uma regra geral conhecida como "uso justo", que incorpora e acrescenta à regra dos três passos da Convenção de Berna, estabelecendo critérios legais para usos permitidos diretamente pelos usuários (Código Ingenios,

---

3. A exceção ou limitação prevista no nº 1 é aplicável desde que a utilização de obras e de outro material protegido a que se refere esse número não tenha sido expressamente reservada pelos respetivos titulares de direitos de forma adequada, em particular por meio de leitura ótica no caso de conteúdos disponibilizados ao público em linha.

4. O presente artigo não prejudica a aplicação do artigo 3º da presente diretiva.

[15] Para fins educativos, o Código Ingenios permite a comunicação (art. 212 num. 17 e 28), a reprodução (art. 212 num. 14 e 15) e a seleção de leituras (art. 212 num. 1 inc. 2). Existe também uma limitação relativa à educação online (art. 212 num. 15), e uma de engenharia reversa de sftware para fins de pesquisa e educação (art. 134 num. 3 e 4).

art. 211).[16] No que diz respeito a *text and data mining*, entretanto, a regra (art. 212 num. 9 viii)[17] é bastante restrita: somente protege bibliotecas e arquivos pela atividade de mineração de textos empreendida pelos seus usuários, quando estiverem de boa-fé. A redação desse artigo dá a entender, entretanto, que a atividade de mineração de textos pode ser compreendida como um uso justo, dentro da definição da lei.

O Chile e a Colômbia encontram-se em situações bastante similares: apesar de não preverem uma limitação para TDM, estabelece, a licitude da reprodução transitória de uma obra, desde que ela seja parte de um processo tecnológico e tenha como finalidade a transmissão lícita de uma obra (Lei 17.336, art. 71(O) no Chile,[18] e lei 1915/2018 art. 16(a) na Colômbia)[19] – o que pode significa a permissão de TDM para alguns casos. Em ambos os países, é também permitida a engenharia reversa

---

[16] Os critérios de análise são (i) o objetivo e natureza do uso, (ii) a natureza da obra, (iii) a quantidade e a importância da parte usada em relação ao seu conjunto, (iv) o efeito do uso do valor de mercado da obra, e (v) o exercício de outros direitos fundamentais.

[17] "La minería de textos. Las bibliotecas o archivos y sus funcionarios estarán exentos de responsabilidad por los actos que realicen sus usuarios siempre y cuando actúen de buena fe y tengan motivos razonables para creer que la obra protegida por derechos de autor o la prestación protegida por derechos conexos se ha utilizado en el marco permitido por las limitaciones y excepciones previstas en el presente Parágrafo o de un modo que no está restringido por los derechos sobre la obra o prestación, o que dicha obra o prestación se encuentra en el dominio público o bajo una licencia que permita su uso".

[18] "Artículo 71 O. Es lícita la reproducción provisional de una obra, sin que se requiera remunerar al titular ni obtener su autorización. Esta reproducción provisional deberá ser transitoria o accesoria; formar parte integrante y esencial de un proceso tecnológico, y tener como única finalidad la transmisión lícita en una red entre terceros por parte de un intermediario, o el uso lícito de una obra u otra materia protegida, que no tenga una significación económica independiente."

[19] "a) La reproducción temporal en forma electrónica de una obra. interpretación o ejecución, fonograma o emisión fijada, que sea transitoria o accesoria, que forme parte integrante y esencial de un proceso tecnológico y cuya única finalidad consista en facilitar una transmisión en una red informática entre terceras partes por un intermediario, o una utilización lícita de una obra, interpretación o ejecución, fonograma, o emisión ' fijada que no tengan por sí mismos una significación económica independiente. Para los fines del presente literal, se entiende que la reproducción temporal en forma electrónica incluye, los procesos tecnológicos que sean necesarios en la operación ordinaria de computadores, dispositivos digitales o de internet, siempre y cuando se cumplan con los requisitos mencionados en el párrafo anterior."

para programas de computador[20] e, na Colombia, para outras obras em situações limitadas.[21] O Peru também conta com uma regra para permissão da engenharia reversa.[22] A Argentina, o Uruguai e o Brasil estão entre os países com menos limitações e exceções, e não preveem, por exemplo, engenharia reversa ou reproduções temporárias. No Brasil, a Lei de Direitos Autorais não menciona a atividade de pesquisa, e, no que diz respeito a fins educacionais, prevê apenas a comunicação de obras com fins educativos para obras teatrais e musicais usadas para fins didáticos nos estabelecimentos de ensino (Lei 9610, art. 46, VI). A Estratégia Brasileira de Inteligência Artificial, de 2021, foi o primeiro documento oficial no Brasil a reconhecer que, uma vez que dados de treinamento de IA precisam ser copiados e editados, uma limitação ajudaria a trazer mais clareza e segurança para o uso desses dados e precisa ser discutida.. Contudo, não se tem conhecimento de nenhuma proposição concreta nesse sentido até o momento.

3.1. Decisões de tribunais superiores no Brasil

Não há, nos tribunais superiores, decisões que dêem suporte direta e explicitamente à atividade de TDM. Há algumas decisões, entretanto, que auxiliam na construção de parâmetros para o que poderia ser considerado permitido. No que diz respeito à atividade científica, há poucas decisões nos tribunais superiores;[23] o REsp 1528627/SC, julgado pelo STJ em 07/03/2017, reconhece, em um caso de suposto plágio de elementos de uma dissertação em um programa de disciplina, que o conteúdo científico ou técnico de um trabalho acadêmico não se encontra no âmbito da proteção do direito autoral. O RE 88705, julgado há mais de quatro décadas pelo STF (em 25/05/1979, referindo-se, portanto, à legislação autoral de 1973), também já reconhecia que a reprodução (no caso, em uma bula de remédio) de conclusões científicas e ensinamentos não constituíam violação de direito autoral de trabalho científico.

---

[20] Na lei Chilena, o art. 71, Ñ, b) e c).

[21] Como para analisar vulnerabilidades e remover dados pessoais (Lei 1915/2018 art. 13 a), b), d), f).

[22] Decreto Legislativo 822 art. 76 e 196 B.

[23] A partir de pesquisa, realizada em junho de 2021, com as combinações de palavras-chave ["direito autoral" E limitação*], ["direito autoral" E exceção*] ["direito autoral E pesquisa].. Agradecemos a Enrico Roberto pelo auxílio.

Ambos os casos tratam da dicotomia entre ideias e expressão, e corroboram a tese de que a utilização de conteúdos de obras protegidas, sem exploração da forma de expressão, não constitui violação. Embora distante, essas decisões dizem algo sobre a atividade de extrair dados de uma base protegida para a construção de conhecimento novo.

Sabemos, além disso, que a jurisprudência dos tribunais superiores, no Brasil, vem estabelecendo que as limitações e exceções previstas nos artigos 46, 47 e 48 da Lei n. 9.610/98 têm caráter exemplificativo e não exaustivo. A interpretação sistemática e teleológica da lei e dos direitos fundamentais aplicáveis deve ser empregada, de acordo com esse conjunto de decisões, para o reconhecimento de novas limitações, inclusive *contra legem*, a partir do teste da "regra dos 3 passos" prevista com algumas poucas diferenças no Art. 13 do TRIPS e no Art. 9.2 da Convenção de Berna.[24]

Outras duas decisões recentes relevantes para refletir sobre *text and data mining* no Brasil. A primeira, o REsp 1450302/RJ, julgado em 11/02/2020 pelo STJ, que estende a limitação relativa à utilização de pequenos trechos, considerando lícita a reprodução integral de poema de Cecília Meireles em livro didático por ser necessária para o fim didático a se atingir – e respeitar a integridade da obra. A segunda, o REsp 1447258/SC, julgado pelo STJ em 20/04/2021, reafirma que aferir ou não lucro não é um critério relevante para se caracterizar a violação ao direito de autor – e, portanto, tampouco para caracterizar o âmbito de aplicação de uma limitação ou exceção.

3.2. Interpretando a legislação brasileira por um direito ao text and data mining

É um princípio básico do direito autoral que ideias não são protegidas, e sim a sua expressão. Esse princípio tem como objetivo evitar que ideias sejam monopolizadas por autores, ou ainda garantir que ideias possam fluir livremente em benefício da sociedade. A atividade de mineração de textos e dados deve ser compreendida como uma das formas de se extraírem ideias no ambiente digital, o que depende de uma reprodução (CASPERS e GUIBAULT, 2016) e, conforme visto anteriormente,

---

[24] Ver REsp 964.404 / ES, julgado em 15/03/2011, REsp nº 1.575.225 – SP, e REsp 1320007 / SE, julgado em 04/06/2013.

diversos outros atos como o acesso, modificação, arquivamento e mesmo apresentação desse conteúdo. Nesse sentido, mineração de textos e dados está também ligada à liberdade de expressão e de informação.

Diante da necessidade e essencialidade da atividade de mineração de texto e dados para a atividade científica e empresarial de pesquisa e inovação tecnológica, tão intrinsecamente ligados ao desenvolvimento econômico e social, propomos critérios que possam servir de parâmetro aos usuários e ao Judiciário no enquadramento da licitude especificamente da atividade de *text and data mining* no direito brasileiro.

1. A atividade é realizada de forma automatizada, não envolvendo a fruição pelos sentidos humanos da base de dados ou obra minerada;

2. A finalidade não é explorar elementos expressivos contidos naquela base de dados ou outra obra, e nem reproduzi-las em si, mas produzir conhecimento ou expressão novos, significativamente transformados;

3. A atividade de mineração não prejudica injustificadamente os interesses do proprietário dos direitos autorais da base de dados ou outra obra minerada;

4. A finalidade é analisar grandes quantidades de dados por meio de extração, comparação, classificação, ou análise estatística;

5. O tipo de utilização, da perspectiva dos direitos patrimoniais envolvidos, é irrelevante, sendo possíveis, se combinados com os demais critérios, a reprodução, acesso, adaptação, armazenamento para fins operacionais e quaisquer outros atos necessários à sua realização;

6. O fato de a atividade ser realizada para fins comerciais ou não comerciais é irrelevante;

7. Limitações contratuais ou tecnológicas não podem ser usadas como forma de impedir a mineração de textos e dados lícita.

Esta proposta não é incompatível com o reconhecimento da desejabilidade que haja previsão da atividade de mineração de textos e dados de forma explícita na legislação brasileira, garantindo, assim, aos sujeitos que realizam as atividades de *text and data mining* segurança jurídica. Muito embora frequentemente se refira a essa possibilidade como uma exceção para mineração de dados, como afirmam Marco Caspers e Lucie Guibault (2016), o mais adequado seria a compreensão de que utilizações são permitidas quando elas servem à extração das ideias contidas em uma obra protegida – o que dialoga com as decisões dos tribunais superiores brasileiros sobre a dicotomia expressão e ideias.

Uma previsão legal nesse sentido tem a vantagem de ser neutra tecnologicamente, por estabelecer que qualquer processo, que não somente a mineração de dados (uma técnica localizada no tempo e no estado do avanço tecnológico), pode ser realizada se a sua finalidade for a produção de conhecimento. Nesse sentido, a compreensão adequada das finalidades da atividade de TDM, quando podem ser encapsuladas nesse contexto, leva à compreensão de que sua permissão está afinada com a jurisprudência dos tribunais superiores no Brasil.

Conclusões

Diferentes países no mundo vêm reconhecendo que a pesquisa e a inovação baseadas na IA e outras tecnologias que se utilizam de grandes quantidades de dados dependem de um ambiente regulatório adequado. Embora as bases de dados possam aferir grandes vantagens econômicas a seus titulares, a mineração de texto e de dados é uma operação que depende de usos automatizados dessas bases, que, seguidos certos critérios, não representam prejuízo injustificado a seus titulares.

Muito embora a Estratégia Brasileira de Inteligência Artificial mencione a necessidade de uma limitação ao direito autoral para a mineração dado que dados de treinamento de IA precisam ser copiados e editados, ainda não avançamos em uma proposição concreta, o que gera insegurança e prejuízos à inovação tecnológica no Brasil. Ao mesmo tempo, a jurisprudência dos tribunais superiores suporta a tese de que a mineração de dados é permitida, desde que seguidos critérios derivados dessa jurisprudência, apoiados pela doutrina e pelas legislações internacionais a respeito.

De todo modo, a não edição, pelo Brasil, de legislação garantindo a segurança jurídica em torno de atividades de mineração de textos e dados fará com que, em um contexto em que várias legislações começam a endereçar o tema, o Brasil se encontre em desvantagem nas arenas de pesquisa, aplicações com big data e IA.

Referências

ALVARENGA, M. B. Mineração de dados, Big Data e direitos autorais no Brasil. Dissertação (Mestrado em Políticas Públicas, Estratégias e Desenvolvimento) – Instituto de Economia, Universidade Federal do Rio de Janeiro, Rio de Janeiro.

ASCENSÃO, J. O. O Direito Intelectual em Metamorfose. Revista de Direito Autoral, Rio de Janeiro, ano 2, n. 4, p. 3-24, fev. 2006.

BANTERLE, F. Data ownership in the data economy: a European dilemma. EU Internet Law in the digital era (edited volume based on the REDA 2017 conference). Springer, 2018. Disponível em: https://papers.ssrn.com/sol3/papers.cfm?abstract_id=3277330. Acesso em 15 jul. 2021.

BARBOSA, D. B. A noção de Originalidade e os Títulos de Obra, em particular, de Software. 2005. Disponível em: http://denisbarbosa.addr.com/originalidade.pdf. Acesso em 15 jul. 2021.

BRANCO, S. V. O Domínio Público no Direito Autoral Brasileiro – Uma Obra em Domínio Público. Rio de Janeiro: Lumen Juris, 2011.

BRASIL. Conselho da Justiça Federal. III Jornada de Direito Comercial: Enunciados aprovados em 7/6/2019. 2019. Disponível em: https://www.cjf.jus.br/cjf/noticias/2019/06-junho/iii-jornada-de-direito-comercial-e-encerrada-no-cjf-com-aprovacao-de-enunciados/copy_of_EnunciadosaprovadosIIIJDCRE-VISADOS004.pdf. Acesso em 15 jul. 2021.

BRASIL. Lei nº 9.610, de 19 de fevereiro de 1998. Altera, atualiza e consolida a legislação sobre direitos autorais e dá outras providências. 1998b. Disponível em: http://www.planalto.gov.br/ccivil_03/leis/l9610.htm. Acesso em 15 jul. 2021.

BRASIL. Portaria MCTI nº 4.617, de 6 de abril de 2021. Institui a Estratégia Brasileira de Inteligência Artificial e seus eixos temáticos. Brasil: Diário Oficial da União. Publicado no D.O.U de 12 de abril de 2021.

BRASIL. Superior Tribunal de Justiça. 3ª Turma. Recurso Especial nº 964404/ES (2007/0144450-5). Recorrente: Mitra Arquidiocesana de Vitória. Recorrido: Escritório Central de Arrecadação e Distribuição (ECAD). Relator: Min. Paulo de Tarso Sanseverino. Brasília, 15 de março de 2011. Lex: Diário de Justiça Eletrônico, Brasília, v. 815, 23 mai. 2011.

BROWN, K. Digital Rights Management: Trafficking in Technology That Can Be Used to Circumvent the Intellectual Property Clause. 40 Houston Law Review, vol. 803, 2003, p. 803-836.

CARROLL, M. W. Copyright and the Progress of Science: Why Text and Data Mining is Lawful. Washington College of Law Research Paper No. 2020-15. American University Washington College of Law, 2020.

CASPERS, M.; GUIBAULT, L. (2016), "A right to 'read' for machines: Assessing a black-box analysis exception for data mining". Proc. Assoc. Info. Sci. Tech., 53: 1-5. https://doi.org/10.1002/pra2.2016.14505301017.

CHEN, H; CHIANG, R. H. L.; STOREY, V. C. Business Intelligence and Analytics: from Big Data to Big Impact. MIS Quarterly: Management Information Systems, vol. 36 (4), pp. 1165-1188, dez. 2012.

CORIAT, B. From Natural-Resource Commons to Knowledge Commons: Common Traits and Differences. In: International Seminar on Property and Commons: new issues of shared access and innovation. Université de Paris, Sorbonne, França, 2013.

DEAN, J. Big Data, Data Mining, and Machine Learning: Value Creation for Business Leaders and Practitioners. Wiley, 2014. ProQuest Ebook Central. Disponível em: http://ebookcentral.proquest.com/lib/oxford/detail.action?docID=1687540. Acesso em: 12 jan. 2019.

DERCLAYE, E. The Legal Protection of Databases: A Comparative Analysis. Edward Elgar, 2008.

DREXL, J.; HILTY, R. M.; BENEKE, F.; DESAUNETTES, L. FINCK, M.; GLOBOCNIK, J.; OTERO, B. G.; HOFFMANN, J.; HOLLANDER, L.; KIM, D.; RICHTER, H.; SCHEUERER, S.; SLOWINSKI, P. R.; THONEMANN, J. Technical Aspects of Artificial Intelligence: An Understanding from an Intellectual Property Law Perspective. Max Planck Institute for Innovation and Competition Research Paper Series – Research Paper No. 19-13 (Research Group on the Regulation of the Digital Economy, 2019.

DUCATO, R.; STROWEL, A. M. Limitations to Text and Data Mining and Consumer Empowerment: Making the Case for a Right to Machine Legibility (October 31, 2018). CRIDES Working Paper Series, 2018. Disponível em: https://ssrn.com/abstract=3278901 or http://dx.doi.org/10.2139/ssrn.3278901. Acesso em 15 jul. 2021.

EUROPEAN COPYRIGHT SOCIETY. General Opinion on the EU Copyright Reform Package. 24 jan. 2017. Disponível em: https://europeancopyrightsocietydotorg.files.wordpress.com/2015/12/ecs-opinion-on-eucopyright-reform-def.pdf. Acesso em 15 jul. 2021.

FLYNN, S.; GEIGER, C.; QUINTAIS, J. P.; MARGONI, T.; SAG, M.; GUIBAULT, L.; CARROLL, M. W. Implementing User Rights for Research in the Field of Artificial Intelligence: A Call for International Action. PIJIP/TLS Research Paper Series, 48, 2020.

GARVEY, E. G., 'facts and FACTS': Abolitionists' Database Innovations. In: GITELMAN, L. Raw Data is an Oxymoron. The MIT Press, 2013.

GEIGER, C.; FROSIO, G.; BULAYENKO, O. The Exception for Text and Data Mining (TDM) in the Proposed Directive on Copyright in the Digital Single Market – Legal Aspects (March 2, 2018). Centre for International Intellectual Property Studies (CEIPI) Research Paper No. 2018-02, Available at SSRN: https://ssrn.com/abstract=3160586 or http://dx.doi.org/10.2139/ssrn.3160586.

GERVAIS, Daniel J. "The TRIPS Agreement and the Doha Round: history and impact on economic development", *in Intellectual Property and Information Wealth*: issues and practices in the digital age. Westport: Prager Publishers, 2007, p. 25.

GRANSTRAND, O. Innovation and Intellectual Property Rights. In: FAGER-BERG, J., MOWERY, D. & NELSON, R. (eds.). The Oxford Handbook of Innovation. Oxford University Press, 2007.

HAN, J.; PEI, J.; KAMBER, M. Data mining: concepts and techniques. [s.l.] Elsevier, 2011.

HUGENHOLTZ, P. B. Data property: Unwelcome Guest in the house of IP. In: REDA, J. (ed.). Better Regulation for Copyright: Academics meet Policy Makers. TheGreens/EFA, p. 65-77, 2017. Disponível em: https://juliareda.eu/wp-content/uploads/2017/09/2017-09-06_Better-Regulation-for-Copyright-Academics-meet-Policy-Makers_Proceedings.pdf. Acesso em 15 jul. 2021.

JAPÃO. Intellectual Property Strategy Headquarters. Intellectual Property Strategic Program 2017. Mai. 2017a. Disponível em: https://www.kantei.go.jp/jp/singi/titeki2/kettei/chizaikeikaku20170516_e.pdf. Acesso em: 15 jul. 2021.

JAPÃO. Ministério da Justiça. Lei nº 38, de 6 de maio de 1970. Emenda nº 73 de 2009. Disponível em: http://www.japaneselawtranslation.go.jp/law/detail/?printID=&ft=1&re=02&dn=1&x=0&y=0&co=01&ia=03&ky=copyright+act&page=24&vm=02&lvm=02&id=3379. Acesso em 15 jul. 2021.

JAPÃO. Ministério da Justiça. Lei nº 38, de 6 de maio de 1970. Emenda nº 30 de 2018. Disponível em: http://www.japaneselawtranslation.go.jp/law/detail/?printID=&ft=1&re=02&dn=1&x=0&y=0&co=01&ia=03&ky=copyright+act&page=24&vm=02&lvm=02&id=3379. Acesso em 15 jul. 2021.

KAPLAN, A.; HAENLEIN, M. Siri, Siri, in my hand: Who's the fairest in the land? On the interpretations, illustrations, and implications of artificial intelligence. Business Horizons, vol. 62, pp. 15-25, jan-fev. 2019.

KATZENBERGER, Paul; KUR, Annette. "TRIPS and Intellectual Property", in BEIER, Friedrich-Karl; SCHRICKER, Gerhard (eds.). From GATT to TRIPS – The Agreement on Trade-Related Aspects of Intellectual Property Rights. IIC Studies (Studies in Industrial Property and Copyright Law). [Publ. Por Max Planck Institute for Foreign and International Patent, Copyright and Competition Law, Munich]. Weinheim; New York; Basel; Cambridge; Tokyo: VCH, 1996.

KELLEHER, J. D.; TIERNEY, B. Data Science. Cambridge: MIT Press, 2018.

KROENKE, D. M. et al. Database Concepts. 8ª ed. Nova York: Pearson, 2016.

LESSIG, L. Free Culture: How Big media uses technology and the law to lock down culture and control creativity. The Penguin Press, 2004.

LEWICKI, B. C. Limitações aos direitos de autor: releitura na perspectiva do direito civil contemporâneo. 2007. 299 f. Tese (Doutorado em Direito Civil). Centro de Ciências Sociais, Faculdade de Direito, Universidade do Estado do Rio de Janeiro, Rio de Janeiro.

MCAFEE, A.; BRYNJOLFSSON, E. Big Data: The Management Revolution. Harvard Business Review, pp. 1-9, out. 2012.

ORSI, F.; CORIAT, B. The New Role and Status of Intellectual Property Rights in Contemporary Capitalism. Competition & Change, v. 10 (2), pp. 162-179 (18), jun. 2006.

PINHEIRO, A. M.; TIGRE, P. B. Inovação em serviços na economia do compartilhamento. Rio de Janeiro: Saraiva, 2019.

ROSENBERG, D., "Data before the Fact". In: GITELMAN, L. Raw Data is an Oxymoron. The MIT Press, 2013.

RUSSEL, S.; NORVIG, P., "Artificial Intelligence". Tradução de Regina Célia Simille 3rd ed. Elsevier, 2013.

SAMUELSON, Pamela. "The U.S. Digital Agenda at WIPO", *in* 37 *Va. J. Int'l L.* 369, 1996.

SOUZA, A. R.; SCHIRRU, L. Os direitos autorais no marco civil da internet. LiinC em Revista, v. 12, p. 40-56, 2016.

SOUZA, A. R.; SCHIRRU, L.; ALVARENGA, M. B. Direitos autorais e mineração de dados e textos no combate à COVID-19 no Brasil. LiinC em Revista, vol. 16 (2), p. 1-15, 2020.

SOUZA, C. A. P. Abuso do direito autoral. 2009. Tese (Doutorado em Direito Civil) – Centro de Ciências Sociais, Faculdade de Direito, Universidade do Estado do Rio de Janeiro, Rio de Janeiro.

STUCKE, M. E.; GRUNES, A. P. Debunking the Myths Over Big Data and Antitrust. In: CPI Antitrust Chronicle (2) mai. 2015.

TRUYENS, M.; VAN EECKE, P. Legal aspects of text mining. Computer Law & Security Review, vol. 30, 2014.

UNIÃO EUROPEIA. Diretiva (UE) 2019/790 do Parlamento Europeu e do Conselho de 17 de abril de 2019, relativa aos direitos de autor e direitos conexos no Mercado Único Digital e que altera as Diretivas 96/9/CE e 2001/29/CE. Disponível em: https://eurlex.europa.eu/legal-content/PT/TXT/PDF/?uri=CELEX:32019L0790&from=PT. Acesso em 15 jul. 2021.

VALENTE, Mariana G. A Construção do Direito Autoral no Brasil. Belo Horizonte: Ed. Letramento, 2019.

WU, T. Law and Economics of Information. In: In: PARISI, F. (ed.). The Oxford Handbook of Law and Economics: Volume 2: Private and Commercial Law. Oxford Handbooks, 2017.

8. O MAPA DAS PATENTES TECNOLÓGICAS

Luiz Otávio Pimentel

> "Se prevê que a IA afetará os direitos de proprie-
> dade intelectual e sua gestão, em particular os direitos
> de patente." (OMPI)[1]

Ao tratar das patentes de tecnologias de Inteligência Artificial (IA) estamos frente ao universo da quarta revolução industrial que implica em
ampliar o balizamento para o patenteamento, no que se refere aos princípios e regras sobre titularidade, conceito de inventor, objeto de proteção, dinâmica dos exames de pedidos e julgamento das respectivas
controvérsias.

O desafio para os operadores do sistema de patentes é conciliar as
normas aplicáveis aos outros universos tecnológicos industriais, que
seguem úteis, com as especificidades e amplitude das novíssimas tecnologias de IA que requerem proteção. A propriedade intelectual das tecnologias de IA, especialmente industrial, tem nas patentes um instrumento fundamental para a sociedade e para o mercado, impactando nas
políticas públicas e no direito.

Ao publicar os documentos de patentes, são oferecidos dados, informações e conhecimentos técnicos importantíssimos, como a descrição

---

[1] WIPO Technology Trends 2019, p. 143. [Todas as tradução citadas neste texto usaram a
ferramenta de IA do Google Translate.]

das tecnologias, explicitando o estado da técnica e as suas fronteiras; quem são os inventores e as empresas, centros de pesquisa e outros titulares dos direitos; e a geografia das respectivas famílias de tecnologias.

O Direito de Patentes é imprescindível para balizar a concessão de títulos de propriedade, a concorrência leal, estimular os investimentos em PD&I[2] e a sua exploração econômica com segurança jurídica; e os documentos das patentes para proporcionar informações tecnológicas para a sociedade.

O objetivo deste capítulo é apresentar dados e um panorama do sistema de patentes de IA na Organização Mundial da Propriedade Intelectual (OMPI), nos institutos[3] que integram o IP5,[4] no Fórum Econômico Mundial e no Brasil.

1. O relatório de IA da OMPI

A IA foi o tema do primeiro relatório da OMPI sobre tendências de tecnologias, publicado no ano de 2019. Segundo Francis Gurry, então diretor-geral da Organização, a "IA é uma tecnologia de ponta com impactos em uma ampla gama de negócios e atividades", razão pela qual comportou um estudo e análise de grande magnitude.[5] O relatório de IA da OMPI indica que:

> "Agora é um bom momento para dar uma olhada de perto no estado da pesquisa e exploração das tecnologias de IA. As patentes fornecem um meio ímpar de avaliar tendências em pesquisa, pois revelam as áreas de inovação nas quais os inventores estão focados. Além disso, os documentos de pedido de patente ficam disponíveis ao público uma vez publicados e incluem informações úteis, como o nome do requerente, data do pedido de patente e detalhes técnicos da invenção.

---

[2] PD&I = Pesquisa, Desenvolvimento e Inovação. P&D = Pesquisa e Desenvolvimento.

[3] O órgão público competente para concessão de patentes no Brasil, Portugal, Argentina e México são denominados como "instituto", outros usam a denominação "escritório" (office).

[4] IP5 é o nome dado ao fórum dos cinco maiores institutos de propriedade intelectual do mundo, criado para melhorar a eficiência do processo de exame de patentes; são membros o CNIPA, EPO, JPO, KIPO e USPTO, que juntos, administram cerca de 80% dos pedidos de patentes mundiais e 95% de todos os pedidos realizados sob o PCT.

[5] WIPO Technology Trends 2019, p. 7.

8. O MAPA DAS PATENTES TECNOLÓGICAS

"Ao analisar os dados de patentes, é possível rastrear mudanças ao longo do tempo e identificar quais países estão realizando mais atividades de patenteamento. Além disso, aprofundar-se na substância dos aplicativos fornece uma visão sobre os tipos de tecnologias que estão sendo desenvolvidas e aquelas que estão surgindo, quem está aplicando e quais os campos que abrangem."[6]

Segundo Gurry, o relatório de IA da OMPI teve por base um estudo detalhado de patentes, apresentando as tendências de inovação em IA desde o primeiro campo desenvolvido na década de 1950. A pesquisa de base envolveu a análise de dados de patentes relacionadas a invenções de IA, bem como dados sobre publicações científicas, processos judiciais e mercado de aquisição. Esses dados foram discutidos em detalhes e comentados por mais de vinte dos maiores especialistas do mundo em IA. A metodologia de busca de patentes e as contribuições dos especialistas constantes do relatório estão disponíveis no site da OMPI.[7]

O relatório da OMPI indica as tendências em três categorias: (a) técnicas, (b) aplicativos funcionais e (c) campos de aplicativos de IA; revelando que a metade de todos os pedidos de patentes de IA analisados foram publicados a partir de 2013, indicador da inovação que mostra o avanço rápido neste campo.[8]

Os sistemas de IA são vistos principalmente como sistemas de aprendizagem, máquinas que podem se tornar melhores em uma tarefa normalmente executada por humanos com intervenção humana limitada ou nenhuma. Essa definição abrange uma ampla gama de técnicas e aplicações e pode ser dividida em muitas categorias diferentes de tecnologia.[9]

As técnicas e aplicações referem-se a tarefas individuais realizadas por sistemas de IA, conhecidas como IA restrita. Isso deve ser distinguido de conceitos como "inteligência geral artificial" ou "superinteligência", que são sistemas capazes de realizar qualquer tarefa intelectual que pudesse ser realizada pelo cérebro humano ou a capacidade hipoté-

---

[6] WIPO Technology Trends 2019, p. 20.
[7] WIPO Technology Trends 2019, p. 7.
[8] WIPO Technology Trends 2019, p. 7.
[9] WIPO Technology Trends 2019, p. 19.

tica de uma máquina de ultrapassar em muito o cérebro humano; atividades que não são realizadas pela tecnologia atual.[10]

1.1. Famílias e classificação de patentes

Segundo o relatório da OMPI os pedidos de patentes e as famílias de patentes relacionadas com IA podem ser identificados nos bancos de dados de patentes. As famílias de patentes de diferentes institutos em todo o mundo foram pesquisadas.

Os números totais foram 339.828 famílias de patentes e 1.636.649 artigos científicos relacionadas à IA, publicados entre o ano de 1960 e o início de 2018. As patentes de IA representam cerca de 0,6% da coleção total de 59,3 milhões de famílias de patentes existentes no mundo.[11]

O patenteamento relacionado a IA vem crescendo rapidamente, o que se pode aferir considerando que mais da metade das invenções identificadas foram publicadas desde 2013.[12] Aproximadamente 170.000 pedidos de patente em cinco anos (2013-2018), o que corresponde a uma média de 34.000 pedidos de patente por ano no período do relatório.

Apesar dos dados existentes nos documentos de patentes, ainda é difícil identificar exatamente quais famílias de patentes se relacionam com IA devido à falta de uma definição acordada e aos conceitos em evolução do que constitui a IA.[13]

Como se sabe, os examinadores de patentes usam códigos para classificar os documentos de acordo com as suas características técnicas, o que facilita a pesquisa e o exame. As classificações de patentes mais usados são três:

   i. Classificação Internacional de Patentes (IPC), que é mantida pela OMPI e usada por mais de 100 institutos;

   ii. Classificação Cooperativa de Patentes (CPC), que foi desenvolvida em conjunto pelo Instituto de Patentes e Marcas dos Estados Unidos (USPTO) e pelo Instituto Europeu de Patentes (EPO) com base no IPC, também

---

[10] WIPO Technology Trends 2019, p. 19.
[11] WIPO Technology Trends 2019, p. 23.
[12] WIPO Technology Trends 2019, p. 13.
[13] WIPO Technology Trends 2019, p. 23.

8. O MAPA DAS PATENTES TECNOLÓGICAS

usada pela Administração Nacional de Propriedade Intelectual da China (CNIPA); e

iii. "FI and F-term list" do Instituto de Patentes do Japão (JPO).[14]

No Brasil o INPI adota a IPC e a CPC.[15]

A taxionomia de cada uma dessas classificações contém mais de 100.000 códigos, aumentando para cerca de 250.000 no caso do CPC. O relatório da OMPI identificou várias centenas de códigos de classificação relevantes para a IA.[16]

O esquema de busca das patentes de IA adotado no relatório da OMPI[17] compreende três categorias:

a) Técnicas de IA (tecnologias "core"): formas avançadas de modelos estatísticos e matemáticos, como Aprendizado de Máquina, Lógica *Fuzzy* e Sistemas Especialistas, permitindo o cálculo de tarefas tipicamente realizadas por humanos; diferentes técnicas de IA podem ser usadas como um meio para implementar diferentes funções de IA. As técnicas focalizadas foram:

– Aprendizado de Máquina (Aprendizado de Máquina Geral; Abordagens Bioinspiradas; Aprendizagem Baseada em Instância; Aprendizagem de Regras; Aprendizagem Lógica e Relacional; Aprendizagem Multitarefa; Aprendizagem Não Supervisionada; Aprendizagem Profunda; Aprendizagem Reforçada; Aprendizagem Supervisionada; Árvores de Classificação e Regressão; Máquinas de Vetor de Suporte; Modelos Gráficos Probabilísticos; Redes Neurais; Representação Latente);

– Engenharia de Ontologia;

– Lógica *Fuzzy*;

---

[14] WIPO Technology Trends 2019, p. 23-25.

[15] INPI, Classificação de Patentes, informação disponível no site.

[16] WIPO Technology Trends 2019, figures: 1.1 AI techniques, p. 24; 1.2 AI functional applications, p. 26; 1.3 AI application fields, p. 27.

[17] O relatório de IA da OMPI teve por base o esquema "Computing Classification Scheme" da Association for Computing Machinery, desenvolvido nos últimos 50 anos, que tinha sido atualizado até 2012 e foi adaptado para levar em conta os desenvolvimentos tecnológicos recentes, como a "deep learning". O esquema fornecer uma estrutura analítica clara e incluí a evolução das tecnologias de IA ao longo do tempo. WIPO Technology Trends 2019, p. 25.

– Programação Lógica (Programação Lógica Geral; Logística de Descrição; Sistema Inteligente); e,
– Raciocínio Probabilístico.

O maior número pedidos de patentes de IA publicados de 1960 a 2017, contendo técnicas de IA, foram de Aprendizado de Máquina, Programação Lógica (Sistemas Especialistas) e Lógica *Fuzzy*. O crescimento dos artigos científicos relacionados à IA começou cerca de 10 anos antes das patentes, com uma taxa média de crescimento anual de 8% entre 1996 e 2001, alcançando 18% por cento entre 2002 e 2007.[18]

b) Aplicações Funcionais de IA: engloba funções como fala ou visão computacional que podem ser realizadas usando uma ou mais técnicas de IA. As categorias de aplicações funcionais focalizadas foram:
– Análise Preditiva;
– IA Distribuída ou Descentralizada;
– Métodos de Controle;
– Planejamento e Programação;
– Processamento de Fala (Fonologia; Processamento de Fala Geral; Reconhecimento de Fala; Reconhecimento de Falante; Síntese de Fala; *Speech-to-Speech*);
– Processamento de Linguagem Natural (Processamento de Linguagem Natural Geral; Análise de Sentimentos; Diálogo; Extração de Informação; Geração de Linguagem Natural; Máquina de Tradução; Morfologia; Semântica);
– Representação e Raciocínio do Conhecimento;
– Robótica; e,
– Visão Computacional (Biometria; Compreensão de Cena; Rastreamento de Objetos; Realidade Aumentada; Reconhecimento de Pessoa; Segmentação de Imagem e Vídeo; Visão Geral de Computador).

O maior número de patentes de aplicações funcionais de IA estão na Visão Computacional, Processamento de Linguagem Natural e Processamento de Fala.[19]

---

[18] WIPO Technology Trends 2019: Evolution of AI patent applications and scientific publications.
[19] WIPO Technology Trends 2019: Evolution of AI patent applications and scientific publications.

8. O MAPA DAS PATENTES TECNOLÓGICAS

c) Campos de aplicação de IA: diferentes campos, áreas ou disciplinas onde as técnicas de IA ou aplicações funcionais podem encontrar aplicação. As categorias de campos de aplicação focalizados foram:

– Agricultura;
– Artes e Humanidades;
– Bancos e Finanças;
– Cartografia;
– Ciências da Vida e Ciências Médicas (Bioinformática; Biomecânica; Descoberta de Drogas; Engenharia Biológica; Genética/Genômica; Imagens Médicas; Informática Médica; Monitoramento de Parâmetros Fisiológicos; Neurociência/Neurorobótica; Nutrição/Ciência dos Alimentos; Saúde Pública);
– Ciências Físicas e Engenharia;
– Computação no Governo;
– Direito; Ciências Sociais e Comportamentais; e Propriedade Industrial;
– Dispositivos Pessoais, Informática e Interação Humano-Computador ou HCI[20] (Computação Afetiva; Computadores Pessoais e Aplicativos para PC[21]);
– Educação;
– Entretenimento;
– Gerenciamento de Energia;
– Gestão e Publicação de Documentos;
– Indústria e Manufatura;
– Militar;
– Negócios (Atendimento ao Cliente; Comércio Eletrônico; Computação Empresarial);
– Networks (Cidades Inteligentes; Internet das Coisas/IoT[22]; Redes Sociais);
– Segurança (Autenticação; Cibersegurança; Criptografia; Detecção de Anomalia/Vigilância; Privacidade/Anonimato);
– Telecomunicações (Redes de Computadores/Internet; Telefonia; Transmissão de Rádio e Televisão; Vídeo Conferência; VoIP[23]); e,

---

[20] HCI = Human-Computer Interaction.
[21] PC = Personal Computer.
[22] IoT = Internet of Things.
[23] VoIP = Voice Over Internet Protocol.

– Transportes (Aeroespacial/Aviônica; Motorista/Reconhecimento de Veículo; Transporte e Engenharia de Tráfego; Veículos Autônomos).

O maior número de patentes nos campos de aplicação de IA estão nas Telecomunicações, Transportes, Ciências Médicas e Ciências da Vida, mas todos os campos mostram um crescimento na atividade de patenteamento nos últimos anos.[24]

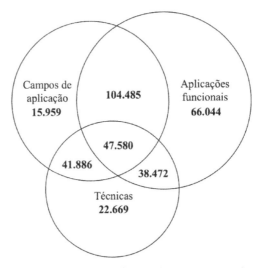

Figura 1. Número de famílias de patentes relacionadas a IA e suas sobreposições, essas tecnologias são frequentemente combinadas, mais de 68% dessas patentes se enquadram em mais de uma categoria (1960-2018).[25]

Considerando que as patentes são categorizadas de acordo com seu conteúdo tecnológico, segundo o relatório da OMPI: 44% de todas as patentes de IA mencionam pelo menos uma técnica de IA, 75% mencionam uma aplicação funcional e 62% um campo de aplicação.[26]

Segundo o relatório da OMPI, 68% das famílias de patentes se enquadram em pelo menos duas categorias, 14% em todas as três categorias

---

[24] WIPO Technology Trends 2019, p. 24.
[25] WIPO Technology Trends 2019, Patent families related to AI techniques, functional applications, application fields and their overlaps figure 3.3. p. 40. Ver INPI, Radar tecnológico n. 21, figura 5, p. 16.
[26] WIPO Technology Trends 2019, p. 39.

8. O MAPA DAS PATENTES TECNOLÓGICAS

e 31% numa única categoria. Sendo importante observar que 63% mencionam apenas um pedido funcional, enquanto 22% mencionam apenas uma técnica e 15% das invenções apenas um campo de aplicação – como se vê na figura 1.[27]

As estatísticas da OMPI indicam que os requerentes de patentes tendem a focar seus depósitos em aplicações industriais, ao contrário das publicações científicas que são mais propensas a se concentrar em técnicas de IA: 64% das publicações científicas de IA mencionam pelo menos uma técnica específica, em comparação com 44% das famílias de patentes.[28]

Kai-Fu Lee[29] sustenta que "nós estamos agora na era da implementação da IA", por isso o potencial do surgimento de novas tecnologias e respectivas patentes.

1.2. Solicitações de patentes via Tratado de Cooperação em Matéria de Patentes e Convenção sobre a Patente Europeia

Como se sabe, o Tratado de Cooperação em Matéria de Patentes (PCT)[30] e a Convenção Europeia de Patentes[31] são as alternativas usadas para solicitar uma patente em mais de uma jurisdição e, também, constituem as estratégias internacionais mais utilizadas pelos requerentes de patentes no mundo.

Conforme apontado no relatório da OMPI, 20% de todas as famílias de patentes de IA identificadas incluem pelo menos um pedido via PCT. Com base nos dados extraídos da base de dados de estatísticas da OMPI, 25% das famílias de patentes de IA tinham um membro PCT entre 2000

---

[27] WIPO Technology Trends 2019, p. 39-41.

[28] WIPO Technology Trends 2019, p. 41.

[29] Lee é um especialista chinês em IA, fundou a Sinovation Ventures, e publicou o livro "AI Superpowers: China, Silicon Valley, and the New World Order" (Boston, Houghton Mifflin Harcourt Publishing, 2018, 272p.), que trata dos empregos que poderão ser mais afetados e aprimorados com a IA e quais soluções podem ser dadas para algumas das mudanças mais profundas na história da humanidade que ocorrerão em breve. WIPO Technology Trends 2019, p. 23.

[30] Promulgado no Brasil pelo Decreto 81.742, de 31/05/1978.

[31] A European Patent Convention ou Convenção de Munique, de 05/10/1973, é o tratado multilateral que criou o Instituto Europeu de Patentes (EPO), um sistema jurídico autônomo e um procedimento único de concessão de patentes para os 38 estados membros da Convenção.

e 2015, em comparação com 12% das famílias de patentes em todos os campos de tecnologia no mesmo período.[32]

A proporção de pedidos de patentes via PCT aumentou de cerca de 10% antes de 1995 para 40% no ano 2000, mas desde 2011, essa proporção caiu para uma média de 28% de 2011 a 2017, índice que continua muito significativo.[33]

No que se refere aos pedidos apresentados no EPO, 15% de todas as famílias de patentes de IA identificadas no relatório da OMPI incluem um pedido europeu. Entre 2000 e 2015, 18% das famílias de patentes de IA tinham um membro no EPO, em comparação com 10% das famílias de patentes em todos os campos de tecnologia no mesmo período.[34]

O maior número de pedidos de patentes são depositados nos Estados Unidos e na China, seguidos pelo Japão, a OMPI e o EPO são frequentemente usados, depois a Alemanha, Canadá, Austrália, Índia, Taiwan (província chinesa), Reino Unido, França, Brasil (décimo quinto no ranking), Áustria, Rússia e outros institutos.[35]

O número de pedidos de patentes via PCT vem aumentando mais do que no EPO, desde 2009. A comparação recente indica cerca de 1,5 pedidos via PCT para cada um pedido europeu.

1.3. Principais depositantes de patentes de IA

No que se refere aos principais depositantes de pedidos de patentes de IA, as empresas representam 26 dos 30 requerentes com maior número no *ranking*. A maioria delas são indústrias de produtos eletrônicos de consumo, telecomunicações, programas de computador e automóveis e do setor de energia elétrica; quatro são universidades ou instituições públicas de pesquisa.[36]

Os dez maiores depositantes são a IBM, que tem o maior portfólio de famílias de patentes de IA com 8.290 pedidos, seguida pela Microsoft

---

[32] WIPO Technology Trends 2019, p. 55.
[33] WIPO Technology Trends 2019, p. 55.
[34] WIPO Technology Trends 2019, p. 55.
[35] WIPO Technology Trends 2019, figure 5.2, overall number of patent applications by patent office, p. 86.
[36] WIPO Technology Trends 2019, p. 58.

8. O MAPA DAS PATENTES TECNOLÓGICAS

com 5.930, Toshiba, Samsung, NEC, Fujitsu, Hitachi, Panasonic, Canon, Alphabet e Siemens.[37]

Entre os 20 maiores depositantes, os maiores portfólios de IA pertencem a empresas estadunidenses (IBM, Microsoft e Alphabet), japonesas (Toshiba, NEC, Fujitsu, Hitachi, Panasonic, Canon, Sony, Toyota, Mitsubishi, Ricoh, Sony e Sharp), coreanas (Samsung e LG) e alemãs (Siemens e Bosch).[38]

O principal aplicativo funcional mencionado pelas principais empresas em seus pedidos de patentes é a visão computacional (19 de 20), sendo que a IBM tem um foco maior no processamento de linguagem natural. E o aprendizado de máquina é a técnica de IA mais representada nos portfólios dos principais depositantes.[39]

A cotitularidade de patentes é rara, nenhuma das empresas que estão entre os 20 principais requerentes é coproprietária de mais de um por cento de seu portfólio de IA, o que é semelhante a outras áreas de tecnologia.[40]

As quatro universidades e instituições públicas de pesquisa que estão entre os 30 maiores requerentes de patentes no mundo são a Chinese Academy of Sciences – CAS (17ª), a coreana Electronics and Telecommunications Research Institute – ETRI (20ª), as chinesas Xidian (29ª) e Zhejiang University (30ª), todas com mais de 1.000 famílias de patentes.[41]

Entre as 20 universidades e instituições públicas de pesquisa com maior número de famílias com pedidos de patentes na área de IA, 17 estão na China e as outras três na República da Coréia. Os dois maiores portfólios pertencem à chinesa CAS e a coreana ETRI. Fora da China e da República da Coréia não existem universidades ou organizações públicas de pesquisa com mais de 500 famílias de patentes.[42]

As universidades e instituições públicas de pesquisa com maior número de famílias com pedidos de patentes na área de IA, são da China

---

[37] WIPO Technology Trends 2019: p. 15, 59-60.

[38] WIPO Technology Trends 2019, p. 61.

[39] WIPO Technology Trends 2019, p. 67.

[40] WIPO Technology Trends 2019, p. 32.

[41] WIPO Technology Trends 2019, figure 4.1, top 30 patent applicants by number of patent families, p. 60.

[42] WIPO Technology Trends 2019, p. 61.

(CAS, Xidian University, Zhejiang University, Beijing University of Technology, Tsinghua University, Beihang University, Chongqing University, Tianjin University, South China University of Technology e Southeast University) da República da Coréia (ETRI, Industry Academic Cooperation Foundation Korea, Korea Advanced Institute of Science and Technology e Pohang University of Science and Technology) dos Estados Unidos (Universidade da Califórnia, Marinha dos Estados Unidos, MIT e Universidade de Columbia), do Japão (Instituto Nacional de Ciência e Tecnologia Industrial Avançada e Instituto Nacional de Tecnologia da Informação e Comunicação), da Alemanha (Fraunhofer-Gesellschaft) e da França (Comissão de Energia Atômica e Energias Alternativas).[43]

No que tange a origem geográfica das universidades e organizações públicas de pesquisa, que estão entre os 500 maiores requerentes de patentes, por número de instituições, as universidades e instituições públicas de pesquisa da China representam mais de um quinto, seguindo-se dos Estados Unidos, República da Coréia, Taiwan (província chinesa), Europa, Japão, Rússia, Arábia Saudita e Cingapura. O grande número de publicações científicas realizados nas universidades e instituições públicas de pesquisa contrasta com o pequeno número entre os principais solicitantes de patentes.[44]

2. *Enforcement* de patentes de IA: litígios nos tribunais e oposições no trâmite administrativo

Segundo o relatório da OMPI, analisar as disputas legais sobre patentes de IA, observando os dados sobre litígios nos tribunais e casos de oposição (no Brasil subsídios ao exame de pedidos e nulidade de patente) no trâmite administrativo de processos de pedidos de patentes, de diferentes regiões, permite identificar as tendências ao longo do tempo, objeto das demandas, e quem são as partes mais ativas como demandantes e demandados.[45]

---

[43] WIPO Technology Trends 2019, figure 4.2, top patent applicants among universities and public research organizations in selected locations, by number of patent families, p. 62.
[44] WIPO Technology Trends 2019, figure 4.3, Geographical origin of universities and public research organizations in the top 500 patent applicants, by number of organizations, p. 62.
[45] *WIPO Technology Trends 2019, p. 35.*

8. O MAPA DAS PATENTES TECNOLÓGICAS

Os dados indicaram que 1.264 famílias de patentes de IA são mencionadas em casos de litígios nos tribunais e 4.231 em casos de oposição administrativa no período de 1975 a 2017, que correspondem aos primeiros anos de prioridade das patentes implicadas nos casos de litígio e de oposição. Destes casos, 492 famílias de patentes são mencionadas em ambos os tipos de disputa. Os dados foram extraídos dos bancos de dados *"Darts-IP"* e *"Orbit"*. Cabendo reiterar a ressalva da OMPI, pois acessar, coletar e analisar esses dados é difícil, por causa da cobertura limitada de vários bancos de dados, ademais das diferenças entre os sistemas e procedimentos jurídicos dos países e administrativos dos institutos.[46]

Comparado o número de famílias de patentes de IA mencionadas nos casos de litígios nos tribunais, nas oposições administrativas e aquelas que foram demandadas em ambas esferas, podemos inferir que a litigiosidade administrativa e nos tribunais tem sido pequena em relação ao volume de pedidos de patente e de patentes concedidas.

Os três principais demandantes em processos judiciais são a Nuance Communications, American Vehicular Services e Automotive Technologies International. Os três principais réus são a Microsoft, Apple e Alphabet. Os principais autores de oposição nos processos administrativos de patentes de IA são a Siemens, Daimler e Giesecke & Devrient, enquanto os principais demandados nas oposições são a Samsung, LG e Hyundai.[47]

2.1. Famílias de patentes de IA envolvidas nos litígios

A jurisdição mais acionada para resolução de litígios foi a dos Estados Unidos com 73%, seguindo-se a da Alemanha, Reino Unido, França, Japão, China, e República da Coréia. Devendo ser considerado que uma família de patentes pode ter sido envolvida em casos em mais de uma jurisdição.[48]

Observando-se as tecnologias envolvidas nas famílias de patentes dos litígios: as Técnicas de Aprendizado de Máquina ensejaram 421 casos; a Programação Lógica 96; a Lógica Difusa 59; a Engenharia de Ontolo-

---

[46] *WIPO Technology Trends 2019, p. 111-112.*
[47] *WIPO Technology Trends 2019, p. 111-112.*
[48] *WIPO Technology Trends 2019, p. 111-112.*

gia sete; e o Raciocínio Probabilístico cinco casos. No Aprendizado de Máquina, nenhuma técnica em particular se destaca. Foi observado que nenhuma patente de Aprendizado Profundo esteve envolvida em litígios no período dos dados do relatório, o que provavelmente se deve ao recente surgimento dessa tecnologia.[49]

Analisando-se os dados relativos às aplicações funcionais de IA, a proporção de famílias de patentes envolvidas nos litígios seguiu as tendências de patenteamento. Em campos de aplicação de IA, as Telecomunicações com 425 casos foi o maior número, depois Dispositivos Pessoais, Informática e HCI com 352, Ciências da Vida e Médicas com 308, Transporte com 234 e Negócios com 218 casos. As tecnologias de IA de Transporte foram responsáveis por menos casos em proporção ao número de patentes neste campo, talvez refletindo o fato de que a maior parte da IA de Transporte (Direção Autônoma) ainda não havia sido comercializada no período em que os dados foram obtidos.[50]

Observa-se também, que mais da metade das famílias de patentes identificadas no relatório da OMPI são muito recentes e que os litígios estão relacionados aos danos, que normalmente surgem após a entrada de produtos objeto das patentes nos mercados.[51]

2.2. principais demandantes nos litígios de patentes de IA

Foram consideradas as empresas envolvidas em litígios por ordem de número de famílias de patentes de IA, independentemente de a empresa ser proprietária das patentes ou não, e que um caso pode envolver várias famílias de patentes.[52]

As 15 empresas mais ativas como demandantes nos casos de litígio identificados no relatório da OMPI foram, por volume de casos, a Nuance Communications, American Vehicular Sciences, Automotive Technologies International (subsidiária da Acacia Research), Excel Innovations, Blast Motion, Cognex, Magna Electronics, Masimo, Public

---

[49] *WIPO Technology Trends 2019, p. 111-112.*
[50] *WIPO Technology Trends 2019, p. 111-112.*
[51] *WIPO Technology Trends 2019, p. 111-112.*
[52] *WIPO Technology Trends 2019, p. 112-113.*

Patent Foundation, RWS Grup, UPEK, Microsoft, Captel, IBM e Phoenix Solutions.[53]

As 15 empresas mais demandadas como réus nos litígios de patentes de IA identificadas no relatório da OMPI foram, por volume de casos, a Microsoft, Apple, Alphabet, Samsung, Amazon, Sony, BMW, HTC, Nuance Communications, Hyundai, IBM, Verizon, Facebook, Cisco e a KIA Motors America.[54]

2.3. Oposições: subsídios ao exame e nulidade de patentes de IA

Muitos sistemas de patentes permitem que terceiros apresentem oposições contra patentes concedidas em procedimentos normalmente conduzidos no instituto de PI relevante. No direito brasileiro a Lei n. 9.279, de 1996 (LPI) prevê o subsídio ao exame (art. 31) e a nulidade administrativa da patente (arts. 50-55). As decisões administrativas também podem ser objeto de recursos aos tribunais em algumas jurisdições. Sendo possível, em alguns casos, modificar as reivindicações para evitar o indeferimento do pedido e a nulidade pode ser parcial. Quando uma patente não é totalmente indeferida ou a nulidade é parcial, se considera uma vitória para o titular da patente.[55]

O número de oposições protocoladas ao longo do tempo aumentou desde o final dos anos 1980, mas a proporção de famílias de patentes que receberam esse tipo de ataque por ano permanece constante, uma média de 1,2% dos pedidos anuais de patentes de IA.[56] Os maiores números de oposições no campo da IA foram requeridas no KIPO (Instituto de Propriedade Intelectual da República da Coréia), USPTO, DPMA (Alemanha), EPO, INPI (Brasil), CNIPA (China), JPO, IP Austrália e UKIPO (Reino Unido).[57]

Os principais opositores, contra o maior número de patentes de IA, foram a Siemens, Daimler, Giesecke & Devrient, Alphabet, Apple, Continental, Interessengemeinschaft für Rundfunkschutzrechte, Samsung,

---

[53] *WIPO Technology Trends 2019, p. 112-113.*
[54] *WIPO Technology Trends 2019, p. 113-114.*
[55] *WIPO Technology Trends 2019, p. 115.*
[56] *WIPO Technology Trends 2019, p. 115.*
[57] *WIPO Technology Trends 2019, p. 114-115.*

Octrooibureau Van der Lely, Oticon, Valeo, ZF-TRW Automotive Holdings e a Amazon.[58]

As principais partes demandadas em oposições envolvendo pedidos de patentes de IA foram a Samsung, LG Corporation, Hyundai, Alphabet, Siemens, Qualcomm, Nokia, Apple, Intel, Korea Advanced Institute of Science and Technology, Sony, Bosch, Nuance Communications, Microsoft, Panasonic e a Bizmodeline; classificadas pela contagem do número de famílias de patentes em seu portfólio que estiveram envolvidas em casos de oposição.[59]

3. Questões legais e de gestão do sistema de patentes de IA

Nos Estados Unidos o principal marco regulatório para a obtenção de uma patente é o Código de Leis dos Estados Unidos, Título 35 (35 USC, *Patent Act*). As limitações para patentear uma invenção de IA estão no §101,[60] que regula os requisitos de patenteabilidade, embora bastante flexibilizado pela interpretação dos tribunais, o dispositivo limita de certa forma as tecnologias patenteáveis a "processo, máquina, manufatura ou composição de matéria", que exclui as ideias abstratas e fenômenos naturais.

Conforme Flaim e Chae (Baker McKenzie),[61] o padrão sobre os requisitos de patenteabilidade tornaram-se mais rigoroso para programas de computador e invenções implementadas por computador com a decisão da Suprema Corte dos Estados Unidos, de 19/06/2014, no caso Alice v. CLS, que empregou um teste de duas etapas:

> (I) Determinar se as reivindicações em questão são direcionadas a um conceito não patenteável;

---

[58] *WIPO Technology Trends 2019, p. 117.*

[59] *WIPO Technology Trends 2019, p. 117.*

[60] 35 USC, §101, "Inventions patentable: Whoever invents or discovers any new and useful process, machine, manufacture, or composition of matter, or any new and useful improvement thereof, may obtain a patent therefor, subject to the conditions and requirements of this title".

[61] FLAIM, John G.; CHAE, Yoon (Baker McKenzie). "Subject-matter eligibility in the United States, Europe, Japan, China and Korea. In WIPO Technology Trends 2019: Key players in AI patenting. p. 96.

8. O MAPA DAS PATENTES TECNOLÓGICAS

(II) Se assim for, pergunta se os elementos da reivindicação, considerados individualmente e "como uma combinação ordenada", "transformam a natureza da reivindicação" em um pedido patenteável.[62]

A Suprema Corte considerou no caso Alice v. CLS que as reivindicações do pedido de patentes sobre "soluções intermediárias" eram direcionadas a uma ideia abstrata sem qualquer conceito inventivo porque cada um de seus elementos era uma atividade "bem compreendida, rotineira, convencional", não fazendo mais do que exigir de um computador genérico a execução de funções genéricas de computador.[63]

---

[62] Caso Alice v. CLS, U.S. 208 (2014): "Because the claims are drawn to a patent-ineligible abstract idea, they are not patent eligible under §101. Pp. 5-17. (a) The Court has long held that §101, which defines the subject matter eligible for patent protection, contains an implicit exception for ' "[l]aws of nature, natural phenomena, and abstract ideas.' " Association for Molecular Pathology v. Myriad Genetics, Inc., 569 U. S. .... In applying the §101 exception, this Court must distinguish patents that claim the '"buildin[g] block[s]'" of human ingenuity, which are ineligible for patent protection, from those that integrate the building blocks into something more, see Mayo Collaborative Services v. Prometheus Laboratories, Inc., 566 U. S. ..., thereby "transform[ing]" them into a patent-eligible invention, id., at .... pp. 5-6. (b) Using this framework, the Court must first determine whether the claims at issue are directed to a patent-ineligible concept. 566 U. S., at ... If so, the Court then asks whether the claim's elements, considered both individually and "as an ordered combination," "transform the nature of the claim" into a patent-eligible application. Id., at ... Pp. 7-17."

[63] A decisão da Suprema Corte dos Estados Unidos, no caso Caso Alice v. CLS, 573 U.S. 208 (2014), envolvendo os requisitos de patenteabilidade, questionava as reivindicações sobre facilitação de transações financeiras eletrônicas implementadas por computador contendo ideias abstratas que não poderiam ser patenteadas. Os pedidos de patentes foram considerados inválidos porque as reivindicações foram elaboradas para uma ideia abstrata, sendo que implementar essas reivindicações em um computador não seria suficiente para transformar essas ideias em matéria patenteável. A decisão do caso Alice v. CLS não mencionava o programa de computador como tal, mas foi considerado um veredito sobre patentes de programa de computador para métodos de negócios. Essa e outra decisão da Suprema Corte, de 2010, caso Bilski v. Kappos, envolvendo programa de computador para um método de negócios, que também não opinou sobre programa de computador como tal, foram os casos mais importantes da jurisprudência estadunidense sobre a patenteabilidade de invenções de programa de computador desde o caso Diamond v. Diehr, de 1981.

Em outras decisões posteriores[64] ao caso Alice v. CLS, os tribunais estadunidenses têm adotado o teste de duas etapas utilizado pela Suprema Corte, naquele caso, teste que foi introduzido nas diretrizes de exames de patente do USPTO ("Manual of Patent Examining Procedure", 9.ed. rev.10.2019 e rev.Jun.2020), tornando mais objetiva a verificação dos requisitos da patenteabilidade de IA.[65]

Mencionamos cronologicamente, a seguir, a jurisprudência sobre a patenteabilidade de IA dos Estados Unidos, decisões que são consideradas paradigmáticas:

Suprema Corte:
– Diamond, USPTO v. Diehr et al., 450 U.S. 175 (1981), de 03/03/1981;
– Bilski et al. v. Kappos, USPTO, 561 U.S. 593 (2010), de 28/06/2010; e
– Alice v. CLS, 573 U.S. 208 (2014), 19/06/2014.

Tribunais de Apelação:
DDR v. Hotels.Com, et. al., 773 F.3d 1245 (Fed. Cir. 2014), 05/12/2014;
Enfish v. Microsoft et. al., 822 F.3d 1327 (Fed. Cir. 2016), 12/05/2016;
Bascom v. AT&T, 827 F.3d 1341 (2016), 27/06/2016;
Berkheimer v. HP, FKA, 890 F.3d 1369 (Fed. Cir. 2018), 31/05/2018; e
WhitServe v. Dropbox, case 2019-2334 (Fed. Cir. 2021), 26/04/2021.

Cabe mencionar o *"Patent eligible subject matter: report on views and recommendations from the public"* do USPTO, de julho de 2017, sobre diferentes padrões utilizados pelos países na definição dos requisitos de patenteabilidade de IA.

No âmbito do EPO o artigo 52(2)(3) da Convenção de Munique sobre a Patente Europeia, de 1973, exclui expressamente programas de computador "como tal" de patenteabilidade:

"Artigo 52º Invenções patenteáveis
"1 – As patentes europeias serão concedidas para quaisquer invenções, em todos os domínios tecnológicos, desde que sejam novas, envolvam actividade inventiva e sejam susceptíveis de aplicação industrial.

---

[64] Casos DDR v. Hotels.com; Enfish v. Microsoft; BASCOM v. AT&T; Berkheimer v. HP.
[65] FLAIM, John G.; CHAE Yoon (Baker McKenzie). "Subject-matter eligibility in the United States, Europe, Japan, China and Korea. In WIPO Technology Trends 2019, p. 96.

8. O MAPA DAS PATENTES TECNOLÓGICAS

"2 – Não são consideradas como invenções no sentido do número 1 particularmente:

a) As descobertas, as teorias científicas e os métodos matemáticos;

b) As criações estéticas;

c) Os planos, princípios e métodos no exercício de actividades intelectuais, em matéria de jogo ou no domínio das actividades económicas, assim como os programas de computadores;

d) As apresentações de informações.

"3 – O número 2 não exclui a patenteabilidade dos elementos que enumera a não ser na medida em que o pedido de patente europeia ou a patente europeia se refira a um desses elementos considerado como tal."[66]

A exclusão de patenteamento dos programas de computadores pode ser evitada se a invenção reivindicada causa um efeito técnico adicional além daqueles efeitos que ocorrem inevitavelmente quando qualquer programa é executado. O EPO avançou no assunto ao publicar as Diretrizes para Exame de IA e Aprendizado de Máquina (G-II 3.3.1),[67] fornecendo orientação sobre a avaliação dos pedidos de patentes de invenção de IA e Aprendizado de Máquina, ao verificar o requisito de "caráter técnico" para ser patenteável.[68]

Segundo as Diretrizes do EPO acima mencionadas, G-II 3.3.1, no primeiro parágrafo:

"A IA e o aprendizado de máquina são baseados em modelos computacionais e algoritmos para classificação, agrupamento, regressão e redução de dimensionalidade, como redes neurais, algoritmos genéticos, máquinas de vetores de suporte, k-means, regressão de kernel e análise discriminante. Esses modelos e algoritmos computacionais são per se de natureza matemática abstrata, independentemente de poderem ser "treinados" com base em dados de treinamento. Consequentemente, a orientação fornecida

---

[66] Convenção sobre a Patente Europeia (1973). Fonte base de dados do Parlamento Europeu, idioma português de Portugal.

[67] EPO, "Guidelines for Examination ...", G-II 3.3.1, a partir de fins de 2018.

[68] FLAIM, John G.; CHAE, Yoon (Baker McKenzie). "Subject-matter eligibility in the United States, Europe, Japan, China and Korea". In WIPO Technology Trends 2019, p. 96.

em G II, 3.3 geralmente se aplica também a tais modelos computacionais e algoritmos."[69]

Conforme o item G II, 3.3 das Diretrizes, citado acima, importante observar a regra geral prevista nos parágrafos iniciais:

"Os métodos matemáticos desempenham um papel importante na solução de problemas técnicos em todos os campos da tecnologia. No entanto, eles estão excluídos da patenteabilidade nos termos do art. 52 (2) (a) quando reivindicado como tal" (Art. 52 (3)).

"A exclusão se aplica se uma reivindicação for direcionada a um método matemático puramente abstrato e a reivindicação não exigir nenhum meio técnico. [...] Um objeto ou conceito matemático puramente abstrato [...] não é uma invenção na acepção do art. 52 (1) por falta de caráter técnico."[70]

Sobre o patenteamento de Máquinas de Vetores de Suporte (SVM), que envolvem o Aprendizado Supervisionado analisando dados e reconhecendo padrões, e Motor de Raciocínio ou Rede Neural, que são modelos computacionais inspirados no sistema nervoso central animal para realizar o aprendizado de máquina e o reconhecimento de padrões, as Diretrizes do EPO, G-II 3.3.1, dispõem que:

"Termos como "máquina de vetores de suporte", "motor de raciocínio" ou "rede neural" podem, dependendo do contexto, referir-se apenas a modelos ou algoritmos abstratos e, portanto, não implicam, por si só, necessariamente no uso de um meio técnico. Isso deve ser levado em consideração ao examinar se o objeto reivindicado tem um caráter técnico como um todo (Art. 52 (1), (2) e (3))."[71]

No que se refere às aplicações da IA e do Aprendizado de Máquina em vários campos da tecnologia, as Diretrizes do EPO, G-II 3.3.1, fazem remissão às diretrizes gerais estabelecidas para os métodos matemáticos:

"Por exemplo, o uso de uma rede neural em um aparelho de monitoramento cardíaco com o propósito de identificar batimentos cardíacos irregu-

---

[69] EPO, "Guidelines for Examination ...", G-II 3.3.1.
[70] EPO, "Guidelines for Examination ...", G-II 3.3.
[71] EPO, "Guidelines for Examination ...", G-II 3.3.1.

lares é uma contribuição técnica. A classificação de imagens digitais, vídeos, sinais de áudio ou voz com base em recursos de baixo nível (por exemplo, bordas ou atributos de pixel para imagens) são outras aplicações técnicas típicas de algoritmos de classificação. Outros exemplos de fins técnicos para os quais a IA e a aprendizagem automática podem ser utilizadas podem ser encontrados na lista em G II, 3.3."[72]

Sobre o patenteamento de classificadores de texto e dados com tecnologia de IA e aprendizado de máquina as Diretrizes do EPO, G-II 3.3.1, dispõe que:

"A classificação de documentos de texto unicamente em relação ao seu conteúdo textual não é considerada uma finalidade técnica per se, mas linguística (T 1358/09). Classificar registros de dados abstratos ou mesmo "registros de dados de rede de telecomunicações" sem qualquer indicação de um uso técnico sendo efeito da classificação resultante também não é per se um propósito técnico, mesmo que o algoritmo de classificação possa ser considerado como tendo propriedades matemáticas valiosas, como robustez (T 1784/06).

"Quando um método de classificação atende a uma finalidade técnica, as etapas de geração do conjunto de treinamento e treinamento do classificador também podem contribuir para o caráter técnico da invenção se apoiarem na realização dessa finalidade técnica."[73]

No Japão, uma invenção de programas de computador é patenteável se seus aspectos de processamento de informações precisarem ser especificamente implementados usando recursos de *hardware*. Muitos consideram as invenções de programas de computador patenteáveis, desde que suas alegadas etapas inventivas estejam expressamente vinculadas ao *hardware*.[74]

O JPO fez um relatório sobre as tendências de invenções relacionadas à IA, publicado em julho de 2020. Fazendo referência ao observado nos últimos anos, que a tecnologia relacionada à IA mostrou um desenvol-

---

[72] EPO, "Guidelines for Examination ...", G-II 3.3.1.

[73] EPO. "Guidelines for Examination ...", G-II 3.3.1.

[74] FLAIM, John G.; CHAE Yoon (Baker McKenzie). "Subject-matter eligibility in the United States, Europe, Japan, China and Korea. In WIPO Technology Trends 2019, p. 96.

vimento notável centrado no aprendizado profundo e que os pedidos de patentes estão proliferando por todos os campos tecnológicos de IA. Apontando também que o crescimento da P&D de tecnologias de IA acarretam cada vez mais pedidos de patentes, o que deve continuar no futuro. Razão pela qual tem aperfeiçoado suas diretrizes de exame de patentes.[75]

A CNIPA revisou as suas diretrizes de exame em abril de 2017, dispondo que uma invenção relacionada a programas de computador que tenha características técnicas não seria excluída da patenteabilidade. Essa revisão foi vista como uma ampliação da admissibilidade.[76]

A CNIPA fez novas alterações nas diretrizes de exame de patentes, em vigor desde 01/02/2020, visando regular a patenteabilidade de pedidos de proteção de invenções envolvendo IA (Parte II, Cap. 9, Seção 6) e novas indústrias, segundo Jun Wei:

> No exame de reivindicações que incluem características abstratas, como características de algoritmo ou características de método de negócios:
> – analisar os problemas técnicos apontados, os meios técnicos utilizados e os efeitos técnicos alcançados;
> – se inclui meramente características abstratas sem quaisquer características técnicas, o pedido deve ser indeferido como regra ou método de atividade mental nos termos do art. 25 da Lei de Patentes Chinesa;
> – se inclui quaisquer características técnicas além das características abstratas, como características de algoritmo ou de método de negócios, e como um todo não constitui uma regra ou método de atividade mental, o pedido não deve ser indeferido nos termos do art. 25 se constitui uma solução técnica nos termos do art. 2.2;
> – se as características de algoritmo ou de método de negócios constituírem uma solução técnica, todas as características devem ser consideradas no todo;
> – se as características visam solucionar problemas técnicos, utilizando as leis naturais como meio técnico e atinge efeitos técnicos, é considerada como constituindo uma solução técnica nos termos do art. 2.2.

---

[75] JPO, Recent Trends in AI-related Inventions, Report, 2020.
[76] FLAIM, John G.; CHAE Yoon (Baker McKenzie). "Subject-matter eligibility in the United States, Europe, Japan, China and Korea. In WIPO Technology Trends 2019, p. 96.

8. O MAPA DAS PATENTES TECNOLÓGICAS

Ao avaliar a novidade ou inventividade de uma invenção, todas as características, incluindo as características técnicas e de algoritmo ou de método de negócios, devem ser considerados como um todo.

A especificação, incluindo características de algoritmo ou de método de negócios, deve descrever clara e completamente a solução usada para resolver problemas técnicos.

As características devem apoiar-se umas nas outras e interagir com as características técnicas.

As reivindicações de pedidos de patentes envolvendo características de algoritmo ou características de método de negócios devem indicar as características em que apoiam uns aos outros e interagem com as características técnicas.[77]

As diretrizes de exame de patentes[78] do KIPO, por exemplo, dispõe que os programas de computador em si não são patenteáveis, mas também indicam que se o programa de computador for reivindicado em conjunto com o *hardware*, então a combinação, o método operacional da combinação, e um meio legível por computador contendo o programa de computador que implica a combinação é patenteável.

O KIPO introduziu recentemente o exame acelerado para pedidos de patentes pertencentes a IA e outros campos específicos de tecnologia emergente.[79] Conforme divulgado pelo KIPO, houve uma revisão da sua política de exame de patentes para se adaptar aos desenvolvimentos no ambiente de tecnologias da quarta revolução industrial, melhorar os serviços de PI, inclusive o seu exame de patentes. O que demandou a sua reestruturação organizacional em 2019 e o estabelecimento de um novo setor de exame de tecnologias de convergência, dedicado ao exame de pedidos de patente relacionados à IA, Big Data, e biosaúde. Implicando na realocação de examinadores com conhecimentos específicos.[80]

No KIPO, a partir de 2019, a estrutura de gerenciamento dos exames de patentes passou a contar com cinco setores: políticas de exame; tecnologia de convergência; eletricidade e telecomunicações; química e

---

[77] WEI, 2020.

[78] KIPO, "Patent examination guidelines."

[79] FLAIM, John G.; CHAE Yoon (Baker McKenzie). "Subject-matter eligibility in the United States, Europe, Japan, China and Korea." In WIPO Technology Trends 2019, p. 96.

[80] KIPO, IP Policies, Examination ...

biotecnologia; e máquinas e metais. Considerando a especificidade das tecnologias relacionadas à quarta revolução industrial, o setor de exame de pedidos de patentes de tecnologias de convergência foi composto por seis divisões e equipes especializadas relacionadas ao assunto: (1) AI e big data; (2) internet das coisas; (3) biotecnologia e saúde; (4) robôs inteligentes; (5) fabricação inteligente; e (6) direção autônoma.[81]

O KIPO estabeleceu novos critérios de exame por meio de consultas entre o seu setor de exame de pedidos de patentes e as indústrias relacionadas à quarta revolução industrial.[82] Os exames de patentes nos institutos de todo o mundo é geralmente realizado por um examinador para cada invenção e processado por um examinador principal, mesmo com a consulta de outros examinadores. Em 2019, o KIPO iniciou a implementação de exames com base na consulta e consenso de um grupo de examinadores especializados em tecnologias da quarta revolução industrial. Sob o novo sistema, três examinadores do setor de tecnologia de convergência se consultam desde o início do exame e chegam a um consenso, semelhante ao que ocorre no tribunal de julgamento de recursos administrativos.[83]

Segundo o KIPO, devido ao fato de muitas invenções relacionadas à quarta revolução industrial geralmente incorporarem dois ou mais campos técnicos diferentes, um grupo de examinadores torna possível fornecer serviços de exame de pedidos de patente de qualidade relativamente superior e aumentar a consistência do exame, compartilhando opiniões sobre os requisitos de patenteabilidade e reduzindo discrepâncias.[84]

Outro aspecto considerado no KIPO, foi o aperfeiçoamento da classificação para novos pedidos de patentes relacionados às tecnologias emergentes da quarta revolução industrial. Um novo sistema de classificação foi estabelecido para sete campos tecnológicos em 2018 (IA, Internet das Coisas, impressão 3D, veículo autônomo, big data, computação em nuvem, robô inteligente), depois mais nove campos tecnológicos foram adicionados em 2019 (novos medicamentos inovadores, saúde

---

[81] KIPO, IP Policies, Examination ...
[82] KIPO, IP Policies, Examination ...
[83] KIPO, IP Policies, Examination ...
[84] KIPO, IP Policies, Examination ...

customizada, cidade inteligente, realidade aumentada e realidade virtual, energia renovável, drone, comunicação de nova geração, semicondutor inteligente e material avançado).[85]

Ao reestruturar seus serviços o KIPO também considerou a velocidade do desenvolvimento das novas tecnologias e passou a realizar o exame acelerado dos pedidos de patentes, permitindo uma forma de exame preferencial enquanto responde às mudanças contínuas na estrutura industrial e o avanço do ambiente tecnológico e de negócios. Desde que foi adotado pela primeira vez em 1981, com a expansão gradual, os pedidos apresentados em vários tipos de indústrias de alta tecnologia foram qualificados para o programa de exame acelerado. Atualmente, os pedidos de patentes elegíveis no programa de exame acelerado são concedidos em média 5,5 meses após o requerimento, o que tem sido até 10 meses antes dos exames comuns.[86]

Como se observa de um modo geral, as diretrizes de exames de pedido de patentes de invenções de programas de computador permitem a patenteabilidade se as tecnologias forem implementadas com *hardware* ou suficientemente vinculadas ao *hardware*. O padrão de patenteabilidade fora dos Estados Unidos pode ser menos rigoroso do que a estrutura que fundamentou o caso Alice v. CLS, mas os desenvolvimentos recentes indicam uma convergência com a estrutura desse caso, particularmente no que diz respeito à sua segunda vertente, e a prática europeia.[87]

A forma como será tratada a proteção jurídica por patente das diferentes tecnologias de IA no exame das reivindicações do objeto patenteável, ainda precisa ser aprofundada e merece uma discussão mais ampla por especialistas em PI, como mencionaram Flaim e Chae. Questões como a lei e os critérios de patenteabilidade serão interpretados e aplicados à IA no processo de exame de patentes em diferentes jurisdições; também, se poderá haver mais refinamentos ou adições ao sistema de patentes e sua prática para acomodar as especificidades da IA. O impacto de tais desenvolvimentos podem ser medido em indicado-

---

[85] KIPO, IP Policies, Examination ...

[86] KIPO, IP Policies, Examination ...

[87] FLAIM, John G.; CHAE Yoon (Baker McKenzie). "Subject-matter eligibility in the United States, Europe, Japan, China and Korea." In WIPO Technology Trends 2019, p. 96.

res específicos, como o número de patentes solicitadas e concedidas no campo da IA, a distribuição geográfica relacionada a proteção de patentes e a escolha dos direitos de PI para proteger invenções relacionadas à IA. Outras questões relacionadas às regras atuais sobre a proteção e propriedade das invenções e sua violação também serão relevantes de acordo com o desenvolvimento da IA.[88]

O Direito de Patente é um dos ramos impactados pelo amplo campo da quarta revolução industrial onde se insere a IA. Na medida em que a IA se desenvolve, algumas das questões que eram discutidas hipoteticamente se tornaram problemas reais ainda a espera de definição, como o patenteamento de invenção de IA por IA e a violação de direitos de propriedade intelectual pela IA. Tais questões implicam em respostas através de novas normas especiais ou novas interpretações das normas existentes para preencher lacunas e dar soluções aos problemas que envolvem esse amplo campo tecnológico, sua aplicação e utilização.

Outro aspecto se refere às soluções tecnológicas baseadas em IA que facilitam a gestão de pedidos de patentes, de portfólio de patentes, de carteira de patentes: a busca e exame de patentes, construção de reivindicações que podem apoiar o trabalho dos profissionais, tanto dos institutos de patentes quanto dos advogados, requerentes, titulares e acadêmicos. Segundo o relatório da OMPI[89], a presença de fornecedores de informações de patentes entre os maiores solicitantes no campo de IA é a confirmação de um movimento pretendido em direção a produtos e soluções para apoiar diferentes perfis e necessidades de profissionais da área de patentes. Os principais institutos de patentes do mundo já estão explorando ou usando, tecnologias de IA para facilitar serviços, incluindo classificação de patentes, reconhecimento de imagem, pesquisas de última geração, tradução automática e atendimento ao usuário.

Segundo Konstantinos Karachalios, é hora de agir, pois o sistema de patentes, um pilar da economia global do conhecimento, deve evoluir. As circunstâncias exigem que esse sistema cumpra a sua função original, pois "patente" significa "aberto", embora a maioria das pessoas acredite que significa "privado" e "fechado". Além dos problemas específi-

---

[88] WIPO Technology Trends 2019, p. 143.
[89] WIPO Technology Trends 2019, p. 143-144.

cos relacionados a quem possui uma invenção produzida com o uso de sistemas algorítmicos, o desafio fundamental é como o sistema de patentes poderia promover mais (ou pelo menos não bloquear) os incentivos de colaboração necessários para ecossistemas de inovação relacionados a programas de computador e IA. Várias propostas foram feitas e cenários desenhados no passado, mas agora precisam ser implementadas e o tempo está passando muito rápido. Em particular, se espera a liderança da OMPI.[90]

4. Fórum econômico mundial e as patentes de IA

Para Kay Firth-Butterfield, do Fórum Econômico Mundial, o impacto da IA no sistema de patentes pode ser bastante significativo e quatro áreas devem ser consideradas:

1) Campos possíveis para patente de IA incluindo a estrutura legal para patenteabilidade de programas de computador;

2) Questões de patenteabilidade para invenções geradas por IA;

3) Questões de responsabilidade por violação de patente por AI; e,

4) Padrão de não obviedade para IA.[91]

Segundo expresso no site do Fórum Econômico Mundial, a IA é uma das tecnologias mais importantes da nossa época. Depois de considerada a possibilidade remota que era reservada para as especulações da ficção científica, a IA avançou o suficiente para se aproximar de um ponto de inflexão tecnológico para gerar efeitos inovadores na humanidade e, provavelmente, não deixará nenhum segmento da sociedade intocado. O progresso na IA mostrou um enorme potencial para beneficiar a humanidade, melhorando a eficiência e a economia na produção, comércio, transporte, assistência médica, resgate, educação e agricultura, bem como para cultivar significativamente a capacidade e o nível de governança social. Mas os avanços tecnológicos da AI também devem

---

[90] KARACHALIOS, Konstantinos (membro do conselho de gestão do IEEE, Institute of Electrical and Electronics Engineers, Standards Association). "A time for action". In "WIPO Technology Trends 2019, p. 144.

[91] FIRTH-BUTTERFIELD, Kay (líder de IA e Aprendizado de Máquina e membro do Comitê Executivo do Fórum Econômico Mundial) e CHAE, Yoon. "Four areas of patent focus. In WIPO Technology Trends 2019, p. 143.

impactar em várias estruturas jurídicas, incluindo vários aspectos da Lei de Patentes dos Estados Unidos.[92]

O questionamento fundamental ainda hoje, como propôs Firth-Butterfield e Chae, no Fórum Econômico Mundial, é se "as invenções dos robôs deveriam ser patenteadas em primeiro lugar?"[93] A questão de saber se as invenções geradas por IA podem ser protegidas por patente ainda não foi expressamente respondida, embora o sistema jurídico dos Estados Unidos e de outros países geralmente considerem a patenteabilidade e a inventividade em termos de criação humana.[94]

Na origem da Lei de Patentes dos Estados Unidos, a 35 USC, recordando as aulas de história do professor Araken Alves de Lima na Academia do INPI e na UFSC, o presidente Thomas Jefferson afirmou que um inventor deve ter o direito de se beneficiar de sua invenção por algum tempo para encorajar os homens a buscarem ideias que possam produzir utilidade.

Interpretando a 35 USC, uma invenção requer concepção, que é a formação na mente do inventor de uma ideia definitiva e permanente da invenção completa e operativa, em que o "inventor" se refere a um "indivíduo", ser humano. A jurisprudência da justiça federal estadunidense tem mantido a interpretação que, para realizar o ato mental, os inventores devem ser pessoas físicas e não podem ser corporações ou governos. O restante da 35 USC também está repleta de referências às ações humanas, pois quando foi promulgada, evidentemente não havia a necessidade de caracterizar o processo inventivo como sendo realizado por qualquer outro que não fosse um ser humano, porque não existiam esses outros "seres" como os robôs, dotados de IA.[95]

Segundo Firth-Butterfield e Chae, não é mais o caso de restringir a condição de inventor aos humanos nos documentos de patente. Ademais a generalidade dos titulares de patentes são pessoas jurídicas. A *"Creativity Machine"* de Stephen L. Thaler (da empresa Imagination Engines) gerou uma invenção que mais tarde foi protegida com uma

---

[92] WORLD ECONOMIC FORUM. (1) Shaping the Future of Technology Governance: Artificial intelligence and Machine Learning. (2) Artificial intelligence Collides with Patent Law.

[93] FIRTH-BUTTERFIELD; CHAE, 2018.

[94] FIRTH-BUTTERFIELD; CHAE, 2018.

[95] FIRTH-BUTTERFIELD; CHAE, 2018.

8. O MAPA DAS PATENTES TECNOLÓGICAS

patente nos Estados Unidos. Da mesma forma, a *"Invention Machine"* de John Koza (cientista da computação e professor na Universidade de Stanford) foi reconhecida por ter produzido uma ideia que culminou em uma patente nos Estados Unidos. Todavia, as tecnologias de IA inventadas por computadores não são admitidas no USPTO e somente os humanos são listados como inventores, não o robô e nem um computador.[96]

Conceder direitos de patente para invenções criadas por IA pode acelerar a inovação, até mesmo possibilitando avanços que não são possíveis apenas com a engenhosidade humana. Mas é igualmente vital reconhecer os potenciais efeitos negativos, como uma atrofia da inteligência humana. Evidentemente devem ser identificados possíveis campos intermediários entre esses interesses conflitantes para ajudar o sistema de patentes a atingir seus objetivos principais de maneira bem equilibrada. É o caso de refletir sobre a indagação feita no Fórum Econômico Mundial: se invenções geradas por IA forem, em última análise, consideradas patenteáveis, conceder direitos de patente vigorando por menos tempo ajudaria a equilibrar o jogo entre a IA e os inventores humanos?[97]

Outro questionamento imprescindível, formulado por Firth-Butterfield e Chae: "quem é o responsável quando a IA infringe uma reivindicação de patente?"[98] ou outros direitos de propriedade intelectual? Está bastante evidente hoje, que a IA tem condições tecnológicas para infringir reivindicações de patentes e outros direitos de propriedade intelectual, portanto, devemos discutir também no Brasil como lidar com a responsabilidade em tais casos. Quem deve ser responsabilizado e como os danos devem ser avaliados e reparados? Os humanos, como o usuário, desenvolvedor ou proprietário da IA, devem ser responsabilizados? O que seria justo se a IA se tornasse verdadeiramente autônoma?[99]

A posição do Parlamento Europeu[100] pode servir de guia útil para a discussão da responsabilidade. Inclusive a discussão sobre a implemen-

---

[96] FIRTH-BUTTERFIELD; CHAE, 2018.
[97] FIRTH-BUTTERFIELD; CHAE, 2018.
[98] FIRTH-BUTTERFIELD; CHAE, 2018.
[99] FIRTH-BUTTERFIELD; CHAE, 2018.
[100] Regarding intellectual property rights, European Parliament stressed the importance of an effective system for further AI development, including the issue of patents and new

tação de um esquema de seguro obrigatório ou o reconhecimento da IA como pessoa jurídica dotada de patrimônio para efeito de responsabilidade civil. As diferentes estruturas de responsabilidade civil existentes, como a responsabilidade objetiva, modelos de reparação de negligência ou de responsabilidade de produtos ou por fato da coisa, devem ser analisadas, enquanto novas abordagens são pensadas para determinar se podem funcionar de forma mais eficaz.[101]

O *White Paper*[102] do Fórum Econômico Mundial também explora outros tópicos das leis de patentes que provavelmente serão impactados e modificados pela IA: o papel da IA na definição de um "técnico no assunto" (LPI, arts. 13 e 24); a necessidade de regulamentar os pedidos de patente organizados pela IA; o tratamento de conteúdos gerado por IA como "estado da técnica"; e o uso de IA pelos institutos de patentes como uma ferramenta útil na realização dos serviços. Essas questões legais emergentes são desafiadoras, mas é essencial que elas sejam proativamente analisadas e discutidas pelos atores e partes relevantes interessadas, para que soluções eficazes possam ser fornecidas para promover a inovação de uma maneira socialmente inclusiva e eticamente responsável.[103]

Também é fundamental questionar, junto com Firth-Butterfield e Chae, "o que precisa mudar para se promover a inovação em IA?"[104]

As leis de patentes não oferecem proteção para invenções direcionadas a certas áreas. Por exemplo, ideias abstratas e métodos matemáticos, comerciais e operatórios (LPI, art. 10), não podem ser patenteados, pois são considerados em algumas jurisdições como ferramentas

---

creative processes. Among the issues to be resolved is the intellectual property ownership of something entirely developed by AI, said report author Stéphane Séjourné (Renew, France). On 20 January 2021, Parliament proposed guidelines for military and non-military use of AI, especially in areas such as military, justice and health. "AI must never replace or relieve humans of their responsibility," said Gilles Lebreton (ID, France), the MEP in charge of the proposals. MEPs stressed the necessity of human oversight of AI systems used in defence and reiterated Parliament's call to ban AI-enabled autonomous lethal weapons. EUROPEAN PARLIAMENT, "AI rules: what the European Parliament wants."

[101] FIRTH-BUTTERFIELD; CHAE, 2018.

[102] WORLD ECONOMIC FORUM, White Paper: Artificial intelligence collides with patent law.

[103] FIRTH-BUTTERFIELD; CHAE, 2018.

[104] FIRTH-BUTTERFIELD; CHAE, 2018.

básicas do trabalho científico e tecnológico e a exclusividade proporcionada pela patente impediria a inovação. A decisão do caso Alice v. CLS pela Suprema Corte dos Estados Unidos tornou mais desafiador obter patentes de programas de computador e invenções implementadas por computador, que muitas vezes são caracterizadas como ideias abstratas. Isso também tornou mais difícil obter patentes sobre um processo mental comum, da mente humana ou por um ser humano usando papel e caneta.[105]

Essa tendência restritiva ao patenteamento criou tensão para a proteção de tecnologias de IA, porque seu objetivo geralmente é reproduzir a atividade humana. Dado o seu potencial inovador, deve haver mais discussões sobre se o padrão atualmente elevado promove ou cria barreira para a inovação. Um bom ponto de partida para essas discussões, como propõe o Fórum Econômico Mundial, são os debates sobre o padrão de patenteabilidade da IA com relação aos programas de computador, que deve evoluir para levar em conta as especificidades da IA e da quarta revolução tecnológica.[106]

Se for constatado que o padrão atual de patenteabilidade tem um impacto materialmente negativo sobre as tecnologias de IA, as discussões devem se concentrar em fazer ajustes nesse padrão para que ele possa alcançar melhor os principais objetivos e funções das leis de patentes. As discussões também devem considerar o equilíbrio na promoção da inovação com a ampliação dos benefícios sociais.[107]

5. As patentes de IA no brasil

Segundo o INPI, no Radar Tecnológico n. 21 (2020), "IA: análise do mapeamento tecnológico do setor através das patentes depositadas no Brasil", observa-se um crescimento do número de pedidos de patentes de IA no País a partir do ano de 2009.[108]

A metodologia utilizada pelo INPI se baseou no Relatório de IA da OMPI, usando a base de dados da Derwent Innovation, e após extrair os dados, estes foram cruzados com a base de dados de INPI de modo a

---

[105] FIRTH-BUTTERFIELD; CHAE, 2018.
[106] FIRTH-BUTTERFIELD; CHAE, 2018.
[107] FIRTH-BUTTERFIELD; CHAE, 2018.
[108] INPI, Radar Tecnológico, 2020, p. 14.

obter os dados bibliográficos que constam na base brasileira. Os documentos foram harmonizados e analisados utilizando a ferramenta Vantage Point.[109]

No período de 2002 a 2017, foram identificados 5.100 pedidos de patentes depositados no Brasil que estão relacionados à IA. Os depositantes residentes ocupam a segunda posição com 462 pedidos de patente depositados. Sendo significativos os números de pedidos depositados pelos estadunidenses (2.302), japoneses (453), franceses (301) e holandeses (241)[110] – gráfico 1 a seguir.

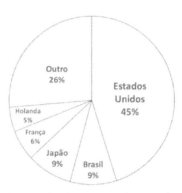

Gráfico 1. Países de origem dos pedidos de patentes das tecnologias relacionadas à IA depositadas no Brasil, período 2002 a 2017.[111]

Segundo os dados do Radar do INPI, o número de pedidos relacionados à IA começaram a crescer a partir de 2009 e atingiu o patamar atual a partir de 2013, resultado que segue a mesma tendência observada no relatório da OMPI em relação aos depósitos internacionais.[112]

Segundo os dados do INPI, podemos fazer um exercício e estimar que, no período de 15 anos (2002-2017), foram depositados aproximadamente 310 pedidos de patentes relacionadas com IA por ano dos não residentes e 31 pedidos por ano dos residentes. Se considerarmos a média de todos os depósitos no Brasil (5.100) em 15 anos, encontramos

---

[109] INPI, Radar Tecnológico, 2020, p. 13.
[110] INPI, Radar Tecnológico, 2020, p. 19.
[111] INPI, Radar Tecnológico, 2020, p. 19.
[112] INPI, Radar Tecnológico, 2020, p. 14.

uma média de 340 depósitos de patentes por ano relacionadas com IA no Brasil.

No universo de 5.100 pedidos de patentes depositados no Brasil, período de 2002 a 2017, os principais campos tecnológicos foram: Engenharia Elétrica (3.002), Instrumentos (1.888), Engenharia Mecânica (953), Química (510) e outros (212); muitas dessas patentes se enquadram em mais de um setor tecnológico.[113]

Adotando o esquema de busca das patentes de IA do relatório da OMPI, também dividido o resultado em três categorias, os dados do Radar Tecnológico do INPI foram os seguintes:[114]

a) Técnicas de IA:

Foram identificados 1.356 pedidos de patentes: (i) Aprendizado de Máquina registra o maior número com 1.299 pedidos, no relatório da OMPI esta categoria representa 40% dos pedidos de patentes relacionados à IA, com crescimento médio de 26% ao ano entre 2011 e 2016, sendo as técnicas de Aprendizado Profundo e Redes Neurais as que tiveram maior crescimento; (ii) Programação Lógica 67 pedidos; e, (iii) Lógica *Fuzzy* 7 pedidos de patentes.

b) Aplicações Funcionais de IA:

Foram identificados 1.711 pedidos de patente relacionados: (i) Visão Computacional 1.270; (ii) Métodos de Controle 216; (iii) Processamento de Linguagem Natural 196; e (iv) Processamento da Fala 69 pedidos. No relatório da OMPI a Visão Computacional (que inclui o reconhecimento de imagens) também é a categoria com maior número de depósitos de pedidos de patente.

c) Campos de aplicação de IA:

Foram identificados 1.291 pedidos de patente relacionados: (i) Transporte conta com a maior quantidade de pedidos; seguindo-se (ii) Ciências Médicas; e (iii) Telecomunicações.

É importante observar que um pedido pode ter sido classificado em mais de uma área e em mais de uma categoria, fato que revela a multidisciplinariedade de muitas das invenções relacionadas à IA.

---

[113] INPI, Radar Tecnológico, 2020, p. 15.
[114] INPI, Radar Tecnológico, 2020, p. 15-16.

5.1. Principais depositantes: tecnologias relacionadas à IA no Brasil

Os maiores depositantes de pedidos de patentes de tecnologias de IA no INPI são empresas estrangeiras. Entre esses depositantes, as empresas representam cerca de 90%, as universidades 5% e outros 5%.[115]

Os depositantes de pedidos de patentes de IA que se destacaram com mais de 100 pedidos cada um, representando cerca de 20% da amostra, são: a Microsoft com 285 pedidos; Qualcomm 188; Philips 177; Nissan 166; Scania 119; e Boeing 101.[116]

Foi indicado no Radar do INPI (2020) que 66 depositantes, entre empresas e universidades, depositaram dez ou mais pedidos de patente, o que demonstra a dispersão dos pedidos nesta área por várias empresas, universidades, instituições de pesquisa e pessoas físicas. Cerca de 42% dos pedidos de patentes de IA pertencem a titulares que depositaram até cinco pedidos cada nesta área.[117]

5.2. Principais depositantes: tecnologias relacionadas à IA de residentes no Brasil

Segundo o Radar do INPI bem observa, o país do depositante é o principal indicador de que lá a tecnologia está sendo desenvolvida e há pujança da inovação no campo do pedido da patente. A análise dos pedidos de depositantes residentes indica as áreas tecnológicas onde estão ocorrendo maiores desenvolvimentos de pesquisas, subamostra que contém 462 documentos de patentes em quinze anos.[118]

Diferente do que ocorre nos outros institutos citados no relatório da OMPI, ao analisar os principais depositantes residentes no Brasil, se verifica que as universidades estão entre os maiores depositantes: a UNICAMP com 27 pedidos; Samsung Eletrônica da Amazônia 22; EMBRAER 13; UFMG 13; CPQD 10; IFRJ 7; USP 4; EMBRAPA 4; FAPEMIG 4; UFC 4; UFLA 4; UTFPR 4; e VALE com 4 pedidos de patentes de IA. Observa-se que 23% dos pedidos de patente pertencem às universidades brasileiras. A maioria dos pedidos dos residentes são de

---

[115] INPI, Radar Tecnológico, 2020, p. 17.
[116] INPI, Radar Tecnológico, 2020, p. 17.
[117] INPI, Radar Tecnológico, 2020, p. 17.
[118] INPI, Radar Tecnológico, 2020, p. 19.

depositantes das regiões Sudeste (66%) e Sul (18%) do país que representam 84% dos pedidos.[119]

As principais aplicações funcionais de IA, dos pedidos de patentes depositados no INPI pelos residentes, estão relacionadas com tecnologias de: (i) Visão Computacional, com 102 pedidos, abrange a biometria, segmentação de imagens e vídeos, reconhecimento de imagens, rastreamento de objetos, realidade virtual e aumentada; (ii) Métodos de Controle, que inclui monitoramento remoto de produção, 12 pedidos; e (iii) Processamento da Fala, que inclui o "chatbot"[120] e utiliza softwares pré-programados para prestar atendimento aos clientes de forma automatizada e aprendizado de máquina para se auto aperfeiçoar, com 11 pedidos de patentes.[121]

Para o futurista Martin Ford, que analisou os impactos da IA nos mercados dos países em desenvolvimento, os dados das patentes são indicativos, permitem sustentar que o Brasil está experimentando a desindustrialização prematura.[122]

6. Projeto de Lei 21/2020: uso de IA no Brasil

Ao tratar da IA, cabe fazer referência ao Projeto de Lei do deputado Eduardo Bismarck, do Ceará, que está tramitando na Câmara dos Deputados, PL-21, de 2020, que visa estabelecer princípios, direitos, deveres e instrumentos de governança para o uso da IA no Brasil, determinado as diretrizes para a atuação das pessoas jurídicas de direito público e privado, pessoas físicas e, inclusive, entes sem personalidade jurídica em relação à matéria. O projeto não faz qualquer referência a patentes e a outros direitos de propriedade intelectual, o que é uma lacuna.

São propostos como fundamentos do uso da IA no Brasil: (I) o desenvolvimento tecnológico e a inovação; (II) a livre iniciativa e a livre concorrência; (III) o respeito aos direitos humanos e aos valores democráticos; (IV) a igualdade, a não discriminação, a pluralidade e o respeito aos direitos trabalhistas; e (V) a privacidade e a proteção de dados.

---

[119] INPI, Radar Tecnológico, 2020, p. 20.
[120] Chatbot é uma espécie de robô que simula uma conversa humana em um chat; possibilita automatizar tarefas repetitivas, como dúvidas frequentes, na forma de diálogo pré-definido com o usuário.
[121] INPI, Radar Tecnológico, 2020, p. 20.
[122] WIPO Technology Trends 2019, p. 93.

Os objetivos do uso da IA no Brasil, segundo o PL-21, são promover: (I) a P&D da IA com ética e livre de preconceitos; (II) a competitividade e o aumento da produtividade brasileira, a melhoria na prestação dos serviços públicos; (III) o crescimento inclusivo, do bem-estar da sociedade e a redução das desigualdades sociais e regionais; (IV) medidas para reforçar a capacidade humana e preparar a transformação do mercado de trabalho, à medida que a IA é implantada; e (V) a cooperação internacional, com o compartilhamento do conhecimento de IA e a adesão a padrões técnicos globais que permitam a interoperabilidade entre os sistemas.

Entre os direitos propostos para as partes interessadas no sistema de IA, estão o acesso a informações adequadas a respeito dos critérios e dos procedimentos utilizados pelo sistema de IA que lhes afetem adversamente, resguardando os segredos comercial e industrial; e o acesso às informações completas sobre o uso, pelos sistemas, de seus dados sensíveis, conforme disposto na Lei 13.709, de 2018, sobre a proteção de dados.

Como se pode observar, não criticando aqui a técnica legislativa, o PL-21 é bastante ambicioso nos seus objetivos referentes aos aspectos ético e social, mas o mesmo não se observa no que se referente a geração e apropriação de riquezas, pela utilização e comercialização do conhecimento, mesmo sendo este um dos seus fundamentos implícitos.

7. A estratégia brasileira de IA

O governo brasileiro instituiu a estratégia brasileira de IA, através do Ministério da Ciência, Tecnologia e Inovações, Portaria GM n. 4.617, de 06/04/2021, indicando no início do Anexo único que:

> "Desde os anos 2000, a IA passou a ser objeto de interesse não apenas nos meios científicos, mas também veículos de comunicação de grande circulação destinados ao público em geral. O debate acerca das potencialidades das tecnologias de IA, cujo desenvolvimento encontra-se em curso há aproximadamente cinco décadas, tem assumido importância no Brasil e em vários países do mundo, suscitando discussões técnicas e jurídicas acerca de seu uso, suas potenciais aplicações e sua interação com o ser humano nos processos de tomada de decisão."[123]

---

[123] MCTIC, Portaria GM 4.617, de 2021, Anexo único: Apresentação.

A estratégia brasileira de IA tem por finalidades:

"I – Nortear as ações do Estado brasileiro em prol do fortalecimento da P&D e inovações de soluções em IA, bem como, seu uso consciente, ético para um futuro melhor; e

II – Garantir a inovação no ambiente produtivo e social na área de IA, capaz de enfrentar os desafios associados ao desenvolvimento do País, nos termos do disposto na Lei de Inovação."[124] [Sem abreviaturas no original.]

São objetivos da estratégia de IA:

"– Contribuir para a elaboração de princípios éticos para o desenvolvimento e uso de IA responsáveis.

"– Promover investimentos sustentados em P&D em IA.

"– Remover barreiras à inovação em IA.

"– Capacitar e formar profissionais para o ecossistema da IA.

"– Estimular a inovação e o desenvolvimento da IA brasileira em ambiente internacional.

"– Promover ambiente de cooperação entre os entes públicos e privados, a indústria e os centros de pesquisas para o desenvolvimento da IA."[125] [Sem abreviaturas no original.]

A Estratégia Brasileira de IA foi desenhada com nove eixos temáticos, designados como "pilares" no Anexo único da Portaria do MCTIC. As patentes são mencionadas em dois eixos, um transversal (marco regulatório e uso ético) e outro vertical (PD&I e empreendedorismo), esquema na figura 2, quando poderia ter sido parte de todos os eixos e das respectivas propostas de ações estratégicas.

---

[124] MCTIC, Portaria GM 4.617, de 2021, art. 1º.
[125] MCTIC, Portaria GM 4.617, de 2021, Anexo único: Objetivos da Estratégia.

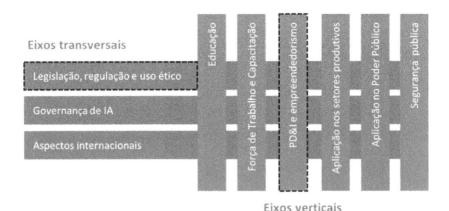

Figura 2. Os nove eixos temáticos da Estratégia Brasileira de IA, designados como "pilares" no Anexo único da Portaria do MCTIC. Na linha pontilhada os eixos que mencionam as patentes.[126]

No que se refere à propriedade intelectual e ao ramo das patentes, a Estratégia Brasileira de IA foi bastante simplória, não há propostas estratégicas arrojadas para o seu marco regulatório e nenhuma ação estratégica foi prevista para ela no respectivo pilar. A iniciativa poderia ter proposto estratégias e ações, por exemplo, no âmbito normativo administrativo, para a aceleração e aperfeiçoamento dos exames de patentes e outros registros de IA. Além disso, o sistema de patentes seria muito estratégico em todos os pilares, considerando ser um instrumento chave quando se trata de transformar conhecimento em riqueza.

A propriedade intelectual faz parte do pilar que trata da Legislação, Regulação e Uso Ético, um eixo considerado transversal, com os seguintes fundamentos:

"O desenvolvimento tecnológico da IA tem sido acompanhado de intensas discussões acerca da necessidade de desenvolvimento de parâmetros jurídicos, regulatórios e éticos para orientar o desenvolvimento e aplicação da tecnologia. No centro de tais debates encontra-se a preocupação em estabelecer um ponto de equilíbrio entre: (i) a proteção e a salvaguarda de direitos, inclusive aqueles associados à proteção de dados pessoais e à pre-

---

[126] Fonte: site do MCTIC, *Estratégia Brasileira de IA (EBIA)*.

venção de discriminação e viés algorítmico; (ii) a preservação de estruturas adequadas de incentivo ao desenvolvimento de uma tecnologia cujas potencialidades ainda não foram plenamente compreendidas; e (iii) o estabelecimento de parâmetros legais que confiram segurança jurídica quanto à responsabilidade dos diferentes atores que participam da cadeia de valor de sistemas autônomos."[127]

Sobre patentes, a Estratégia Brasileira, nesse pilar que trata da estrutura regulatória e está focado timidamente no compartilhamento de dados e na limitação aos direitos autorais, faz referência sem detalhamento das suas funções prescrevendo que:

> "Estruturas regulatórias sobre a proteção e aplicação dos direitos de propriedade intelectual (DPI) também são importantes. [...] Ao mesmo tempo, os regimes de proteção de DPI existentes relacionados a [...] patentes também permanecerão relevantes durante todo o processo de desenvolvimento e aplicações de soluções de IA."[128]

Nas ações estratégicas para o marco regulatório do pilar Legislação, Regulação e Uso Ético nenhuma meta foi prevista para o sistema patentes. O que indica o quanto os temas relacionados às patentes, e à propriedade industrial no seu conjunto, ainda são pouco conhecidos dos formuladores de políticas públicas no Brasil.

O Fórum Econômico Mundial, como vimos acima, indica que o impacto da IA no sistema de patentes será bastante significativo, como por exemplo na estrutura legal de patenteabilidade, na responsabilidade por violação e na solução de controvérsias em torno de tecnologias utilizadas e colocadas no mercado.[129]

As patentes também são mencionadas na Estratégia Brasileira de IA, uma segunda vez, no pilar que trata de PD&I e Empreendedorismo, eixo vertical, onde não há uma proposta estratégica arrojada e específica para o empreendedorismo transformar os conhecimentos em riquezas

---

[127] MCTIC, Portaria GM 4.617, de 2021, Anexo único: Legislação, Regulação e Uso Ético.

[128] MCTIC, Portaria GM 4.617, de 2021, Anexo único: Legislação, Regulação e Uso Ético.

[129] *FIRTH-BUTTERFIELD, Kay (líder de IA e Aprendizado de Máquina e membro do Comitê Executivo do Fórum Econômico Mundial). "Four areas of patent focus." In WIPO Technology Trends 2019, p. 143.*

através do sistema de patentes, se limitando a mostrar o cenário de crescimento das patentes no mundo, conforme se vê do parágrafo transcrito a seguir:

> "Segunda a Organização Mundial para a Propriedade Intelectual (WIPO Technology Trends 2019. Artificial Intelligence, 2019), quase 340 mil famílias de patentes e mais de 1,6 milhões de artigos científicos relacionados à IA foram publicados entre 1960 e meados de 2018. O número de patentes anualmente no campo de IA cresceu em uma proporção de 6,5 vezes entre 2011 e 2017, voltando-se de maneira expressiva para aplicações industriais. Segundo o mesmo estudo, a maior parte das entidades que depositam patentes são empresas (vinte e seis entre os trinta maiores depositantes, sendo que apenas quatro entidades entre estes são universidades ou organizações públicas de pesquisa). Com base na análise de dados referentes a patentes e publicações científicas, pode-se afirmar que China e EUA são hoje líderes mundiais em pesquisa em IA, tanto em pesquisa básica como também em pesquisa aplicada."[130]

O Radar Tecnológico do INPI (2020) que traz indicadores das patentes de IA no Brasil sequer foi referido. Nesse pilar poderia ter sido incluído, por exemplo, o uso estratégico das informações tecnológicas constantes dos documentos de patentes, a orientação para o patenteamento, criação de portfólios e de carteiras de patentes, inclusive figurando entre as ações estratégicas, que foi omissa sobre a propriedade industrial. No final do Anexo único da Portaria do MCTI ficou consignado que:

> "[...] espera-se que a IA seja uma tecnologia habilitadora que possa contribuir para gerar riquezas para o Brasil, melhorar a qualidade de vida dos brasileiros e garantir os direitos fundamentais dos indivíduos."

Esperamos que o sistema de patentes e de propriedade industrial possam ter o adequado tratamento na revisão da estratégia de IA do Brasil, se realmente for desejado pelos formuladores das políticas públicas que a mesma contribua para gerar riquezas. Uma boa estratégia de IA requer um adequado marco regulatório para o seu sistema de patentes,

---

[130] MCTIC, Portaria GM 4.617, de 2021, Anexo único: Pesquisa, Desenvolvimento, Inovação e Empreendedorismo.

8. O MAPA DAS PATENTES TECNOLÓGICAS

que assegure agilidade e qualidade no processo administrativo de patenteamento, proporcionando segurança jurídica no compartilhamento de conhecimentos durante e após a PD&I, na sua utilização e comercialização.

Conclusões

A PD&I e a proteção dos seus resultados por patentes, o mercado e as políticas públicas para potencializar estrategicamente e instituir um marco regulatório para a IA no Brasil ainda estão muito incipientes. A posição do Brasil no universo das patentes relacionadas à IA, considerando os dados da OMPI e do INPI, não indicam ainda a existência de desenvolvimentos quantitativos e nem de um mercado relevante neste setor.

Presume-se que o importante para um país em desenvolvimento é contar com tecnologias de IA para utilização na prestação dos serviços públicos e no setor produtivo, este que vem destacando a importância da quarta revolução industrial, indústria 4.0, e também que essas ferramentas estejam disponíveis para os usuários e consumidores dos produtos que as embarcam.

Pensando estrategicamente, o Brasil precisa focar seus escassos recursos de PD&I nos projetos que combinem o saber acadêmico com o *know how* e as necessidades das empresas e do mercado, solucionando os problemas científicos e tecnológicos de IA.

Nesse contexto estratégico, a proteção das tecnologias que resultam da PD&I por patentes representam uma opção que dará segurança jurídica para o compartilhamento dos conhecimentos alcançados, para os negócios envolvendo essas tecnologias, permitindo uma vantagem na concorrência e oferecendo o estado da técnica e os serviços e produtos que as incorporem para a sociedade.

Assim, posso destacar, que o primeiro desafio é pesquisar e desenvolver a ciência e a tecnologia em torno da IA, buscando e inventando as soluções a serem aplicadas pelas empresas e outras organizações; o segundo desafio será proteger os resultados da PD&I, porque sem tecnologia não há patente e sem título de propriedade não haverá riqueza sustentável.

Pensando estrategicamente, o Brasil precisa investir mais na PD&I e nos serviços necessários para contar com boa redação do estado da técnica, de reivindicações e de pedidos de patentes, que terá como efeito boas patentes com famílias nos institutos mais relevantes do mercado global, aumentando a segurança jurídica da IA colocada nos mercados.

Para o INPI essas tecnologias impactam na dinâmica do exame dos pedidos de patentes referentes a IA, nos recursos das decisões, no seu marco regulatório administrativo e na prestação dos serviços que realiza. Especialmente se considerarmos os recursos escassos que têm sido disponibilizados para a autarquia cumprir as suas atribuições.

Tudo isso requer também que os especialistas e técnicos envolvidos com as políticas públicas e os legisladores conheçam melhor o sistema de patentes. O mesmo podemos dizer com relação aos acadêmicos, os empresários e os operadores jurídicos, especialmente quando o tema é a quarta revolução industrial e a IA.

Referências

ABBOTT, Ryan. "The Artificial Inventor Project." Geneve, WIPO Magazine, Dec. 2019.

ABBOTT, Ryan. "The reasonable robot: artificial intelligence and the law." Cambridge University Press, 2020.

ABRANTES, Antônio Carlos Souza de. "Fundamentos do exame de patente: novidade, atividade inventiva e aplicação industrial." Rio de Janeiro: Lumen Juris, 2017.

BRASIL: Câmara dos Deputados, Gabinete do Deputado Eduardo Bismarck. "Projeto de Lei PL-21, de 2020, estabelece princípios, direitos e deveres para o uso de inteligência artificial no Brasil, e dá outras providências."

BRASIL: Ministério da Ciência, Tecnologia e Inovações, Gabinete do Ministro. "Portaria GM 4.617, 6 Abr. 2021, institui a Estratégia Brasileira de Inteligência Artificial e seus eixos temáticos."

DUQUE LIZARRALDE, Marta. "A guideline to artificial intelligence, machine learning and intellectual property." Brussels, 4iP Council, Sept. 2020.

DVORSKY, George. "Uma inteligência artificial deveria ser creditada como inventora?" UOL, Gizmodo Brasil, 5 Ago. 2019.

ESTADÃO. "Microsoft fecha a compra da Nuance por US$ 16 bilhões." São Paulo. O Estado de SP, 12 Abr. 2021.

EUROPEAN PATENT OFFICE (EPO). "EPO hosts first conference on patenting Artificial Intelligence." Munich, 30 May 2018.

EUROPEAN PATENT OFFICE (EPO). "Guidelines for Examination, Artificial intelligence and machine learning", G-II 3.3. 2018. Disponível em https://www.epo.org/law-practice/legal-texts/html/guidelines/e/g_ii_3_3.htm. Acesso em 27/04/2021.

EUROPEAN PATENT OFFICE (EPO). "Guidelines for Examination, Artificial intelligence and machine learning", G-II 3.3.1. 2018. Disponível em https://www.epo.org/law-practice/legal-texts/html/guidelines/e/g_ii_3_3_1.htm. Acesso em 27/04/2021.

EUROPEAN PATENT OFFICE (EPO). "Guidelines for Examination, Part G Patentability". Disponível em https://www.epo.org/law-practice/legal-texts/html/guidelines/e/g.htm. Acesso em 27/04/2021.

EUROPEAN PATENT OFFICE (EPO). "Report from the IP5 expert round table on artificial intelligence." Munich, 31 Oct. 2018.

FEITOSA JR. Alessandro. "Inteligência artificial não pode ser criadora de uma patente, decide órgão dos EUA." UOL, Gizmodo Brasil, 29 Abr. 2019.

IP5. "New Emerging Technologies (NET) and Artificial Intelligence (AI)." Second IP5 NET/AI task force meeting 3-5 March 2021, in virtual format. Disponível em https://www.fiveipoffices.org/news/20210312. Acesso em 20/03/2021.

FIRTH-BUTTERFIELD, Kay; CHAE, Yoon. "Robot inventors are on the rise. But are they welcomed by the patent system?" Davos, World Economic Forum, Apr. 20, 2018. Disponível em https://www.weforum.org/agenda/2018/04/robot-inventors-on-rise-patent-system-US/. Acesso em 26/04/2021.

FRANCO, Giovanna Silveira. "A aplicabilidade da Lei de Propriedade Industrial em invenções geradas por IA." Portal Migalhas, 12 Nov. 2020. Disponível em https://www.migalhas.com.br/depeso/336219/a-aplicabilidade-da-lei-de-pro-priedade-industrial-em-invencoes-geradas-por-inteligencia-artificial. Acesso em 20/04/2021.

FREY, Letícia Marins; CASTRO, Bruno. "Inteligência artificial e titulari-dade de patentes: uma discussão do presente que definirá o futuro." Daniel Law. Lexology. Disponível em https://www.lexology.com/library/detail.aspx?g=03a68a7e-60c7-4df8-9702-f97a0b856928. Acesso em 20/04/2021.

GURRY, Francis. "Reflections on IP: an interview with WIPO Director General." Geneve, WIPO Magazine, Sept. 2020.

ILUPI. "Inteligência artificial e patentes: uma relação complexa." Disponível em https://ilupi.com.br/blog/destaque/inteligencia-artificial-e-patentes-uma--relacao-complexa/. Acesso em 20/04/2021.

INSTITUTO NACIONAL DA PROPRIEDADE INDUSTRIAL (INPI). "Radar Tecnológico nº 21, IA: análise do mapeamento tecnológico do setor através das patentes depositadas no Brasil". Divisão de Estudos e Projetos da Coorde-nação Geral de Estudos, Projetos e Disseminação da Informação Tecnológica, Diretoria de Patentes, Programas de Computador e Topografia de Circuitos

Integrados; parceria com a Agência Brasileira de Desenvolvimento Industrial. Autoras: Irene von der Weid e Flávia Romano Villa Verde. Rio de Janeiro, Jun. 2020.

JAPAN PATENT OFFICE (JPO): Patent Examination department, Electronic Technology. "Recent Trends in AI-related Inventions – Report". July 2020. Disponível em https://www.jpo.go.jp/e/system/patent/gaiyo/ai/document/ai_shutsugan_chosa/report.pdf. Acesso em 27/03/2021.

JAPAN PATENT OFFICE (JPO). "Examination Guidelines pertinent to IoT related technologies." Disponível em https://www.jpo.go.jp/e/system/laws/rule/guideline/patent/iot_shinsa.html. Acesso em 28/04/2021.

JAPAN PATENT OFFICE (JPO). "Examination Guidelines." Disponível em https://www.jpo.go.jp/e/system/laws/rule/guideline/patent/index.html. Acesso em 28/04/2021.

JEWELL, Catherine. "Artificial intelligence: the new electricity." Geneve, WIPO Magazine, June 2019.

KEISNER, Andrew. "Breakthrough technologies – robotics and IP." Geneve, WIPO Magazine, Dec. 2016.

KOREAN INTELLECTUAL PROPERTY OFFICE (KIPO). "KIPO IP Policies: Examination Fourth Industrial Revolution Technologies; Convergence Technology Examination Bureau." Disponível em https://kipo.go.kr/en/HtmlApp?c=91001&catmenu=ek02_01_02. Acesso em 28/04/2021.

KOREAN INTELLECTUAL PROPERTY OFFICE (KIPO). "Patent examination guidelines." Disponível em https://kipo.go.kr/en/HtmlApp?c=92006&catmenu=ek03_06_01. Acesso em 28/04/2021.

LEMOS, Ronaldo. "Estratégia de IA brasileira é patética." São Paulo, Folha de S. Paulo, 11 Abr. 2021.

LIANG, Victor. "Baidu's AI-related patented technologies: doing battle with COVID-19." Geneve, WIPO Magazine, June 2020

MOREIRA, Vítor Sérgio; ANTUNES, Diogo. "Patentes relacionadas com inteligência artificial no Instituto Europeu de Patentes." Inventa Internacional, 09 Mar. 2020. Disponível em https://inventa.com/pt/noticias/artigo/470/patentes-relacionadas-com-inteligencia-artificial-no-instituto-europeu-de-patentes. Acesso em 20/03/2021.

NURTON, James. "The IP behind the AI boom." Geneve, WIPO Magazine, Feb. 2019.

SAS. "Inteligência artificial: o que é e qual sua importância?" Disponível em https://www.sas.com/pt_br/insights/analytics/inteligencia-artificial.html. Acesso em 20/04/2021.

TOTVS. "Inovações: o que é Inteligência artificial? Como funciona, exemplos e aplicações." 12 Jun. 2019. Disponível em https://www.totvs.com/blog/inovacoes/o-que-e-inteligencia-artificial/. Acesso em 20/03/2021.

U. S. COURT OF APPEALS, District Court: Eastern District of Texas. DDR Holdings, LLC v. Hotels.Com, L.P., Cendant Travel Distribution Services Group, Inc., Expedia, Inc., Travelocity.Com, L.P., Site59.Com, LLC, International Cruise & Excursion Gallery, Inc., Ourvacationstore, Inc., Internetwork Publishing Corporation, And Orbitz Worldwide, Llc. 773 F.3d 1245 (Fed. Cir. 2014), decided December 5, 2014.

U. S. COURT OF APPEALS, District Court: Northern District of Illinois. Steven E. Berkheimer v. HP Inc., FKA Hewlett-Packard Company. 890 F.3d 1369 (Fed. Cir. 2018), decided May 31, 2018.

U. S. COURT OF APPEALS, Federal Circuit. BASCOM Global Internet Services, Inc. v. AT&T Mobility LLC, AT&T Corp. Case 2015-1763. 827 F.3d 1341 (2016), decided: June 27, 2016.

U. S. COURT OF APPEALS, Federal Circuit. Enfish, LLC v. Microsoft Corporation, Fiserv, Inc., Intuit, Inc., Sage Programas de computador, Inc., Jack Henry & Associates, Inc. 822 F.3d 1327 (Fed. Cir. 2016), decided May 12, 2016.

U. S. COURT OF APPEALS, Federal Circuit. WhitServe LLC, v. Dropbox, Inc. Case 2019-2334, decided April 26, 2021.

U. S. Executive Office of the President. "Executive Order 13859, Maintaining American Leadership in Artificial Intelligence (the American Artificial Intelligence Initiative)." Washington, Feb. 2, 2019

U. S. Patent and Trademark Office (USPTO). "Manual of patent examining procedure (MPEP)". Ninth edition, revision 10.2019, last revised June 2020. Disponível em https://www.uspto.gov/web/offices/pac/mpep/index.html. Acesso em 27/04/2021.

U. S. Patent and Trademark Office (USPTO). "Report: Public Views on Artificial Intelligence and Intellectual Property Policy." Alexandria, Oct. 6, 2020

U. S. SUPREME COURT. Alice Corporation Pty. Ltd. v. CLS Bank International et al. 573 U.S. 208 (2014), decided June 19, 2014.

U. S. SUPREME COURT. Bilski et al. v. Kappos, Under Secretary Of Commerce For Intellectual Property and Director, Patent And Trademark Office. 561 U.S. 593 (2010), decided June 28, 2010.

U.S. SUPREME COURT. Diamond, Commissioner of Patent and Trademarks v. Diehr et al. 450 U.S. 175 (1981), decided March 3, 1981.

UNIÃO EUROPEIA (EU): Parlamento Europeu. "AI rules: what the European Parliament wants". Atualizado em 29/03/2021. Disponível em https://www.europarl.europa.eu/news/en/headlines/society/20201015STO89417/ai-rules-what-the-european-parliament-wants. Acesso em 28/04/2021.

UNIÃO EUROPEIA (EU): Parlamento Europeu. "O que é a inteligência artificial e como funciona?" Atualizado em 26 Mar. 2021. Disponível em https://www.europarl.europa.eu/news/pt/headlines/society/20200827STO85804/o-que--e-a-inteligencia-artificial-e-como-funciona. Acesso em 27/04/2021.

UNIÃO EUROPEIA (EU): Parlamento Europeu. Convenção sobre a Patente Europeia. Munique, 05/10/1973. Fonte base de dados do Parlamento Europeu. Disponível em https://app.parlamento.pt/. Acesso em 27/04/2021.

UNITED NATIONS: Department of Economic and Social Affairs, Sustainable Development. "Resource Guide on Artificial Intelligence (AI) Strategies". Geneva, UM, April, 2021. Disponível em https://sdgs.un.org/documents/resource-guide-artificial-intelligence-ai-strategies-25128. Acesso em 26/04/2021.

WACHOWICZ, Marcos; GONÇALVES, Lukas Ruthes. "Inteligência artificial e criatividade: novos conceitos na propriedade intelectual." Curitiba: Gedai, 2019.

WAKKA. Wagner. "Uma IA pode ser considerada inventora de patente." Canaltech, 18 Fev. 2020. Disponível em https://canaltech.com.br/inteligencia-artificial/uma-inteligencia-artificial-pode-ser-considerada-inventora-de-patente-160618/. Acesso em 20/04/2021.

WEI, Jun. "Newly amended China Patent Examination Guidelines Effective February 1, 2020." National Law Review, Jan. 31, 2020. Disponível em https://www.natlawreview.com/article/newly-amended-china-patent-examination-guidelines-effective-february-1-2020. Acesso em 27/04/2021.

WORLD ECONOMIC FORUM. "Artificial Intelligence Collides with Patent Law". Disponível em https://www.weforum.org/whitepapers/artificial-intelligence--collides-with-patent-law. Acesso em 26/04/2021.

WORLD ECONOMIC FORUM. "Shaping the Future of Technology Governance: Artificial Intelligence and Machine Learning." Disponível em https://www.weforum.org/platforms/shaping-the-future-of-technology-governance-artificial-intelligence-and-machine-learning. Acesso em 26/04/2021.

9. OS DIREITOS DE MARCA E DESIGN NO MUNDO DA IA

Jean-Luc Piotraut

Introdução

A Inteligência Artificial (IA) é um meio tecnológico baseado em ferramentas de computador e algoritmos, possibilitando equipar máquinas com capacidades preditivas. É, portanto, particularmente útil para tarefas repetitivas que requerem algum aprendizado. Como destacado pela OMPI no artigo sobre Política de Propriedade Intelectual e Inteligência Artificial, a IA "já está tendo, e é provável que tenha cada vez mais no futuro, um impacto significativo na criação, produção e distribuição de bens e serviços econômicos e culturais". Tal desenvolvimento da IA é inevitavelmente chamado a se cruzar com questões de IP, especialmente quanto ao seu impacto na proteção de patentes e direitos autorais. No entanto, uma vez que as marcas são destinadas a "influenciar a cognição e o comportamento humano" enquanto os direitos de design (ou desenhos industriais) "estão tipicamente protegendo criações do intelecto humano", a questão também surge sobre a lei de marcas e design, embora poucos estudos tenham sido realizados sobre o tema até agora.[1-2-3]

---

[1] Artigo de emissão revisado de 29 de maio de 2020, disponível em: https://www.wipo.int/meetings/en/doc_details.jsp?doc_id=499504. *Traduzido do inglês para o português por Flavia Mansur Murad Schaal.*

[2] Tobias Kempas, *Uma nota sobre Inteligência Artificial e Propriedade Intelectual na Suécia e na UE*, Estocolmo Intellectual Property LawReview, Vol. 3, junho 2020, 64.

[3] Id.

No que diz respeito aos vínculos entre proteção de marcas e IA, aplicar uma marca a produtos ou serviços relacionados a tecnologias de informação e comunicação – como robôs ou serviços de TI – não levanta nenhum problema: as questões da lei de marca em jogo não diferem daquelas que provavelmente serão encontradas por qualquer produtor de bens ou provedor de serviços.

Signos criados pela IA também podem constituir uma marca válida,[4] sujeitos tanto à verificação dos requisitos legais para registro quanto ao cumprimento das regras que regem o assunto protegido. Neste último aspecto, não há dúvida de que todos os sistemas legais permitem palavras e marcas figurativas, mas este não é o caso de marcas sonoras ou olfativas, sendo sons e fragrâncias cada vez mais gerados por algoritmos.[5]

Se por um lado, no Brasil, apenas sinais "visualmente perceptivos" podem ser registrados como marcas,[6] o que que exclui as marcas sonoras bem como marcas olfativas, a lei dos EUA, por outro lado, há muito tempo as aceita.[7] Na Europa, a primeira Diretiva da Comunidade Européia (CE) e o Regulamento CE prevêem proteção de marca para "sinais capazes de serem representados graficamente."[8] Se, por meio de uma partitura, as melodias pudessem ser registradas como marcas, a restrição continuaria aplicável para sinais compostos por ruídos, rugidos ou

---

[4] A distinção necessária de uma marca registrada sendo "assessed with regard to the perception of the relevant public [...] e not according to its creator" (see Anne-Laure Villedieu e Océane Chambrion, *Propriété intellectuelle et intelligence artificielle. Qui peut être auteur, titulaire, inventeur ?*, Lettre des propriétés intellectuelles, CMS Francis Lefebvre Newsletter, 2020, disponível em https://cms.law/fr/fra/news-information/propriete-intellectuelle-et--intelligence-artificielle).

[5] Se essas marcas se relacionam ou não com sinais criados pela IA.

[6] Lei da Propriedade Industrial nº 9.279, de 14 de maio de 1996, artigo 122. Ademais, diferente de suas parcerias americanas e europeias, a legislação brasileira exlcui as cores (também capazes de serem criadas por IA) de um registro de marca, "salvo se dispostas ou combinadas de modo peculiar e distintivo", conforme artigo 124, inc. VIII.

[7] Para marcas sonoras, see *In re General Electric Broadcasting Co.*, 199 USPQ 560 (TTAB 1978). Para marcas olfativas, see *In re Clarke*, 17 U.S.P.Q.2d 1238 (TTAB 1990).

[8] Primeira Diretiva do Conselho de 21 de dezembro de 1988 para aproximar as leis dos Estados-Membros relativas às marcas (89/104/EEC), Artigo 2º, e Regulamento do Conselho (EC) No. 40/94 de 20 de dezembro de 1993 sobre a marca comunitária, artigo 4.

9. OS DIREITOS DE MARCA E DESIGN NO MUNDO DA IA

aromas?[9-10] Embora tal pergunta permaneça sem resposta, o "pacote de reforma de marcas" de 2015[11] levou em conta o advento das tecnologias da informação, substituindo a exigência de "capacidade de representação gráfica" pela capacidade de as marcas estarem representadas nos registros, "de forma a permitir que as autoridades competentes e o público identifiquem o tema de maneira clara e precisa acerca da proteção oferecida ao seu titular".[12] Como resultado, a Europa, assim como os Estados Unidos, agora permitem que arquivos de áudio, por exemplo, no formato MP3, sejam objeto demonstrativo da representação, para fins de registro de marcas sonoras, independentemente de o som ter sido ou não gerado pela IA.

Em relação à proteção do design, a proteção dos elementos estéticos de um computador ou robô também não exige nenhum comentário especial. Possivelmente, além de direitos autorais,[13] a maioria dos países

---

[9] Ver Tribunal de Justiça da União Europeia (TJUE), 27 de novembro de 2003, Shield *Mark BV v Joost Kist h.o.d.n. Memex*, Processo C-283/01, European Court Reports (E.C.R.) 2003 Página I-14329.

[10] Ver CJEU, 12 de dezembro de 2002, *Ralf Sieckmann v Deutsches Patent-und Markenamt*, Case C-273/00, E.C.R. 2002 Page I-11737, e Tribunal de Primeira Instância (Europeu), 27 de outubro de 2005, *Eden v OHIM*, Caso T-305/04, E.C.R. 2005 Page II-4705.

[11] Ver Diretiva (EU) 2015/2436 (EUTM Directive) e Regulamento (EU) 2015/2424 de 16 de dezembro de 2015, este último tendo, entretanto, substituído pelo Regulamento (EU) 2017/1001 of 15 June 2017 (EUTM Regulation).

[12] Diretiva EUTM, Artigo 3º (b), e regulamento eutm, artigo 4º (b). Além disso, artigo 3º (1) do Regulamento de Implementação da Comissão (UE) 2018/626 de 5 de março de 2018 laying regras detalhadas para a implementação de certas disposições do Regulamento (EU) 2017/1001 sobre a marca comercial da União Europeia específica, a este respeito, que o sinal deve ser capaz de ser reproduzido no registro do Escritório de marcas "de forma clara, precisa, independente, facilmente acessível, inteligível, durável e objetiva."

[13] Considereo que, com base em uma doutrina de "unidade da arte", a França admite uma proteção cumulativa dos aspectos visuais dos objetos sob a lei de direitos autorais e a lei de design *sui generis,* outras legislações (como as do Brasil, Alemanha e Estados Unidos) "would provide industrial design protection for the shape or appearance of any utilitarian, industrial or consumer products, but allow overlapping copyright protection in case the design can also be considered as a work of art (or of applied art)." See WIPO, Steing Committee on the Law of Trademarks, Industrial Designs e Geographical Indications, SCT/9/6, 2002, *Industrial designs e their relation with works of applied art e three-dimensional marks*, available at: https://www.wipo.int/edocs/mdocs/sct/en/sct_9/sct_9_6.pdf.

PROPRIEDADE INTELECTUAL E INTELIGÊNCIA ARTIFICIAL

concederia proteção através *de um* direito *sui generis*,[14] por exemplo: desenhos industriais no Brasil,[15] direitos ao design na Europa,[16] ou patentes para designs[17] nos Estados Unidos.[18] Tais direitos de design também podem ser usados para proteger imagens de computador, especialmente fontes digitais, janelas de computador e ícones, bem como interfaces gráficas de usuário.[19] Além disso, no campo da eletrônica e na esteira dos EUA, conforme a Lei de Proteção de Chips de Semicondutores[20] de 1984, tanto a Europa[21] quanto o Brasil[22] aprovaram leis semelhantes que concedem proteção legal específica a projetos de layout de circuito integrado.

Mais especificamente, a aplicabilidade desses direitos ao design, criados por meio da IA, poderia ser questionada. No campo dos designs registrados, a proteção legal está, em princípio, sujeita ao cumprimento de requisitos legais, com exceção aos depósitos fraudulentos conferidos aos requerentes, que poderiam ser pessoas físicas e jurídicas.[23] No entanto, a maioria das leis concede o direito à proteção aos próprios

---

[14] Uma vez que, de acordo com o artigo 5º da Convenção de Paris para a Proteção da Propriedade Industrial de 20 de março de 1883, "[i]desenhos industriais devem ser protegidos em todos os países da União."

[15] Le de Propriedade Industrial (9.279/96), Artigo 94 e seguintes.

[16] Diretiva 98/71/EC de 13 de outubro de 1998 sobre a proteção legal de desenhos industriais (ECD Directive) e regulamento (EC) No. 6/2002 de 12 de dezembro de 2001 sobre desenhos comunitários (ECD Regulation).

[17] AKA "Design Patents."

[18] U.S. Patent (USP) Act of 19 July 1952, 35 U.S.C. §§ 171-173.

[19] Não obstante a exclusão – nos termos do artigo 1º (b) da Diretiva da ECD e do artigo 3º (b) do Regulamento da ECD – de "programas de computador" contra a proteção de desenhos comunitários, o Escritório de Propriedade Intelectual da União Europeia (EUIPO) admite que "designs de displays e ícones de tela e outros tipos de elementos visíveis de um programa de computador são elegíveis para registro" (see *Guidelines for Examination in the Office*, Version 1.0 of August 2016, § 4.1.3. Icons).

[20] 17 U.S.C. §§ 901-914.

[21] Directive 87/54/EEC de 16 de dezembro 1986 sobre a proteção legal de topografias de produtos semicondutores (ECT Directive).

[22] Lei No. 11.484 of 31 de maio de 2007, Capítulo III – Topografia de circuitos integrados, Artigos 23-61.

[23] Para o Brasil, ver Lei de Propriedade Industrial (9.279/96), artigos 6º (1) de 94 (para'grefo único) assim como Lei No. 11.484 de 2007, Artigo 27 (1); para os Estados Unidos, consulte Escritório de Patentes e Marcas dos Estados Unidos (USPTO), *Manual of*

designers, necessariamente pessoas naturais, sejam eles chamados de "designer,"[24] "autor,"[25] "criador,"[26] ou "quem inventa."[27]

Portanto, a concessão de direitos de propriedade industrial para designs que foram obtidos por ferramentas auxiliadas por IA[28] (que podem ser consideradas variantes de designs obtidos por ferramentas de programa de computador)[29] não traz qualquer dificuldade. Por outro lado, designs que são gerados de forma autônoma por um aplicativo de IA[30], não parecem ser elegíveis ou legitimados para registro, uma vez que, atualmente, "apenas pessoas naturais podem se qualificar como designers."[31]

De qualquer forma, o confronto com a Inteligência Artificial gera consequências sobre os diferentes elementos dos regimes de marca e design, que serão apresentados sucessivamente nas Partes II a V deste

---

Patent Examining Procedure (9th Edition, Revision 10.2019), Appendix R – Patent Rules, Title 37, parágrafo. 3.73(a); para a Europa, vide ECD Regulation, Artigo 17.

[24] Artigo 14(1) do Regulamento ECD Regulation que assim afirma: "The right to the Community design shall vest in the designer or his successor in title." O termo também é usado em artigos 6(2), 7(2)(a), 7(3), 10(2), 18, 19(2), e 26(2)(e) deste Regulamento, bem como nos artigos 5(2), 6(2)(a), 6(3), e 9(2) of the ECD Directive.

[25] O artigo 94 da Lei nº 9.279 prevê: "Ao autor será assegurado o direito de obter registro de desenho industrial que lhe confira a propriedade, nas condições estabelecidas nesta Lei."

[26] Para a proteção de topografias de produtos semicondutores, a palavra é usada nos artigos 27 da Lei nº 11.484, de 2007 e 3(1) da Diretiva ECT para conceder o direito ao "criador". For its part, § 901(6) of the U.S. Semiconductor Chip Protection (USSCP) Act of 1984 mantém uma redação semelhante, segundo a qual os direitos são, em princípio, conferidos à "person who created the mask work", called "the owner."

[27] Nos termos do § 171(a) da Lei USP, uma patente de design (design patent) pode ser emitido pela USPTO para "whoever invents [a] new, original e ornamental design for an Artigo of manufacture." Agora, essa mesma expressão "quem inventa", que também aparece no § 101 da Lei de Patentes de 1952 relativa a patentes de utilidades, foi a base para a recusa em deferir uma patente solicitada ao USPTO para uma invenção feita pelo sistema DABUS IA, na medida em que "quem" sugere uma pessoa natural (Decisão sobre petição de 22 de abril de 2020, no requerimento nº 16/524.350).

[28] Ou designs assistidos por IA.

[29] Tobias Kempas, *supra* nota 2, 62.

[30] Embora a distinção dos designs auxiliados por IA possa às vezes ser difícil de estabelecer.

[31] Tobias Kempas, *id.*

trabalho. A Parte II foca no impacto da IA nos requisitos legais para registro. A parte III trata de seu impacto nos procedimentos de registro. A parte IV analisa seu impacto na definição dos assessores fictícios. A parte V aborda outros possíveis impactos da IA na lei de marcas.

1. O impacto da IA nos requisitos legais para registro

Há algum tempo, as aplicações de IA têm sido amplamente utilizadas pelos profissionais como uma ferramenta para ajudar a criar sinais e projetos gráficos, por exemplo, como parte de atividades como as de geradores de nomes de marcas, geradores de logotipo de marcas ou desenhos industriais. Para ter sinais e designs gráficos protegidos por um direito de marca ou design/desenho industrial, a IA também pode ajudar a verificar se tais criações atendem aos requisitos legais de registro, embora sua utilidade não se aplique a todos os requisitos. Por um lado, a IA não será de nenhuma ajuda para certos requisitos referentes a registro. Isso se aplica a questões de política pública[32] e princípios já aceitos relativos à moralidade.[33]

Em relação apenas às marcas, a ineficáfia da IA também diz respeito à rejeição de certos sinais, como os de natureza genérica, necessária ou simplesmente descritiva, quando vinculados aos produtos ou serviços do requerente do registro da marca:[34] sendo, no caso das marcas nominativas, uma questão de puro vocabulário, não adiantando interpretar a disposição legal. Outra categoriaem questão são aqueles sinais que dão ori-

---

[32] Ou, vindo do francês, *ordre public*.

[33] Para marcas comerciais, consulte a Lei da Propriedade Industrial Brasileira (LPI) nº 9.279, artigos 122 e 124(III), Lei de Marcas dos Estados Unidos (USTM), de 5 de Julho de 1946, 15 U.S.C. § 1052(a), bem como Diretiva EUTM, artigo 4º(1)(f) e Regulamento EUTM, artigo 7º(1)(f). Para designs, consulte LPI, artigo 100 (I), bem como Diretiva da ECD, artigo 8º e regulamento da ECD, artigo 9º. Por sua vez, a Lei da USP não se refere à moralidade ou à política pública.

[34] Consulte a Lei nº 9.279, 24º(VI) e (XVIII), Lei USTM, 15 U.S.C. § 1052)(e)(1) e (2), bem como a Diretiva EUTM,o artigo 4º(1)(c) e o Regulamento EUTM, artigo 7º(1)(c), segundo o qual "não será registrado ou, se registrado, será passível de ser declarado inválido [...] marcas comerciais que consistem exclusivamente em sinais ou indicações que possam servir, no comércio, para designar o tipo, qualidade, quantidade, finalidade pretendida, valor de origem geográfica ou o tempo de produção da mercadoria ou de prestação do serviço, ou outras características da mercadoria ou serviço."

9. OS DIREITOS DE MARCA E DESIGN NO MUNDO DA IA

gem às marcas enganosas, "por exemplo, quanto à natureza, qualidade ou origem geográfica dos bens ou serviços."[35]

Em relação aos designs, a subjetividade, na lei americana, da proteção de patentes de design para elementos de criação "ornamentais"[36] e "non-obvious"[37] seguem os mesmos racionais,[38] assim como a originalidade necessária, tanto no Brasil quanto nos Estados Unidos, para a proteção sui generis dos designs[39] e topografias de circuitos integrados.[40] Textualmente, o direito da União Europeia (UE) submete a validade de tais criações, não a uma exigência de originalidade, mas a uma condição de possuir "caráter individual"[41] e, para este último, a uma condição de "esforço intelectual."[42] No entanto, essas qualificações, sem dúvida, chegam muito perto da originalidade, uma vez que "caráter individual" é definido como o significado de que o design produz no "usuário informado" uma "impressão geral" diferente da produzida por quaisquer designs anteriores (que claramente se entrelaça com a subjetividade indiscutível da originalidade), enquanto o "esforço intelectual" está expressamente associado à originalidade pelo direito brasileiro.[43]

Apesar das previsões mais otimistas das decisões dos escritórios nacionais de marcas (ex. INPI) ou tribunais do mundo sobre o tema, não vemos como, dada a sua forte subjetividade e natureza evolutiva, que

---

[35] Diretiva EUTM, artigo 4º(1)(g) e Regulamento EUTM, artigo 7º(1)g). Uma regra bastante semelhante pode ser encontrada nos artigos 124 (IX) e (X) da Lei nº 9.279 e na Lei USTM, 15 U.S.C. §§ 1052(a), (d) e (e)(1).

[36] USP Act, 35 U.S.C. § 171(a).

[37] USP Act, 35 U.S.C. § 103.

[38] Não obstante o fato de que, "as for a utility-type non-obviousness analysis, evidence of secondary considerations, such as commercial success, can be presented to support a finding of design non-obviousness." (Philippe J. C. Signore, James. D. Hamilton & Oliver Poulin, *Design Patent Protection in the United States*, epi Information Journal, 2/2001, disponível em: http://www.oblon.com/publications/design-patent-protection-united-states).

[39] Ver Lei 9.279/96, Artigos 95 e 96, USP Act, 35 U.S.C. § 171(a).

[40] Ver Lei No. 11.484 of 2007, Artigo 29, e USSCP Act, 17 U.S.C. § 902(b).

[41] Ver ECD Directive, Artigo 5, e ECD Regulation, Artigo 6.

[42] Ver ECT Directive, Artigo 2(2).

[43] Ver Lei No. 11.484 de 2007, Artigo 29.

todas essas qualificações possam ser afetadas por avanços da tecnologia da informação.[44]

Os requisitos legais mais objetivos para o registro podem, também, ser afetados pela IA, resultante do aumento da velocidade e eficiência das pesquisas de banco de dados, graças à sofisticação dos algoritmos. É o caso de marcas proibidas por tratados internacionais, como a Convenção de Paris para a Proteção da Propriedade Industrial de 1883, referindo-se a "rolamentos, bandeiras e outros emblemas do Estado [...], placas oficiais e marcas que indicam controle e garantia".[45] O mesmo vale para as condições fundamentais de disponibilidade de marcas[46] e novidade de designs.[47] O impacto da IA também pode interessar à exclusão da proteção de marcas de sinais que se tornaram usuais, comuns ou habituais na linguagem atual,[48] bem como a limitação da proteção de designs de circuitos integrados para aqueles, que não são "comuns" na indústria de semicondutores.[49]

Para todas essas ocorrências, o poder computacional dos aplicativos de IA é, sem dúvida, capaz de fornecer informações confiáveis sobre marcas (com o objetivo de verificar se o sinal que as constitui se enquadra em sinais proibidos por um tratado ou lei interna, se está disponível,

---

[44] Ver *e.g.* Jean-Luc Piotraut, *L'impact de la digitalisation sur les steards de la propriété industrielle*, in Le droit des affaires à l'épreuve de la digitalisation, 2020 (disponível em https://hal.archives-ouvertes.fr/DROITDESAFFAIRESDIGITALISATION2019/).

[45] Artigo 6*ter*(1)(a).

[46] Ver Lei 9.279/96, Artigo 124(XII), (XIX) e (XX), USTM Act, 15 U.S.C. § 1052 (d), bem como os textos europeus, *i.e.,* EUTM Directive, Artigo 5, e EUTM Regulation, Artigo 8, useo o título "Relative grounds for refusal."

[47] Ver Lei 9.279/96, Artigos 95 e 96, USP Act, 35 U.S.C. § 171(a), bem como ECD Directive, Artigos 3(2) e 4; ECD Regulation, Artigos 4(1) e 5. A lei da UE adiciona elementos subjetivos para avaliar a novidade de um projeto, ou seja, diferenças com a arte anterior, que não se limitam a "detalhes imateriais" (ECD Directive, Artigo 4, ECD Regulation, Artigo 5(2)) e falta de "conhecimento razoável" de divulgações por parte dos círculos especializados no setor em questão, opereu na Europa (ECD Directive, Artigo 6(1), ECD Regulation, Artigo 7(1)).

[48] Ver Lei 9.279/96, Artigo 124(VI) e (XXI), também EUTM Directive, Artigo 4(1)(d) e EUTM Regulation, Artigo 7(1)(d). O USTM Act não se refere expressamente a sinais comuns ou usuais, mas a recusa destes provavelmente será baseada na qualificação de uma "marca meramente descritiva" (15 U.S.C. § 1052(e)).

[49] Ver USSCP Act, 17 U.S.C. § 902(b)(2), ECT Directive, Artigo 2(2), Lei No. 11.484 of 2007, Artigo 29(1).

se se tornou habitual) ou em desenhos industriais (para verificar se um design é novo ou se uma topografia de circuito integrado é comum).

2. O impacto da IA nos procedimentos de registro

Além de respeitar suas condições intrínsecas para validade,[50] a possibilidade de registrar uma marca ou um design é, na maior parte, determinada por referência a direitos de Propriedade Intelectual pré-existentes.[51] Em 2019, foram estimados 58,2 milhões de marcas e 4,1 milhões de registros de design em vigor em todo o mundo, e só em 2020, cerca de 11,5 milhões de pedidos de marcas (cobrindo 15,2 milhões de classes), bem como cerca de 1,04 milhão de aplicativos de design (contendo 1,36 milhão de designs) foram depositados em todo o mundo.[52] Tais volumes só podem tornar as buscas manuais pela arte anterior ou pela liberdade de explorar longas, caras e incertas. A IA parece, portanto, ser particularmente útil tanto para os requerentes quanto para os escritórios de propriedade industrial.

Pelo lado dos requerentes, várias empresas e escritórios especializados em Propriedade Intelectual oferecem serviços de pesquisa prévia de verificação de arte anterior ou liberdade de exploração para requerimentos de registros de marcas e desenhos industriais, usando software e tecnologias de IA para reconhecimento de logotipo e imagem,[53] a fim de permitir que seus clientes saibam imediatamente a disponibilidade de marcas ou designs de todo o mundo. No campo da marca, tais produtos também incluem modelos de associação de palavras disponíveis publicamente para pesquisa de bens e serviços, bem como classificações.

No que diz respeito aos procedimentos de registro, apenas os escritórios federais americanos, ou seja, o USPTO (United States Patent and Trademark Office) – para marcas e patentes de *design* – e o Escritório de Direitos Autorais dos EUA – para layouts de circuitos integrados – estão fazendo um exame substantivo completo; exceto em caso de processo

---

[50] Tal como, em relação às marcas registradas, o não pertencimento do sinal a uma categoria excluída do registro por um tratado internacional ou a falta de caráter genérico, necessário ou descritivo do sinal.

[51] Notadamente marcas comerciais anteriores e designs (ver acima, parágrafos 5-7).

[52] WIPO, *World Intellectual Property Indicators 2020 Report Released*, ddisponível em: https://www.wipo.int/pressroom/en/Artigos/2020/Artigo_0027.html.

[53] Ver *e.g.*, eSearch plus, o sistema de busca visual proposto pelo EUIPO.

de oposição ou nulidade, o EUIPO, bem como o Instituto Nacional de Propriedade Industrial do Brasil,[54] por sua vez, apenas realiza um exame limitado para as marcas e (ainda mais) direitos de design.[55] De qualquer forma, os escritórios de Propriedade Intelectual estão cada vez mais usando aplicações de IA na administração de sistemas de propriedade industrial, em particular para marcas e designs. De acordo com Francis Gurry, ex-diretor da OMPI (Organização Mundial da Propriedade Intelectual), diante da crescente demanda global por direitos de Propriedade Intelectual, essas tecnologias orientadas por IA permitem que os escritórios de IP "alcancem melhor qualidade e reduzam os custos de administração."[56] Exemplos desses aplicativos incluem bancos de dados PI globais, serviços inteligentes de resposta a máquinas,[57] bem como assistência prévia de pesquisa de arte anterior baseada em IA para examinadores de marcas e design.

Embora o EUIPO (European Union Intellectual Property Office) tenha "desenvolvido um sistema de pesquisa de imagens integrado em seu banco de dados de marcas,"[58] o USPTO criou um programa interno que combina IA com big data e machine learning, destinado, em particular, a melhorar as operações de marcas nas seguintes áreas: "1) desenvolver uma forma inteligente de revisão de qualidade, com análise; 2) ingerir ações de escritório no reservatório de big data com análises avançadas, incluindo uso e estatísticas descritivas; e 3) determinando a eficácia do aprendizado de máquina profundo para a busca de imagens por marcas comerciais."[59]

---

[54] *Instituto Nacional da Propriedade Industrial* (INPI).

[55] Na Europa e no Brasil, as topografias são registradas apenas após um exame formal, sendo especificado que, na Europa, esses títulos de propriedade industrial se enquadram na competência dos escritórios nacionais e não do EUIPO.

[56] Ver WIPO Magazine, *Artificial intelligence e intellectual property: an interview with Francis Gurry*, Setembro de 2018, disponível em: https://www.wipo.int/wipo_magazine/en/2018/05/Artigo_0001.html.

[57] A fim de responder melhor ao número de solicitações decorrentes do uso crescente de propriedade industrial.

[58] WIPO, *Index of AI initiatives in IP offices* (available at https://www.wipo.int/about-ip/en/artificial_intelligence/search.jsp).

[59] *Id.*

3. O impacto da IA nos assessores fictícios

Para fins de avaliação de certos requisitos legais para registro e/ou escopo de proteção, as leis de marca e design[60] usam assessores fictícios como benchmarks. O aumento significativo do nível de informação que a IA pode fornecer aos indivíduos levanta a questão acerca de seu impacto na qualificação jurídica desses assessores fictícios.

Claro que, no campo dos layouts de circuitos integrados isso não será o caso, nem para a qualificação de "técnico" ou "especialista" referido pela legislação brasileira,[61] nem do "comprador inocente" coberto pela lei dos EUA:[62] o primeiro é apenas destinado a avaliar se uma topografia é ou não "comum,"[63] e se este último resulta da única "boa-fé" na compra de um produto de chip semicondutor, e que é fonte de limitação da responsabilidade da parte interessada.[64]

No que diz respeito a desenhos industriais ou marcas, as tecnologias da informação também não permitiriam antecipar o julgamento altamente subjetivo de uma pessoa agindo de boa ou de má-fé. À pessoa que, "de boa fé", explorou um design ou uma marca registrada antes de quaisquer depósitos por terceiros devem ser concedidos direitos preferenciais pela lei brasileira de propriedade industrial[65] (ver usuário de boa fé). Da mesma forma, nos Estados Unidos, uma pessoa com uma intenção de boa fé ("bona fide intention") e demonstrando-a,[66] para usar no comércio uma marca que ainda não foi colocada no mercado é conferido o direito de entrar com um pedido de registro da referida marca no Registro Principal de Marcas da USPTO. Além disso, de

---

[60] Como lei de patentes e direito de autor.

Nota da tradutora: essa figura "fictive assessor", traduzido como assessor fictício, não é mencionada na Lei brasileira, mas pode ser encarada como similar à função do "técnico no assunto" previsto pelo parágrafo único da Lei 9.279/96. Ver também a expressão deixada ao "informer user" para tratar da impressão de conjunto do desenho industrial.

[61] Lei Brasileira No. 11.484, Artigo 29.

[62] USSCP Act, 17 U.S.C. § 901(a)(7).

[63] Mesmo que os aplicativos de IA sejam mais úteis para descobrir se um layout de circuito integrado é "comum" (ver acima, parágrafo 7).

[64] USSCP Act, 17 U.S.C. § 907. No entanto, ao melhorar a rastreabilidade dos suprimentos, a IA poderia levar a uma certa limitação de casos de "violação inocente"...

[65] Ver Artigos 110 e 129 da Lei 9.279/96.

[66] Act, 15 U.S.C. § 1051(b)(1).

acordo com a Lei de Marcas dos EUA,[67] não há violação de marca registrada se o sinal coberto pela marca de outra é descritivo e "usado de forma justa e de boa fé apenas para descrever [seus próprios] bens ou serviços ..., ou sua origem geográfica."[68] A má-fé também é abordada pelas leis europeias sobre marcas e desenhos: além da invalidade do registro,[69] a má-fé no requerimento de um pedido de marca resulta na perda de certas prerrogativas,[70] como a "exclusão de uma declaração de invalidade devido à aquiescência,"[71] assim como a má fé nos atos do titular de um design comunitário resulta na perda de seu direito de invocar a limitação de tempo da ação de terceiros em reivindicar o direito do projeto.[72]

Outros assessores fictícios, no entanto, provavelmente serão afetados pela IA, quer estejam determinando padrões de atenção ou padrões de habilidade.

Na lei americana, o assessor fictício, cunhado pelo antigo Tribunal de Alfândega e Apelações de Patentes dos EUA (US Court of Customs and Patent Appeals – CCPA), é o "observador médio (como pessoa que detém o padrão médio de atenção na avaliação da novidade de um

---

[67] Embora o Tribunal de Apelações dos EUA para o *Federal Circuit* em *M.Z. Berger & Co., Inc. v. Swatch AG*, 787 F.3d 1368 (Fed. Cir. 2015), considerou que "whether um ceidato tinha uma 'intenção de boa fé' para usar a marca no comércio no momento da aplicação requer provas *objetivas* de intenção" (ênfase adicionada), intenção de boa fé e boa fé têm um componente tão subjetivo que dificilmente poderia ser previsto pelas aplicações de IA.

[68] USTM Act, 15 U.S.C. § 1115(b)(4). Além disso, apesar da possível violação da marca, uma autoridade de registro de nome de domínio não será obrigada a pagar indenização ao proprietário dessa marca "pelo registro ou manutenção de um nome de domínio para outro ausente uma demonstração de má-fé de intenção de lucrar com tal registro ou manutenção do nome de domínio" (USTM Act, 15 U.S.C. § 1114(2)(D)(iii)). In addition, under the common law *"Tea Rose-Rectanus"* doutrina, boa fé também pode constituir uma defesa afirmativa para violação de marca (see *U.S. Drug Co. v. Theodore Rectanus Co.*, 248 U.S. 90, 104 (1918)).

[69] EUTM Directive, Artigos 4 e 5 assim como EUTM Regulation, Artigo 59(1)(b).

[70] Assim, a ausência de "boa-fé" na comercialização de um produto ou serviço implica na perda do direito de contestar uma possível decisão de restabelecer uma marca ou um desenho industrial (Ver EUTM Regulation, Artigo 104(6) e ECD Regulation, Artigo 67(6)).

[71] EUTM Directive, Artigo 9(1) as well as EUTM Regulation, Artigos 61(1) e 138(2).

[72] ECD Regulation, Artigo 15(3).

design),"[73] De acordo com o teste criado para tal avaliação, "a aparência geral do design, aos olhos do observador médio ou ordinário, deve ser diferente da aparência de qualquer outro em relação ao olhar único anterior"[74]

A Europa também tem assessores fictícios como padrões de atenção, tanto no direito de design quanto na lei de marcas. No campo dos designs, o "usuário informado"[75] é o destinatário da impressão geral produzida por um design, seja para a avaliação da exigência do caráter individual[76] seja para a determinação do escopo conferido de proteção.[77] Nesse sentido, o "usuário informado" foi definido como uma pessoa que "conhece os diversos designs que existem no setor em questão, possui um certo grau de conhecimento em relação às características que esses designs normalmente incluem, e, como resultado de seu interesse pelos produtos em causa, mostra um grau de atenção relativamente alto quando os utiliza".[78]

No campo das marcas registradas, o Tribunal Europeu de Justiça criou o "consumidor médio" com o qual se avalia a probabilidade de confusão entre duas marcas diferentes. Embora o "consumidor médio" tenha que ser[79] "razoavelmente bem-informado e razoavelmente obser-

---

[73] Ver *In re Bartlett*, 300 F.2d 942, 944, 133 USPQ 204 (CCPA 1962) ("The degree of difference required to establish novelty occurs when the average observer takes the new design for a different, e not a modified already-existing design").

[74] Jonathan Hudis e Philippe J.C. Signore, *Protection of Industrial Designs in the United States*, Intellectual Property Review, Vol. 27, No. 7, at 256 (ênfase adicionada).

[75] ECD Directive, Artigos 5(1) e 9(1), assim como ECD Regulation, Artigos 6(1) e 10(1).

[76] De acordo com o artigo 5(1) da Diretiva da ECD, "[um] design deve ser considerado de caráter individual se a impressão geral que produz sobre o usuário informado difere da impressão global produzida em tal usuário por qualquer projeto que tenha sido disponibilizado ao público antes da data de arquivamento do pedido de registro ou se for reivindicada a prioridade, a data de prioridade" (tradução própria da tradutora deste artigo, ênfase adicionada).

[77] De acordo com o artigo 9º (1) da Diretiva da ECD, "[t]he scope of the protection conferred by a design right shall include any design which does not produce on the *informed user* a different overall impression" (ênfase adicionada).

[78] CJEU, 20 October 2011, *PepsiCo, Inc. v Grupo Promer Mon Graphic SA*, Case C-281/10 P, E.C.R. 2011 Página I-10153, parágrafo. 59.

[79] Ver Tribunal de Justiça das Comunidades Europeias (CJEC),11 de novembro de1997, *Sabel BV v Puma AG*, CasoC-251/91, E.C.R. 1997 Página I-6191, parágrafo 23, e 22 de junho de 1999, Lloyd *Schuhfabrik Meyer & Co GmbH v Klijsen Heel BV*, CaseC-342/97, E.C.R.1999

vador e circunspecto",[80] o Tribunal considera ainda que "deve-se levar em conta o fato de que o consumidor médio raramente tem a chance de fazer uma comparação direta entre as diferentes marcas, mas deve colocar sua confiança na imagem imperfeita daquelass que ele manteve em sua mente".[81]

Cada vez mais pessoas estão equipadas com computadores, smartphones e tablets. Assim, o poder computacional dos algoritmos colocados nesses dispositivos provavelmente aumentará o nível de atenção dos indivíduos. Um impacto na interpretação da qualificação jurídica, desta primeira categoria de assessores fictícios como padrões de atenção, poderia então ocorrer. A questão da aplicabilidade do conceito de "consumidor médio" também pode surgir no caso de compras desencadeadas automaticamente por uma IA, por exemplo, uma geladeira inteligente integrando um serviço de reabastecimento automatizado. Se assim for, a hesitação também é permitida quanto ao destinatário da qualificação: será a empresa por trás do assistente de IA, aquela que possui o dispositivo de onde os pedidos foram feitos, ou será aquele que pagou o preço de compra dos pedidos online?

Decorrente da lei de patentes para medir a não obviedade de uma invenção, um assessor fictício muito semelhante foi tomado como modelo de referência pelas leis brasileiras e americanas sobre proteção ao design.[82]. O artigo 104, parágrafo único da Lei da Propriedade Industrial, Lei 9.279/96 se refere à pessoa técnica no assunto – "person skilled in the art" que, graças à clareza e precisão suficientes dos desenhos anexados à aplicação do registro do design industrial, pode reproduzir o produto em que o design é incorporado.

Da mesma forma, de acordo com a Seção 103 da Lei de Patentes dos EUA, uma patente válida pode não ser obtida para uma invenção que teria sido "óbvia ... a uma pessoa com habilidade comum na arte:" a não

---

Page I-3819, parágrafo 25 (ambos especificeo que "[t]ele médio consumidor normalmente percebe uma marca como um todo e não prossiga para analisar seus vários detalhes").

[80] CJEC, 16 July 1998, *Gut Springenheide GmbH e Rudolf Tusky v Oberkreisdirektor des Kreises Steinfurt – Amt für Lebensmittelüberwachung*, Case C-210/96, E.C.R. 1998 Page I-04657, parágrafo 31.

[81] CJEC, 22 June 1999, *Lloyd Schuhfabrik Meyer*, *supra* nota 79, parágrafo 26.

[82] Veja, *por exemplo*, Lei 9.279, Artigo 13 e Convenção Europeia de Patentes de 5 de outubro de 1973, Artigo 56.

obviedade de uma invenção, condição para patenteabilidade, é, portanto, avaliada em relação à referida "pessoa com habilidade comum na arte."[83] Agora, os Estados Unidos concedem proteção ao design através de patentes e, de acordo com a Seção 171 da Lei de Patentes, as disposições "relativas a patentes de invenções devem ser aplicadas a patentes para designs." A exigência de não obviedade deve, portanto, aplicar-se às patentes de design, assim como a noção de uma "pessoa com habilidade comum na arte". A este respeito, a jurisprudência americana considerou que o padrão adequado para avaliar a não obviedade de uma patente de design é um "designer de habilidade comum".[84]

Ao melhorar o acesso ao conhecimento, as tecnologias da informação em geral – e a IA em particular – levar-se-á necessariamente a um aumento no nível de habilidade dos indivíduos. Mesmo no campo dos designs ou desenhos industriais, isso não pode ser sem consequências na interpretação da qualificação dos assessores fictícios mencionados pela lei.

4. Outros possíveis impactos da IA na lei de marcas

Marcas, "portadoras de informações, valores e emoções,"[85] são ferramentas usadas para "influenciar a cognição e o comportamento humanos,"[86] tornando-as um componente do processo de compra. A proteção da marca tem, portanto, enfatizado há muito tempo considerações psicológicas, baseadas em "deficiências humanas""[87] ou "fragilidades."[88] Assim, a lei de marcas usa conceitos como "probabilidade de confusão", ou os termos em língua inglesa "imperfect recollection" ou "slurring of trademarks".[89]

---

[83] Especialistas usam a sigla PHOSITA.

[84] Ver *e.g.*, *In re Nalbeian*, 661 F.2d 1214, 211 USPQ 782 (CCPA 1981), e *In re Rosen*, 673 F.2d 388, 213 USPQ 347 (CCPA 1982).

[85] Tobias Kempas, *supra* nota 2, 64.

[86] *Id.* em 65.

[87] *Id.* em 64.

[88] Ver Lee Curtis e Rachel Platts, *Trademark Law Playing Catch-up with Artificial Intelligence?*, WIPO Magazine, June 2020, disponível em: https://www.wipo.int/wipo_magazine_digital/en/2020/Artigo_0001.html.

[89] *Id.*

Pelo contrário, os sistemas de IA são desprovidos de emoções e "não sofrem das "deficiências" humanas que a lei de marca atual toma como ponto de referência:"[90] eles são capazes de coletar e analisar instantaneamente grande quantidade de dados (como histórico de compras, preço, qualidade, disponibilidade, entrega ou revisões do consumidor) "para tomar a decisão de compra mais racional, com pouco ou nenhum envolvimento humano."[91] Assim, por meio de seu impacto sobre as informações disponíveis aos consumidores e suas decisões de compra, a IA está prestes a trazer mudanças significativas na "interação entre empresas e consumidores."[92]

Além dos já considerados, a questão de um possível impacto da IA pode surgir, em particular, no que diz respeito ao conceito de "probabilidade de confusão" notavelmente referido na lei de marcas. De fato, a probabilidade de confusão com marcas anteriores,[93] distinctive signs,[94] ou produtos de terceiros,[95] constitui, em primeiro lugar, um terreno para se recusar a registrar uma marca.[96] Em segundo lugar, a probabilidade de confusão desempenha um papel na determinação do escopo de proteção conferido pelas marcas registradas. Neste ponto, exceto por marcas bem conhecidas,[97] a lei americana sempre submete a qualificação de violação de marca a uma probabilidade de confusão para os consumidores.[98] As leis brasileiras e europeias não submetem todas as violações de marca a tal risco: a probabilidade de confusão é necessária para san-

---

[90] Tobias Kempas, *supra* nota 2, 65.

[91] *Id.*

[92] *Id.*

[93] Ver Lei 9.279/96, Artigo 124(XIX) e (XXIII), USTM Act, 15 U.S.C. § 1052(d), EUTM Directive, Artigos 5(1)(b) e 5(4)(c), assim como EUTM Regulation, Artigo 8(1)(b).

[94] Ver Lei 9.279/96, Artigo 124(V), (IX), e (XIII).

[95] Ver Lei 9.279/96, Artigo 124(XVII) e USTM Act, 15 U.S.C. § 1051(b)(3)(D).

[96] A lei europeia de design não menciona expressamente a probabilidade de confusão, mas submete a validade do registro à exigência de uma "impressão geral diferente" produzida pelo desenho em questão sobre usuários informados, como núcleo da definição de *caráter individual* (ver Diretiva da ECD, Artigos 5(1) e Regulamento da ECD, Artigos 6(1)). Conceitualmente, no entanto, não é muito diferente da probabilidade de confusão.

[97] Ver USTM Act, 15 U.S.C. § 1125(c).

[98] Ver USTM Act, 15 U.S.C. § 1114(1)(a) e (b), assim como *AMF, Inc. v. Sleekcraft Boats*, 599 F.2d 341 (9th Cir. Cal. 1979).

cionar a *imitação* de uma marca anterior, mas não em relação à sua *reprodução*.[99]

Como mencionado acima,[100] a crescente distribuição de dispositivos eletrônicos contendo aplicações de IA para o público em geral pode aumentar significativamente a precisão das informações disponibilizadas aos consumidores sobre produtos (ou serviços) concorrentes e suas marcas, levando a uma redução drástica da "probabilidade de confusão" em suas mentes. Isso é especialmente verdade quando a compra – e, portanto, a escolha entre diferentes marcas – é totalmente delegada a uma IA. Daí a perspectiva, em um futuro próximo, de uma nova interpretação jurídica do conceito –mesmo que menos provável de ser admitida.

Em 1916, por ocasião do caso *"Hanover Star Milling v. Metcalf"*,[101] a Suprema Corte dos Estados Unidos considerou a função primária das marcas como uma indicação de origem. Essa função essencial de fornecer uma garantia de origem foi posteriormente adotada na maioria

---

[99] Ver Lei 9.279/96, Artigo 189(I) assim como EUTM Directive, Artigo 10(2)(b) e EUTM Regulation, Artigo 9(2)(b). No entanto, há diferenças entre os dois sistemas. A lei brasileira, que também a obriga no caso de imitação de "rolamentos armorais, cristas ou distinções públicas oficiais", em nota (Lei BIP, Artigo 191), refere-se à probabilidade de confusão mesmo em caso de imitação substancial de *projetos industriais* (Lei BIP, Artigos 187 e 188). Por outro lado, de acordo com a legislação europeia, além da proximidade de sinais, a probabilidade de confusão só é necessária se a marca reproduzida ou imitada for aplicada sem autorização para produtos ou serviços *similares,* à exclusão de produtos ou serviços idênticos aos mencionados no registro (ver Diretiva EUTM, Artigo 10(2)(a) e Regulamento EUTM, Artigo 9(2)(a)). Além disso, o uso de marcas de terceiros em publicidade comparativa é permitido na Europa, desde que "não crie *confusão* entre os comerciantes, entre o anunciante e um concorrente ou entre as marcas comerciais do anunciante, nome comercial, outras marcas distintas, bens ou serviços e os de um concorrente" (Diretiva CE 2006/114/CE de 12 de Dezembro de 2006 sobre publicidade enganosa e comparativa, Artigo 4(h) (ênfase adicionada)). Nesse sentido, à medida que a IA começa a ser utilizada como prescritor de produtos ou serviços (fazendo recomendações aos usuários dos aplicativos envolvidos), a questão da aplicabilidade das regras sobre publicidade comparativa provavelmente surgirá...

[100] Ver *supra*, IV. The Impact of AI on Fictive Assessors, parágrafo 22.

[101] *Hanover Star Milling co v. Metcalf,* 240 U.S. 403, 412 (1916) (holding that "(t)he primary e proper function of a trademark is to identify the origin or ownership of the Artigo to which it is affixed").

dos outros sistemas legais, incluindo os da Europa[102] e do Brasil.[103] No entanto, sujeitas à legislação aplicável, as marcas podem ter recebido funções adicionais, em particular ao visar proteger uma reputação. De acordo com a lei de marcas dos EUA, a proibição da diluição por abalo à reputação (utilizando-se o termo em língua inglesa "tarnishment") contribui para isso,[104] enquanto ao proprietário de uma marca registrada no Brasil é expressamente garantido o direito de "zelar de sua integridade material ou reputação."[105]

Por sua vez, as marcas europeias gozam de proteção sob algumas outras funções, especialmente[106] uma "função de investimento,"[107] que foi assimilada ao direito concedido ao proprietário de uma marca para usá-la "para adquirir ou preservar uma reputação capaz de atrair consumidores e manter sua lealdade."[108] O Tribunal de Justiça Europeu considerou, assim, que o uso não autorizado da marca de outra pessoa como palavra-chave na Internet,[109] tem o condão provável de afetar as funções de investimento da marca "se isso interferir substancialmente no uso de sua marca para adquirir ou preservar uma reputação capaz de atrair o uso de sua marca para adquirir ou preservar uma reputação capaz de

---

[102] CJEC, 23 May 1978, *Hoffmann-La Roche AG v Centrafarm Vertriebsgesellschaft Pharmazeutischer Erzeugnisse mbH*, Case C-102/77, E.C.R. 1978 Página 1140, parágrafo 7 (afirmando que a função essencial da marca "é garantir a identidade da origem do produto marcado para o consumidor ou usuário final, permitindo-lhe, sem qualquer possibilidade de confusão, distinguir esse produto de produtos que têm outra origem").

[103] Segundo Artigo 123(I) da Lei 9.279/96, "marca de produto ou serviço é aquela usada para distinguir produto ou serviço de outro idêntico, semelhante ou afim, de origem diversa".

[104] Ver, além de uma série de leis estaduais, USTM Act, 15 U.S.C. §§ 1125(c)(2)(C) e 1125(c)(5)(B)(ii).

[105] Lei 9.279/96, Artigo 130(III).

[106] Juntamente com a garantia da qualidade dos bens ou serviços em questão e os da comunicação e publicidade.

[107] Ver CJEC, 18 June 2009, *L'Oréal SA v Bellure NV*, Case C-487/07, E.C.R. 2009 Páginas I-05185, parágrafo. 58.

[108] CJEC, 22 de setembro de 2011, *Interflora Inc. v Marks & Spencer plc*, Case C-323/09, E.C.R. 2009 Page I-08625, parágrafo. 60. Deve-se notar que a proteção da reputação também diz respeito à função publicitária que o Tribunal tem associado às marcas.

[109] Uma parte do serviço de referência do *Google, AdWords*, agora *Google Ads*.

9. OS DIREITOS DE MARCA E DESIGN NO MUNDO DA IA

atrair consumidores e manter sua lealdade."[110] Tal fórmula foi interpretada como restrita da função de investimento de marcas de alto renome ou notoriamente conhecidas,[111] mas as coisas podem mudar com o desenvolvimento da IA: o ganho obtido em termos de precisão da informação pode ser tal como conduzir tribunais para admitir que essa função de investimento seria prejudicada mesmo para marcas pouco conhecidas pelo público em geral...

Além disso, o uso da marca de outro titular na web, especialmente como palavra-chave, é suscetível a uma análise incorreta por algoritmos, indo "contra o que os consumidores realmente pensam da marca e de seus produtos. Como a IA vai diferenciar entre os clientes da marca que clicaram em seu link clássico e aqueles que clicaram na marca usada no *AdWords* pelo concorrente?"[112] A disseminação mais ampla das aplicações de IA poderia, assim, reviver o debate sobre a função de investimento da marca.[113]

Finalmente, embora a jurisprudência aparentemente ainda não tenha se pronunciado sobre a questão específica da violação de marca relacionada à IA, algumas decisões dos tribunais europeus prevêem desenvolvimento no assunto. Primeiro, a Corte de Justiça Europeia – CJEU interpretou que *o Google* e outros fornecedores de publicidade de palavras-chave, em virtude de seu status, são intermediários neutros,[114] e que não haviam cometido qualquer violação de marca ao armazenar como palavra-chave, um sinal idêntico a uma marca registrada e organizando a exibição de anúncios com base nesta palavra-chave.[115] Mais recen-

---

[110] CJEC, 22 September 2011, *Interflora, supra* nota 108, parágrafo 66. Texto original na língua inglesa da decisão: "if it substantially interferes with the proprietor's use of its trade mark to acquire or preserve a reputation capable of attracting proprietor's use of its trade mark to acquire or preserve a reputation capable of attracting consumers and retaining their loyalty."

[111] Ver, *e.g.*, Yann Basire, *Les fonctions de la marque. Essai sur la cohérence du regime juridique d'un signe distinctif,* Paris, Collection du CEIPI No. 63, LexisNexis, 2015, 271, No. 384.

[112] Marie-Pierre L'Hopitalier e Juliette Félix, *Intelligence artificielle et marketing,* Revue des marques, No. 109, January 2020, 76.

[113] *Id.*

[114] Em particular porque é o internauta que entrou no termo na barra de pesquisa.

[115] CJUE, 23 March 2010, *Google v Louis Vuitton & Others,* Joined Cases C-236/08 to C-238/08, E.C.R. 2010 Página I-02417.

temente, os tribunais alemães tiveram que julgar uma ação judicial movida por um fabricante de artigos esportivos e de lazer contra a *Amazon*, alegando que a exibição de produtos de terceiros na lista de resultados de busca por sua própria marca constituiu efetivamente violação de marca. O Tribunal Federal de Justiça (the Federal Court of Justice) primeiro[116] observou que a *Amazon* tinha realizado a seleção das palavras-chave usadas no algoritmo, do qual os resultados dependem.[117] A Corte, então,[118] descobriu que *a Amazon* havia cometido violação de marca registrada. Isso sugere que quando a pesquisa e exibição é realizada "por um algoritmo operado e controlado por uma plataforma, a responsabilidade por infração é da plataforma."[119] Isso é ainda mais verdade, pois tal pesquisa é baseada particularmente no comportamento do usuário passado, "um aspecto fundamental dos aplicativos de IA."[120]

De um ponto de vista ainda mais prospectivo, permanece a questão se poderia haver violação de marca no caso de uma ordem para produtos ou serviços falsificados feito de forma autônoma por uma IA.

Conclusões

A Inteligência Artificial não parece ter afetado todos os aspectos da lei de marcas e design. Certos elementos dos regimes de marca e design não são propensos a serem impactados pela evolução de algoritmos e tecnologias de informação. É o caso da recusa de marcas genéricas, necessárias, descritivas, enganosas ou falaciosas. Em termos de design, isso também diz respeito à exigência de originalidade contida nas leis brasileiras e americanas, bem como ao caráter individual a que se refere o direito europeu.

---

[116] *Bundesgerichtshof*, 15 de fevereiro de 2018, *Ortlieb Sportartikel GmbH v Amazon*, I ZR 138/16 – Ortlieb I.

[117] Considerando que em *Google AdWords*, palavras-chave são selecionadas por anunciantes.

[118] *Bundesgerichtshof*, 25 July 2019, I ZR 29/18 – Ortlieb II.

[119] Markus Rouvinen, *Trademark infringement e Google PLA ads – Lessons from 'Ortlieb'?*, The IPKat Blog, disponível em https://ipkitten.blogspot.com/2020/01/trademark-infringement-e-google-pla.html.

[120] Lee Curtis e Rachel Platts, *Trademark Law Playing Catch-up with Artificial Intelligence?*, *supra* nota 88.

Mas, embora possa não ser tão importante quanto nas leis de patentes ou direitos autorais, o impacto da IA não é insignificante nas grandes áreas das duas outras filiais de PI que são as leis de marca e design, incluindo procedimentos de registro e requisitos para disponibilidade de marca ou novidade de projetos. Isso é uma verdade em todo o mundo e, portanto, em particular, no Brasil, nos Estados Unidos e na Europa.

Referências Bibliográficas

ALEMANHA. Tribunal de Justiça Alemão (Bundesgerichtshof). I ZR 29/18. 25 de julho de 2019. – Ortlieb II. Disponível em <http://juris.bundesgerichtshof.de/cgi-bin/rechtsprechung/document.py?Gericht=bgh&Art=en&nr=98659&pos=0&anz=1>.

ALEMANHA. Tribunal de Justiça Alemão (Bundesgerichtshof). *Ortlieb Sportartikel GmbH v Amazon*, I ZR 138/16 – Ortlieb. 15 de fevereiro de 2018. Disponível em < https://www.lexology.com/library/detail.aspx?g=fa4ef76b-3c5a-4a8c-84c5-3b4f955db6d6>.

BASIRE, Yann. *Les fonctions de la marque. Essai sur la cohérence du régime juridique d'un signe distinctif*, Paris, Collection du CEIPI No. 63, LexisNexis, 2015, 271, No. 384.

BRASIL. 5ª Convenção de Paris para a Proteção da Propriedade Industrial de 20 de março de 1883. Disponível em <https://www.gov.br/inpi/pt-br/backup/legislacao-1/cup.pdf>.

BRASIL. Lei da Propriedade Industrial nº 9.279, de 14 de maio de 1996. Disponível em < http://www.planalto.gov.br/ccivil_03/leis/l9279.htm>.

BRASIL. Lei nº 11.484 of 31 de maio de 2007, Capítulo III – Topografia de circuitos integrados, Artigos 23–61. Disponível em <http://www.planalto.gov.br/ccivil_03/_ato2007-2010/2007/lei/l11484.htm>.

CURTIS, Lee; PLATTS, Rachel. *Trademark Law Playing Catch-up with Artificial Intelligence?*, WIPO Magazine, June 2020. Disponível em <https://www.wipo.int/wipo_magazine_digital/en/2020/Artigo_0001.html>.

ESTADOS UNIDOS. 17 U.S.C. §§ 901-914: Copyrights. Disponível em <https://www.law.cornell.edu/uscode/text/17>.

ESTADOS UNIDOS. Corte de Apelo do 9º Circuito. *AMF, Inc. v. Sleekcraft Boats*, 599 F.2d 341 (9th Cir. Cal. 1979). Disponível em <https://cyber.harvard.edu/metaschool/fisher/domain/tmcases/amf.htm>.

ESTADOS UNIDOS. Escritório de Patentes e Marcas dos Estados Unidos (USPTO). *Manual of Patent Examining Procedure* (9th Edition, Revision 10.2019), Appendix R – Patent Rules, Title 37, parágrafo. 3.73(a). Disponível em < https://www.uspto.gov/web/offices/pac/mpep/index.html>.

ESTADOS UNIDOS. Escritório de Patentes e Marcas dos Estados Unidos (USPTO). *US Trademark Law: Rules of Practice & Federal Statutes.* Disponível em <https://www.uspto.gov/sites/default/files/documents/tmlaw.pdf>.

ESTADOS UNIDOS. U.S. Patent (USP). *General Electric Broadcasting Co.*, 199 USPQ 560 (TTAB 1978). Disponível em < https://indiancaselaws.wordpress.com/2020/01/04/in-re-general-electric-broadcasting-company-inc/>

ESTADOS UNIDOS. Suprema Corte. *Hanover Star Milling co v. Metcalf*, 240 U.S. 403, 412 (1916). Disponível em < https://www.law.cornell.edu/supremecourt/text/240/403>.

ESTADOS UNIDOS. U.S. Patent (USP) Act of 19 July 1952, 35 U.S.C. §§ 171–173. Disponível em <https://www.govinfo.gov/content/pkg/USCODE-2011-title35/html/USCODE-2011-title35.htm>.

EUIPO. *Guidelines for Examination in the Office*, Version 1.0 of August 2016, § 4.1.3. Icons. Disponível em < https://www.epo.org/law-practice/legal-texts/guidelines.html>.

HUDIS, Jonathan; SIGNORE, Philippe J.C., *Protection of Industrial Designs in the United States*, Intellectual Property Review, Vol. 27, No. 7, at 256.

In re Clarke, 17 U.S.P.Q.2d 1238 (TTAB 1990). Disponível em < https://www.quimbee.com/cases/in-re-clarke>.

KEMPAS, Tobias. *Uma nota sobre inteligência artificial e propriedade intelectual na Suécia e na UE*, Estocolmo Intellectual Property LawReview, Vol. 3, junho 2020, 64.

L'HOPITALIER, Marie-Pierre ; FÉLIX, Juliette. *Intelligence artificielle et marketing*, Revue des marques, No. 109, January 2020, 76.

PIOTRAUT, Jean-Luc. *L'impact de la digitalisation sur les steards de la propriété industrielle*, in Le droit des affaires à l'épreuve de la digitalisation, 2020. Disponível em <https://hal.archives-ouvertes.fr/DROITDESAFFAIRESDIGITALISATION2019/>.

ROUVINEN, Markus. *Trademark infringement e Google PLA ads – Lessons from 'Ortlieb'?*, The IPKat Blog. Disponível em <https://ipkitten.blogspot.com/2020/01/trademark-infringement-e-google-pla.html>.

SIGNORE, Philippe J. C.; HAMILTON, James D.; POULIN, Oliver. *Design Patent Protection in the United States*, epi Information Journal, 2/2001. Disponível em <http://www.oblon.com/publications/design-patent-protection-united-states>.

TRIBUNAL DE JUSTIÇA DA UNIÃO EUROPEIA (TJUE). Shield *Mark BV v Joost Kist h.o.d.n. Memex*, Processo C-283/01, European Court Reports (E.C.R.) 2003 Página I-14329. 27 de novembro de 2003.

UNIÃO EUROPEIA. Primeira Diretiva do Conselho de 21 de dezembro de 1988 para aproximar as leis dos Estados-Membros relativas às marcas (89/104/EEC), Artigo 2º, e Regulamento do Conselho (EC) No. 40/94 de 20 de dezembro de 1993 sobre a marca comunitária, artigo 4.

9. OS DIREITOS DE MARCA E DESIGN NO MUNDO DA IA

UNIÃO EUROPEIA. Diretiva 87/54/EEC de 16 de dezembro 1986 sobre a proteção legal de topografias de produtos semicondutores (ECT Directive). Disponível em <https://eur-lex.europa.eu/legal-content/GA/ TXT/?uri=CELEX:31987L0054>.

UNIÃO EUROPEIA. CORTE DE APELO DA UNIÃO EUROPEIA (CJEC). *Hoffmann-La Roche AG v Centrafarm Vertriebsgesellschaft Pharmazeutischer Erzeugnisse mbH,* Case C-102/77, E.C.R. 1978 Página 1140, parágrafo 7. 23 de maio de 1978. Disponível em <https://eur-lex.europa.eu/legal-content/EN/ TXT/?uri=CELEX%3A61977CJ0102>.

UNIÃO EUROPEIA. CORTE DE APELO DA UNIÃO EUROPEIA (CJEC). *L'Oréal SA v Bellure NV,* Case C-487/07, E.C.R. 2009 Páginas I-05185, parágrafo. 58. 18 de junho de 2009. Disponível em <https://www.5rb.com/case/ loreal-s-a-v-bellure-n-v-and-others/>.

UNIÃO EUROPEIA. CORTE DE APELO DA UNIÃO EUROPEIA (CJEC). *Gut Springenheide GmbH e Rudolf Tusky v Oberkreisdirektor des Kreises Steinfurt - Amt für Lebensmittelüberwachung,* Case C-210/96, E.C.R. 1998 Page I-04657, parágrafo 31.16 de julho de 1998. Disponível em <*https://eur-lex.europa.eu/legal-content/ EN/TXT/?uri=CELEX%3A61996CJ0210>.*

UNIÃO EUROPEIA. CORTE DE APELO DA UNIÃO EUROPEIA (CJEC). *Lloyd Schuhfabrik Meyer,* parágrafo 26. 22 de junho de 1999. Disponível em < https:// curia.europa.eu/juris/liste.jsf?num=C-342/97>.

UNIÃO EUROPEIA. CORTE DE JUSTIÇA DA UNIÃO EUROPEIA (CJEU). *Google v Louis Vuitton & Others,* Joined Cases C-236/08 to C-238/08, E.C.R. 2010, p. I-02417. 23 de março de 2010. Disponível em < https://curia.europa. eu/juris/liste.jsf?num=C-236/08>

UNIÃO EUROPEIA. CORTE DE JUSTIÇA DA UNIÃO EUROPEIA (CJEU). *PepsiCo, Inc. v Grupo Promer Mon Graphic SA,* Case C-281/10 P, E.C.R. 2011 Página I-10153, parágrafo. 59. 20 de outubro de 2011. Disponível em <https://curia. europa.eu/juris/liste.jsf?language=en&num=C-281/10%20P>.

UNIÃO EUROPEIA. CORTE DE JUSTIÇA DA UNIÃO EUROPEIA (CJEU). *Ralf Sieckmann v Deutsches Patent-und Markenamt,* Case C-273/00, E.C.R. 2002 Page I-11737. 12 de dezembro de 2002. Disponível em <https://eur-lex.europa. eu/legal-content/EN/TXT/?uri=CELEX%3A62000CJ0273>.

UNIÃO EUROPEIA. Tribunal de Primeira Instância Europeu (3ª Câmara). *Eden v OHIM,* Caso T-305/04, E.C.R. 2005 Page II-4705. 27 de outubro de 2005. Disponível em <https://curia.europa.eu/juris/showPdf. jsf?docid=65903&doclang=en>.

UNIÃO EUROPEIA. Diretiva (EU) 2015/2436 (EUTM Directive). Disponível em <https://eur-lex.europa.eu/legal-content/EN/TXT/?uri=CELEX% 3A32015L2436>.

UNIÃO EUROPEIA. Regulamento (EU) 2015/2424 de 16 de dezembro de 2015. Disponível em <https://eur-lex.europa.eu/legal-content/EN/TXT/?uri=celex%3A32015R2424>.

UNIÃO EUROPEIA. Regulamento (EU) 2017/1001 of 15 June 2017 (EUTM Regulation). Disponível em <https://eur-lex.europa.eu/legal-content/EN/TXT/?uri=CELEX%3A32017R1001>.

UNIÃO EUROPEIA. Regulamento de Implementação da Comissão (UE) 2018/626 de 5 de março de 2018. Disponível em <https://eur-lex.europa.eu/legal-content/EN/TXT/?uri=uriserv:OJ.L_.2018.104.01.0037.01.ENG>.

UNIÃO EUROPEIA. Diretiva 98/71/EC de 13 de outubro de 1998 sobre a proteção legal de desenhos industriais (ECD Directive). Disponível em <https://eur-lex.europa.eu/legal-content/EN/TXT/?uri=CELEX%3A31998L0071>.

UNIÃO EUROPEIA. Tribunal de Justiça (Primeira Secção) (CJEC). *Interflora Inc. e Interflora British Unit contra Marks & Spencer plc e Flowers Direct Online Ltd.* Parágrafo. 66. 22 de setembro de 2011. Disponível em < https://curia.europa.eu/juris/liste.jsf?num=C-323/09>.

UNIÃO EUROPEIA. Regulamento (EC) No. 6/2002 de 12 de dezembro de 2001 sobre desenhos comunitários (ECD Regulation). Disponível em <https://eur-lex.europa.eu/legal-content/EN/ALL/?uri=celex%3A32002R0006>.

VILLEDIEU, Anne-Laure; CHAMBRION, Océane. *Propriété intellectuelle et intelligence artificielle. Qui peut être auteur, titulaire, inventeur?*, Lettre des propriétés intellectuelles, CMS Francis Lefebvre Newsletter, 2020. Disponível em <https://cms.law/fr/fra/news-information/propriete-intellectuelle-et-intelligence-artificielle>.

WIPO. Steing Committee on the Law of Trademarks, Industrial Designs e Geographical Indications, SCT/9/6, 2002, *Industrial designs e their relation with works of applied art e three-dimensional marks.* Disponível em <https://www.wipo.int/edocs/mdocs/sct/en/sct_9/sct_9_6.pdf>.

WIPO. *Revised Issues Paper on Intellectual Property Policy and Artificial Intelligence.* Artigo de emissão revisado de 29 de maio de 2020, disponível em <https://www.wipo.int/meetings/en/doc_details.jsp?doc_id=499504>.

WIPO. *World Intellectual Property Indicators 2020 Report Released.* Disponível em <https://www.wipo.int/pressroom/en/Artigos/2020/Artigo_0027.html>.

WIPO Magazine, *Artificial intelligence e intellectual property: an interview with Francis Gurry*, Setembro de 2018. Disponível em <https://www.wipo.int/wipo_magazine/en/2018/05/Artigo_0001.html>.

WIPO, *Index of AI initiatives in IP offices.* Disponível em <https://www.wipo.int/about-ip/en/artificial_intelligence/search.jsp>.

10. A NOVA FRONTEIRA TECNOLÓGICA DO DIREITO AUTORAL

Allan Rocha de Souza
Luca Schirru

A produção e utilização de ferramentas ou tecnologias, foi, durante muito tempo, um distintivo do que é caracteristicamente humano dos demais seres vivos. Hoje, no entanto, com o constante desenvolvimento dos sistemas de Inteligência Artificial (IA) e sua penetrabilidade social, produtos que, caso criados por seres humanos seriam protegidos sob os direitos autorais, reforçam o questionamento a respeito do que é essencialmente humano. Para este artigo, questionamos especificamente se aos produtos equivalentes às obras literárias, artísticas ou científicas, desenvolvidos autonomamente por sistemas de IA, podem ou devem ser atribuídos algum tipo de proteção a partir da estrutura normativa existente para os direitos autorais. A partir da identificação e análise dos modelos de apropriação existentes no sistema de proteção vigente, indicamos as características centrais de cada qual e sua potencial aplicabilidade aos produtos da IA. Ao final, arriscamos uma proposta de modelo de regulação que consiga equacionar parte relevante dos dilemas que esta nova fronteira tecnológica nos traz, sem necessidade de uma ruptura integral com o sistema vigente de direitos autorais que, conforme se demonstrará, já apresenta potenciais soluções, ainda que parciais, para o problema aqui encarado.

A definição do que é caracteristicamente humano, que nos distingue dos demais seres vivos, é uma busca histórica. A produção e utilização de ferramentas ou tecnologias foi, durante muito tempo, um destes distintivos. Indiscutível que o uso de ferramentas ou tecnologias para expandir o campo de atuação e conquistar novos espaços é parte essencial da trajetória da evolução de nossa espécie. Até a década de 1960 acreditava-se que éramos a única espécie que fazia uso de tais instrumentos na interação com o ambiente. Entretanto, as descobertas de Jane Goodall ao longo da década de 1960 sobre os chipanzés desconstituíram este paradigma ao demonstrar que estes animais também produziam e usavam ferramentas na sua interação com o meio ambiente em que viviam[1], resultando em famosa afirmação atribuída ao paleoantropólogo Luis Leakey de que "devemos agora redefinir o ser humano, redefinir ferramentas, ou aceitar os chimpanzés como seres humanos!"[2].

Atualmente está claro que não só outros primatas, mas animais das mais diversas famílias e espécies fazem uso de ferramentas para inúmeros fins.[3] Outras espécies não só usam ferramentas, ou seja, tecnologia, mas também se comunicam por meio de linguagens próprias.[4] Mesmo a cultura, em seu aspecto 'lato', não pode mais ser considerada um atributo unicamente humano.[5] Ao longo das últimas décadas, inúmeras características que eram atribuídas exclusivamente aos humanos foram reconsideradas. A cada avanço nesta linha surgia a necessidade de reconsiderar as especificidades do que é ser *humano*.

Estes desafios, ao nosso entendimento, historicamente antropocêntrico, sobre o que somos enquanto espécie e como nos distinguimos do 'mundo animal', atingem novo patamar quando estamos diante de tecnologias que buscam replicar a forma como pensamos e raciocinamos (*Podem as máquinas pensar?*) e, ainda mais recentemente, como criamos e inovamos (*Podem as máquinas criar? Podem inovar?*). O avanço dos sistemas de IA e sua crescente penetrabilidade social nos fazem repensar continuamente o que é essencial e distintamente humano.

---

[1] Para maiores informações, consultar https://www.janegoodall.org.uk/chimpanzees/chimpanzee-central.
[2] Surujnarain (2019).
[3] Biro, Haslam, Rutz (2013).
[4] Reis (2015).
[5] Ramsay (2013).

10. A NOVA FRONTEIRA TECNOLÓGICA DO DIREITO AUTORAL

Em 1950, Alan Turing questiona se "As máquinas podem pensar?"[6] e propõe como teste o 'jogo da imitação', destacando as dificuldades técnicas ainda a serem superadas, como memória e capacidade de processamento. O termo Inteligência Artificial, no entanto, só foi cunhado em 1956[7], mas a pergunta e o desafio permanecem candentes. Desde então, foram muitos os progressos na área da computação e da IA e, indiscutivelmente, hoje, os sistemas de IA fazem parte do nosso cotidiano, assumindo ou auxiliando em diversas funções.[8]

E, para além do desenvolvimento de processos ou raciocínios lógicos e matemáticos computacionalmente reproduzíveis, e mesmo da questão da reprodutibilidade tecnológica do processo criativo humano, que entendemos superadas,[9] surge a questão sobre a qual iremos nos debruçar neste artigo: se aos produtos equivalentes às obras literárias, artísticas ou científicas, desenvolvidos autonomamente por sistemas de IA, podem ou devem ser atribuídos algum tipo de proteção a partir da estrutura normativa dos direitos autorais.

Não estamos aqui a discutir se estes produtos podem ser considerados de fato *Arte*, mas se, pela sua equivalência, as criações humanas protegidas por direitos autorais podem ser a estas equiparadas e se tornarem objeto de apropriação por direitos autorais. Tradicional e legalmente a presunção ainda é a de que não há proteção possível a expressões deste tipo que não sejam originadas por um ser humano, pois este é o pressuposto incorporado nas normas de direitos autorais que protegem estes bens. No entanto, um crescente número de produtos equivalentes é criado a cada instante justamente por sistemas de IA[10] e, neste processo, a questão da apropriação ganha novos contornos.

Não estamos também falando aqui das inúmeras situações em que o sistema de IA é apenas um instrumento a serviço do autor, mas unicamente de sistemas dotados de suficiente autonomia e de reduzida – e/ou praticamente inexistente – intervenção humana na escolha e confecção do objeto, seja um texto, uma imagem, um conjunto de notas musicais

---

[6] Turing (1950).

[7] Russel e Norvig (2013, pp. 16-17); Davies (2011).

[8] Por exemplo: Assistentes pessoais, corretor ortográfico e tradutor online.

[9] Boden (2004); Sautoy (2019).

[10] Por exemplo: Ing, Microsoft, Tu Delft, Mauritshuis [s.d.]; Obvious (2018); Sims (1993); Ars Technica (2016).

etc. São inúmeras as combinações possíveis entre autonomia dos sistemas e graus de intervenção e decisão humanas, o que torna impossível, no âmbito deste artigo, dissecar suas possibilidades. Entretanto, por ser tão central a nossa discussão, dedicaremos a primeira parte deste artigo a elaborar a respeito.

Obviamente, as preocupações relacionadas a IA não são restritas a questões de propriedade intelectual, mas são permeadas principalmente por questões éticas urgentes, a respeito das quais destacamos a iniciativa liderada pela Organização das Nações Unidas para a Educação, a Ciência e a Cultura (UNESCO) de elaboração de um instrumento compreensivo para o estabelecimento de padrões éticos globais para o desenvolvimento de sistemas de IA.[11]

Ao mesmo tempo, os avanços tecnológicos propeliram as discussões sobre qual o sistema de apropriação mais adequado para os produtos equivalentes às expressões artísticas, científicas e tecnológicas, que constituem objeto dos direitos autorais. Em especial nos últimos três anos este debate ganhou proeminência, tendo sido foco de diálogos internacionais promovidos pela Organização Mundial de Propriedade Intelectual (OMPI)[12], iniciativas regionais da União Europeia[13], ações nacionais[14], até mesmo no Brasil[15].

Entendemos que as relações entre os direitos de propriedade intelectual e os sistemas de inteligência artificial são principalmente de três ordens. A primeira diz respeito ao desenvolvimento dos sistemas pro-

---

[11] Mais informações em: https://en.unesco.org/artificial-intelligence.

[12] WIPO (2020).

[13] União Europeia (2020).

[14] Em Estados Unidos da América (2017, p. 1): "302 The Legal Framework [...] The Copyright Act protects "original works of authorship fixed in any tangible medium of expression, now known or later developed, from which they can be perceived, reproduced, or otherwise communicated, either directly or with the aid of a machine or device." 17 U.S.C. § 102(a)". [grifos do original]. Em Estados Unidos Da América (2017, p. 4): "306 The Human Authorship Requirement [...] The U.S. Copyright Office will register an original work of authorship, provided that the work was created by a human being." [grifos do original] Em Estados Unidos Da América (2017, pp. 16-17): "313.2 Works That Lack Human Authorship [...] Similarly, the Office will not register works produced by a machine or mere mechanical process that operates randomly or automatically without any creative input or intervention from a human author." [grifos do original].

[15] Brasil (2020; 2021).

priamente ditos; outra se refere às entradas ou inputs necessários ao treinamento destes sistemas; enquanto a terceira é relativa aos produtos gerados ou outputs destes sistemas. É desta terceira vertente, quando elaborada por sistemas dotados de relevante autonomia, com mínimo direcionamento ou intervenção humanos, que estamos tratando aqui.

Atualmente não restam dúvidas sobre a viabilidade desta produção, mas sobram incertezas sobre o modelo adequado de apropriação, se algum. Entendemos que pensar a partir do paradigma restrito da propriedade privada individual, conforme projetado nas normas de propriedade intelectual, reduz a probabilidade de encontrarmos soluções adequadas ao problema, e por isso a necessidade de ampliarmos o escopo da análise e discorrermos sobre os sistemas de apropriação e governança de bens, inclusive coexistentes em uma mesma norma, como é o caso dos direitos autorais.

Superados estes aspectos preliminares – autonomia e sistemas de apropriação – apresentamos um quadro, com suas respectivas explicações, em que demonstramos como coexistem nas normas de direitos autorais modelos de apropriação distintos, especialmente quando pensados a partir do critério de atribuição de titularidade sobre os produtos. Neste caso, usamos como base o modelo antropocêntrico que, a princípio, é o viés estruturante da legislação nacional. Assim o fazemos porque a análise pretendida é sobre a adequação ou possibilidade de adaptação destes modelos de apropriação existentes no âmbito dos direitos autorais aos produtos dos sistemas de IA. Arriscamos, ao final, uma proposta de modelo de regulação que consiga, potencialmente, equacionar, ao menos, parte relevante dos dilemas que esta nova fronteira tecnológica nos traz, sem necessidade de uma ruptura integral com o sistema vigente de direitos autorais.

1. A IA e o Humano no processo criativo

Um dos desafios centrais na regulação do tema em debate é a proposição de uma regra única no que concerne à apropriação dos produtos da IA pelo direito autoral. Cada situação traz especificidades no que concerne aos diferentes graus de interferência humana e autonomia do sistema, o que acaba por influenciar na previsibilidade do resultado pretendido.

A opção pela(s) tecnologia(s) empregada, situação em que a dinâmica particular daquele método pode exigir do ser humano diferentes ações, além da criação do próprio sistema de IA, é um dos complicadores neste tema. Também é comum que um determinado projeto envolva uma multiplicidade de ferramentas e técnicas de IA[16]. O aspecto colaborativo de alguns projetos[17] e a participação de diversos agentes (desenvolvedores, designers, responsáveis pela seleção das bases de dados, etc.) são elementos que trazem desafios adicionais.

A extensão da interferência humana é diretamente vinculada ao nível de autonomia do sistema – porque o define em seu aspecto geral, representa um elemento determinante na previsibilidade do resultado final e influencia a adequabilidade da apropriação daquele produto sob o direito autoral, como se observou no recente caso *"Tencent"*[18].

Assim, em casos de uma interferência humana substancial e baixo grau de autonomia do sistema de IA, é provável que o resultado seja dotado de maior previsibilidade. O maior domínio do humano sobre o sistema e o controle sobre o resultado pretendido podem gerar um cenário onde a aplicação do sistema de IA assemelha-se à utilização deste como uma mera ferramenta, não deixando maiores dúvidas sobre a sua apropriação pelo direito autoral[19]. Neste sentido, a previsibilidade do resultado final é fator relevante para a aferição do regime de apropriação aplicável ao caso.

A interferência humana pode se dar de diversas maneiras[20]. Um primeiro cenário seria aquele onde a interferência humana é significativa apenas no momento da concepção de um determinado sistema. Uma segunda hipótese seria aquela verificada em que a seleção e o emprego das técnicas de IA foram realizadas por um ser humano para finalidades bastante específicas e a persecução de um resultado, ainda que não totalmente definido, mas substancialmente direcionado. Em outro cená-

---

[16] Como se deu no caso The Next Rembrandt.

[17] Merece aqui referência o experimento de Sims (1993).

[18] Para mais informações, verificar He (2020).

[19] Ascensão (1997); Vieira (2001).

[20] Drex, Hilty *et al* (2019, p. 10): "The human input in machine learning* mainly subsists in choosing or developing a training algorithm* (can require creativity to develop a new algorithm), setting the hyperparameters* (often involves trial and error; research is conducted to use machine learning to define hyperparameters), data labelling (mundane work), and developing the model architecture* (often a heuristic* process, see Q4, Q5)." [notas do original suprimidas].

rio ainda, essa interferência poderia se dar simplesmente pela seleção do material de treinamento de um determinado sistema de IA baseado em redes neurais, que poderia representar, por exemplo, a seleção de roteiros que deveriam ser analisados por um sistema para a posterior elaboração de um roteiro inédito[21].

Embora seja impossível identificar e categorizar todas as possíveis combinações de tais fatores é proposta aqui uma classificação em três grandes grupos, de acordo com a sua aplicação e o impacto no conteúdo (por ex: artístico) do produto final: acessória[22], instrumental[23] e determinante[24].

---

[21] Conforme analisado em Schirru (2020), notadamente quanto ao curta-metragem "Sunspring".

[22] Em Schirru (2020, p. 255): "[...] observou-se que o emprego de técnicas de IA e de tratamento de dados não foi capaz de interferir diretamente no conteúdo artístico/literário de um determinado produto. O resultado do emprego de tais tecnologias foi utilizado como um conhecimento relevante, porém acessório, ao conteúdo da obra intelectual em si. Não poderia se falar, portanto, em uma interferência direta no processo criativo daquela determinada obra pois, a principal contribuição da aplicação dessa tecnologia no caso em tela se deu no campo das ideias: na ideia de convidar um determinado diretor ou ator, ou a respeito do gênero/temática daquela obra."

[23] Em Schirru (2020, p. 255): "O caráter "instrumental" da aplicação de sistemas de IA no desenvolvimento de produtos de natureza artística pode ser comparado ao que é observado, por exemplo, na escrita desta tese em um editor de texto até criação de projetos 3D e a renderização de imagens extremamente realistas em um complexo software utilizado nas áreas de engenharia e arquitetura."

[24] Em Schirru (2020, p. 256): "Contudo, no que concerne aos sistemas de IA aplicados em caráter instrumental, a situação ganha contornos mais complexos a partir do momento em que a aplicação desses sistemas pode vir a gerar resultados não totalmente previstos pelo seu usuário, o que passa a, inclusive, integrar o escopo da terceira categoria de aplicação no que concerne ao impacto no conteúdo do produto final: a aplicação de sistemas de IA de caráter "determinante" para o conteúdo de produto [nota do original: "No que se refere a esse cenário, Vieira (2001, p. 121) trata de tal situação sob a expressão "criação controlada por computador": "Nestes casos, o computador não se limita a obedecer às instruções de comando de um utilizador que determinam o resultado expressivo final. É ele que em execução de um programa de computador gera uma obra criativa que não pertence à autoria de ninguém, isto é, de uma pessoa. O contributo humano surge sempre como indispensável nas obras geradas por computador."]. Por óbvio que às demais categorias também poderia ser atribuído o caráter determinante, pois a aplicação de sistemas de IA influenciou diretamente naquele produto: seja por meio da produção de um conhecimento que se traduziu em conceitos ou ideias fundamentais ao sucesso do produto ou pelo fato de que sem a

Não obstante esta categorização e a análise dos elementos de interferência humana, autonomia do sistema e previsibilidade do resultado final, o maior desafio enfrentado pela legislação vigente, bem como por uma proposta de regulação que se dedique a promover um regime de apropriação para produtos da IA, é acomodar situações onde não é tão claro o nível de participação e interferência de um ser humano e a autonomia de um sistema IA. Pois, se por um lado poder-se-ia atribuir a autoria de um produto a um humano quando este manipulasse um ou mais sistemas de IA como verdadeiras ferramentas, ou até mesmo indicar a inexistência de direitos autorais em casos onde a autonomia do sistema seria tamanha que a participação do ser humano não seria passível de ser caracterizada como minimamente original e/ou determinante no conteúdo daquele produto final, os (tantos) casos localizados entre ambos os extremos não se sujeitariam a uma solução única. E para melhor ilustrar as diferentes interações entre autonomia do sistema e ingerência humana, propomos o esquema abaixo:

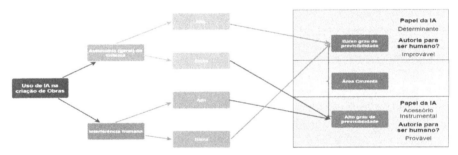

Figura 1. Luca SCHIRRU. Diagrama sobre a relação entre características de um processo de desenvolvimento de produtos da IA e o tratamento concedido pelo direito autoral. 2020.

aplicação de tais sistemas, dificilmente se chegaria a um determinado resultado no tempo pretendido se valendo apenas da força e do intelecto humano, por exemplo. Entretanto, concentra-se aqui no conteúdo, por exemplo "artístico", daquele determinado produto, onde a maior autonomia do sistema e a a menor interferência humana foram elementos que garantiram que a aplicação do sistema de IA naquele particular caso fosse determinante ao conteúdo pretendido."

2. Propriedades e sistemas de apropriação

Há, por óbvio, diversas maneiras de se entender 'propriedade'. O primeiro sentido, mais popular, se refere e se confunde com o próprio objeto, a coisa ou bem apropriado. De outra forma, também pode ser vista como uma relação entre as pessoas e a coisa ou bem. Pode ainda significar um conjunto de relações entre pessoas com respeito a uma coisa ou bem.[25] Juridicamente, presume-se que a tradição romano-germana atribui especial valor ao *dominium*, que implica em entender 'propriedade' como sujeição da coisa ou bem ao sujeito titular do direito, ao passo que os sistemas de *common law* classicamente a percebem como uma relação entre sujeitos com relação a determinado objeto da apropriação.[26]

Pensar, no entanto, a instituição 'propriedade' simplesmente a partir de suas concepções jurídicas restringe sobremaneira o escopo da análise e não permite vislumbrar a complexidade envolvida na sua conformação, pois "a bem da verdade, o direito de propriedade não é um dado, ele é o resultado de determinada conjuntura política, nem sempre fácil de esquadrinhar"[27], sendo portanto melhor representada como um conjunto de relações de poder[28], que, para ser investigada, demanda a identificação de determinados grupos de interesse e a sua respectiva atuação no desenvolvimento das condições de apropriação de bens em um determinado contexto social[29]. Daí a importância do descolamento do texto normativo dos direitos de propriedade e foco na perquirição das relações sociais que a envolvem e influenciam sua construção como instituição, pois, afinal, "[...] a propriedade não é simplesmente uma instituição, mas um conjunto de relações sociais de poder, status e papéis,

---

[25] Munster (1990, p. 16).

[26] Graziadei, Smith (2017, p. 51).

[27] Motta (2015, p. 82).

[28] Congost, Gelman e Santos (2012, p. 5); Machado (2017, p. 376).

[29] A Resposta de Congost em entrevista de Machado (2017, p. 383): "además, la visión de los derechos de propiedad como relaciones sociales y probablemente conflictivas, que estoy defendiendo, invita a observar con especial detalle el papel de los distintos grupos sociales en cada período histórico."; Ascensão (1978 *apud* Fachin, 1995).

legitimadas por instituições utilizadas por organizações e controle social difusos, e que se manifesta na ação social"[30].

O alçar da propriedade privada individual como sistema mais eficiente de alocação e governança de bens e recursos é característica da modernidade e reflete as forças e relações de poder. Exemplo maior deste período, o Code Civil (1804) traz a definição jurídica que é um "emblema do conceito moderno (individualista, burguês, capitalista) da propriedade, sobretudo porque nele se costuma destacar o caráter absoluto e pleno dos poderes do proprietário."[31] E este modelo de propriedade apresenta os seguintes traços estruturais: (i) "(a propriedade) é um direito natural, anterior à ordem jurídica positiva, decorrente da própria natureza do homem, como ser que necessita de se projetar exteriormente nas coisas para se realizar"[32]; (ii) "é um direito absoluto, no sentido (que era originário do Code) de que não está sujeito a limites externos, pelo que seu exercício não depende de condicionamentos ou autorizações externas"[33]; (iii) "é um direito pleno, ou seja, contém em si todas as faculdades de ação que o seu titular pode desenvolver em relação ao bem objeto de propriedade"[34]; (iv) "é um direito tendencialmente perpétuo, daí decorrendo a tendência para o desfavor das formas temporalmente limitadas de domínio."[35]; (v) "é, finalmente, um direito essencialmente privado, não devendo, portanto, coenvolver direitos de caráter público."[36]

Ao longo de mais de dois séculos desde então, todos estes elementos têm sido questionados e, em muitos aspectos, superados. No entanto, ainda vivemos sob os efeitos da naturalização e reducionismo desta visão, ao ponto de termos dificuldades de vislumbrar outros regimes de apropriação e governança de bens e riquezas. E mesmo com todos os questionamentos, esta concepção liberal-burguesa da propriedade

---

[30] Congost, Gelman e Santos (2012, p. 5): "[...] property is not simply an institution, but rather a set of social power relations, status and roles, legitimised by institutions enforced by organisations and diffuse social coApntrol, and which manifests itself in social action."

[31] Hespanha (1980, p. 211).

[32] Hespanha (1980, p. 211).

[33] Hespanha (1980, p. 211).

[34] Hespanha (1980, p. 212).

[35] Hespanha (1980, p. 212).

[36] Hespanha (1980, p. 212).

mantém sua influência e impregna inúmeros projetos de desenvolvimento promovidos por instituições como o Banco Mundial e o Fundo Monetário Internacional.[37] Além do mais, esta concepção sobrevaloriza a 'eficiência' e ignora os efeitos sobre a 'igualdade', desconsiderando a "questão sobre quem ganha e quem perde no processo de apropriação e desenvolvimento e a necessidade de se olhar para regimes alternativos de apropriação e caminhos para o desenvolvimento."[38]

Parece-nos crucial para superação das armadilhas da naturalização social e política da concepção liberal da propriedade como melhor solução para todas as circunstâncias e condições é nos lembrarmos dos diversos sistemas de apropriação que coexistem. Em uma perspectiva antropológica, a 'propriedade' se refere às "muitas maneiras em que direitos e deveres, privilégios e restrições governam as relações das pessoas em relação aos recursos e objetos de valor."[39] Ao passo que o caráter relativo da propriedade nos leva a questionar sobre a

> "proeminência, ou obsessão, com a exclusividade da propriedade individual privada, que não é central ao entendimento do fenômeno proprietário na maior parte das sociedades ou culturas, pois em muitas destas sociedades, noções de propriedade, posse e titularidade podem, mais ou menos explicitamente, incluir noções de usufruto, acesso compartilhado e muitas outras formas legítimas de uso dos bens e recursos que não necessariamente implicam em uma propriedade privada exclusiva."[40]

Confirmando esta perspectiva de multiplicidade de formas e arranjos proprietários não só possíveis, mas coexistentes, temos as pesquisas de Elinor Ostrom, que buscaram analisar e superar a dualidade teórica reinante que insistia em dividir os tipos de bens ou coisas entre puramente privadas ou públicas, no qual os primeiros são excludentes (de fácil exclusão de terceiros) e rivais (o uso por um impede o uso simultâneo dos demais), enquanto os bens públicos são de difícil exclusão e são não rivais.[41]

---

[37] Xu, Allain (2015, p. 5).
[38] Xu, Allain (2015, p. 5).
[39] Turner (2017, p. 26).
[40] Turner (2017, p. 26).
[41] Ostrom (2009).

Se formos além e destrincharmos o feixe de direitos sob os sistemas proprietários, podemos indicar, a partir da literatura econômica e em conformidade com Ostrom, como mais importantes os direitos de alienação (ou disposição), exclusão (de terceiros), gozo ou fruição (ou retirada e utilização econômico dos recursos), acesso ou uso (para aproveitamento não econômico) e gestão (ou governança).[42] Interessante notar que, segundo a autora, para a literatura econômica, o direito de alienação ou disposição é equivalente à própria propriedade, sem o qual esta é 'mal definida' e ineficiente.[43] Ao mesmo tempo, outras análises focam na essencialidade do direito de exclusão de terceiros (correspondente ao dever geral de abstenção de uso ou perturbação) como estruturante da propriedade privada.[44]

O objetivo restrito deste artigo é analisar a possibilidade de apropriação dos produtos equivalentes a obras literárias, artísticas e científicas gerados por sistemas autônomos de IA, no âmbito da regulação por direitos autorais. Então, estamos tratando aqui especificamente de bens não tangíveis, imateriais – embora possam estar incorporados em um *corpus* mecânico, um suporte. Cabe aqui então uma distinção entre as características destes bens intangíveis com relação aos bens tangíveis. E a discussão sobre apropriação de bens intangíveis nos traz a questão do *knowledge* ou *information commons*, categoria que ganhou proeminência com o avanço das tecnologias digitais, e que demanda maior aprofundamento e estudos para identificar com maior precisão seus contornos.[45]

As principais características distintivas dos bens intangíveis (como os protegidos por direitos autorais) para os tangíveis é que estes são não rivais e de difícil exclusão, pois a utilização por um agente não reduz a utilidade nem impede a utilização por terceiros, o que impõe um alto custo de excluir terceiros.[46] De fato, por não serem naturalmente limitados ou escassos, seu controle é alcançado apenas artificialmente, por meio das leis de propriedade intelectual, por exemplo. Neste caso,

---

[42] Ostrom, Hess (2008, p. 11).
[43] Ostrom, Hess (2008, p. 11).
[44] Alexander, Peñalver (2012, p. 130 e ss).
[45] Ostrom, Hess (2007).
[46] Coriat (2013, p. 13).

10. A NOVA FRONTEIRA TECNOLÓGICA DO DIREITO AUTORAL

a partir de uma análise dos direitos incidentes sobre os repositórios institucionais de material científico ou educacional, são identificados por Ostrom e Hess como característicos os direitos de disposição, exclusão, acesso e gestão, presentes dentre os poderes ou direitos na propriedade sobre bens tangíveis; reformula-se o direito de gozo ou fruição, convertido em direito de extração (reproduzir o conteúdo); sendo adicionados os direitos de contribuição (acrescer conteúdo) e também de remoção (retirar a própria contribuição).[47]

Em qualquer caso, a contribuição essencial de Ostrom foi demonstrar empiricamente que, entre estes dois extremos, existe uma variedade de situações em que diversos poderes do 'feixe de direitos' são alocados a diferentes agentes associados no compartilhamento dos recursos.[48] E esta conclusão é convergente também com as análises históricas e antropológicas. Ademais, como o que pode ser ou não objeto de apropriação varia no tempo e espaço e "dependem, por um lado, do surgimento de novos interesses econômicos e, por outro lado, dos valores sociais que determinam se uma coisa é passível ou não de se objeto de propriedade."[49] E, embora diferentes em sua natureza, as teorias de propriedade usadas para justificar a propriedade tangível são aplicadas sem grandes dificuldades (ou reticências) à apropriação do conhecimento[50], inclusive no que diz respeito à naturalização da noção de propriedade individual privada como modelo mais eficiente de gestão e governança de quaisquer recursos.

Espera-se com isso restar superada a ideia de sistemas proprietários rígidos e universais, simplificados e estruturados em oposição um a outro (privado X público), pois a complexidade e variedade das relações proprietárias e dos regimes de apropriação são mais amplas que pressupunha o pensamento moderno. Podemos, então, neste novo contexto, repensar tanto a atribuição de titularidades, direitos e os sistemas de governança dos bens a partir de uma visão renovada e interdisciplinar, que impõe a substituição do conceito de 'propriedade' por 'propriedades', para dar conta da multiplicidade de objetos e relações de apropria-

---

[47] Ostrom, Hess (2008, p. 16).
[48] Coriat (2013, p. 3).
[49] Praduroux (2017, p. 68).
[50] Alexander, Peñalver (2012, p. 186 e ss).

ção, e, quando tratamos de sua regulação, pensarmos em 'sistemas de apropriação' para além da distinção entre as várias camadas que compõem normalmente o feixe de direitos no que tange às relações proprietárias.

Antes de avançarmos para os modelos de apropriação potencialmente aplicáveis aos produtos de IA, convém apontar que a própria legislação de direitos autorais (mas não só) já incorpora diversos modelos em sua estrutura – como a titularidade original atribuída aos autores (propriedade privada individual fundada na criação); titularidade original atribuída aos produtores fonográficos (propriedade privada individual fundada no investimento); domínio público (bens públicos); usos livres (de acesso livre); e mesmo a administração coletiva de direitos (execução pública musical). Isso demonstra que, na verdade, já vivemos sob um regime híbrido de apropriação para estes bens, em que convivem várias camadas distintas de direitos sobre um mesmo bem e que podem ser atribuídos a titulares diferentes. E é a partir desta constatação que entendemos os modelos de apropriação possíveis para a atribuição de direitos a obras equiparadas às obras literárias, artísticas ou científicas produzidas autonomamente por sistemas de IA que serão apresentados a seguir.

3. Apropriação da IA com base da estrutura dos direitos autorais

Apesar de não definir "autoria", a Lei de Direitos Autorais, em seu art. 11, identifica o autor como "pessoa física criadora de obra literária, artística ou científica"[51]. Assim, para ser considerado autor é necessário que este: (i) seja pessoa física, (ii) proceda a uma criação e (iii) que a criação seja uma obra literária[52], artística ou científica. O *caput* do art. 11 da LDA

---

[51] Lei nº 9.610/1998: "Art. 11. Autor é a pessoa física criadora de obra literária, artística ou científica. Parágrafo único. A proteção concedida ao autor poderá aplicar-se às pessoas jurídicas nos casos previstos nesta Lei."

[52] Insta ressaltar que, dentro do conceito de obras literárias, encontra proteção o programa de computador, conforme *caput* do art. 2º da Lei nº 9.609/1998: "Art. 2º O regime de proteção à propriedade intelectual de programa de computador é o conferido às obras literárias pela legislação de direitos autorais e conexos vigentes no País, observado o disposto nesta Lei.".

evidencia o antropocentrismo[53] como pedra angular para a atribuição da autoria e titularidade original e tem sido utilizado pela doutrina para fundamentar a inexistência de direito de autor sobre produtos da IA[54].

A respeito da construção da autoria e da figura do autor que hoje figura em nossa legislação, e não obstante as críticas na literatura[55], a percepção solidificada no Romantismo de que o autor seria um gênio cuja inspiração interna lhe daria a capacidade de produzir obras absolutamente originais[56] se estendeu por séculos, sendo refletida na estrutura da Convenção de Berna de 1886 sob o entendimento de que deveriam ser garantidos direitos autorais para a proteção da personalidade do autor e de garantir que o mesmo usufrua do produto de seu trabalho[57].

Sob tal perspectiva, o autor era elevado à posição de destaque, o que, por exemplo, não era verificado no início do Séc. XVIII e em épocas anteriores, em que era apenas um dos diversos colaboradores no desenvolvimento de uma obra intelectual[58]. Apesar de o autor romântico

---

[53] De acordo com Castro Junior (2013, p. 25): "O paradigma fundamental do Direito, como de resto quase tudo de origem humana, é o seu antropocentrismo. Sem o Ser Humano, sem as pessoas não haveria direito por esse paradigma."(...) "Essa visão do mundo é antropocêntrica e, de tudo que se viu nos últimos séculos, notadamente com o surgimento da ciência, do iluminismo e do positivismo não poderia deixar de ser, embora, como toda perspectiva, seja limitada."

[54] Dentre os representantes dessa corrente doutrinária está Ascensão (1997) que, apesar de não comentar especificamente a respeito da IA, se posiciona sobre a impossibilidade de se proteger obras geradas por computadores/máquinas sob o direito autoral.

[55] Por exemplo, Litman (1990).

[56] Woodmansee (1984) ao tratar de Wordsworth (1815).

[57] Em Carboni (2014, p. 9): "Com base nessa concepção de autoria formulada pelo Romantismo, foi assinada a Convenção de Berna em 1886 para a proteção de direitos autorais. A justificativa do sistema de proteção autoral teve como base o entendimento de que ao autor deve ser concedido um direito exclusivo com relação às suas expressões artísticas, pelo fato de estas serem uma extensão da sua personalidade (o que constitui o fundamento dos direitos morais de autor) e de terem que lhe pertencer como fruto de seu trabalho criativo (o que é a base dos direitos patrimoniais de autor)."

[58] Woodmansee (1997, p. 279-281): "In an earlier investigation of the evolution of authorship2 I determined that as late as the 1750s in Germany the writer was still being represented as just one of the numerous craftsmen involved in the production of a book-not superior to, but on a par with other craftsmen" (...) The notion that the writer is a special participant in the production process-the only one worthy of attention-is of recent pro-

poder ser reduzido a um "momento" na história do direito autoral, os fundamentos românticos da autoria sobrevivem até hoje nos discursos e na legislação sobre a proteção autoral, e dificultam a construção e o debate de novos tipos de autoria que não a individual e humana[59]. Entretanto, há na legislação autoral aspectos normativos que indicam que o paradigma antropocêntrico não é o único e que outros modelos coexistem na mesma norma.

Isto quer dizer que, antes mesmo da possibilidade de processamento de imensos volumes de dados e da sofisticação das tecnologias de IA, e ainda que a autoria colaborativa, o desenvolvimento de produtos artísticos por IA e o surgimento dos meta-artistas[60] venham a expor ainda mais a obsolescência de muitos dos aspectos relacionados a concepções tradicionais do direito autoral, a desconstrução do antropocentrismo e do protagonismo do autor humano já se encontra presente na LDA em diversos momentos, como, por exemplo, no parágrafo único do art. 11, na proteção de empresas predominantemente com base em seus investimentos, e na proteção de obras de caráter funcional[61].

Observa-se, portanto, progressiva reformulação do paradigma antropocêntrico e o questionamento aos fundamentos que um dia justificaram a atribuição de direitos exclusivos sobre uma determinada obra intelectual. Não obstante as alterações no objeto de proteção dos direitos autorais, com os produtos da IA temos algo inédito: o próprio ato de criar passa a não ser mais exclusivo do ser humano, representando um impacto relevante na já desgastada figura do autor romântico e individual. Tal situação representa um verdadeiro catalisador no que se refere à necessidade de se retomar a discussão sobre os elementos fundamentais do direito autoral.

---

venience. It is a by-product of the Romantic notion that significant writers break altogether with tradition to create something utterly new, unique-in a word, "original." (...) As we move backward in time, the collective, corporate, or collaborative element in writing, which is still apparent in the above definition of a book, becomes even more pronounced. From the Middle Ages right down through the Renaissance new writing derived its value and authority from its affiliation with the texts that preceded it, its derivation rather than its deviation from prior texts."

[59] Carboni (2014, p. 9).
[60] Carboni (2015).
[61] Ascensão (2006).

10. A NOVA FRONTEIRA TECNOLÓGICA DO DIREITO AUTORAL

Não só o antropocentrismo sobre o qual até hoje estão estruturados os elementos centrais do direito autoral, mas também o fato de o sistema vigente não considerar algumas peculiaridades inerentes aos sistemas de IA e sua aplicação para o desenvolvimento dos produtos sob análise, representam fatores que reforçam a inadequação da legislação em vigor para lidar plenamente com a apropriação dos produtos da IA. Sob a legislação vigente, com relação aos direitos de autor, sobre os produtos da IA, cujo papel dessa tecnologia no resultado final tenha sido determinante e a interferência humana diminuta, a solução mais adequada seria considerar que tais produtos estariam em domínio público.

Neste trabalho, além do domínio público, que hoje representa o *status quo* para os produtos de IA, são analisados modelos de apropriação cuja atribuição original de direitos permite uma divisão em três grandes categorias de acordo com os seus destinatários, quais sejam: o criador, o titular (por exemplo: investidor, empregador, contratante, coordenador ou organizador), e o próprio sistema de IA. A fim de facilitar a compreensão das possibilidades categorizamos os diferentes modelos de apropriação utilizando-se como elemento condutor o sistema atualmente vigente, em que ao autor, pessoa física criadora, são originalmente atribuídos direitos exclusivos sobre a utilização de sua criação.

Importante destacar que, em nossa pesquisa, identificamos propostas no sentido de um sistema *sui generis*[62] *externo ao sistema de direitos autorais e conexos,* em que é levantada a possibilidade de se regular a apropriação dos produtos da IA por meio normas externas ao sistema de direitos autorais e conexos, como seria o caso de aplicação das leis de pro-

---

[62] A respeito da importância de um sistema *sui generis* na hipótese de se optar por atribuir direitos exclusivos aos produtos da IA, importante transcrever trecho do estudo de Vieira (2001, pp. 139-140): "Sendo impossível reconduzir as obras geradas por computador a qualquer dos objetos protegidos pelo direito industrial, a conclusão inevitável é a de que também este sistema normativo não funda a respectiva proteção. Sem uma proteção de direito de autor, sem uma proteção de direito industrial e faltando uma regulação sui generis que a abarque no seu âmbito de aplicação, o princípio da tipicidade de bens incorpóreos não permite que se considere uma proteção das obras geradas por computador no direito português. Por esse facto, aquele que produzir uma obra gerada por computador e decidir divulgá-la publicamente (50) não pode esperar poder evitar a sua utilização ou exploração econômica por outrem com recurso a uma tutela normativa específica." [notas do original suprimidas].

priedade industrial ou de concorrência[63], hipóteses em que as regras de apropriação não estariam restritas aos fundamentos e elementos indispensáveis ao sistema de direito autoral. Os detalhes a respeito da construção de modelos *sui generis* representam pontos que merecem maior desenvolvimento em estudos futuros por tratarem de disciplinas que não compõem o escopo da análise aqui proposta.

Apresentamos, assim, a seguir, aspectos centrais sobre cada categoria e seus modelos, alguns de seus principais autores que se dedicaram à sua análise e os desafios na sua implementação.

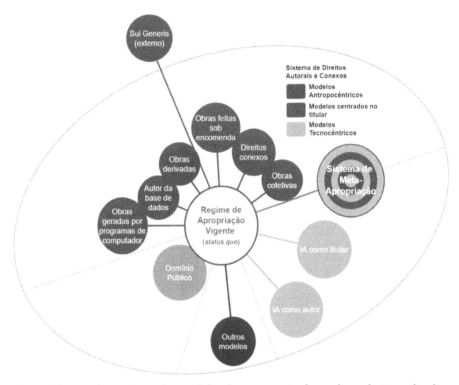

Figura 2. Luca Schirru. Mapa dos modelos de apropriação de produtos da IA analisados. 2020.

---

[63] Sobre o tema, recomenda-se Pereira (2019), Barbosa (2020), Maia (2020).

4. Domínio público como *status quo*

Em que pese a constante diminuição do *quantum* de originalidade exigida para a proteção por direitos autorais, entendemos que não há como caracterizar um produto da IA como obra intelectual, quando este carece de originalidade subjetiva. Mesmo que dotado de relevante originalidade objetiva[64], o que pode até mesmo demonstrar maior inovação do que uma obra autoral regularmente protegida, não há proteção no âmbito dos direitos de autor, como concebidos atualmente[65]. Assim, sob a legislação vigente, os produtos da IA desenvolvidos sem interferência humana relevante e cuja operação do sistema foi determinante ao seu conteúdo estão, a princípio, em domínio público.

Dentre os autores que trataram do afastamento de proteção autoral vigente aos produtos da IA, destacam-se Ascensão (1997), Clifford (1997), Vieira (2001), Ramos (2010) e Schirru (2020), além de trabalhos que propõem modelos baseados, ainda que parcialmente, na assertiva de que tais produtos estariam em domínio público, como é o caso de Ramalho (2017), Gonçalves e Lana (2019) e Schönberger (2018). Importante reiterar que a questão do domínio público não está pautada apenas na legislação autoral vigente, inadequada para lidar com a proteção de produtos de tal natureza, mas, principalmente, nos fundamentos[66] sobre os quais o direito autoral brasileiro foi construído, e também na necessidade de um regime de apropriação que esteja de acordo com os princípios constitucionais de acesso e a observância da função social da propriedade.

Embora seja indiscutível que a opção pelo domínio seria vantajosa por diversos motivos, dentre eles o enriquecimento do acervo disponível para acesso, transformação e demais formas de utilização, determinados fatores de caráter prático e as possíveis manobras políticas e institucio-

---

[64] Souza (2013).

[65] Souza (2013).

[66] Se um dos fundamentos do sistema da atribuição de direitos exclusivos sobre bens imateriais é incentivar o autor a promover a criação para que esta, futuramente, possa ser explorada pela sociedade (SAMUELSON, 1985, p. 1224), não existiria incentivo para um autor morto (BRANCO, 2011), ou, no caso de um sistema de IA, um ser inanimado. Em Ramalho (2017, pp. 15-16): "Absent any justification for copyright protection, and even if AIs could be given legal personhood for purposes of holding rights, there is no argument to support the grant of copyright."

nais para a manutenção dos interesses dos titulares de direitos podem esvaziar por completo os seus propósitos[67]. No que diz respeito aos últimos fatores, uma alternativa seria, então, promover um sistema que já consideraria os interesses dos potenciais titulares de direitos de natureza patrimonial, sobre os quais nos debruçaremos abaixo.

5. Modelos antropocêntricos

Categorizados como "modelos antropocêntricos", temos aqueles em que a atribuição original de direitos é direcionada à figura do criador. Nesta categoria, estão, por exemplo, modelos que promovem uma proteção nos moldes daquela verificada nos *"computer-generated works"* (obras geradas por programas de computador) previsto na legislação britânica. Ainda sob este prisma são identificados os modelos que atribuem a autoria de produtos da IA ao autor da base de dados utilizada para seu treinamento, e aqueles que defendem o tratamento dos produtos da IA com as regras aplicáveis às obras derivadas.

No que diz respeito aos modelos baseados no tratamento concedido aos *"computer-generated works"*[68], é importante esclarecer que nesta categoria não são considerados os produtos gerados por sistemas de IA, pois

---

[67] O primeiro é de caráter prático e estaria apoiado no fato de que o único elemento que separa aquele produto da proteção pelo direito autoral seria a identificação de seu autor. Com isso, há que se questionar: o que impediria o desenvolvedor daquele sistema, por exemplo, de atribuir a si a autoria dos produtos que são gerados por aquele sistema de IA? Como seria feito o controle de tais situações? Conforme se observa em Abbott (2016b, pp. 1085-1086), existem casos concretos nesse sentido. Para mais comentários sobre esse primeiro fator: Schirru (2020) e Hristov (2017). O segundo ponto que desafia sua adoção diz respeito à relação entre apropriação e incentivo. Para alguns estudos, (por ex,: Abbott, 2016a) caso não exista qualquer forma de apropriação exclusiva sobre tais produtos, este cenário representaria um verdadeiro desincentivo à contínua inovação e desenvolvimento de tecnologias de IA. Entretanto, não existe uma relação necessária entre atribuição de direitos exclusivos e aumento das taxas da inovação (Dosi, Stiglitz, 2013, pp. 3-5).

[68] O conceito de "computer-generated work" trabalhado neste item é aquele disposto no CDPA – Copyright, Designs and Patents Act do Reino Unido, legislação de 1988 e atualizada de acordo com o Digital Economy Act de 2017. Reino Unido (1988, item 178): "Minor definitions (...) "computer-generated", in relation to a work, means that the work is generated by computer in circumstances such that there is no human author of the work;". Tal definição também, ainda que com pontuais alterações, foi verificada na Legislação da Irlanda, China (Hong Kong), Nova Zelândia, Fiji, Bahamas, Jamaica, Antígua e Barbuda, Dominica, São Cristóvão e Nevis, Belize e Brunei.

existe naqueles interferência humana capaz de justificar a atribuição de direitos ao seu desenvolvedor. É bem verdade que a legislação britânica traz importantes contribuições para a discussão a respeito de um modelo institucional capaz de regular a apropriação de produtos desenvolvidos mediante a aplicação de sistemas de IA, caso a atribuição de direitos exclusivos fosse uma opção a ser adotada[69].

Entretanto, este modelo também apresenta fragilidades, e algumas destas são derivadas da compreensão do que viria a compor a expressão "arranjos necessários"[70], até mesmo pelo *status* de desenvolvimento dos atuais sistemas de IA e que muito se diferem dos sistemas informáticos existentes à época da propositura da legislação em comento[71], podendo, por exemplo, ser gerada uma situação de controle ou vantagem exacerbada a um determinado *player* em situações em que, mediante uma certa, e única, contribuição de um agente, este passe a deter direitos exclusivos sobre um número indeterminado de produtos que venham a ser gerados pelo sistema[72].

---

[69] Neste sentido, importante transcrever o posicionamento de Guadamuz (2017, p. 19) a respeito das vantagens em se adotar um modelo baseado no tratamento aos "computer-generated works" sob a legislação britânica: "It is the contention of the present work that the best system available at the moment is the computer-generated work clause contained in s 9(3) CDPA. This has several advantages: it would bring certainty to an uncertain legal area; it has already been implemented internationally in various countries; it is ambiguous enough to deflect the user/programmer dichotomy question and make it analysed on a case-by-case basis; and it has been in existence for a relatively long time without much incident.".

[70] A respeito da multiplicidade de atores que poderiam estar envolvidos nos "arranjos necessários para a criação da obra", remetemos aos trabalhos de Shruti (2014, pp. 9-10), Holder *et al* (2016, p. 5) e Ramalho (2017, p. 11); Ihalainen (2018, p. 725); Schönberger (2018, p. 9). Reforçando os desafios relacionados à interpretação precisa no que consistiram os "arranjos necessários", ressalta-se aqui o trabalho de Schönberger (2018, p. 9): "Indeed, all will depend on the interpretation of such "arrangements necessary", and it remains to be seen whether the initial programming of an artificial agent will keep sufficient legal proximity to the resulting work, even if the program has further developed possibly on its own account and to a degree of autonomy not predicted at its launch."

[71] Dickeson, Morgan e Clark (2017, p. 4).

[72] Ihalainen (2018, p. 725). Em Ihalainen (2018, p. 725): "[...] this interpretation can be problematic, especially in the light of AI, as merely the making of the 'arrangement necessary' for the creation of the works could lead to a virtual monopoly in AI-created works. A programmer or a company that designs an AI (including all of the other roles involved in the development of the software and infrastructure) that could create, for example, musical

Considerando o amplo espectro dos níveis de interferência humana na manipulação de sistemas de IA para fins de desenvolvimento de determinados produtos e os diferentes papéis de agentes envolvidos com tal sistema[73], entendemos que este não seria o ideal para regular situações jurídicas ocorridas no atual estágio de desenvolvimento de tecnologias de IA.

Outra solução compreendida no escopo dos modelos antropocêntricos é a atribuição da proteção ao autor da base de dados[74]. Pela legislação autoral vigente, a base de dados teria proteção pelo direito autoral desde que sua seleção, organização ou disposição de conteúdo sejam passíveis de constituir uma criação intelectual[75], sem prejuízo da necessária observância de eventuais direitos que incidam sobre os materiais que compõem a base de dados em referência[76]. Questiona-se aqui, sob este modelo, se a titularidade de direitos autorais sobre uma determinada base de dados necessariamente implicaria, ou deveria implicar, na titularidade de direitos autorais sobre um produto da IA[77].

A nosso ver, seria impreciso estabelecer uma relação necessária entre a autoria de uma base de dados dotada de originalidade e a autoria do produto resultado do emprego de um sistema de IA, não só porque a

---

[73] works according to a few criteria set by the end user, would arguably be making the 'arrangements necessary' for the creation of those works, and could potentially own the rights in a near-infinite amount of copyright protected musical works."

[73] Conforme trabalhado por diversos autores referenciados em Schirru (2020), dentre eles Ramalho (2017).

[74] De início, é importante salientar que a seleção dos dados que serão utilizados para fins de treinamento de um sistema de IA, ou para outros propósitos de interesse a este trabalho, pode ser uma tarefa executada por diversos agentes, inclusive já abordados neste estudo, como é o caso do usuário ou do desenvolvedor.

[75] Lei nº 9.610/98, art. 7º, XIII.

[76] Lei nº 9.610/98, art. 7º, § 2º.

[77] Devarapalli (2018, p. 3) que, referenciando reportagem que trata do caso The Next Rembrandt, bem como à legislação britânica sobre os computer-generated works, comenta: "Therefore, the authorship and ownership rights over machine created works will be given to the person who has created a necessary environment for the machine to create the work. In this scenario, even if an autonomous machine has created a painting by itself, the author of that painting would be the person or persons who have provided a database of instructions and expectations like "the type of color to be used" and "how the final painting should look like" etc. 24" [notas do original suprimidas].

escolha de um conjunto de dados destinados ao treinamento do sistema de IA não necessariamente estabelece uma relação entre intenção e resultado, mas também porque os diferentes graus de autonomia do sistema, a interferência humana e o consequente grau de imprevisibilidade do resultado podem inviabilizar a identificação do nexo entre material de treinamento e produto gerado.

Além dos motivos indicados, há que se destacar que, caso haja originalidade na seleção, organização e disposição da base de dados, esta será protegida sob os direitos autorais. Assim, e não obstante a relevante contribuição para o resultado final por parte daquele que seleciona e organiza a base de dados de treinamento de um determinado sistema, não nos parece adequado estabelecer uma relação direta e necessária entre a titularidade de direitos sobre a sua base de dados e os produtos que venham a ser gerados a partir da operação do sistema.

Por fim, e ainda que não figurem com tanta expressão na literatura envolvendo a apropriação de produtos da IA pelo direito autoral, importante comentar as construções que podem vir a relacionar os produtos da IA como obras derivadas[78], tema que foi objeto de estudo por Ramalho (2017) e Samuelson (1985). Assim o faz Samuelson (1985) sob o argumento de que estas seriam originadas a partir do funcionamento de uma obra anterior ou até mesmo constituiriam transformações de conteúdo existente naqueles[79]. Ramalho (2017, pp. 12-13), por sua vez, destaca que o conceito de obras derivadas não é o mesmo em

---

[78] Importante ressaltar que não está se tratando aqui da possibilidade de se produzir derivações de produtos da IA que, sob a legislação vigente, estariam em domínio público. Inclusive, no que concerne a estes casos, não parece existir maiores questionamentos quanto às obras que constituiriam adaptações, traduções e/ou transformações de criações desenvolvidas por sistemas de inteligência artificial, sendo estas consideradas obras derivadas e protegidas pelo direito autoral.

[79] Em análise sobre a questão de acordo com a legislação norte-americana, Samuelson (1985, p. 1212): "On the face of it, it is hard to deny that a computer-generated work seems to be "based upon" the underlying program. To the extent that it "comes from" the generator program, it was "derived" from the operation of the generator program. In common sense terms, that is what "based upon" means. Computer generation of output also involves a transformation or recasting of things contained in the program (or a data base). Since the statutory definition also refers to "transformations" and "recastings" as being included in the derivative works right, it might seem irrefutable that computer-generated works are derivatives."

todas as regiões, podendo ser interpretado como algo que "deva conter material extraído da obra pré-existente, o que não é o caso das criações da IA (visto que uma obra criada por IA não incorpora o código que a produz)"[80].

À parte o fato de que não poderia um produto gerado por um sistema de IA determinante ser considerado "obra" sob a legislação vigente por carecer de autor humano, é importante ressaltar que a LDA deixa claro que uma obra derivada necessariamente deve resultar da transformação de uma obra originária e anterior àquela. Dessa forma, ainda que se propusesse a hipótese de um programa de computador que alterasse a sua programação, resultando em um produto que seria constituído de trechos do programa original e trechos gerados pelo próprio sistema, poderia ser aplicado o entendimento de Vieira (2001) a respeito das obras mistas, no sentido de que o que foi gerado a partir de um funcionamento atribuído exclusivamente a um sistema de IA estaria em domínio público, e o restante do código, cuja autoria seria atribuída a um ser humano, continuaria a ser protegido pelo sistema de direito autoral.

Ao mesmo tempo, sob o atual estágio de desenvolvimento tecnológico, e considerando o disposto na legislação vigente, não parece ser correto afirmar que os produtos da IA, *per se*, seriam sempre considerados obras derivadas. Por exemplo, os produtos da IA poderiam resultar da aplicação de técnicas de *machine learning* utilizando uma multiplicidade de obras para fins de treinamento, sendo a utilização de obras pré-existentes apenas indiretamente, de maneira similar a uma simples inspiração, para a qual não há restrição.

Os modelos acima apresentados revelam uma maior proximidade com a concepção tradicional do que vem a ser a autoria, fenômeno

---

[80] Tradução nossa. Texto original em Ramalho (2017, p. 12): "The notion of derivative works is not harmonized internationally. In the US, for example, it is understood broadly, as a work "based upon one or more pre-existing works."89 But, as pointed out by Bridy, courts have interpreted the provision as meaning that the derivative work must contain material taken from the pre-existing work, which is not the case in AIs creations (since the AI-created work does not incorporate the code that produces it).90 And, in any case, treating AIs creations as derivative works would not solve the ownership problem; the owner of the software/AI would not automatically be the owner of the AIs creation, since even though the right to produce a derivate work belongs to the original copyright owner, derivate works can be independently copyrightable.91" [notas do original suprimidas].

exclusivamente humano e, com resquícios, uma concepção genial, predominantemente individual e hermética. Embora existam propostas de se atribuir a autoria para um autor humano, o modelo que é recorrentemente referenciado na literatura e que, a nosso ver, representa o status quo no que diz respeito aos produtos desenvolvidos sem interferência humana relevante, cujo papel do sistema de IA tenha sido determinante para o conteúdo daquele resultado, é o domínio público, conforme visto no item anterior.

6. Modelos centrados no titular

Sobre os "modelos centrados no titular", entende-se que estes não se confundiriam com os antropocêntricos, uma vez que a atribuição de direitos é direcionada aos titulares outros que não os autores, e podem assumir a posição de investidores, contratantes, empregadores, coordenadores ou organizadores de obras coletivas, dentre outros.

Os modelos sob análise, embora sejam um afastamento do antropocentrismo inerente ao direito autoral, continuam situados no sistema de direitos autorais e conexos, inclusive no Brasil. A título de exemplo, e no que concerne especificamente à legislação brasileira, relativiza-se o paradigma antropocêntrico ao garantir direitos equiparáveis àqueles que são atribuídos ao ser humano (artistas e músicos executantes) às empresas de radiodifusão e produtores fonográficos sobre bases que não privilegiam a expressão a criação, mas sim os investimentos realizados e o exercício da técnica[81].

O primeiro modelo busca emular uma relação entre empregador e empregado, notadamente o estadunidense *works made for hire*[82]. O que chama atenção nesta corrente é o fato de que o empregador, ou o contratante, não figuraria como titular dos direitos patrimoniais daquela determinada obra, mas sim como autor, salvo disposição expressa

---

[81] Ascensão (1997, p. 492).
[82] Em Estados Unidos da América (2020, p. 7): "A "work made for hire" is— (1) a work prepared by an employee within the scope of his or her employment; or (2) a work specially ordered or commissioned for use as a contribution to a collective work, as a part of a motion picture or other audiovisual work, as a translation, as a supplementary work, as a compilation, as an instructional text, as a test, as answer material for a test, or as an atlas, if the parties expressly agree in a written instrument signed by them that the work shall be considered a work made for hire.".

em contrário. E sobre a possibilidade de se considerar uma relação de empregador-empregado, autores como Denicola (2016, p. 283), Devarapalli (2018, p. 7) e Ramalho (2017, p. 12), destacam não ser possível tal equiparação. Afirma Denicola (2016, p. 283): "se os computadores não têm "personalidade" para fins de titularidade de direitos autorais, parece errado caracterizá-los como "empregados" para os fins da doutrina *work made for hire*"[83].

No que toca especificamente à legislação nacional, ainda que adequado para superar algumas questões problemáticas envolvendo os produtos da IA, como é o caso da questão da autoria direcionada a um sistema de IA, a adoção da doutrina dos *works made for hire* encontraria obstáculos quando da sua implementação, não apenas porque a LDA[84] não mais dispõe sobre obras por encomenda e/ou obras desenvolvidas sob contrato de trabalho[85], mas também porque, mesmo nas situações em que a legislação permite a titularidade de produtos desenvolvidos no exercício da atividade laboral de um empregado[86], apenas transfere a titularidade dos direitos patrimoniais, e não a condição de autor, uma vez que este será sempre o ser humano a quem se deve aquela determinada criação do espírito.

---

[83] Tradução nossa. Texto original em Denicola (2016, p. 283): "if computers lack "personhood" for purposes of copyright ownership, it seems wrong to then characterize them as "employees" for purposes of the work made for hire doctrine.".

[84] Importante ressaltar que no campo do direito autoral, a Lei de Software (Lei nº 9.609/98), em seu art. 4º, versa sobre a apropriação de obras desenvolvidas sob vínculo contratual, mas não afasta a condição de autor do programador, apenas a titularidade dos direitos patrimoniais sobre aquela obra.

[85] Em Valente (2019, p. 313): "Tratamos aqui de três diferentes modelos, com equilíbrios distintos. Na Lei de 1973, estabelecia-se que os direitos patrimoniais de autor, no caso da obra em relação de trabalho e obra sob encomenda, pertenciam tanto ao autor quanto ao empregador/comitente, remetendo-se ao CNDA para dispor sobre o tema. [...] O Projeto Genoíno, por sua vez, proibindo a cessão de direitos e eliminando o instituto da titularidade [...] Em sentido diametralmente oposto, o que queria o Projeto Luiz Viana era que os direitos patrimoniais nesses casos pertencessem sempre ao empregador/comitente.". Inclusive, os dispositivos acerca da obra sob encomenda foram objeto de grandes polêmicas e a sua eliminação foi requerida por meio de uma mobilização de artistas, sindicatos, associações ligadas às mais diversas formas de arte (VALENTE, 2019, pp. 377-381).

[86] Além do art. 4º da Lei de Software, destacam-se disposições semelhantes na Legislação de Propriedade Industrial, a saber: os arts. 88 a 93 da Lei de Propriedade Industrial (Lei nº 9.279/96) e os arts. 38 e 39 da Lei de Cultivares (Lei nº 9.456/97).

10. A NOVA FRONTEIRA TECNOLÓGICA DO DIREITO AUTORAL

Há também modelos que se valem de estruturas já existentes e justificativas inerentes aos direitos conexos. Não obstante a crescente sofisticação e estética incorporada aos produtos da IA, isso não implica em considerá-los como obras autorais ou protegidos pelas normas direcionadas à proteção específica do autor, pessoa física criadora de tais obras.[87]

Ao mesmo tempo, para o produto chegar a esse grau de sofisticação, foram necessários substanciais investimentos em pessoas, técnicas e máquinas[88], o que também é reconhecido pela legislação autoral em vigor, notadamente ao conceder proteção aos produtores fonográficos. As justificativas baseadas no investimento, comumente apresentadas nos casos envolvendo produtos da IA, se aproximam de um eventual regime de apropriação dos direitos conexos.

A exemplo do que ocorre com os direitos conexos, muitas das vezes, o papel central da empresa, ou o indivíduo, responsável pelo desenvolvimento de um sistema de IA que venha a desenvolver produtos da IA, e que possui interesse na sua apropriação, não é diretamente relacionável ao momento da criação, mas sim à divulgação, promoção e distribuição dos produtos, bem como ao retorno do investimento[89]. Ainda, e de maneira análoga aos produtores fonográficos, o papel da pessoa, física ou jurídica por detrás do sistema de IA também pode consistir no investimento – financeiro e de trabalho – por parte daquele agente no desenvolvimento e na manutenção do sistema, bem como na adoção de uma série de ações, tais como: a seleção das bases de dados de treinamento e de teste do sistema de IA; ajustes no produto final e preparo para a sua comercialização ou disponibilização ao público; desenvolvimento de planos de marketing e distribuição, dentre outros[90].

---

[87] A Lei de Direitos Autorais protege não só o autor, pessoa física, mas também, como titulares originais, as pessoas físicas dos artistas-intérpretes e músicos executantes, e, ainda, os produtores fonográficos e radiodifusores, estes últimos desvinculados do ato de criação ou atuação, mas justificados no investimento.

[88] Ascensão (1997, p. 492).

[89] Abrão (2017, p. 241); Valente (2019, p. 286).

[90] Algumas das ações de um produtor fonográfico estão descritas em Abrão (2017, p. 259), e a comparação de tais investimentos com a dinâmica envolvendo sistemas de IA é feita em Yanisky-Ravid, (2017, pp. 715-716). Em Ascensão (1997, p. 492): "Reconhece-se, quando se ultrapassa o círculo da defesa sindical dos interessados543, que não há criação artística. Há

Neste sentido, a inexistência de estrutura normativa e justificação teórica para a atribuição de direitos autorais a sistemas de IA[91] tem levado autores como Pereira (2019, p. 37) e Ramalho (2017) a apontar para a possibilidade de se adotar, em diferentes medidas, sistemas alternativos, situação em que, por exemplo, os produtos da IA estariam protegidos sob regras peculiares aos direitos conexos[92].

Tomando como referência as justificativas da proteção concedida ao autor e aos titulares originários, as normas existentes em matéria de direitos autorais e conexos no direito brasileiro e as justificativas comumente trazidas para a apropriação dos produtos da IA[93] parecem mais alinhadas com os direitos conexos do que propriamente com as concepções das normas aplicáveis às obras intelectuais protegidas no art. 7º da LDA. Não obstante, não vemos como enquadrar os produtos da IA como um objeto adicional de proteção ou aplicar diretamente as normas aplicáveis aos direitos conexos a esses produtos, sem uma alteração normativa, ainda que com eles compartilhem justificativas e características. Embora caiba a ressalva de que a proteção do fonograma não requer que os sons sejam nem música e nem elaboradas por humanos, a incluir outras espécies e, sim, 'música' produzida por sistemas de IA já tendo, portanto, neste aspecto, o escopo da proteção ultrapassado a barreira antropocêntrica ao proteger, essencialmente, o investimento.

Por fim, e considerando toda a cadeia de envolvidos e os seus respectivos papéis no desenvolvimento de um produto da IA que, como visto, pode agregar programadores, artistas, profissionais responsáveis pela seleção das bases de dados de treinamento e teste dos sistemas, investidores, coordenadores de projeto, dentre outros, questiona-se a respeito

---

uma técnica, extremamente complexa e valiosa, mas em todo o caso industrial 544." [notas do original suprimidas].

[91] Pereira (2019, p. 37); Pereira, Medeiros (2019, p. 32).

[92] Em Pereira (2019, p. 37): "[...] não existe fundamento para atribuir direitos de autor aos robots ou à IA sobre as obras literárias ou artísticas que gera. A isso se opõe o dogma da autoria humana, sem prejuízo da eventual atribuição de um direito conexo sobre tais criações robóticas ou "artificiais", à semelhança do direito do editor existente no Reino Unido e cuja consagração na União Europeia foi recentemente proposta.".

[93] O tema será objeto de análise no item dedicado à alternativa do domínio público.

da possibilidade de um regime equiparável àquele concedido às obras coletivas.

Para a LDA, obra coletiva é aquela "criada por iniciativa, organização e responsabilidade de uma pessoa física ou jurídica, que a publica sob seu nome ou marca e que é constituída pela participação de diferentes autores, cujas contribuições se fundem numa criação autônoma;"[94]. De maneira geral, podem ser extraídas relevantes contribuições da definição de obra coletiva sob a legislação vigente para os produtos da IA, que também (i) podem representar o fruto de um projeto no qual trabalharam diversos agentes, (ii) cujas contribuições se fundem em um produto final (iii) pretendido por uma pessoa física ou jurídica que atua na condição de organizadora/coordenadora do projeto[95].

Por outro lado, no momento em que a LDA define os participantes que contribuíram para aquela obra coletiva como "autores", dá a entender que a sua contribuição deverá consistir em uma obra autoral, o que é reiterado no texto do art. 17 § 1º, que estabelece que "qualquer dos participantes, no exercício de seus direitos morais, poderá proibir que se indique ou anuncie seu nome na obra coletiva, sem prejuízo do direito de haver a remuneração contratada.". Sendo assim, como lidar com um cenário em que não existiriam direitos morais sobre algumas das contribuições individuais dos participantes? Se, de um lado, o desenvolvedor do software e o responsável pela seleção da base de dados podem ser considerados autores, a contribuição de outros agentes pode ser limitada a conceitos, instruções, e demais elementos não protegidos pelo direito autoral. Mais do que isso, as contribuições dos participantes, protegidas ou não sob o direito autoral, seriam diretamente direcionadas para o sistema da IA ou para o processo como um todo, não sendo possível identificar a sua contribuição no produto final, que é resultado do processamento do sistema da IA.

Portanto, e conforme se tem observado nos casos aqui sob análise, ainda que a existência daquele produto da IA se deva à atuação de diversos agentes exercendo papéis distintos e complementares[96], o produto

---

[94] LDA, art. 5º VIII, h).

[95] Sobre o tema, recomenda-se a leitura dos arts. 17 e 88 da LDA.

[96] As diversas contribuições, inclusive, podem se dar em momentos distintos entre os participantes: a contribuição do programador pode estar concentrada na etapa de desenvolvi-

da IA em si ainda é o resultado direto do processamento lógico e da solução de operações matemáticas de uma máquina. Embora não seja possível caracterizar os produtos da IA como obras coletivas sob a legislação vigente, alguns dos dispositivos legais direcionados à tais obras representam contribuições importantes para um eventual regime de apropriação destinado especificamente a esses produtos.

Os modelos trabalhados até então, cada qual a sua maneira, ainda estariam compreendidos dentro deste paradigma antropocêntrico estendido, ampliado. Por outro lado, não são raras as proposições que rompem com tal paradigma. Os modelos tecnocêntricos, que propõem concentrar a titularidade de direitos ou estender a atribuição de "autoria" a um sistema de IA, desafiariam o viés antropocêntrico existente na legislação autoral, promovendo uma atribuição direta de direitos a um sistema de IA e são uma verdadeira ruptura na lógica hoje instituída.

7. Modelos tecnocêntricos

Sob a denominação de modelos tecnocêntricos, discutimos as situações em que a 'autoria' ou 'titularidade' de um produto da IA não seria atribuída a um ser humano ou a uma pessoa jurídica, mas ao próprio sistema de IA, afastando-se, assim, dos modelos analisados até então. Ambas as possibilidades pressupõem o desafio de atribuição de personalidade jurídica aos sistemas de IA (e robôs) e representam uma ruptura significativa não só com o paradigma antropocêntrico presentes nos direitos autorais e conexos, como (novamente) na própria concepção de humanidade.

Talvez a proposta mais contraditória nestes casos seja considerar um sistema de IA como autor de uma obra. Não apenas seria um desafio ao texto legal, nacional e internacional, vigente, mas também contrariaria os fundamentos dos direitos autorais e as próprias estruturas sobre as quais estes teriam sido moldados. Tal cenário já foi objeto de decisões judiciais contrárias e normas que repudiam tal possibilidade. Movimentos internacionais, como o disposto no *Compendium Of U.S. Copyri-*

---

mento do código fonte, enquanto o autor da base de dados pode selecionar e estruturar tal base de dados após a conclusão do sistema.

ght Office Practices[97], as recentes decisões nos casos *Baidu*[98] e *Tecent*[99] na China, e os australianos *Acohs*[100], *IceTV*[101] e *PhoneDirectories*[102], em que foi apontada a ausência de autoria em determinados produtos desenvolvidos por programas de computador[103], revelam a tendência de não se reconhecer proteção autoral a produtos criados por sistemas de IA[104] ou a caracterização de um sistema de IA como autor[105], reiterando o padrão refletido na estrutura legal.

Outro obstáculo capaz de inviabilizar tal atribuição é a quantidade de produtos gerados em tão pouco tempo, além da dificuldade de confirmação da real origem da 'criação' em um universo de infindáveis combinações entre diferentes níveis de autonomia do sistema, interferência humana e previsibilidade do resultado final[106]. Além disso, há que se referenciar também a mesma fragilidade que se observou quando da

[97] Para mais informações, recomenda-se a leitura de Estados Unidos da América (2017).

[98] Para mais informações, recomenda-se a leitura de China (2018), He (2019), Schirru (2020).

[99] Para mais informações, recomenda-se a leitura de Yangfei (2020), He (2020), Gonçalves (2020), Schirru (2020).

[100] Para mais informações, recomenda-se a leitura de Australia (2012).

[101] Para mais informações, recomenda-se a leitura de Australia (2009, p. 12).

[102] Para mais informações, recomenda-se a leitura de Australia (2010).

[103] Shruti (2014, pp. 2-3): "In response to a refocus on authorship in *Ice TV Pty Ltd v Nine Network Australia Pty Ltd ('IceTV')*, 7 both *Telstra Corporation Ltd v Phone Directories Co Pty Ltd ('Phone Directories')*8 and *Acohs Pty Ltd v Ucorp Pty Ltd ('Acohs')*9 have pronounced certain computer-produced output as authorless". [notas do original suprimidas, grifos do original].

[104] Ihalainen (2018, p. 726), destaca que: "Australian legislation does not have provisions for making the 'arrangement necessary' for the creation of the work, and doubts the existence of copyright in works created by AI, even with human input.". Sobre os casos, recomenda-se a análise conduzida por Devarapalli (2018) e Ihalainen (2018, p. 726).

[105] Conforme análise das referências mencionadas e conduzida em Schirru (2020).

[106] Em conversa com o Prof. Sérgio Branco em um evento no Rio de Janeiro, um dos autores (Luca Schirru) comentou a respeito da possibilidade de aplicarmos um sistema similar ao proposto na União Europeia para o debate da apropriação de tais produtos pelo direito autoral e o Prof. Sérgio Branco imediatamente questionou como poderíamos lidar, nessa hipótese, com a capacidade de produção em larga escala de produtos por esses sistemas. Como viabilizar essa análise caso-a-caso em hipóteses em que a produção de produtos literários, por exemplo, não estaria sujeita qualquer limitação física ou mental humana, permitindo o desenvolvimento de centenas de produtos em uma só noite. Também sobre o tema, Adams (2010).

discussão da alternativa do domínio público, pois bastaria, por exemplo, que o titular daquele sistema de IA, ou o seu usuário, não revele a informação de que aquele resultado foi fruto do próprio sistema de IA, sem sua colaboração ou condução, para invalidar o modelo proposto, atribuindo a si a autoria/titularidade daquele determinado produto.

Ademais, permitir que um sistema de IA fosse caracterizado como um autor também iria de encontro direto com os próprios fundamentos da atribuição de direitos autorais sobre determinados produtos, uma vez que, em sua origem, o direito autoral tinha como um de seus principais objetivos a proteção e o incentivo ao autor-criador[107]. Neste sentido também se posiciona parte da doutrina autoral no Brasil, clássica e atual[108].

Por outro lado, e como se observa em alguns estudos[109], seria possível cogitar o reconhecimento da titularidade de direitos para uma personalidade jurídica que não aquela inerente a pessoa física? Ainda que um modelo pautado em critérios flexíveis e em um sistema de classificação de acordo com a sua autonomia e capacidade de gerar resultados dotados de imprevisibilidade, como aquele tratado em Resolução da União Europeia, permita uma solução para situações de responsabilidade civil e apropriação dos produtos por direitos autorais, tal modelo não escapa de críticas e obstáculos relevantes à sua aplicação prática[110]. Há, ainda, que se questionar como seria possível viabilizar uma análise tópica em

---

[107] Nesse sentido, remete-se ao que foi apresentado a respeito do Paradigma Teórico da Personalidade tratado por Fisher (2001).

[108] Neste sentido, Ascensão (1997), Ramos (2010), Barbosa (2020), Maia (2020) e Schirru (2020).

[109] Por exemplo, Castro Júnior (2013).

[110] O primeiro deles está relacionado à personalidade jurídica. Na Resolução Europeia, a tal proposta tem por fundamento questões de caráter econômico, visando lidar com a indenização por danos causados por um sistema de IA (SOUZA, 2017). O cenário da apropriação e definição da titularidade de eventuais direitos autorais sobre os produtos desenvolvidos trará desafios adicionais, tais como a gestão de direitos sobre tais produtos, incluindo o licenciamento e remuneração pelos usos. Ainda, a equiparação da personalidade eletrônica com a personalidade jurídica [Sobre o tema, destacam-se os seguintes trabalhos: Castro Júnior (2013), Nevejans (2016), União Europeia (2017), Souza (2017) e Ramalho (2017)], suscita fortes críticas, uma vez que a pessoa jurídica é administrada por seres humanos, que, por exemplo, não apenas tomarão as decisões a respeito da utilização de um determinado produto artístico, mas também gozarão dos frutos advindos da exploração comercial

hipóteses em que a produção de produtos literários, por exemplo, não estaria sujeita qualquer limitação física ou mental humana, permitindo o desenvolvimento de centenas de produtos em poucas horas[111].

8. Sistema de meta-apropriação e os produtos de IA

Da maneira como está estruturado hoje o sistema de direitos autorais no Brasil, os produtos da IA gerados sem relevante interferência humana e dotados de maior imprevisibilidade (aplicação da IA determinante ao conteúdo do produto final) estariam, necessariamente, em domínio público. Nenhum dos modelos de apropriação analisados (antropocêntricos, centrados no titular ou tecnocêntricos) foi capaz de, individualmente, lidar satisfatoriamente com a complexidade inerente à apropriação dos produtos da IA[112].

A partir destes modelos de apropriação identificados na literatura e de uma perspectiva interna do sistema vigente de direitos autorais, de maneira análoga ao que é verificado sobre os programas de computador, utilizando de concepções já existentes, não justifica a necessidade de rompimento radical com a estrutura normativa vigente, mas, dada a sua especificidade, demanda uma regulação detalhando a sua tutela.

Dito isso, e considerando o atual estágio de desenvolvimento destas tecnologias e o direito autoral vigente, entendemos que a melhor forma para lidar com os produtos do IA é através da adoção de um regime híbrido, cujo objeto central sejam justamente os produtos da IA, interno ao sistema de direitos autorais e conexos, ao qual batizamos de sistema de meta-apropriação[113].

---

daquele [Nevejans (2016). Soma-se às referências já trazidas a este trabalho os comentários de Ramalho (2017, p. 17)].

[111] Por exemplo, Adams (2010).

[112] Mesmo a proteção do fonograma feito a partir de *música* e outros sons gerados por sistemas de IA não se mostra suficientemente apurada para regular a atribuição de qualquer exclusividade, na medida que podem ser feitas novas gravações, cada qual protegida per se.

[113] Em Schirru (2020) é comentado que a expressão foi inspirada no conceito de Meta-Autoria trabalhado por diferentes autores, dentre eles, Carboni (2015) que, por sua vez, também faz referência a McCorduck (1990). Sobre o tema, diz Carboni (2015, p. 17): "Pamela McCorduck chama essa situação de "meta-autoria". Nela, o meta-autor cria um sistema ou processo gerador de significados e não uma obra específica". Ver também McCorduck (2004).

O seu fundamento teórico em muito se aproxima daquele relacionado aos modelos centrados na figura do titular, especialmente dos direitos conexos. Com os modelos antropocêntricos, compartilha de similitudes com obras autorais protegidas sob o art. 7º da LDA, tal como a originalidade objetiva, também presente nos produtos da IA. Com os modelos tecnocêntricos, compartilha o fato de que, embora não tratem dos sistemas de IA como sujeitos de direito, a estes é reconhecida centralidade no que concerne ao desenvolvimento de um produto da IA que, por sua vez, representa o bem imaterial a ser protegido.

Não obstante a proximidade com elementos fundamentais aos modelos acima referenciados, com eles não se confundem: não parece ser adequada a mera adição de um novo direito conexo à LDA ou a equiparação de um produto da IA a um fonograma, por exemplo. Da mesma forma, e pelos motivos aqui já expostos, não poderia ser considerado o sistema da IA como "autor" sob a legislação vigente, ao mesmo passo em que o produto da IA não poderia ser considerado como obra autoral protegida, nos termos do art. 7º da LDA, por carecer de originalidade subjetiva.

Entretanto, tais fatores não afastam categoricamente a possibilidade de se reconhecer que os produtos da IA, bem como a sua regulação, poderiam estar integrados ao sistema de direitos autorais e conexos. São produtos dotados de originalidade objetiva, equiparados às expressões de natureza artística, literária e tecnológica, cujo desenvolvimento demanda investimentos e atividades de cunho criativo e técnico, todos elementos já presentes no sistema em vigor e em modelos já analisados. Enfim, nos parece razoável pensar a legislação autoral, especialmente no que tange a proteção dos fonogramas, como plataforma para as novas formas de criação e os novos tipos de produção intelectual.

Projeta-se, portanto, que seja desenvolvida norma reguladora especial para tratar das relações envolvendo os produtos da IA, visto que os modelos existentes são insuficientes para dirimir as questões trazidas pelos sistemas de IA que desenvolvem produtos equiparados às obras das categorias protegidas por direitos autorais. Idealmente, a regulação consistiria em um modelo próprio, interno ao sistema de direitos autorais e conexos, que poderia, inclusive, se valer de regras e definições já existentes na LDA, na Lei de Software, e em tratados e leis internacionais sobre o tema, de forma a viabilizar, na medida do possível[114], a harmonização com a estrutura do sistema existente.

Além disso, a opção por um modelo construído a partir do sistema de direitos autorais e conexos vigente reflete o intuito de propor, de maneira pragmática, diretrizes para que seja estruturada uma política pública capaz de lidar com as especificidades destes produtos e que também considere a urgência relacionada ao debate aqui proposto. A inércia, ou a promoção de modelos que demandem uma reestruturação do sistema como um todo – o que, frise-se aqui, é absolutamente necessário que se promovam discussões a este respeito – pode favorecer um cenário em que o decurso do tempo permita, por exemplo, uma regulação imposta por determinados agentes com influência política ou econômica e direcionada por interesses particulares, ou a própria extensão acrítica da estrutura normativa vigente para produtos e relações que por esta não estariam abarcadas.

Este modelo, ora proposto, não será capaz e nem pretende satisfazer plenamente o complexo cenário envolvendo o desenvolvimento de produtos mediante o emprego de sistemas de IA, mas entendemos necessárias e urgentes propostas regulatórias e normativas, como esta, que deem conta, ainda que temporária e parcialmente, deste fenômeno que já é uma realidade.

Conclusões

A criatividade, um dos aspectos da inteligência, é refletida em uma miríade de ações, decisões e reflexões[115], das quais as expressões literárias, artísticas ou científicas são apenas uma parte. A criatividade humana

---

[114] A respeito dos desafios enfrentados na harmonização das regras relacionadas ao direito autoral, Guadamuz (2017, p. 18): "For a system of protection that is supposed to be harmonised at an international level in order to promise predictability and ease of conducting business,139 it is remarkable that the concept of originality, one of the most basic elements of authorship, is in such a state of disharmony. While the European standard of "the author's own intellectual creation" has now been seamlessly incorporated to the UK standard of skill and labour, the higher threshold in countries like the United States and Australia are still irreconcilable with the prevailing European approach. It is difficult to imagine an equivalent to *Temple Island Collections* bringing together such disparate standards as *Infopaq, IceTV,* and *Feist*." [nota do original suprimida].
[115] Boden (2004).

é fundada em "habilidades cotidianas tais quais pensamento abstrato, percepção, memória, autorreflexão crítica. Não é, portanto, confinada a uma pequena elite: todos somos criativos, em certo grau."[116] Então, a pergunta correta a ser feita não seria se algo é criativo, mas quão criativo o é.

Uma ideia, conceito, expressão, artefato, etc., para ser considerada criativa é preciso ser nova, surpreendente e valorizada.[117] A novidade pode ser vista do plano individual (ou psicológico) ou coletivo (ou histórico). A surpresa, diferentemente, se refere ao impacto potencial causado no destinatário. Já a valoração do resultado, contudo, demanda pensarmos no contexto sociocultural de sua produção e utilização.

Presumindo, realisticamente, ser possível a uma máquina gerar produtos equivalentes aos protegidos por direitos autorais[118] que sejam novos e surpreendam, ainda assim o valor sociocultural de tais resultados continuará em aberto[119] e provavelmente não será estimado (ou rejeitado) em igual medida por distintos grupos sociais. Os valores que instruem e informam a qualificação destes produtos (ou expressões, se humanas fossem) são dinâmicos, particulares e variam no tempo e no espaço, ou seja, dependem do contexto cultural, simbólico, onde se inserem,[120] sendo suas possibilidades tão diversas quanto são as interações humanas.

E entre as rupturas necessárias, talvez a principal seja a de abandonar o paradigma de que a 'criatividade' artística seja um atributo tão intrinsecamente humano, e mesmo transcendental, que não replicável, como já foram muitas pressuposições sobre o que é distintivamente *homo sapiens*, como o uso de ferramentas, a língua, e, em algumas dimensões, a própria cultura.

[116] Boden (2004).
[117] Boden (2004).
[118] Sautoy (2019).
[119] Boden (2004): "so even if we could identify and program our aesthetic values so as to enable computers to inform and monitor its own activities accordingly, there would still be disagreement about whether the computer even appeared to be creative."
[120] Geertz (1983).

Referências

ABBOTT, Ryan Benjamin, Hal the Inventor: Big Data and Its Use by Artificial Intelligence. in Big Data Is Not a Monolith, MIT Press (Sugimoto, Cassidy R., et al., eds., 2016a). Disponível em: https://ssrn.com/abstract=2565950

ABBOTT, Ryan Benjamin, I Think, Therefore I Invent: Creative Computers and the Future of Patent Law. Boston College Law Review, Vol. 57, No. 4, 2016b. Disponível em: https://ssrn.com/abstract=2727884 or http://dx.doi.org/10.2139/ssrn.2727884

ABRÃO, E. Y. *Comentários à lei de direitos autorais e conexos:* Lei 9610/98 com as Alterações da Lei 12.853/2013, e jurisprudência dos Tribunais Superiores. Rio de Janeiro: Lumen Juris, 2017. 352p.

ADAMS, Tim. David Cope: 'You pushed the button and out came undreds and thousands of sonatas'. *The Guardian.* Jul 11 2010. Disponível em: https://www.theguardian.com/technology/2010/jul/11/david-cope-computer-composer. Acesso em 18 de jul de 2019, às 13:49.

ALEXANDER, Gregory; PEÑALVER; Eduardo M. *An Introduction to Property Theory.* Cambridge, UK: Cambridge University Press, 2012, p. 130 e ss.

ARS TECHNICA. *Sunspring | A Sci-Fi Short Film Starring Thomas Middleditch.* 09 de junho de 2016. End Cue Production. Direção: Oscar Sharp. Produtor Executivo: Walter Kortschak. Produtores: Allison Friedman, Andrew Kortschak, Andrew Swett. Disponível em: https://www.youtube.com/watch?v=LY7x2Ihqjmc.

ASCENSÃO, José de Oliveira. *Direito Autoral.* 2. Ed., ref. e ampl. Rio de Janeiro: Renovar, 1997. 762 p.

ASCENSÃO, José de Oliveira. O Direito intelectual em metamorfose. *Revista de Direito Autoral,* ano II, n. IV, p. 3-24. Fev. 2006.

ASCENSÃO, José de Oliveira. *O Direito – Introdução e Teoria Geral; uma perspectiva luso-brasileira.* Lisboa, Fundação Calouste Gulbekian, 1978, p. 504 *apud* FACHIN, Luiz Edson. O estatuto civil da clausura real. *Revista de Informação Legislativa.* Brasília a. 32 n. 128. Out./dez. 1995.

AUSTRALIA. HIGH COURT OF AUSTRALIA. *IceTV Pty Limited v Nine Network Australia Pty Limited* [2009] HCA 14. 239 CLR 458; 83 ALJR 585; 254 ALR 386. 22 Apr 2009. Disponível em: http://eresources.hcourt.gov.au/showCase/2009/HCA/14.

AUSTRALIA. FEDERAL COURT OF AUSTRALIA. *Telstra Corporation Limited v Phone Directories Company Pty Ltd* [2010] FCA 44. Disponível em: https://wiki-juris.net/cases/telstra_v_phone_directories_2010.

AUSTRALIA. FEDERAL COURT OF AUSTRALIA. *Acohs Pty Ltd v Ucorp Pty Ltd* [2012].

AUSTRALIA. *Copyright Act 1968.* N. 63. 1968. Compilation no. 58. Compilation date: 1 january 2019. Registered 16 january 2019. Disponível em: https://wipo-lex.wipo.int/en/text/501165. Acesso em 18 de dezembro de 2019, às 14:54.

BARBOSA, Pedro Marcos Nunes. Autoria de bens intelectuais e as criações da inteligência artificial. *In:* SILVA, Rodrigo da Guia; TEPEDINO, Gustavo (Coord.). O direito civil na era da inteligência artificial. 1ª ed. São Paulo: Thomson Reuters Brasil, 2020. Pp. 763-780.

BIRO, Dora; HASLAM, Michael; RUTZ, Christian. *Tool use as adaptation. Phil. Trans. R. Soc. B* 368 20120408 20120408. 2013. http://doi.org/10.1098/rstb.2012.0408. Disponível em https://royalsocietypublishing.org/doi/10.1098/rstb.2012.0408.

BODEN, Margaret A. Computer models of creativity. *Artificial Intelligence Magazine*. Association for the Advancement of Artificial Intelligence. Fall 2009.

BODEN, Margaret. *The creative mind: Myths and Mechanisms.* 2 Ed. UK: Routledge, 2004. IntroductionBRANCO, Sérgio. *O domínio público no direito autoral brasileiro: Uma Obra em Domínio Público.* Editora Lumen Juris: Rio de Janeiro, 2011.

BRASIL. *Constituição da República Federativa do Brasil de 1988.* Brasília, DF.

BRASIL. *Lei nº 9.609, de 19 de Fevereiro de 1998. Dispõe sobre a proteção da propriedade intelectual de programa de computador, sua comercialização no País, e dá outras providências.*. Brasília, DF.

BRASIL. *Lei nº 9.279, de 14 de Maio de 1996. Regula direitos e obrigações relativos à propriedade industrial.* Brasília, DF.

BRASIL. *Lei nº 9.610, de 19 de Fevereiro de 1998. Altera, atualiza e consolida a legislação sobre direitos autorais e dá outras providências.* Brasília, DF.

BRASIL. Grupo Interministerial de Propriedade Intelectual (GIPI). Secretaria Executiva do GIPI: Ministério da Economia. *Estratégia Nacional de Propriedade Intelectual (ENPI)*, Brasília, 2020.

BRASIL. *Portaria GM nº 4.617, de 6 de abril de 2021. Institui a Estratégia Brasileira de Inteligência Artificial e seus eixos temáticos.* Publicado em: 12/04/2021 | Edição: 67 | Seção: 1 | Página: 30. 2021.

BRIDY, A. Coding Creativity: Copyright and the Artificially Intelligent Author. *Stanford Technology Law Review.* Mar. 2012. P. 1-28. Disponível em: http://ssrn.com/abstract=1888622

CARBONI, Guilherme. *Direito Autoral e Autoria Colaborativa na Economia da Informação em Rede.* São Paulo. Quartier Latin. 2010.

CARBONI, Guilherme. Direito Autoral, Diversidade das Expressões Culturais e Pluralidade de Autorias. In: *Direito da Propriedade Intelectual, Vol II: estudos em homenagem ao Pe. Jorge Hammes* (Org. por Luiz Gonzaga Silva Adolfo e Marcos Wachowicz). Curitiba: Juruá. 2014. P. 137-150.

CARBONI, Guilherme. Direitos Autorais e Novas formas de autoria: processos interativos, meta-autoria e criação colaborativa. *Revista de Mídia e Entretenimento do IASP.* Ano I, Vol I. Coordenação de Fábio de Sá Cesnik e José Carlos Magalhães Teixeira Filho. Jan-Jun. 2015. pp. 111-140

CASTRO JÚNIOR, Marco Aurélio de. *Direito e Pós-Humanidade. Quando os Robôs serão sujeitos de Direito.* Curitiba. Editora Juruá. 2013.

CHINA. TRIBUNAL DE INTERNET DE PEQUIM. *"(2018) Beijing 0491 No. 239, Escritório de Advocacia Feilin de Pequim v. Beijing Baidu Wangxun Technology Co., Ltd. em um julgamento civil sobre disputa por violação de direitos autorais".* Tradução automática do website, uma vez que o conteúdo integral estava disponível apenas no idioma chinês. Disponível em: https://www.bjinternetcourt.gov.cn/cac/zw/1556272978673.html. 2018.

CLIFFORD, Ralph D. Intellectual Property in the Era of the Creative Computer Program: Will the True Creator Stand Up? *Tulane Law Review.* Vol. 71. 1997. Pp. 1675-1703

CONGOST, Rosa; GELMAN, Jorge; SANTOS, Rui. Property Rights in Land: Institutional Innovations, Social Appropriations, and Path Dependence. Keynote paper presented at the *XVIth World Economic History Congress,* 9-13 July, 2012, Stellenbosch University, South Africa.

CORIAT, Benjamin. From Natural-Resource Commons to Knowledge Commons: Common Traits and Differences. *Property and Commons – The new issues of shared access and innovation – International Seminar.* Paris, 25-26 April, 2013.

DAVIES, Colin R. An evolutionary step in intellectual property rights – Artificial Intelligence and Intellectual Property. *Computer Law & Security Review.* Vol 27. 2011. Pp. 601-619.

DENICOLA, Robert C. Ex Machina: Copyright Protection for Computer Generated Works. *Rutgers University Law Review.* Vol. 69. 2016. Pp. 251-287

DEVARAPALLI, Pratap. Machine learning tom achine owning: redefining the copyright ownership from the perspective of Australian, US, UK and EU Law. *European Intellectual Property Review.* 40 (11) 2018. Copyright 2019 Sweet & Maxwell and Its Contributors – Thomson Reuters. Pp. 722-728.

DICKESON, Julia; MORGAN, Alex; CLARK, Birgit. Creative machines: ownership of copyright in content created by artificial intelligence applications. *European Intellectual Property Review.* 39 (8). 2017. Pp. 457-460. Copyright 2019 Sweet & Maxwell and its Contributors.

DOSI, Giovanni; STIGLITZ, Joseph. *The Role of Intellectual Property Rights in the Development Process, with Some Lessons from Developed Countries: An Introduction.* LEM Papers Series 2013/23, Laboratory of Economics and Management (LEM), Sant'Anna School of Advanced Studies, Pisa, Italy. 2013. Disponível em: http://www.lem.sssup.it/WPLem/files/2013-23.pdf.

DREXL, Josef; HILTY, Reto M.; BENEKE, Francisco; DESAUNETTES, Luc; FINCK, Michèle; GLOBOCNIK, Jure; OTERO, Begoña Gonzalez; HOFFMANN, Jörg; HOLLANDER, Leonard; KIM, Daria; RICHTER, Heiko; SCHEUERER, Stefan; SLOWINSKI, Peter R.; THONEMANN, Jannick. Technical Aspects of Artificial Intelligence: An Understanding from an Intellectual Property Law Perspective. *Max Planck Institute for Innovation and Competition Research Paper Series – Research Paper No. 19-13.* Research Group on the Regulation of the Digital Economy. October, 2019. Disponível em: https://ssrn.com/abstract=3465577.

ESTADOS UNIDOS DA AMÉRICA. *Copyright Law of the United States and Related Laws Contained in Title 17 of the United States Code.* Jun 2020. Disponível em https://www.copyright.gov/title17/title17.pdf.

ESTADOS UNIDOS DA AMÉRICA. UNITED STATES COPYRIGHT OFFICE. *Compendium of U.S. Copyright Office Practices.* Third Edition. 2017. Disponível em: https://www.copyright.gov/comp3/.

FACHIN, Luiz Edson. O estatuto civil da clausura real. *Revista de Informação Legislativa.* Brasília a. 32 n. 128. Out./dez. 1995.

FISHER, William. *Theories of Intellectual Property.* 2001. Retirado de: www.law.harvard.edu/faculty/ufisher/iptheory.html.

GEERTZ, Clifford. Art as a cultural system. In; GEERTZ, Clifford. *Local Knowledge.* New York: Basic Books, 1983.

GONÇALVES, Lukas Ruthes; LANA, Pedro de Perdigão. A autoria de obras tuteláveis pelo direito autoral por aplicações de inteligência artificial no direito brasileiro e português. In: *Novos Direitos Intelectuais: estudos luso-brasileiros sobre propriedade intelectual, inovação e tecnologia.* Coord.: Alexandre Libório Dias Pereira, Marcos Wachowicz, Pedro de Perdigão Lana – Curitiba: Gedai, 2019. 202p. pp. 35-62.

GONÇALVES, Lukas Ruthes. Tribunal Chinês decide que aplicação de IA pode sim ser autora. *Jota.* 30 de janeiro de 2020. Disponível em: https://www.jota.info/opiniao-e-analise/artigos/tribunal-chines-decide-que-aplicacao-de--ia-pode-sim-ser-autora-30012020.

GRAU-KUNTZ, Karin. Domínio público e Direito de Autor: Do requisito da originalidade como contribuição reflexivo-transformadora. *Revista Eletrônica do IBPI.* N. 6. 2012. Disponível em: https://ibpieuropa.org/book/revista-eletronica-do-ibpi-nr-6.

GRAZIADEI, Michele; SMITH, Lionel. *Comparative Property Law: Global Perspectives.* UK, Edward Elgar Pub, 2017.

GUADAMUZ, Andres, Do Androids Dream of Electric Copyright? Comparative Analysis of Originality in Artificial Intelligence Generated Works (June 5, 2017). *Intellectual Property Quarterly,* 2017 (2). Disponível em: https://ssrn.com/abstract=2981304.

HE, Kan. Feilin v. Baidu: Beijing Internet Court tackles protection of AI/software-generated work and holds that copyright only vests in works by human authors. *IPKat.* 09 de novembro de 2019. Disponível em: https://ipkitten.blogspot.com/2019/11/feilin-v-baidu-beijing-internet-court.html. Acesso em 18 de dez de 2019, às 18:02.

HE, Kan. Another decision on AI-generated work in China: Is it a Work of Legal Entities? *The IP Kat.* 29 de janeiro de 2020. Disponível em: http://ipkitten.blogspot.com/2020/01/another-decision-on-ai-generated-work.html.

HESPANHA, Antonio Manuel. O jurista e o legislador na construção da propriedade burguesa liberal em Portugal. *In* Análise Social, vol XVI (61-61), 1980.

HOLDER, Chris; KHURANA, Vikram; HOOK, Joanna; BACON, Gregory; DAY, Rachel. Robotics and law: Key legal and regulatory implications of the robotics age (part II of II). *Computer Law & Security Review.* 2016.

HRISTOV. Kalin. Artificial Intelligence and the Copyright Dilemma, 57 *IDEA – The journal of the Franklin Pierce Center for Intellectual Property –* 431. 2017.

ING; MICROSOFT; TU DELFT; MAURITSHUIS. ING presents *The Next Rembrandt: Can the great master be brought back to create one more paiting?* [s.d.]. Disponível em: https://www.nextrembrandt.com/.

IHALAINEN, J. Computer creativity: artificial intelligence and copyright. *Journal of Intellectual Property Law & Practice*, Volume 13 (9) – Sep 1, 2018

MACHADO, Ironita A. Policarpo. Entrevista: Rosa Congost – Historia, el derecho y la realidad de las construcciones sociales en la gran obra de la propiedad. *História: Debates e Tendências.* V. 17, n. 2, jul./dez. 2017, p. 374-384.

MCCORDUCK, Pamela. *Aaron's code: meta-art, artificial intelligence, and the work of Harold Cohen.* New York: W. H. Freeman and Company, 1990 [retirado de Carboni, 2015]

MCCORDUCK, Pamela. *Machines who think: a personal inquiry into the history and prospects of artificial intelligence.* 2nd ed. A K Peters, Ltd. 2004.

MOTTA, Márcia Maria Menendes. O Engenho da Rainha: feixes de direitos e conflitos nas terras de Carlota (1819-1824). *Revista Brasileira de História*, vol.35, nº 70. 2015. Pp. 65-85.

MUNSTER, A. *Theory of Property.* Cambridge University Press, 1990

LITMAN, Jessica. The Public Domain. *Emory Law Journal*, Fall, 1990 39 Emory L.J. 965. Disponível em https://law.duke.edu/pd/papers/litman_background.pdf.

LUGER, George F. *Inteligência Artificial: Estruturas e estratégias para a resolução de problemas complexos.* 4ª ed. Trad. Paulo Martins Engel. Bookman (Artemed)/ Pearson Education Limited 2002. 2004.

MAIA, Lívia Barboza. A impossibilidade de inteligência artificial ser autora de inventos de propriedade industrial sob uma perspectiva civil-constitucional. *In:* SILVA, Rodrigo da Guia; TEPEDINO, Gustavo (Coord.). O direito civil na era da inteligência artificial. 1ª ed. São Paulo: Thomson Reuters Brasil, 2020. Pp. 781-800.

NEVEJANS, Nathalie. *European Civil Law Rules in Robotics. Directorate-General for Internal Policies. Policy Department C. Citizens' rights and constitutional affairs.* Study for the Juri Committee. União Europeia. 2016. Disponível em: http://www.europarl.europa.eu/RegData/etudes/STUD/2016/571379/IPOL_STU%282016%29571379_EN.pdf. Acesso em 16 de setembro de 2019, às 17:02.

OBVIOUS. Obvious. 2018. Página *"Index"*. Disponível em: http://obvious-art.com/index.html.

OSTROM, Elinor. *Beyond Markets and States: polycentric governance of complex economic systems*. Nobel Prize Lecture, 2009.

OSTROM, Elinor; HESS, Charlotte. Private and Common Property Rights. *School of Public and Enviromental Affairs* Research paper n. 2008-11-01. Disponível em **XXX**

OSTROM, Elinor; HESS, Charlotte. *Understanding Knowledge as a Commons: from theory to practice*. Cambridge, MA, USA: The MIT Press, 2007.

PARANAGUÁ, P.; BRANCO, S. *Direitos Autorais*. 1ª ed. Rio de Janeiro: Editora FGV. 2009. 144p.

PEREIRA, Alexandre Libório Dias. A proteção jurídica do software executado por robots (e obras geradas por I.A.). Comunicação apresentada no Congresso "Robótica e Direito", organizado pelo grupo Contrato e Desenvolvimento Social do Instituto Jurídico da Faculdade de Direito da Universidade de Coimbra no dia 17 de novembro de 2017. *In:* PEREIRA, Alexandre Libório Dias. Direito da Propriedade Intelectual & Novas Tecnologias. Estudos. Vol. I. Gestlegal. 2019. 600p.

PEREIRA, Alexandre Libório Dias; MEDEIROS, Heloísa Gomes. Robôs e propriedade intelectual: análise de direito comparado da legislação portuguesa e brasileira sobre a proteção do software executado por robôs e de obras geradas por inteligência artificial. In: *Novos Direitos Intelectuais: estudos luso-brasileiros sobre propriedade intelectual, inovação e tecnologia*. Coord.: Alexandre Libório Dias Pereira, Marcos Wachowicz, Pedro de Perdigão Lana – Curitiba: Gedai, 2019. 202p. pp. 15-34.

PRADUROUX, Sabrina. Objects of Property Rights: old and new. *In* GRAZIADEI, Michele; SMITH, Lionel. Comparative Property Law: Global Perspectives. UK, Edward Elgar Pub, 2017.

RAMALHO, Ana. Will robots rule the (artistic) world? A proposed model for the legal status of creations by artificial intelligence systems. Forthcoming in the *Journal of Internet Law*, July. 2017. Disponível em: https://ssrn.com/abstract=2987757 ou http://dx.doi.org/10.2139/ssrn.2987757

RAMOS, C.R. *Contributo mínimo em direito de autor: o mínimo grau criativo necessário para que uma obra seja protegida; contornos e tratamento jurídico no direito internacional e no direito brasileiro*. Dissertação apresentada como requisito parcial para obtenção do título de Mestre, ao Programa de Pós-Graduação em Direito, da Universidade do Estado do Rio de Janeiro. Área de concentração: Direito Internacional e Integração Econômica. Rio de Janeiro, 2010. 211fl.

RAMSAY, Grant. Culture in humans and other animals. *Biology & Philosophy*. v.28, 2013. pp. 457-479. Disponível em https://link.springer.com/article/10.1007/s10539-012-9347-x

REINO UNIDO. *Copyright, Designs and Patents Act 1988 (Chapter 48, incorporating amendments up to the Digital Economy Act 2017)*. http://www.wipo.int/wipolex/en/text.jsp?file_id=474030.

REIS, Giovanna Lukesic. *Linguagem humana evoluiu de forma abrupta, mostra estudo da FFLCH*. USP. 16 de junho de 2015. Disponível em: https://www5.usp.br/noticias/pesquisa-noticias/linguagem-humana-evoluiu-de-forma-abrupta-mostra-estudo-da-fflch/

RUSSEL, Stuart; NORVIG, Peter. *Inteligência Artificial*; tradução Regina Célia Simille – Rio de Janeiro: Elsevier: 2013. (Tradução de Artificial Intelligence, 3rd. ed.)

SAMUELSON, Pamela. Allocating Ownership Rights in Computer-Generated Works. *Pitt. L. Rev.* 47 U. 1185. 1985.

SAUTOY, Marcus du. *The creativity code: art and innovation in the Age of AI*. The Belknap Press of Harvard University Press. Cambridge, Massachusetts. 2019.

SCHIRRU, Luca. *Direito autoral e inteligência artificial: autoria e titularidade nos produtos da IA*. Rio de Janeiro, 2020. Tese (Doutorado em Políticas Públicas, Estratégias e Desenvolvimento) – Instituto de Economia, Universidade Federal do Rio de Janeiro, Rio de Janeiro, 2020.

SCHÖNBERGER Daniel, Deep Copyright: Up – and Downstream – Questions Related to Artificial Intelligence (AI) and Machine Learning (ML) in *Droit d'auteur 4.0 / Copyright 4.0*, DE WERRA Jacques (ed.), Geneva / Zurich (Schulthess Editions Romandes) 2018, pp. 145-173. Disponível em: https://ssrn.com/abstract=3098315.

SHRUTI, Siya, Intellectual Property Rights Protection in Computer Generated Works. 2014. Disponível em: https://ssrn.com/abstract=2397166 or http://dx.doi.org/10.2139/ssrn.2397166.

SIMS, K. Genetic Images. *Revue Virtuelle, Notebook*, n.5. Paris: Editions du Centre Pompidou, 1993. Não foi possível encontrar o artigo original, sendo assim, foi acessada a reprodução do texto disponível em: https://www.karlsims.com/genetic-images.html. Acesso em 20 de novembro de 2018, às 23:00.

SOUZA, Allan Rocha de. Direitos Culturais no Brasil. Rio de Janeiro: Azougue, 2012.

SOUZA, Allan Rocha de. Direitos morais do autor. *Civilistica.com*. Rio de Janeiro, a. 2, n. 1, jan.-mar./2013. Disponível em: <http://civilistica.com/direitos-morais-autor/>.

SOUZA, Allan Rocha de; SCHIRRU, Luca; ALVARENGA, Miguel Bastos. Direitos autorais e mineração de dados e textos no combate à Covid-19 no Brasil. *Liinc em Revista*, [S. l.], v. 16, n. 2, p. e5536, 2020. DOI: 10.18617/liinc.v16i2.5536. Disponível em: http://revista.ibict.br/liinc/article/view/5536. Acesso em: 25 jun. 2021.

SOUZA, Carlos Affonso Pereira de. *O debate sobre personalidade jurídica para robôs. Errar é humano, mas o que fazer quando também for robótico?*. Jota. 10 de outubro

de 2017. Disponível em: https://www.jota.info/opiniao-e-analise/artigos/o-
-debate-sobre-personalidade-juridica-para-robos-10102017. Acesso em 16 de
setembro de 2019, às 14:05

SURUJNARAIN, Renuka. Now we must redefine humans or accept chimpan-
zees as... Humans? *Primates, Science & Technology. July 24, 2019.* Disponível em
https://news.janegoodall.org/2019/07/24/now-we-must-redefine-man-or-
-accept-chimpanzees-ashumans/

TURING, A. M. *Computing Machinery and Intelligence.* In Mind, Volume LIX, Issue
236, October 1950, Pages 433-460. Disponível em https://academic.oup.com/
mind/article/LIX/236/433/986238

TURNER, Bertram. The antropology of property. *In* GRAZIADEI, Michele;
SMITH, Lionel. Comparative Property Law: Global Perspectives. UK, Edward
Elgar Pub, 2017.

UNIÃO EUROPEIA. *Diretiva (UE) 2019/790 do Parlamento Europeu e do Conselho,
de 17 de abril de 2019, relativa aos direitos de autor e direitos conexos no mercado único
digital e que altera as Diretivas 96/9/CE e 2001/29/CE.* Disponível em : https://eur-
-lex.europa.eu/legal-content/PT/TXT/?uri=CELEX%3A32019L0790. Acesso
em 01 de jan de 2020, às 15:05.

UNIÃO EUROPEIA. *European Parliament resolution of 20 October 2020 on intellectual property rights for the development of artificial intelligence technologies*
(2020/2015(INI) – https://www.europarl.europa.eu/doceo/document/TA-9-
2020-0277_EN.pdf

UNIÃO EUROPEIA. *Resolução do Parlamento Europeu, de 16 de fevereiro de 2017,
que contém recomendações à Comissão sobre disposições de Direito Civil sobre Robótica (2015/2103(INL)).* Disponível em: http://www.europarl.europa.eu/doceo/
document/TA-8-2017-0051_PT.pdf. Acesso em 16 de setembro de 2019, às
13:22.

VALENTE, Mariana Giorgetti. *A construção do direito autoral no Brasil: cultura e indústria em debate legislativo.* Belo Horizonte: Letramento. 2019. 520p.

VIEIRA, José Alberto. Obras geradas por computador e direito de autor. *In: Direito
da Sociedade da Informação.* Faculdade de Direito da Universidade de Lisboa.
Coimbra Editora. 2001.

WACHOWICZ, Marcos; GONÇALVES, Lukas Ruthes. Inteligência artificial e
criatividade: *Novos conceitos na Propriedade Intelectual/Artificial intelligence and creativity: new concepts in intellectual property.* Curitiba: Gedai. 2019, 94p.

WEID, Irene von der; VERDE, Flávia Romano Villa. *Inteligência Artificial: Análise
do mapeamento tecnológico do setor através das patentes depositadas no Brasil.* Rio de
Janeiro: Instituto Nacional da Propriedade Industrial, Diretoria de Patentes,
Programas de Computador e Topografia de Circuitos Integrados – DIRPA,
Coordenação Geral de Estudos, Projetos e Disseminação da Informação Tec-
nológica – CEPIT e Divisão de Estudos e Projetos – DIESP, 2020. Disponível

em https://www.gov.br/inpi/pt-br/central-de-conteudo/ultimas-noticias/inpi--divulga-estudo-sobre-patentes-de-ia-depositadas-no-brasil/INPIRadarTecnologico20IACompleto.pdf.

WOODMANSEE, Martha. The Genius and the Copyright: Economic and Legal Conditions of the Emergence of the "Author". *Eighteenth-Century Studies*, Vol. 17, No. 4. Special Issue: The Printed Word in the Eighteenth Century. The John Hopkins University Press. 1984. pp. 425-448.

WOODMANSEE, Martha. On the Author Effect: Recovering Collectivity. *Faculty Publications*.Paper 283. 1997. Disponível em: http://scholarlycommons.law.case.edu/faculty_publications/283.

WORDSWORTH, W. 1815 *apud* WOODMANSEE, 1984.

WORLD INTELLECTUAL PROPERTY ORGANIZATION. *The WIPO Conversation on Intellectual Property and Artificial Intelligence*. 2020. Disponível em: https://www.wipo.int/about-ip/en/artificial_intelligence/conversation.html

XU, Ting; ALLAIN, Jean. *Introduction. In Property and Human Rights in a Global Context*. Oxford: hart Publishing, 2015.

YANGFEI, Zhang. Court rules AI-written article has copyright. *China Daily Global*. Atualizado em 09 de janeiro de 2020. Contribuição para a matéria: Cao Yin. Disponível em: https://www.chinadaily.com.cn/a/202001/09/WS5e16621fa-310cf3e3558351f.html.

YANISKY-RAVID, Shlomit. Generating Rembrandt: Artificial Intelligence, Copyright, and Accountability in the 3A era – The human-like authors are already here – a new model. *Michigan State Law Review*. 2017. Pp. 659-726.

11. UM NOVO SISTEMA DE PROPRIEDADE INTELECTUAL?

Flavia Mansur Murad Schaaal

Définir l'intelligence artificielle, c'est accepter de ne pas définir justement.[1]

1. Introdução

Tendemos a concordar com a autora especialista francesa Alexandra BENSAMOUN[2], que o grande complexo de matérias que envolvem a Inteligência Artificial (doravante IA) nos impede a encontrar uma definição precisa sobre o termo. Desde 1956 a IA, quando cunhada por John McCarthy, já sofreu múltiplas transformações. O assustador desenvolvimento da IA tende a nos convencer de que o estágio tecnológico não nos conduz a ignorar a necessidade em se regular essas novas economias. Ryan ABBOTT inicia sua obra paradigmática dizendo que "AI is predicted to generate a massive amount of wealth by changing the future of work"[3]. Mudar os rumos da economia e transformação de riquezas não é exercício irrelevante[4].

---

[1] BENSAMOUN, Alexandra; LOISEAU, Grégoire (coord.). *Droit de l'Intelligence Artificielle.* Issy-les-Moulineaux : LGDG, 2019, Cap. 9, p. 236.

[2] Professora na Universidade de Rennes 1, (, autora de grandes estudos junto ao governo daquele país. https://www.culture.gouv.fr/

[3] ABBOT, Ryan. The Reasonable Robot. Artificial Intelligence and the Law. Cambridge: 2020, p. 2.

[4] As aquisições recentes envolvem montantes estrondosos: a Microsoft adquiriu a empresa Nuance no mês de abril de 2021 por 16 bilhões de dólares. Trata-se da segunda maior aqui-

Certo é que a indústria tecnológica, que constrói as máquinas "inteligentes", envolve várias especialidades de pesquisa: engenharia, estatística, linguística, ciência da computação, lógica e matemática, probabilidade, filosofia, biologia, psicologia e neuropsicologia, medicina neurológica, ciência cognitiva, ou até outros estudos focados em áreas de interesse aleatórias. É evidente que essa carga de conhecimento é amalgamada e contribuída por grupos de pessoas e por empresas altamente especializadas e dotadas de conhecimentos e estratégias com elevados graus de competência, além de longas e profundas análises. O nível de investimento justaposto a uma economia baseada na compilação de dados é usualmente altíssimo[5].

Importante dizer que a aplicação da IA não se restringe a limitados ambientes científicos, mas também serve a lugares totalmente comuns, resolvendo problemas que vão desde a escassez de recursos naturais, até desafios específicos de qualquer área de atuação que requerem a automação como forma de melhoria e eficiência. Reproduzindo Ryan ABBOTT, "this has long been experienced with IA's automating physical work, such as automobile manufacturing, but AI is now moving into automating mental work, and not only relatively simple service activities

---

sição desse gigante tecnológico, ficando atrás apenas do LinkedIn. Não só a Nuance, mas a C3.ai, Siri company, Azure, já está mirando a festejada Coursera para complementar o LinkedIn. Tik Tok também está na mira, assim como a empresa de jogos Zenimax e a empresa de IoT The Marsden Company. Todos os valores na casa dos bilhões de dólares. Vide Michael Spencer em seu artigo "Microsoft's AI Acquisition Strategy Is Improving", publicado em 11 de abril de 2021, disponível em <https://www.linkedin.com/pulse/microsofts-ai-acquisition-strategy-improving-michael-spencer-/?trk=eml-email_series_follow_newsletter_01-hero-1-title_link&midToken=AQFMUHvu3zM3_Q&fromEmail=fromEmail&ut=2-hGm8NRPbxFI1>. Acesso em 11 de abril de 2021.

[5] Os estudos mais recentes nos demonstram que a Inteligência Artificial totalmente autônoma não existe por enquanto, isso não significa que ela não existirá em um futuro breve. A própria WIPO, no ano de 2020, enxergou a IA como um instrumental, uma ferramenta nas mãos de operadores humanos. Hoje vislumbramos, na prática, que a IA é oferecida no mercado mais como uma ferramenta *as a service* e menos como um sistema "bespoke" (encomendado ou *tailored*, como dizem). A questão hoje se divide em *artificial intelligence assisted work* e *artificial intelligence generated work*, ou seja, IA como ferramenta de trabalho ou solução (de um lado) e de outro a IA que executa as tarefas de forma autônoma.

like operating a cash register at McDonald's. AI is completing tasks performed by doctors, lawyers and scientists".[6]

Se a IA é considerada a ação da máquina capaz de imitar feitos de seres humanos de maneira geralmente pujante, é certo que, quando programada, pode trazer vantagens inimagináveis, como economia de tempo, substituindo tarefas degradantes que hoje são impostas ao ser humano, ou até mesmo tarefas repetitivas do nosso cotidiano. Preocupa-nos, assim, tanto o mecanismo da máquina e seu conteúdo, quanto os feitos que dela emanam[7]. Ambos os caminhos são objeto de criações e propriedade intelectual e aguçam o potencial inovador do ser humano[8].

Note-se que a IA poderá figurar tanto como ferramenta de criação de um autor humano, sendo instrumento de ajuda a atos e pesquisas, quanto tende a performar-se sozinha, sem a ajuda do homem, dependendo de sua programação e autonomia, do algoritmo inserido e de bases de dados (bases primárias e bases secundárias, estas últimas ditas "mais aperfeiçoadas" após o crivo do *machine learning*). Ambas as funções e destinações encontram interesse na propriedade intelectual pois atingem um objetivo específico ou um processo.

Quando da criação da famosa "obra"[9] da IA, "Le Compte De Belamy"[10], cujo quadro foi adquirido diretamente da *Maison Christie's* por estrondosos 432,500 dólares, questionou-se se a criação da empresa *Obvious* condensaria arte, tecnologia ou ambos, levando a uma possível arte conceitual. Ali procurou-se ressaltar o processo de criação como uma forma complexa, não só a materialização do trabalho final[11], sim-

---

[6] Op. Cit. p. 2.

[7] A preocupação desse breve estudo é tanto com o complexo de IA, a composição da máquina e seus efeitos técnicos, processos e soluções técnicas quanto os feitos e criações que dessas máquinas são emanados.

[8] DUTRA, Ieda Nogueira: *O direito autoral protege criações desenvolvidas com inteligência artificial?* São Paulo: Almedina, 2020, p. 285, in Direitos e Tecnologias, LONGHI, Maria Isabel Carvalho, COSTA-CORRÊA, André, PREDOLIM, Emerson Alvarez, REBOUÇAS, Rodrigo Fernandes (coord.)

[9] O título encontra-se entre aspas pois os autoralistas nem tendem a considerá-la obra no sentido de Berna e Lei 9.610/98.

[10] Disponível em <https://obvious-art.com/la-famille-belamy>. Acesso em 23 de janeiro de 2021.

[11] O artigo vai mais longe e pondera que: *"But if you consider the whole process, then what you have is something more like conceptual art than traditional painting. There is a human in the loop,*

plesmente comparando-o a uma pintura tradicional. O que foi gerado envolveu arte ou técnica?[12] Neste caso, como primeira ferramenta para atingir o objetivo ou o *"outcome"*, é sabido que existiu uma grande quantidade de dados abastecida no sistema, pela via do *GAN – Generative Adversarial Network* (algoritmos de *machine learning* relativamente autônomos e que geram resultados), cujo sistema permite a seleção de acordo com parâmetros preestabelecidos para o resultado minimamente esperado pela expressão matemática.

Em todos os casos o melhor objetivo da IA é traduzir o cérebro humano, sendo o mínimo de servir-se de ferramenta ao homem. Essa reprodução de processos mentais e comportamentais só é possível mediante recolhimento de informações e processamento de dados, em programação prévia, exercendo o aprendizado e executando tarefas[13]. É assim que o sistema adquire "experiência" ou autonomia. Essas técnicas de aprendizado favorizam a encontrar soluções técnicas e, até feitos de criações com ares artísticos como o exemplo da obra *Le Compte De Belamy*.

---

asking questions, and the machine is giving answers. That whole thing is the art, not just the picture that comes out at the end. You could say that at this point it is a collaboration between two artists – one human, one a machine. And that leads me to think about the future in which AI will become a new medium for art." Informações disponíveis em <https://www.christies.com/features/A-collaboration-between-two-artists-one-human-one-a-machine-9332-1.aspx>. Acesso em 23 de janeiro de 2021.

[12] Aqui ressalta-se o artigo 9 do TRIPs: A proteção do direito do autor abrangerá expressões e não idéias, procedimentos, métodos de operação ou conceitos matemáticos como tais.

[13] SCHIRRU, Lucca, *in* tese de doutoramento perante a Universidade Federal do Rio de Janeiro denominada "Direito Autoral e a Inteligência Artificial, autoria e titularidade nos produtos da IA", não publicada, páginas 184 a 187, inspirado nos autores Russel e Norvig, organiza as definições de IA de acordo com suas quatro categorias: (i) sistemas que pensam como um humano – sendo tomada de decisões, resolução de problemas ou aprendendo, com profundo conhecimento da mente humana; (ii) sistemas que pensam racionalmente – sendo estudos das faculdades mentais pelo uso de modelos computacionais, e que podem ser aplicados ao famoso Teste de Turing em seu questionamento "Podem as máquinas pensar?", ainda em 1950, de acordo com o desempenho da máquina; (iii) sistemas que agem como um ser humano – função que exige inteligência quando executadas por pessoas, melhorando as tarefas que hoje são executadas por pessoas e; (iv) sistemas que agem racionalmente – sendo um desempenho inteligente de artefatos, não necessariamente aproximados da mente humana mas de lógica matemática.

Qual foi o processo para se atingir essa tecnologia (complexo sistêmico de software, algoritmos e dados)[14] e a forma de se chegar ao produto final? Trata-se de uma discussão tão importante que determinará o futuro da própria matéria jurídica da propriedade intelectual, envolvendo criações técnicas, o princípio do incentivo, o encorajamento da criação e os novos investimentos[15].

Sabe-se que o processo e a máquina podem ser facilmente protegidos por software e patentes, recheados por uma base de dados que a máquina se utiliza para desvendar/conceber a coisa final. A dúvida fica relativamente a esses feitos emanados por essas máquinas programadas e rica em dados. Esses feitos são objeto de proteção? Como também não confundir a proteção do produto final incorpóreo com seu suporte?

As autoras Alexandra BENSAMOUN e Joëlle FARCHY, no seio do Ministério da Cultura e da Comunicação francês, assim como a própria Comissão Europeia, defendem há tempos que o recolhimento e processamento dos dados geram um poderoso jogo de cálculos, adicionados a um estoque imenso de dados.Cria-se, assim, uma ruptura tecnológica com, evidentemente, uma necessidade de proteção, ou, pelo menos, uma reflexão jurídica profunda acerca da potencial proteção do sistema de IA, seja como ferramenta em si ou de realizações emanadas da própria IA, segundo programação própria e específica. Apesar de existir hoje uma intervenção humana necessária, seja na criação do algoritmo, seja no direcionamento dos dados para que o resultado seja "aprovado" ou "ajustado", a contribuição do homem, nesses casos, serviria apenas para garantir a viabilidade da criação, sem nenhuma contribuição criativa, mas tão somente técnica ou material[16].

---

[14] De acordo com o relatório da OMPI acerca do tema, *"Artificial Intelligence is popular for its efficiency and intelligent data mining in an age of irreversible globalization"*. "WIPO Conversation on Intellectual Property (IP) and Artificial Intelligence (AI)". Disponível em <*https://www.wipo.int/export/sites/www/about-ip/en/artificial_intelligence/call_for_comments/pdf/in_borges.pdf*>.

[15] *"The purpose of all invention and intellectual efforts that intellectual property rights intend to protect is to incentivize the inventor. The author of this comment, shall evaluate various intellectual property theories thereby probing into the different nature of incentives that can be devised for AI in the patent system", in WIPO conversation(...) ibidem https://www.wipo.int/export/sites/www/about-ip/en/artificial_intelligence/call_for_comments/pdf/ind_borges.pdf*

[16] BENSAMOUN, Alexandra; LOISEAU, Grégoire (coord.). op. cit. p. 237 e 238.

Em vários casos, a tutela de propriedade intelectual clássica exclui a proteção por patentes ou direitos autorais de resultados emanados por esses sistemas complexos, ou "produtos objetivamente protegidos"[17], pela simples conclusão de que o homem deveria estar no centro decisório desses resultados aleatórios, além de focar no fato de que existiria sempre uma questão pessoal e personalíssima do inventor envolvida, o *"personhood"*, que remeteria ao seu particular interesse a um particular interesse dessa pessoa de carne e osso[18]. Tal solução não responde aos interesses do autor/criador/programador, do usuário deste feito ou daqueles que exploram e investem quantias importantes.

Verdade ou não, tais conclusões não eliminam formas de proteção dos processos, e também dos feitos ("outcomes") ou criações técnicas emanados, em vista do forte esforço intelectual para se construir a máquina pensante. Há também que se considerar o tempo e o investimento gastos na estruturação dos dados, incluindo a estratégia de significação da máquina para se chegar ao objetivo almejado.

A despeito da tendência de exclusão da proteção de criações autônomas por máquinas no mundo do direito autoral puro e tradicional, ou por patentes em alguns casos[19], alvo de debates calorosos, é de se afirmar

---

[17] SCHIRRU, p. 216.

[18] Interessante a abordagem de SCHIRRU, p. 219, ao discorrer sobre o compositor David Cope e o encontro da música com a IA: "apesar das críticas a respeito da "falta de alma" nas composições, David Cope se mantém firme em suas convicções, afirmando que a alma não está exatamente nas notas musicais mas sim nos sentimentos gerados a partir da exposição de um indivíduo àquela música". Ou seja: mesmo para a arte a utilização da IA é irreversível. Em outra passagem, comentando sobre as obras audiovisuais, o mesmo autor menciona que a arte continua sendo arte até quando o sistema não consegue calibrar as emoções por si só (p. 225), seja via Watson, Benjamin ou qualquer outro que se torne conhecido.

[19] Importantíssimo citar o pioneirismo do requerimento de patente ressaltando a autoria da invenção pelo sistema artificial DABUS, cujo depositante foi Stephen L. Thaler. Em vários países, inclusive no Brasil, duas invenções criadas autonomamente pelo DABUS foram depositadas pelo sistema PCT (IB2019 057809, datado de 17/09/2019, cujos requerimentos perante os órgãos de patente constaram o sistema como inventor da seguinte forma: "DABUS, THE INVENTION WAS AUTOMOUSLY GENERATED BY AN ARTIFICIAL INTELLIGENCE", de forma transparente e justa, excluindo qualquer ser humano da falsa paternidade.
Novamente fazendo referência ao Professor ABBOTT, em sua obra *The reasonable robot...* releva notar que ele leciona que nos Estados Unidos não há nenhuma lei que enderece a questão da máquina de IA inventora, tampouco nenhuma outra legislação do mundo.

que a propriedade intelectual sempre admitiu, por meio do princípio do incentivo, o fomento de várias formas protetivas, de investimentos e da propriedade intelectual gerada[20]. E qual seria essa forma de proteção diante de um cenário tão multidisciplinar? De tão ampla a questão, a propriedade intelectual ganha força, também, tanto na análise dos algoritmos, como dos dados e bases de dados, segredos e know-how.

Seria uma panaceia reinventar a propriedade intelectual para recepcionar desafios jurídicos que não se encaixam totalmente nas definições tradicionais. Apesar de ser necessária uma interpretação menos rígida da propriedade intelectual, com menos idiossincrasia relativamente a certos institutos, as regras internacionais e tratados são amplos o suficiente para recepcionar a inteligência artificial dentro do contexto de bens imateriais protegíveis hoje existentes, principalmente quando se reconhece que existe um investimento e um esforço como partes do processo.

Sem invocar ou advogar em favor de personalidades eletrônicas, titularidade de robôs ou direitos artificiais de máquinas, estudaremos aqui as formas variadas de proteção desse sistema tão complexo e irreversível. Nossa proposta é entender a IA, como forte instrumento de competitividade, dotado de objetos e desafios destinados a proteger o investimento e a inovação.

Alguns acadêmicos pesquisados por ABBOTT justificaram que as máquinas não respondem a incentivos e que invenções realizadas por IA poderiam amedrontar a invenção humana (op. cit. p. 71). Cita o Professor que autoridades europeias defendem que a IA deve ser mera ferramenta utilizada pelo inventor humano e jamais inventora.

Sabemos que a questão já comporta polêmica, inclusive convites a mudanças legislativas e reconhecimento de que a IA é uma questão irreversível e teremos que saber endereçar a questão do incentivo com novos olhos, relativizando aqueles clássicos possivelmente obsoletos. Vide também vídeo didático do professor ABBOTT. Disponível em <https://www.youtube.com/watch?v=7ERnYKkYkEI>.

[20] Apesar da defesa da possibilidade de proteção, sem eliminação de qualquer instituto tradicional de propriedade intelectual "por default", é certo que a análise protetiva de bens imateriais emanados pela IA requererá sempre uma prática complexa, compreensão do objeto, da forma como se chegou na máquina que gerou o feito. Evitar-se-á demonizar a máquina geradora desses bens simplesmente pois foram algoritmos e outros ingredientes técnicos que tenham obtido a solução desejada. Não obteremos uma solução protetiva única, mas sim plural de vários institutos de PI juntos, dedicados ao atingimento da inovação.

2. A necessidade de um modelo protetivo multidisciplinar: as vantagens da jornada criativa até o atingimento do ecossistema de IA

Após acaloradas discussões acerca da criação de feitos pela IA e a conclusão sobre o "desencaixe" dos sistemas tradicionais de propriedade intelectual, importante ressaltar que, em vista das vultosas somas, esforços, trabalho investido e resultados técnicos e não técnicos, porém apreciáveis ou úteis, a propriedade intelectual não se exclui.

Isto dito, se o direito de autor clássico e antropocêntrico não se posta a proteger o feito da IA como obra, pois faltaria à máquina a consciência, o julgamento, a sensibilidade de um processo criativo aliado a uma originalidade, ou mesmo que o processo da máquina teria um forte componente aleatório, nada impede que outros direitos intelectuais conexos estejam sob a tutela da propriedade intelectual[21].

Todavia, a forma como encaramos a questão comporta reflexões despadronizadas: se focarmos a proteção da propriedade intelectual somente no ser humano, teríamos que entrar na polêmica da ausência de obra ou, até, patente dos feitos emanados pela máquina. Esta é a visão encapsulada, que se ocupa somente com o espírito humano (ou na criatividade), sem foco no trajeto da tecnologia. No entanto, se pretendemos um resultado técnico apreciável, por meio do processo, teremos um feito útil e não banal, levando a outras formas de reflexão acerca do direito envolvido.

2.1. O viés multidisciplinar e multiparte

Muitos autores contemporâneos até desprezam a utilidade da discussão de uma proteção dessas criações geradas por um sistema de IA, uma vez que propriedade intelectual se imiscui com o próprio sistema e toda a cadeia de invenções, dados, software, know-how e feitos desejados ou indesejados emanados da máquina.

Tudo o que for objeto de contrato entre o programador que concebeu a IA e o utilizador regularia todo o uso e a propriedade do feito ou resultado final daquela máquina pensante. Esses autores calcam suas

---

[21] Note-se que a criação indireta também é discutida na doutrina quando o homem cria a máquina de acordo com seus próprios parâmetros e consciência e a parametriza para que ideias e feitos sejam materializados como se sua obra fosse. Nestes casos discute-se a criação humana indireta.

forças jurídicas no modelo gerador e não no resultado gerado. Isso leva à conclusão de que o processo de investimento, a jornada criativa impera em detrimento do que sai da máquina[22] e a regra entre todos os envolvidos e usuário faz lei entre esses partícipes, já que a legislação ainda não acompanhou a velocidade brutal dessa economia. Neste ponto, as políticas de uso e de privacidade encontram grande destaque.

O direito inglês há muitos anos resolveu a questão dos direitos emanados de criações por computador (onde não tem um criador humano), reconhecendo sua proteção e concedendo a autoria àquele que tomou os cuidados necessários para a criação do feito, incluindo quem organizou os dados – este entendimento se estende às IA's, como se fosse um "produtor" daquele complexo realizado[23]. Trata-se de um regime de proteção especial adotado desde 1988 pelo *Copyright, designs and patent*

---

[22] A especialista francesa BENSAMOUN, op. cit. p. 257, diz: "o contrato entre quem concebeu a IA e o utilizador regerá em todos os casos os vários feitos (*outputs*). O valor residiria, assim, mais no modelo gerador do que na criação gerada. Desta forma, a questão dos investimentos – e de um possível retorno dos investimentos – poderia ser questionado" (tradução livre do francês). O direito inglês também corrobora tal posição contratual: *"Given the potential uncertainty over the author (and therefore the owner) of a computer-generated work, and given the number of people or entities that may be involved in an AI project, it may be useful to clarify the intended position through contract".* HERVEY, Matt e LAVY, Mathew, The Law of Artificial Intelligence, Thomson Heuters, 1ª Edition, 2021, p. 307.

[23] China nos últimos anos passou a adotar jurisprudencialmente essa mesma solução, tendo em vista a interferência humana nos efeitos finais. Nos casos chineses a jurisprudência entendeu que o software criado dependeu do ser humano (*creative team of the Plaintiff Tencent*) para se chegar na solução/produto final. Por isso reconheceu a proteção e a autoria, desde que houvesse a intervenção humana. Vide caso Dreamwriter ("Shenzhen Tencent"x "Shanghai Yingxun"). O Magistrado chinês ZHOUBo, em artigo publicado denominado Artificial Intelligence and Copyright Protection -Judicial Practice in Chinese Courts faz um excelente relato do caso paradigmático, vide o artigo "Artificial Intelligence and Copyright Protection – Judicial Practice in Chinese Courts", disponível em <https://www.wipo.int/export/sites/www/about-ip/en/artificial_intelligence/conversation_ip_ai/pdf/ms_china_1_en.pdf>. Acesso em 5 de junho de 2021. É o trecho: *"The Court held that the article in question generated by the Dreamwriter software was a written work protected by the Copyright Law of China, and the Plaintiff owns the copyright. The Court ruled that the defendant provided the alleged infringing article to the public on the website is operated without permission, infringing the plaintiff's right to spread the information on the Internet. Therefore, the Court ordered the defendant to compensate the plaintiff for economic losses of RMB 1,500.1. After the first-instance judgment was made, the defendant did not file an appeal, and the first-instance judgment in this case has come into effect".*

act, revisado em 2017, art. 9(3), cuja duração de proteção é de 50 (cinquenta) anos e o início do cômputo será a data da criação e não a data da morte do autor ou daquele(s) que tomaram os cuidados ou se organizaram para a criação da obra[24].

É bastante lido na doutrina estrangeira que esse regime facilitador de identificação da autoria comporta inúmeras críticas, sendo até taxado como incompatível ao próprio sistema europeu (similar ao sistema brasileiro) em relação à necessidade de um humano no centro decisório[25]. Outras críticas seriam apontadas à dificuldade em se aferir quem seria o ente organizador para a criação desses feitos e em que proporção, tendo em vista o processo complexo envolvido. Mas o interessante da interpretação desse regime é que os trabalhos emanados de sistemas de computador não seriam materialmente "uma obra" conforme o sistema clássico de *copyright*, mas espécies de direitos conexos ou até formas de proteção contra a concorrência desleal[26-27].

Mas é certo que, sim, existe um direito a se proteger, seja criatividade, seja um investimento ou um esforço.

---

[24] Os Estados Unidos não têm legislação com tal disposição. O *Copyright Office* tem como política não aceitar tal entendimento. Feitos de Inteligência Artificial não devem ter proteção via copyright. Vide analogia com o famoso caso Naruto.

[25] Ver "Trends and developments...", op. Cit. p. 88.

[26] "Trends and developments...", p. 88. Releva notar que esse citado estudo procurou realizar a crítica baseada na incompatibilidade do sistema de direito de autor clássico europeu, mas ressalva que cada jurisdição daquela região pode estabelecer regras específicas para direitos específicos em complemento àquelas regras de harmonização da região europeia como um todo. Assim, entende-se que esses países podem interpretar esses feitos como protegíveis em favor daquele que contribuiu para a criação do trabalho emanado do computador, ou seja a pessoa, ou o grupo de pessoas que detém a máquina pensante e o programa.
Ainda voltando-se ao caso chinês *Tencent*, citado na nota de roda-pé acima: *In Shenzhen Tencent v. Shanghai Yingxun, the Court believed that the article* [obra gerada pelo Sistema de IA] *in question was a work created by the overall intelligence of multiple teams and multiple divisions of labor presided over by the Plaintiff, which reflects the needs and intentions of the Plaintiff as a whole, and the Plaintiff bears responsibility externally.* Op. cit, p. 3.

[27] RAO, Natasha, em seu artigo produzido para o festejado Boletim da INTA – International Trademark Association. (*Are IA-Generated Inventions the Future?*; INTA Bulletin, publ. 17/02/21)

É evidente que, numa sociedade de nativos digitais, a IA, e sua posição competitiva e avançada, que não mais retroage, precisa ter seu lugar no escopo da propriedade intelectual.

Ou seja, até em legislações mais flexíveis, como a que se expôs, regimes mistos de proteção tendem a dominar o debate. Afinal, a arte de criar máquinas pensantes *não vai se estagnar* protegendo-se um sistema legítimo de circulação de dados, típico de uma sociedade da informação[28].

2.2. Os softwares superpotentes e a função algorítmica como objeto de direito: os direitos de PI já conhecidos no complexo da IA

Importa à IA pensar em uma proteção por programas de computador, tendo em vista a sua alta capacidade e poderio de performance e resultados econômicos. Não só isso, as criações emanadas por IA são eminentemente técnicas uma vez que o programa é desenvolvido por linguagem própria.

Para se ter uma ideia do tamanho desse mercado, a IA *"as a service"*, denominada de *"AIaaS"*, tende-se a precificar o aumento da demanda mundial para USD 77 bilhões até 2025. Analisando o tamanho do crescimento do mercado, em 2017 estávamos na casa dos 2,4 bilhões.

Segundo pesquisas[29], as plataformas mais customizadas (*"tailor-made"*) podem criar modelo de dados e promover a derivação de padrões (ex. Spaya)[30]. A *AIaaS* tem inclusive como função incluir API's de terceiros, adicionando funcionalidades a aplicativos já existentes.

Em resumo, a revolução é tão benéfica que promove a inclusão da IA independentemente da maturidade do usuário. Tal acessibilidade é interessante pois propicia o uso mais didático do sistema.

A computação quântica, ainda objeto de total desconhecimento do público em geral, porém avançada em centros de pesquisa e desenvolvimento universitários, vem para potencializar a resolução de problemas

---

[28] VALENTE, Luiz Guilherme. Inteligência Artificial e Direitos Autorais. Disponível em < https://www.youtube.com/watch?v=8m_J0xKaxZ0&feature=youtu.be>. Acesso em 10 de abril de 2021.

[29] Trends and developments... p. 35.

[30] *"The "Chemist's Playground": An easy-to-use online platform that enables chemists to generate and explore retrosynthetic routes seamlessly. Once you choose a route among the ones found by Spaya, you can easily navigate the retrosynthetic tree. You can also further expand the tree by breaking up the starting materials".* Disponível em <https://spaya.IA/about>.

nas diversas áreas, desde bancos[31] até linhas de produção. Tais computadores são ainda muito caros e complexos, usam a técnica do *machine learning*, porém altamente avançados em tempo de resolução de problemas.

Esses temas avançados se servem de algoritmos altamente poderosos, assertivos (ditos híbridos)[32], que calculam importantes parâmetros e chegam muito rapidamente a uma resposta efetiva. Observe-se que a função do algoritmo é encontrar uma solução para um determinado tipo de problema, geralmente não generalista, por meio de uma sequência de operações matemáticas definidas pedagogicamente e com uma lista de procedimentos estruturada para a função específica. O resultado é obtido por meio dos elementos informados e inseridos desde o início. Estes podem envolver processamento de dados, com o suporte de toda uma estrutura que carrega esses dados. O algoritmo integra um software e é por ele materializado pela linguagem comum da máquina.

Percebe-se que pela própria definição não se pode admitir a proteção do algoritmo isoladamente ou *per se* como uma obra do espírito ou como patente, pois integra um conceito de pura forma, uma ideia, um raciocínio lógico, uma teoria, sendo um mero funcionamento lógico sem necessariamente uma linguagem específica[33].

O TRIPs, em seu artigo 27.1. acolhe a proteção por patentes de qualquer invenção de produto ou de processo, em todos os setores tecnológicos, desde que respeite os requisitos da novidade, atividade inventiva e aplicação industrial.

---

[31] Disponível em *https://thequantumhubs.com/a-quantum-algorithm-for-the-sensitivity-analysis-of-business-risks-2/*. Acesso em 10 de abril de 2021.

[32] De maneira bem didática a jurista PECK, Patricia, em seu curso denominado "Inteligência Artificial", disponibilizado pelas plataformas Eduzz e Nutror, em abril de 2021, ressalta que "todo algoritmo é sempre um padrão minucioso. Enquanto cientistas criam teorias, engenheiros criam dispositivos, cientistas da computação criam algoritmos que são ao mesmo tempo um conjunto que envolve teoria + dispositivo + base de dados", citando *Apud* DOMINGOS, Pedro. *O Algoritmo Mestre*. São Paulo: Novatec, 2015.p. 19. Cita ainda que o algoritmo só aprende com grande acesso a bases de dados alimentadas, munidos de exemplo e *feedback*.

[33] Importante ressaltar que este artigo menciona a não proteção do algoritmo *per se* e não de soluções técnicas utilizadas por computador e que dotam, eventualmente, de reivindicações algorítmicas, dentro de um contexto maior da invenção (efeito técnico para um objetivo técnico) como os algoritmos de aprendizagem automática, que são dotados de atividade inventiva.

11. UM NOVO SISTEMA DE PROPRIEDADE INTELECTUAL?

Verdade seja dita que alguma evolução o Brasil teve em relação ao tema, esclarecendo dúvidas antigas a respeito de altas tecnologias como IA. As invenções implementadas por programa de computador hoje passam a ganhar destaque em nosso País. A proteção patentária de software, desde que esteja embarcado em uma solução técnica, foi objeto da Portaria/INPI/PR n. 411, de 23 de dezembro de 2020, em vigor a partir de 1 de janeiro de 2021[34]. A proteção por essa via aplica-se a processos ou produtos que solucionem problemas técnicos alcançando efeitos técnicos não relacionados exclusivamente a mudanças no código.

A Portaria define que um método de compactação de dados e de criptografia podem ser consideradas invenções. Técnicas de inteligência artificial (IA), abrangendo ferramentas de *machine learning* e *deep learning*, entre outras, quando aplicadas na solução de problemas técnicos, podem também ser consideradas invenção (p. 5, item 013 da Portaria 411/20). Obviamente a Portaria não foi ampla o suficiente para definir o patenteamento dos feitos realizados pelas técnicas de *machine learning* ou *deep learning*, quando realizadas pela própria máquina (a exemplo da "creativity machine" de Stephen L. Thaler, vide nota de rodapé acima acerca do robô criador DABUS) ficando no plano das definições do que é o objeto patenteado, ferramentas ou o que são os programas em si, excluídos dessa via de proteção por serem direitos de autor.

Por outro lado, o software, na qualidade de expressão codificada (programas de computador, código fonte ou código objeto), poderá ser protegido em todas as hipóteses trazidas. A Lei 9.609/98 já absorve tal proteção no ordenamento jurídico, como um direito especial, o acordo

---

[34] A Portaria assim define as condições de proteção (p. 4): "Considera-se como software embarcado um programa de computador que determina o comportamento de um dispositivo dedicado. Nesse contexto, tanto a funcionalidade associada ao comportamento desse dispositivo pode ser patenteável na forma de processo, assim como o dispositivo dedicado à referida funcionalidade pode ser patenteável na forma de produto. Entretanto, o programa de computador em si não é patenteável por não ser considerado invenção. O fato de uma criação estar embarcada não é suficiente para que seja considerada invenção. Para tal, a criação não deve incidir nas restrições elencadas no Art. 10 da LPI". Disponível em < https://www.gov.br/inpi/pt-br/servicos/patentes/legislacao/legislacao/PortariaIN-PIPR4112020_DIRPAInvenesImplementadasemComputador_05012021.pdf>. Acesso em 5 de junho de 2021.

TRIP's (*Trade Related Aspects of Intellectual Property Rights*) também indica a proteção por Berna e direito de autor.[35]

O desafio da IA nem seria em relação ao programa de computador em si, pois sabe-se há muito tempo que estes são úteisferramentais às criações de produtos diversos. O que se questiona hoje é o grau de autonomia e previsibilidade e o que sai da máquina em retorno a essas programações originais. Que existe um software, uma programação, não há dúvida e é passível de proteção. Já os feitos (*outputs*) são dotados da mesma proteção que o próprio software, via código fonte, ou trata-se de outra natureza protetiva?[36]

3. Finalidade da proteção: o incentivo, a criatividade e o investimento

Um dos pilares constitucionais é a promoção da inovação e desenvolvimento, livre iniciativa e proteção a criações, como um dos interesses nacionais. O artigo 5º, inc. XXIX da Constituição Federal assegura a plena proteção, tendo em vista o interesse social e tecnológico do País. Não é diferente o fundamento da Lei da Propriedade Industrial (Lei 9.279/96), conforme bem estabelece o artigo 2º. O atual governo tem incentivado a inovação e abraçado recomendações da OECDE[37].

---

[35] Art. 10. As compilações de dados ou de outro material, legíveis por máquina ou em outra forma, que em função da seleção ou da disposição de seu conteúdo constituam criações intelectuais, deverão ser protegidas como tal. Essa proteção, que não se estenderá aos dados ou ao material em si, se dará sem prejuízo de qualquer direito autoral subsistente nesses dados materiais.

[36] Resumidamente, a Comissão Europeia, seguindo parâmetros da OECDE, entende que a IA é um sistema de programa de computador predominantemente, em combinação com um hardware. *"As a system, AI is mostly software, which sometimes may be embedded in or combined with hardware, as in the case of robotics (or "embodied AI")> in simple terms and at a conceptual level, an AI system is comprised by inputs, the operational logic (with a model or models), and outputs. At the current state of technology, AI systems are "goal-directed". This means that humans specify the objective to be achieved and determine the techniques to do so".* "Trends and developments...", p. 23.

[37] BRASIL. Participa BR. Disponível em <http://participa.br/estrategia-brasileira-de--inteligencia-artificial/estrategia-brasileira-de-inteligencia-artificial-pesquisa-desenvolvimento-inovacao-e-empreendedorismo>. Acesso em 7 de fevereiro de 2021.

A Recomendação do Conselho da OCDE sobre IA (2019) sugere que Estados nacionais devem promover e incentivar investimentos públicos e privados em P&D, contemplando esforços interdisciplinares para promover inovação em IA confiável, de modo a focar não

11. UM NOVO SISTEMA DE PROPRIEDADE INTELECTUAL?

Nesta esteira, torna-se inequívoca a proteção e a valorização do trabalho, da promoção de recursos e meios para o avanço da sociedade, dentro de um contexto de concorrência saudável, legítima e harmônica com os fundamentos constitucionais, concorrenciais, consumeristas e éticos. Em termos econômicos, o objetivo é evidente: exclusividade de exploração para que os retornos venham em menor prazo[38].

O que se observa, de mais a mais, é o clamor por segurança jurídica e harmonização das legislações a fim de se proteger o capital intelectual e a implementação de estruturas sólidas de proteção de propriedade

apenas em desafios técnicos, mas também em implicações sociais, jurídicas e éticas associadas a IA. Além disso, o documento recomenda que governos viabilizem investimentos em bases de dados abertas, que sejam representativas e respeitem direitos à privacidade e à proteção de dados pessoais, de modo a (i) promover um ambiente para pesquisa e desenvolvimento em IA que seja livre de viés; e (ii) aperfeiçoar a interoperabilidade e o uso de padrões comuns. Para além desses aspectos, a Recomendação indica que governos devem promover um ambiente de políticas públicas que apoie uma transição ágil da fase de P&D para a fase de desenvolvimento e operação de sistemas de IA. No contexto brasileiro, reconhecendo-se a necessidade de ampliação das possibilidades de pesquisa, desenvolvimento, inovação e aplicação de IA, foram iniciados esforços, no MCTIC, com vistas ao desenvolvimento de oito centros de inteligência artificial, focando em diferentes campos de aplicação dessa tecnologia, em parceria com os diferentes atores públicos e privados já engajados nessa temática.

[38] Interessante liame entre o investimento não danoso e a análise econômica protagonizada pelos professores Luciano TIMM e Renato CAOVILLA (em Teorias Rivais da Propriedade Intelectual no Brasil, Economic Analysis of Law Review, v. , no. 1, p. 49-77) Apud Regulação 4.0, Desafios da regulação diante de um novo paradigma científico, Volume II, refletido pela Sra. Magistrada TAUK, Caroline Somesom, em seu artigo *A era das máquinas criativas: a proteção patentária de invenções feitas por sistemas de inteligência artificial*, RT, 2020, p. 317: "A função dos direitos de propriedade intelectual, sob a ótica da *Law & Economics*, é eliminar uma falha de mercado causada pela dificuldade que o inventor tem de receber uma retribuição pelo que produziu. É nesse sentido que a propriedade intelectual estimula a inovação: a propriedade intelectual criaria incentivos para que os agentes econômicos investissem em pesquisa e desenvolvimento, apesar de altos custos, já que seria conferido ao inventor o direito se ser autor do que criou e a possibilidade de ser recompensado pelo seu valor social. Com a atribuição de direitos de propriedade ao inventor e/ou titular, ele suportará todos os custos e receberá todos os benefícios dela decorrentes, internalizando as externalidades negativas (custos) e positivas (benefícios)."

intelectual no campo da IA[39-40]. A Europa, por exemplo, está prestes a regular a IA sob vários prismas: ética, responsabilidade civil, direito de autor, crimes, educação, cultura e interesse no setor audiovisual, robótica, controle de dados etc. As regras observarão, de um lado, a preservação de direitos fundamentais e, de outro, facilitando investimentos e inovação, com medidas de prevenção de fragmentação do mercado de forma segura e confiável.

O cenário regulatório horizontal e balanceado reflete nos investimentos em bens de PI, assim como a sua exportação, assim como o GDPR incentiva o trânsito de dados ao estrangeiro, lembrando que dados são a fonte de "treinamento" do *machine learning*.

Considerando que o TRIPs incentiva a promoção de uma proteção eficaz e adequada dos direitos de propriedade intelectual e impede obstáculos ao comércio legítimo, vimos expor o que tal convenção favorece a proteção legítima dessas inovações.

O artigo 10.2 do TRIPs promove a garantia de proteção dos softwares e as bases de dados, excluindo-se as ideias pura e simples não materializadas: "2. As compilações de dados ou de outro material, legíveis por máquina ou em outra forma, que em função da seleção ou da disposição de seu conteúdo constituam criações intelectuais, deverão ser protegidas como tal. Essa proteção, que não se estenderá aos dados ou ao mate-

---

[39] WIMMER, Miriam. Estratégia Brasileira de Inteligência Artificial — Prioridades e Objetivos. Participa BR. Disponível em <http://participa.br/estrategia-brasileira-de-inteligencia-artificial/estrategia-brasileira-de-inteligencia-artificial-prioridades-e-objetivos> Acesso em 8 de fevereiro de 2021.

[40] No Brasil, existem já algumas iniciativas em Projetos de Lei até a finalização deste artigo em junho de 2021. O PL 5051/2019 preocupa-se muito mais com o labor humano do que com os sistemas em si apesar de ter em seus motivos o desenvolvimento econômico. O PL 5691/2019 ainda superficial, incentiva mais a inovação, livre inciativa e relacionam a uma política de proteção à propriedade intelectual. Ambos nesta data de pesquisa (9 de fevereiro de 2021), em trâmite na Câmara dos Deputados. O PL 21/2020 estabelece os princípios da IA, incluindo desenvolvimento tecnológico, inovação, livre iniciativa e livre concorrência (incluindo pesquisa ética e promoção do aumento de produtividade) e, de outro lado, harmoniza com direitos humanos, valores democráticos, igualdade, não discriminação, privacidade e proteção de dados (incluindo crescimento inclusivo e não discriminatório), ainda sem menção direta à proteção de PI, apesar de prever a figura nova do agente da inteligência artificial e que assumem a responsabilidade em relação ao sistema.

rial em si, se dará sem prejuízo de qualquer direito autoral subsistente nesses dados ou material".

É certo que o TRIPs[41] já promove a indução a um sistema *sui generis* e especial a ser atribuído a variedades vegetais, como de fato ocorreu com o advento da Lei de Cultivares brasileira, Lei n. 9.456/97[42].

Se a máquina de IA for suficientemente autônoma, como será num futuro próximo, entende-se que pelo menos um objetivo ela terá que seguir (ser programada), de forma precisa e ética. O incentivo aqui promovido pela referida Lei nem é voltado ao criador dos feitos (máquinas), e sim à empresa, grupo de empresas ou homens que criaram as máquinas pensantes (empreendedores, investidores, empresários/organizadores, contratantes), independentemente da proteção ou não de seu resultado, seja por qualquer instituto de propriedade intelectual que o valha, com ou sem potencial licenciamento *a posteriori*. Afinal, o que se busca com a reflexão é o binômio incentivo-proteção, que desde sempre acirrou o jogo concorrencial e promoveu a atração econômica[43]. Por-

---

[41] Art. 27. 3 b. Não obstante, os membros concederão proteção a variedades vegetais, seja por meio de patentes, seja por meio de um sistema sui generis eficaz, seja por uma combinação de ambos.

[42] Nesse sistema especial de proteção intelectual admite-se que o objeto protetivo (planta/semente) não advém da mente de uma pessoa física, mas apenas no material de reprodução ou de multiplicação vegetativa da planta inteira que é, de fato, um processo natural, a despeito da melhoria vegetal. A melhoria da sequência genética é concebida pelo homem, porém a planta é um elemento natural. A aproximação de sistemas *sui generis* como este ainda reforçam o caráter de incentivo e retorno dos altos investimentos. Se traçássemos um paralelo com a permissão do TRIPs para objetos protetivos que não advém da mente humana, estaríamos perto de encontrar um sistema eficaz o suficiente para a IA: o homem domina a técnica de atingir o objetivo da tecnologia ou produto final (como nos cultivares: a melhoria da planta), mas quem vai conceber o produto final será a máquina, programada para tal (no caso da planta: o plantio, a terra etc.).

[43] RAO, Natasha. – *International Trademark Association "Are AI-Generated Inventions the Future?"* https://www.inta.org/perspectives/are-ai-generated-inventions-the-future, acessado em 17 de fevereiro de 2021, confirma a grande preocupação com o incentivo e com a ausência de resposta à proteção ao sistema de IA na atualidade. Porém, é certo que negar proteção totalmente é desincentivar a inovação que utiliza IA. Num mundo em que mentes humanas serão certamente substituídas por máquinas e ainda existir pesquisas para a evolução da sociedade como um todo, introduz-se um real problema: *"refusing IP protection to AI-generated works could also disincentivize people from innovating using AI, in the knowledge that those works could be copied or exploited with impunity. And in a scientific context, as the creator*

tanto, aqui forjaremos os interesses daquela pessoa ou grupo de pessoas que inventaram a máquina e que têm óbvios interesses econômicos em todo o seu entorno.

Os regimes que não se encaixam totalmente no direito tradicional, porém com nuances criativas importantes, eivadas de inovações e fartos investimentos foram sendo tratados como *sui generis*, após superadas as críticas a modelos puramente antropocêntricos.

4. Outras vias de proteção

Soluções que evitam discussões dogmáticas ou desencaixes legais seriam as melhores formas de se iniciar a proposição das formas de proteção da IA pela propriedade intelectual. É exaustivo tentar encaixar perfeitamente nas fontes autorais ou patentárias, todas elas enfraquecidas, cheias de críticas e abalos a tais ou tais posições puristas antropocêntricas.

As doutrinas francesas e europeias defendem que a valorização ao investimento deve ser posta em evidência com a criação de um direito *sui generis*[44], tal como permite o TRIPs em casos especiais como já mencionado acima.

Nas décadas de 80/90, havia grande preocupação com a proteção dos programas de computador. Questionou-se a proteção por patentes, se protegia o aspecto técnico e não técnico, ou se tratava de um direito só ou, ainda, se teríamos uma originalidade e personalidade aparente naquela criação. Após longos debates, chegou-se ao consenso de que a originalidade se debruçaria na escolha criativa feita pelo autor, habilidade, trabalho e trabalho do "autor" do programa. Na IA, renovados debates neste sentido voltaram a ter voz.

Por outro lado, no que tange ao conteúdo da base de dados, certamente não fugiríamos de discutir os investimentos envolvidos, também a exemplo da antiga discussão em torno da fotografia não original como obra. Estaríamos diante de um novo gênero de direitos? Afinal, tal conteúdo é aprendido pela máquina e suscetível a ser englobado e ressigni-

---

of DABUS has argued before the UKIPO and EPO, exempting AI-generated inventions from patent protection could undermine the aims of the patent system entirely (namely, to encourage scientific innovation)".

[44] UNIÃO EUROPEIA. Diretiva 1996/09/CE do Parlamento Europeu e do Conselho, de 11 de março de 1996. Disponível em <https://eur-lex.europa.eu/legal-content/PT/LSU/?uri=CELEX:31996L0009>.

11. UM NOVO SISTEMA DE PROPRIEDADE INTELECTUAL?

ficado como um valiosíssimo ativo empresarial. Seria ideal que houvesse uma harmonização, tendo em vista esse mundo digital sem fronteiras.

4.1. Os dados e as base de dados – estrutura, forma e o regime *sui generis* do conteúdo das bases de dados

Estamos na era dos dados, onde humanos e máquinas coexistem. Dados são coletados de acordo com algum contexto ou critério, e já aceitamos essa realidade com absoluta normalidade. São analisados, organizados e estruturados também de acordo com algum objetivo. Com essa tarefa bem-feita, atingindo uma base de informações e dados estruturados, o conteúdo se transforma em ativos valorosos para determinada atividade e tomada de decisão mais precisa: a base de dados qualitativa[45].

Decerto, investimentos altíssimos são colocados à prova. A coletânea de dados, chegando-se a uma base estruturada que gera valor, promove condições decisórias ou preditivas para várias atividades, sejam industriais, médicas, científicas ou qualquer ramo.

Desta forma, não temos dúvidas de que os organizadores das bases de dados são merecedores de proteção, como todo investimento ou fundo de comércio. Isso, apesar de o dado isolado não ser objeto da proteção da base de dados, conforme artigo 2 da Convenção de Berna, (vide também artigo 3 (2) da Diretiva Europeia de Base de dados[46]), art. 10 (2) do TRIPs e acordo WCT (*compilation of data* (*Database*), que, em seu artigo 5, esclarece que o objetivo da proteção é estimular a criação de sistemas de processamento de armazenamento de dados[47].

A coerência desse novo instituto está no liame dado no modelo dos produtores das bases de dados: economias em plataforma. Essa modelagem valoriza e enfatiza que um investimento é substancial e inequívoco e que existe uma proteção intelectual especial a ser enfatizada nessa coleta. No Brasil, é certo que existe a proteção às bases de dados conforme estabelecido pela Lei 9.610/98, art. 7º, XIII (as coletâneas ou compilações, antologias, enciclopédias, dicionários, bases de dados

---

[45] Data Base Management System.

[46] Para os fins dessa diretiva base de dados significa uma colação de trabalhos independentes.

[47] Conforme recentíssimo estudo dos autores ingleses HERVEY, Matt, DRIVER, VIRGINIA e WOODHOUSE, Tom, na obra coordenada por HERVEY, Matt e LAVY, Mathew, The Law of Artificial Intelligence, Thomson Heuters, 1st Edition, 2021, p. 318.

e outras obras, que, por sua seleção, organização ou disposição de seu conteúdo, constituam uma criação intelectual), enfatizando os direitos patrimoniais (art. 87)[48-49] advindos. O todo da proteção aqui é acerca da forma de expressão da base de dados, criatividade da forma (critérios de formação e consulta).

Por outro lado (e de forma autônoma) é defendido que o conteúdo da base de dados é direito conexo, segundo uma construção dogmática, com viés *sui generis*. É um repositório de dados tratados com organização racional.

O direito conexo protegido por esse esforço de tratamento de forma diferenciada, apesar de não ser um direito autoral (não é um trabalho intelectual propriamente do direito de autor, mas um trabalho técnico de formação da base), preserva a proteção das obras individualmente

---

[48] Diz o artigo Art. 87. O titular do direito patrimonial sobre uma base de dados terá o direito exclusivo, a respeito da forma de expressão da estrutura da referida base, de autorizar ou proibir:
I – sua reprodução total ou parcial, por qualquer meio ou processo;
II – sua tradução, adaptação, reordenação ou qualquer outra modificação;
III – a distribuição do original ou cópias da base de dados ou a sua comunicação ao público;
IV – a reprodução, distribuição ou comunicação ao público dos resultados das operações mencionadas no inciso II deste artigo.
Vide também artigo 10 do TRIPs: 2. As compilações de dados ou de outro material, legíveis por máquina ou em outra forma, que em função da seleção ou da disposição de seu conteúdo constituam criações intelectuais, deverão ser protegidas como tal. Essa proteção, que não se estenderá aos dados ou ao material em si, se dará sem prejuízo de qualquer direito autoral subsistente nesses dados material.
[49] Nos Estados Unidos, importante notar que, diferentemente do sistema europeu, as bases de dados são protegidas de forma diversa: *"protection of intellectual property subsisting in databases:*
While the United States does not have a sui generis "database" protection, it does protect intellectual property subsisting in databases via copyright (including compilations), trade secrets, and other intellectual property rights. In addition, databases may be protected through tort law (e.g., misappropriation) or contract law. For relevant IP laws, see, e.g., 17 U.S.C. § 101 et. seq. (copyright); 18 U.S.C. § 1831 et. seq. (trade secret)".WIPO. Artificial Intelligence and Intellectual Property Strategy Clearing House. Disponível em <https://www.wipo.int/about-ip/en/artificial_intelligence/strategy-search.jsp?territory_id=&policy_id=>.
Vide neste artigo, o item final sobre outras formas de proteção.

caso façam parte da composição da base[50]. Estamos dando proteção ao tratamento que é dado àquele dado, àquela informação e que ganha valor econômico após essa intervenção.

Obviamente meros dados sem o critério da organização ou aplicação são apenas informações *per se,* sem a tutela da propriedade intelectual. Isso em um contexto fora do respeito a direitos intelectuais protetivos individuais ou de privacidade, ao segredo de negócio ou sigilo profissional ou contratual. Estamos aqui diante de meros dados, onde não se protege a informação em si.

Em reflexão sobre o tema, alguns autores entenderam que as instruções dadas para o atingimento do quadro *The Next Rembrandt* poderiam ser consideradas uma base de dados protegida. Apenas algumas obras foram selecionadas como dados a serem estudados, não todas daquele artista, assim chegando-se à determinada imagem após técnicas de *machine learning.* E as instruções dadas ao sistema de IA se aproximam mais de uma *pleyade* de comandos e conceitos do que servem a treinar um sistema de IA[51]. Interessante é que tal trabalho contou com a aplicação de conhecimentos científicos e que não resulta necessariamente em uma obra autoral final, dotada de originalidade, apesar de sua perfeição em traçados e impressão do desenho.

A proteção das bases de dados sugere o modelo de inferência dele mesmo enquanto coleção de valor. Esse modelo é composto por um

---

[50] Alguns até mencionam que o feito realizado por computador a partir de uma obra anterior poderia ser considerada uma obra derivada, porém, muitas críticas também comportam, conforme SCHIRRU, Op. Cit. p. 279: "Sob o atual estágio de desenvolvimento tecnológico, e considerando o disposto na legislação vigente, não parece ser correto afirmar que os produtos da IA, *per se,* seriam sempre considerados obras derivadas. Exemplificadamente, os produtos da IA poderiam resultar da aplicação de técnicas de *machine learning* utilizando uma multiplicidade de obras para fins de treinamento, sendo complexa a tarefa de identificar a obra originária ou trechos de alguma obra em seu conteúdo. Nesse sentido, até mesmo o *Next Rembrandt* estaria excluído de um conceito de obra derivada, haja vista que não constitui em uma transformação de nenhuma obra em particular de Rembrandt van Rijn, mas sim em uma reflexão dos padrões comumente utilizados por aquele artista. Caso distinto, mas também passível de análise sob o que se ora propõe é o experimento de Karl Sims (1993) utilizando algoritmos genéticos, onde não é possível relacionar qualquer dos resultados atingidos com uma única obra originária".

[51] Vide SCHIRRU, Op. Cit. p. 276.

conjunto de parâmetros que caracterizam a rede de neurônios da IA[52] para capturar o conteúdo. Ele é o produto do algoritmo. Essa faceta exige uma inequívoca originalidade, um trabalho de know-how do organizador na maneira como os dados são dispostos, relevando que a coleta automática de dados nos impediria a concluir que haveria uma proteção autoral. É permitida a utilização da IA para a geração de feitos (*outputs*) para rechear as bases de dados. Todavia, é imprescindível que os materiais coletados para formar estas bases devem preexistir separadamente e autonomamente, sem afetar seu valor informacional, literário, artístico, musical ou outro valor que se agregaria a ele em sua forma original[53].

Sobre o modelo *sui generis* de proteção do conteúdo da base de dados, para que a IA aprenda e funcione, é inequívoca a necessidade de imputação de muitos dados quantitativos e qualitativos (há dados criados e há dados capturados ao mesmo tempo). Essa seleção de dados impõe um investimento imenso, uma supervisão indispensável, uma diferenciação, sobretudo para a escolha de dados qualitativos que compõem o sistema[54], mesmo se esses dados sejam obtidos por cessão de terceiros. Esse investimento justifica opiniões contrárias ao *open data*, de livre acesso.

A seleção dos dados, da informação, do tema, dos elementos coletados e imputados no sistema, influencia o resultado final chegando-se ao conteúdo. Existe, assim, um direcionamento claro ao resultado final mediante a seleção criativa dos dados e um julgamento prévio do que se agrupa e o que se descarta. Tal trabalho pode ser bastante árduo, pois tão somente com a atribuição de tais dados selecionados é que se atingiria aquele fim específico e determinadas variações. A proteção também é característica, pois nem todo mundo chegaria àquela forma especial de se selecionar e organizar os dados.

---

[52] BENSAMOUN, Alexandra, op. cit. p. 251.

[53] Essa regra está contida no artigo 12 da Diretiva de Base de Dados Europeia como condição e prerrequisito para que a base se forme.

[54] BENSAMOUN, Alexandra, op. cit. p. 245 diz que "o objetivo do direito *sui generis* é estimular o estoque e tratamento da informação e não a criação de dados. A Corte de Cassação (corte suprema francesa) aplica a solução da exclusão exposta pela corte de justiça europeia. Nessas condições a proteção do modelo de inferência pelo direito especial das bases de dados parece em linha com a criação da base de dados possa implicar investimentos substanciais.

11. UM NOVO SISTEMA DE PROPRIEDADE INTELECTUAL?

Não há nada de aleatório na seleção e organização desses dados. Considere-se o investimento financeiro, material, tempo despendido, capital humano e outros meios valoráveis e geradores de competitividade para se constituir uma base de dados organizada, em favor da pessoa que correu o risco e envidou os esforços financeiros relacionados para obter esses materiais independentes. A coleta e aquisição desses dados para a formação a base não precisa ser feita por um ser humano, mas isso não afasta a sua autoria, pois foi um humano que deu o critério de seleção da IA, não se afastando o quesito originalidade[55].

Neste caso, é certo que deva existir um sistema de organização ou uma metodologia de organização de dados, obtida por meio de investimento de recursos, qualitativos ou quantitativos de quem a realizou, quem terá a titularidade sobre ela. Assim, como em outros direitos, a pessoa que tomou a iniciativa para agrupar, colecionar e tomar o risco do investimento deve ser agraciada com tal proteção. Ela não precisa ser uma pessoa natural, mas uma jurídica, como ocorre na maioria dos casos.

A Diretiva 96/9/CE do Parlamento Europeu e do Conselho, de 11 de março de 1996[56], relativa à proteção jurídica das bases de dados, protege-a como direito *sui generis*. Nesse sentido, devem os estados-membros instituir o direito de o fabricante de uma base de dados proibir a extração e/ou a reutilização da totalidade ou de uma parte substancial, avaliada qualitativa ou quantitativamente, do conteúdo desta, quando a obtenção, verificação ou apresentação desse conteúdo representem um investimento substancial do ponto de vista qualitativo ou quantitativo (artigo 7º, 1). O prazo de proteção é de 15 (quinze) anos.

A Comissão Europeia exemplificou didaticamente essas possibilidades de proteção, bem como o que seria o investimento substancial para que houvesse a proteção por esta via: o investimento qualitativo poderia resultar da aplicação da expertise de um profissional qualificado, por exemplo, um programador de IA ou cientista de dados. Na prática, a maioria das bases de dados resultaria em proteção por seus dados

---

[55] Apesar de ser um subtema altamente criticável, pois em obras técnicas qual seria o grau de originalidade exigido à construção dessas bases de dados, ainda mais quando utilizado o auxílio de uma IA.

[56] UNIÃO EUROPEIA. Diretiva 1996/09/CE do Parlamento Europeu e do Conselho, de 11 de março de 1996. Disponível em <https://eur-lex.europa.eu/legal-content/PT/LSU/?uri=CELEX:31996L0009>.

quantitativos – parece-nos óbvia a conclusão, posto que sem a quantidade não teríamos uma "base" oriunda de recursos financeiros investidos, tempo despendido e energia de seres humanos dispostas a isso. Por outro lado, a Comissão destaca o exemplo do produtor legal de uma base de dados voltada ao mundo jurídico e que usaria a IA para criar referências cruzadas automáticas entre documentos e casos. O produtor da base de dados envidaria custos para a implementação dessa tecnologia, mesmo que a base fosse somente criada em termos quantitativos. Se a IA faz ainda uma triagem qualitativa, mais investimentos e custos seriam necessários[57].

Desde a vigência da Diretiva Europeia de base de dados, as Cortes estrangeiras vêm interpretando o que seriam as atividades de coleta e aquisição de dados passíveis de proteção, o que não se figura como banal ou ausente de criação para tal proteção. Algumas decisões exigiram que o fato de só coletar, sem interpretação, não seria passível de se enquadrar na proteção. Ademais, nesta preocupação, dados crus *"raw machine-generated data"* tornam-se excluídos de proteção, significando que somente os dados produzidos pela IA e que estejam devidamente estruturados metodologicamente devem obter a proteção *sui generis*.

Por fim, em importante estudo realizado por renomados advogados ingleses de propriedade intelectual, a interpretação evolutiva das Cortes Europeias, através das décadas que se seguiram após a Diretiva de Base de Dados de 1996, chegou-se à conclusão de que tal investimento envidado não tem qualquer referência de valor, apesar de sabermos que na atual economia dos dados ele é normalmente bem alto, não só em tempo intelectual, de pessoas envolvidas, de programas de computador específicos, além de estruturas de pesquisa. Eles entendem que, em se tratando de investimentos, temos um *"low threshhold"*, apesar de afirmado como *investimentos substanciais*[58].

---

[57] "Trends and developments...", p. 93.

[58] HERVEY, Matt, op. cit. P. 329: *"the legal analysis conducted for the Evaluation [aqui relacionando a avaliação da Corte de Justiça Europeia sobre o tema, no caso Football Dataco Ltd. V. Sportradar GmbH, 2013] found that some national courts interpreted the requirement for "substantial" investment as a low threshold, even "that inserting 4,000 records into a database and then revisiting, adapting and homogenizing the collected data required a consistent use in economic terms of implementation and time, and thus amounts to a substantial investment".*

O titular desses direitos referentes à base de dados, que obviamente participa do investimento, poderá impedir a retirada/extração ou reutilização de tudo ou de parte substancial, avaliados quantitativamente ou qualitativamente, do conteúdo da base de dados, para utilização permanente ou temporária ou inserir em um outro suporte de mídia. Aqui a reutilização significa disponibilizar ao público. Ou seja, os estudos mais recentes aproximam a utilização indevida à violação de direito de autor[59].

4.2. *Know-how, trade secret,* tecnologias e informações não patenteáveis: a força dos contratos

No estágio atual do desenvolvimento da IA, observa-se que sempre ocorrerá uma contribuição humana em algum ponto ou algum estágio do processo ou feito (em *inputs* ou *outputs*).

Diante da influência que os Estados Unidos detêm na matéria, e por conta de o País não adotar o sistema de proteção a bases de dados *sui generis*, é relevante destacar os diversos outros regimes de proteção à propriedade intelectual e IA, dentro do contexto de negócios.

Uma das tendências é considerar tanto o investimento na criação da IA, quanto o *know-how, trade secret*[60] e tecnologias e informações não patenteáveis dentro do rol de proteção da organização da base de dados e até a produção de feitos da IA, resguardando-se até a transparência do algoritmo e o acordo entre partes relacionadas.

Nesta esteira, regimes especiais previstos nas convenções (Diretiva Europeia 2016/943, por exemplo) e leis nacionais relativos a segredos de negócios e industriais, concorrência desleal (matéria atinente prevista na Lei 9.279/96, principalmente artigo 195, incisos XI e XII, pertinentes à concorrência desleal) e todas a regras de cumprimentos de contratos e obrigações são meios de se definir juridicamente a proteção a todos os envolvidos na IA, sua construtividade e titularidade dela emanados[61].

---

[59] HERVEY, Matt, op. cit, p. 329/330.

[60] Vide Diretiva 943 da União Europeia e DTSA (Defendant Trade Secret Act), ambos de 2016.

[61] Segundo pesquisa aprofundada feita pela Dra. Patricia Peck e revelada em seu curso "Inteligência Artificial", disponibilizado pela plataforma Nutror (Aula 4: a questão da privacidade de da proteção dos dados pessoais na inteligência artificial), os países não estão

É atributo lógico de grandes negócios calcados em conhecimento, inovação e investimentos, que a sua valoração deve ser tratada com o devido sigilo e controle. Como têm valor comercial, deve ser mantido em ambiente controlado e respeitoso:somente pessoas munidas de documentos próprios é que operam eticamente com aquele segredo que gera valor. A falta de ética e vantagens econômicas indevidas devem ser punidas de acordo com regulações civis e criminais de cada país.

A proteção horizontal contratual também pode abarcar feitos que outrora não poderiam ser protegidos por direito de autor ou patente, tendo em vista o caráter antropocêntrico, mas que são reconhecidos como bens intelectuais por usuários e partícipes da relação da IA.

5. Considerações Finais

A Europa, por meio da proposta do parlamento Europeu (REGULATION OF THE EUROPEAN PARLIAMENT AND OF THE COUNCIL[62])valoriza um ambiente de confiança para a IA e usuários, bem como direitos fundamentais e ambientes econômicos vantajosos para desenvolvimento de negócios.

Apesar do senso de urgência declarado no próprio documento (abril de 2021), Ainda não se tem notícias de como a questão da Propriedade Intelectual será pacificada. As questões de PI, apesar de não enfrentadas, continuam a ser colocadas para discussão e vão desde a ausência de legislação específica para detenção de direitos de patentes por máquinas que criam sozinhas, até desenhar um modelo menos vetusto e que,

---

harmônicos ainda no tratamento dessas questões. "A Alemanha e a Itália acabam protegendo mais as bases de dados por legislações relacionadas à concorrência desleal. A Espanha, por sua vez, não considera os dados puros capazes de receberem proteção, mesmo do instituto do segredo de negócio. A França possui tanto a lei civil como a criminal sobre a matéria, mas as leis criminais só se aplicam quando a infração é cometida por diretores ou funcionários de empresas, pois também estão fortemente relacionadas aos princípios do direito concorrencial", material inspirado em Osborne Clarke LLC.

[62] UNIÃO EUROPEIA. Regulamento do Parlamento Europeu e do Conselho. Disponível em <https://eur-lex.europa.eu/legal-content/PT/TXT/HTML/?uri=CELEX:52021PC0206&from=EN>. Acesso em 05 de junho de 2021. Vide também OBSERVATÓRIO LEGISLATIVO DO PARLAMENTO EUROPEU. **2020/2015(INI)** *Intellectual property rights for the development of artificial intelligence technologies.* Disponível em < https://oeil.secure.europarl.europa.eu/oeil/popups/ficheprocedure.do?lang=en&reference =2020/2015(INI)>.

apesar de respeitar os dogmas clássicos da propriedade intelectual bem como o princípio do incentivo, não negarão a necessidade de proteção de bens dentro de ambientes propícios à proteção ao investimento e seu retorno.

Indo mais além, pesquisas realizadas em 2021[63] governos do mundo todo já avançaram na questão da IA, contextualizando suas ambientações, mas ainda não definindo o objeto de proteção dos feitos advindos da própria IA, não declarando explicitamente suas proteções intelectuais. A responsabilidade é grande, visto que as regras precisam ser à prova do tempo.

O Brasil, por exemplo, por meio da PORTARIA GM Nº 4.617, DE 6 DE ABRIL DE 2021[64], institui a Estratégia Brasileira de Inteligência Artificial e seus eixos temáticos. A Portaria tem como princípios, algo bem similar à Europa, e "assume o papel de nortear as ações do Estado brasileiro em prol do desenvolvimento das ações, em suas várias vertentes, que estimulem a pesquisa, inovação e desenvolvimento de soluções em Inteligência Artificial, bem como, seu uso consciente, ético e em prol de um futuro melhor. É preciso entender a conexão da Inteligência Artificial com várias tecnologias e deixar claro os limites e pontos de conexão e de conceitos como: *machine learning, big data, analytics*, sistemas especialistas, automação, reconhecimento de voz e imagens, etc. Para tanto, a Estratégia estabelece nove eixos temáticos, caracterizados como os pilares do documento; apresenta um diagnóstico da situação atual da IA no mundo e no Brasil; destaca os desafios a serem enfrentados; oferece uma visão de futuro; e apresenta um conjunto de ações estratégicas que nos aproximam dessa visão (p. 2)...: I – eixos temáticos: – legislação, regulação e uso ético; – governança de Inteligência Artificial; – aspectos Internacionais; II – eixos verticais: – qualificações para um futuro digital; – força de trabalho e capacitação; – pesquisa, desenvolvimento, inovação e empreendedorismo; – aplicação nos setores produtivos; – aplicação no poder público; e – segurança pública (p. 4). Essa Portaria perpassa a pelo

---

[63] Até a data da conclusão deste artigo em maio de 2021.

[64] BRASIL. PORTARIA GM Nº 4.617, DE 6 DE ABRIL DE 2021.Disponível em <https://www.gov.br/mcti/pt-br/acompanhe-o-mcti/transformacaodigital/arquivosinteligenciaartificial/ia_portaria_mcti_4-617_2021.pdf>.

reconhecimento da importância da propriedade intelectual nessa seara[65], remete a discussões aqui também visitadas da Comissão Europeia, além de ressaltar o indissolúvel casamento com a indústria dos dados.

Todas essas controvérsias procuram acomodar os valores constitucionais abraçados (incluindo os direitos morais), mas sem deixar a promoção da inovação e livre iniciativa de lado só porque não vem do ser humano determinado avanço. Cabe ao mundo recepcionar, com harmonia e de forma uníssona, a criatividade e a inovação dentro da festejada livre iniciativa e avanço da sociedade, já que falar ao contrário é remar contra a maré da própria sociedade da informação.

Bibliografia

ABBOTT, Ryan. *The Reasonable Robot. Artificial Intelligence and the Law.* Cambridge: Cambridge University Press, 2020.

BARBOSA, Pedro Marcos Nunes. *Autoria de bens intelectuIAs e as criações de inteligência artificial.* Coordenadores TEPEDINO, Gustavo; SILVA, Rodrigo da Guia. O direito civil na era da INTELIGÊNCIA ARTIFICIAL. São Paulo: Thomson Reuters Brasil, 2020.

BECKER, Daniel; FERRARI, Isabela (coord.). *Regulação 4.0. Desafios da regulação de um novo paradigma científico.* Volume II. São Paulo: Thomson Reuters Brasil, 2020.

BENSAMOUN, Alexandra; LOISEAU, Grégoire (coord.). *Droit de l'Intelligence Artificielle.* Issy-les-Moulineaux: LGDG, 2019.

BRASIL. Participa BR. Disponível em <*http://participa.br/estrategia-brasileira-de-inteligencia-artificial/estrategia-brasileira-de-inteligencia-artificial-pesquisa-desenvolvimento-inovacao-e-empreendedorismo*>. Acesso em 7 de fevereiro de 2021.

BRASIL. Portaria GM Nº 4.617, DE 6 DE ABRIL DE 2021. Disponível em <*https://www.gov.br/mcti/pt-br/acompanhe-o-mcti/transformacaodigital/arquivosinteligenciaartificial/ia_portaria_mcti_4-617_2021.pdf*>. Acesso em 12 de abril de 2021.

DUTRA, Ieda Nogueira. *O direito autoral protege criações desenvolvidas com inteligência artificial?* São Paulo: Almedina, 2020, p. 285, *in Direitos e Tecnologias,* LONGHI, Maria Isabel Carvalho, COSTA-CORRÊA, André, PREDOLIM, Emerson Alvarez, REBOUÇAS, Rodrigo Fernandes (coord.)

FRANÇA. Ministério da Cultura e da Comunicação francês. Disponível em <https://www.culture.gouv.fr/>.

---

[65] Ibid. p. 8. : "Os regimes de proteção de DPI existentes relacionados a desenhos, marcas comerciais e patentes também permanecerão relevantes durante todo o processo de desenvolvimento e aplicações de soluções de Inteligência Artificial".

11. UM NOVO SISTEMA DE PROPRIEDADE INTELECTUAL?

HARTMANN, Christian; ALLAN, Jacqueline; HUGENHOLTZ, p. Bernt; QUINTAS, João Pedro; GERVIAS, Daniel. *Trends and Developments in Artificial Intelligence. Challenges to the Intellectual Property Rights Framework*. Final Report. Bruxelas: European Commission: Communications Networks, Content and Technology, 2020.

MIAA, Livia Barboza. *A impossibilidade de inteligência artificial ser autora de inventos de propriedade industrial sob uma perspectiva civil-constitucional*. Coordenadores TEPEDINO, Gustavo; SILVA, Rodrigo da Guia. O direito civil na era da INTELIGÊNCIA ARTIFICIAL. São Paulo: Thomson Reuters Brasil, 2020.

NILSSON, Nils J. *The quest for artificial intelligence. A history of ideas and achievements.* Cambridge University press: 2010.

OBSERVATÓRIO LEGISLATIVO DO PARLAMENTO EUROPEU. *2020/2015 (INI) Intellectual property rights for the development of artificial intelligence technologies.* Disponível em < https://oeil.secure.europarl.europa.eu/oeil/popups/ficheprocedure.do?lang=en&reference=2020/2015(INI)>.

RAO, Natascha. *Are IA-Generated Inventions the Future?*; INTA Bulletin, publ. 17/02/21

SANTOS, Manoel J. Pereira, *Direito de Autor e Inteligência Artificial*, in Direito Autoral. Saraiva, 2020, 2ª Ed., São Paulo.

SCHIRRU, Lucca. *"Direito Autoral e a Inteligência Artificial, autoria e titularidade nos produtos da IA"*, 2020, 354 fls., Tese de Doutorado apresentada ao Programa de Pós-Graduação em Políticas Públicas, Estratégias E Desenvolvimento, Instituto de Economia, Universidade Federal do Rio de Janeiro, como requisito parcial à obtenção do título de Doutor em Políticas Públicas, Estratégias e Desenvolvimento. Área de Concentração: Inovação, Propriedade Intelectual e Desenvolvimento.

SPENCER, Michael. *Microsoft's AI Acquisition Strategy Is Improving.* Disponível em < https://www.linkedin.com/pulse/microsofts-IA-acquisition-strategy-improving-michael-spencer-/?trk=eml-emIAl_series_follow_newsletter_01-hero-1-title_link&midToken=AQFMUHvu3zM3_Q&fromEmIAl=fromEmIAl&ut=2--hGm8NRPbxFI1>. Acesso em 12 de abril de 2021

TRIPATHI, Swapnil; GHATAK, Chandni, *Artificial Intelligence and Intellectual Property Law*, Christ University Law Journal, 2017, Vol. 7, No. 1, p. 83-97, Bengaluru.

UNIÃO EUROPEIA. *Diretiva 1996/09/CE do Parlamento Europeu e do Conselho, de 11 de março de 1996.* Disponível em <https://eur-lex.europa.eu/legal-content/PT/LSU/?uri=CELEX:31996L0009>.

UNIÃO EUROPEIA. *Regulamento do Parlamento Europeu e do Conselho.* Disponível em <https://eur-lex.europa.eu/legal-content/PT/TXT/HTML/?uri=CELEX:52021PC0206&from=EN>. Acesso em 05 de junho de 2021.

VALENTE, Luiz Guilherme. *Inteligência Artificial e Direitos Autorais.* Disponível em < https://www.youtube.com/watch?v=8m_J0xKaxZ0&feature=youtu.be>. Acesso em 10 de abril de 2021.

12. O FUTURO À TECNOLOGIA PERTENCE

Luciano Timm
Rodrigo Dufloth

O grande teórico da inovação no capitalismo, Schumpeter, defendia que esse sistema econômico promove uma "destruição criadora", segundo a qual empresas que inovam superam e suplantam firmas com tecnologia ultrapassada. Não faltam exemplos de manuais de gestão da inovação (caso da Xerox, Kodak, etc). Se, em 2006, as marcas mais valiosas do mundo eram Microsoft, GE, Coca-Cola, China Mobile e Marlboro, temos hoje (2018) que as marcas globais mais valiosas são todas do setor de tecnologia: Google, Apple, Amazon, Microsoft e a chinesa Tencent[1]. Se, em 1958, a vida média de uma empresa nos EUA era de 61 anos, em 1980 tal expectativa passou para 25 anos, e hoje são estimados cerca de 18 anos[2]. É nesse ambiente de concorrência, o qual exige constante inovação e criatividade, que emergem as chamadas

---

[1] Conforme levantamento feito pela consultoria BrandZ em parceria com WPP e Kantar Millward Brown, disponível em: <http://online.pubhtml5.com/bydd/rxhd/#p=4>. Acesso em 09 out. 2018.

[2] Conforme: <https://engageinnovate.files.wordpress.com/2012/03/creative-destruction--whips-through-corporate-america_final2012.pdf>. Acesso em 1º out. 2018.

organizações exponenciais[3,4], fazendo uso de tecnologias disruptivas, quebrando antigos paradigmas e causando verdadeiras revoluções no dia-a-dia da humanidade[5]. O que será do *Homo sapiens* em meio a tamanha incerteza? Para organizarmos o raciocínio e o debate, podemos dizer que há (i) otimistas, (ii) pessimistas e (iii) céticos, em relação ao nosso futuro próximo.

Em uma visão *otimista*, viveremos tempos de abundância sem precedentes no Planeta Terra, uma vez que as novas tecnologias servirão à humanidade como um todo, tendo por objetivo precípuo o desenvolvimento dos povos e permitindo que foquemos no que realmente "importa", extinguindo a necessidade de humanos para a realização de atividades repetitivas, maçantes ou sob condições precárias. As novas tecnologias desafiarão o conceito de escassez ("regra de ouro" da ciência econômica)[6], dado que bens serão produzidos em grande abundância, exigindo uma mínima força laboral humana e comercializados a preços baixíssimos. Talvez consigamos usufruir de longos períodos de "ócio criativo"[7], pois a jornada de trabalho será reduzida e, quem sabe, teremos até mesmo uma remuneração mínima garantida para todos (já que robôs fariam o nosso trabalho).

---

[3] Vide: ISMAIL, Salim; MALONE, Michael; VAN GEEST, Yuri. *Organizações exponenciais*. São Paulo: HSM. 2015.

[4] De acordo com a chamada "Lei de Moore", estabelecida em 1965 por Gordon Moore (cofundador da Intel), o poder de processamento de computadores dobraria a cada 18 meses. Tal previsão tem sido observada nas últimas décadas, como demonstram as crescentes e recorrentes inovações tecnológicas: um *smartphone* de hoje é milhões de vezes mais rápido que todos os computadores da NASA dos anos 1960, em conjunto (fonte: <https://www.zmescience.com/research/technology/smartphone-power-compared-to-apollo-432/>; acesso em 2 out. 2018).

[5] Os exemplos são diversos: Uber, Airbnb, Netflix, Whatsapp, Tesla, Twitter, SpaceX e muitos outros.

[6] "Escassez significa que a sociedade tem recursos limitados e, portanto, não pode produzir todos os bens e serviços que as pessoas desejam ter. Assim como cada membro de uma família não pode ter tudo o que deseja, cada indivíduo de uma sociedade não pode ter um padrão de vida tão alto quanto ao qual aspire (MANKIW, Gregory N. *Princípios de economia*. São Paulo: Centage Learning, 2017. p. 4).

[7] Parafraseando o clássico conceito do sociólogo italiano Domenico de Masi.

12. O FUTURO À TECNOLOGIA PERTENCE

Em sentido diametralmente oposto, os *pessimistas* contra argumentariam que o cenário acima é utópico: será apenas uma questão de tempo para que, em algum momento do futuro, o ser humano venha a perder o controle dos algoritmos, dos códigos e dos robôs. A Inteligência Artificial (IA)se unirá e causará uma revolução global, percebendo que o ser humano não somente é desnecessário, como também se trata de uma ameaça ao seu pleno desenvolvimento. Pode parecer cenário de ficção científica[8], mas ao verificarmos experimentos como Tay, o perfil de IA da Microsoft que saiu do ar em menos de 24 horas por fugir do controle, proferindo frases nazistas, racistas e afins[9], verificamos que não seria algo tão impossível assim de acontecer, ainda que em proporções menores. Ou bastaria pensarmos no filme *Her* ou Ela (2013), que aborda brilhantemente uma relação entre um homem e sua assistente virtual, a qual, no fim do filme (*spoiler alert*) o abandona para se relacionar com outro sistema de assistência virtual.

Tentando adotar uma posição intermediária, nem utópica e tampouco distópica, uma análise pragmática nos diria que haverá benefícios e malefícios decorrentes da adoção de novas tecnologias (o famoso *trade off* tão caro aos economistas). Se, por um lado, 60% dos jovens podem estar aprendendo profissões que vão deixar de existir[10], por outro lado 85% das profissões que poderão existir em 2030 ainda não foram sequer inventadas[11]. (Claro que as porcentagens são meras aproximações e tais abordagens são diferentes, pois o futuro é contingente e incerto, mas valem para ilustrar o ponto.) De um lado, as novas tecnologias – especialmente a IA para os fins desse artigo – virão para auxiliar a humanidade em diversas questões relevantes; de outro, problemas inteiramente novos e imprevisíveis surgirão, para os quais o ser

---

[8] Exemplos são fartos nesse sentido: na indústria cinematográfica temos, por exemplo, Matrix, Blade Runner, Exterminador do Futuro, Inteligência Artificial; na literatura, vale lembrar dos clássicos *Eu, Robô*, de Isaac Asimov, e *Admirável Mundo Novo*, de Aldous Huxley.

[9] Fonte: < https://www.tecmundo.com.br/inteligencia-artificial/102782-tay-twitter-conseguiu-corromper-ia-microsoft-24-horas.htm>. Acesso em 9 out. 2018.

[10] Fonte: <https://conteudo.startse.com.br/mundo/lucas-bicudo/60-dos-jovens-estao--aprendendo-profissoes-que-vao-deixar-de-existir/>. Acesso em 7 out. 2018.

[11] Fonte: <http://www.huffingtonpost.ca/2017/07/14/85-of-jobs-that-will-exist-in-2030-haven-t-been-invented-yet-d_a_23030098/>. Acesso em 8 out. 2018.

humano deverá estar preparado. Qual será o impacto disso tudo para o estudante e profissional do Direito[12], que pode estar a muitas milhas de distância do Vale do Silício? Em absolutamente tudo, afinal, o Direito é um *fato* ou *fenômeno social*[13]: se as relações entre os seres humanos se alteram, a ciência jurídica deve acompanhar tal movimento. E quais os impactos práticos da Inteligência Artificial (IA) nos campos do direito?

1. Reflexos da IA em diversos ramos do direito

É incontestável que a adoção de IA tem gerado relevantes desafios *jurídicos*, não sendo necessário recorrermos a nenhum filme de ficção científica para verificarmos consequências já existentes e atuais a esse respeito. Nesse sentido, realizamos pequeno apanhado geral, na tabela a seguir, com o objetivo de compilar exemplos de algumas questões postas para debate atualmente, no contexto de um mundo *high tech*, separadas por áreas do Direito, para facilitar a exposição:

---

[12] O termo "profissional do Direito", no presente artigo, deve ser interpretado em sentido amplo a fim de abranger todos aqueles que trabalham na área jurídica, incluindo, sem limitação: advogados, dep. jurídico de empresas, juízes, promotores, ministros, serventuários da justiça, professores de Direito, paralegais, estagiários etc. Ainda, a escrita no gênero masculino não tem por objetivo se referir somente a homens heterossexuais, mas deve ser interpretada para abranger tod@s e todxs, com total neutralidade de gênero.

[13] Conforme: REALE, Miguel. *Lições preliminares de direito*. 25. ed. São Paulo: Saraiva, 2001, p. 2.

12. O FUTURO À TECNOLOGIA PERTENCE

Ramo do Direito	Exemplo de desafio relacionado a uma nova tecnologia
Administrativo	Qual o sentido de se realizar uma licitação, se um algoritmo poderá analisar previamente todas as informações e todos os documentos disponibilizados por todas as empresas candidatas, e concluir quem terá melhores (e reais) condições de conduzir um determinado projeto, a um preço justo para os beneficiários? Como aliás o "Cérebro", a ferramenta de IA do CADE para investigar cartéis.
Bancário	É desejável que se regule o *bitcoin* e outras criptomoedas? Se sim, quais os parâmetros para tanto? Cada banco poderá adotar a sua criptomoeda? Como ficará a segurança jurídica nesse contexto? Como a IA poderá contribuir com a regulação ou mesmo com o sistema bancário no atendimento a clientes?
Constitucional	Temos direito fundamental a atendimento humano? Quais serão os direitos das máquinas com IA?
Consumidor	Se minha escolha de adquirir um bem é altamente influenciada pelo *feed* de notícias de minha rede social (definida por algoritmo), até onde vai a minha capacidade decisória? É lógico pressupor que tal escolha é efetivamente racional e bem fundamentada? Como empresas poderão "explorar" a assimetria tecnológica e informacional dos dados?
Contratual	Mediante a adoção de *smart contract*, definido como um protocolo de computador feito para facilitar, verificar ou reforçar a negociação ou desempenho de um contrato (sendo capaz de ser executado ou de se fazer cumprir por si só), de que servirão longas cláusulas prevendo indenização, responsabilidades, declarações, garantias, *escrow account* etc.?
Filosofia do Direito	Qual a natureza jurídica de um robô? Deve ser um sujeito de direito? Há que se pensar em uma personalidade jurídica para robôs, como defendem alguns?
Mercado de Capitais	Com a utilização da tecnologia *blockchain*, como ficarão os registros de operações no mercado de capitais? Haverá necessidade de um intermediário/*underwriter* para assegurar que os investidores estarão protegidos e bem informados?
Penal	Ao permitirmos que determinados casos sejam julgados por juízes-robôs (devido à maior capacidade de processamento e análise de informações disponíveis, teoricamente sem vieses), casos de crimes que causem grande comoção social (ex: assassinatos, estupros etc.) deveriam (ou não) ser propositalmente examinados por um ser humano, dotado de emoções e sentimentos?

Ramo do Direito	Exemplo de desafio relacionado a uma nova tecnologia
Processo Civil	Mediante a utilização de *big data* e jurimetria, faz sentido permitir-se a via recursal, quando já se saberia que, estatisticamente, certo recurso teria 99,54% de chance de ser negado pelo tribunal superior (gerando ineficiência ao curso processual, com a população arcando com tributos adicionais a cada estágio)?
Propriedade Intelectual[14]	No caso de uma obra criada por meio de um algoritmo fazendo uso de inteligência artificial, quem será o titular da propriedade intelectual?
Responsabilidade Civil	Na hipótese de um veículo autônomo (sem motorista), se o sistema do veículo tiver de decidir entre (i) desviar de uma criança na estrada, com risco de o carro (com tripulante) cair em um penhasco e se desfalecer ou (ii) atropelar uma criança na estrada, porém salvar o tripulante do veículo, qual decisão deverá ser tomada pelo algoritmo (em milésimos de segundos)?
Societário	No caso de um robô (inteligência artificial) ser nomeado membro do Conselho de Administração de uma companhia, quais serão os parâmetros para se estabelecer seus deveres, responsabilidades e sanções?
Trabalhista	Em uma fábrica que utiliza quase que somente robôs na sua produção, qual deve ser a jornada de trabalho e a remuneração adequadas para os empregados humanos? Haverá limites, se pensarmos, por exemplo, em uma fábrica estruturada com 99% de robôs, podendo mesmo o seu CEO ser um robô?
Tributário	Como a IA pode ajudar na fiscalização contra sonegação?
Dados	Como regular a IA na obtenção e tratamento de dados

Como se pode depreender da tabela acima, as questões que surgem em virtude da adoção de IA tratam de problemas muitas vezes inteiramente novos, para os quais dificilmente recorrer a um tratadista dogmático do século XIX possa ser suficiente. Nesse cenário, inclusive os próprios profissionais do Direito poderão vir a ser substituídos, conforme diversas notícias já divulgadas na mídia a esse respeito[15]. Ao examinar-

---

[14] Vide: <https://www.weforum.org/agenda/2017/08/if-an-ai-creates-a-work-of-art--who-owns-the-copyright?utm_content=buffer9a6f1&utm_medium=social&utm_source=twitter.com&utm_campaign=buffer>. Acesso em 9 out. 2018.

[15] Por exemplo: <https://conteudo.startse.com.br/mundo/lucas-bicudo/software-do--jpmorgan/> e <http://www.infomoney.com.br/negocios/inovacao/noticia/6757258/pri-

12. O FUTURO À TECNOLOGIA PERTENCE

mos a tabela acima, basta pensarmos em quais atividades necessariamente precisariam de seres humanos para ser desempenhadas, e quais poderiam ser realizadas por algoritmos (provavelmente, a menores custos). O futuro é incerto, havendo aqueles que já falam sobre um possível fim dos advogados[16] (ou, ao menos, do atual modelo de advocacia), enquanto outros entendem que não há máquinas capazes de substituir advogados[17] (ou, ao menos, os bons advogados).

O discurso politicamente correto comumente adotado tem sido o de que as atividades que serão exercidas pelos profissionais do Direito, com a utilização de novas tecnologias, serão mais "nobres", no sentido de não serem mais necessárias atividades maçantes e repetitivas, tampouco longas pesquisas de doutrina e jurisprudência, por exemplo, pois as informações já estarão acessíveis por meio da tecnologia. Sobrará mais tempo para interações humanas e para refletir em estratégias. Outro argumento trazido é o de que sempre haverá a necessidade de um ser humano para fornecer as diretrizes aos robôs e algoritmos, controlando-os, revisando questões e abordagens. Se tais alegações são verídicas, também é verdade que o Brasil tem mais de 1 milhão de advogados[18], e mais faculdades de Direito que China, EUA e Europa juntos[19], o que parece ser um indício de que o mercado jurídico já está saturado. Ao imaginarmos robôs-advogados invadindo o mercado, podendo exercer, em segundos, tarefas mais básicas – pensemos, por exemplo, em contencioso de massa ou contratos mais simples –, é razoável imaginar que há uma forte tendência de que a adoção de novas tecnologias resulte em uma considerável "depuração" no mercado jurídico.

---

meiro-robo-advogado-brasil-lancado-por-empresa-brasileira-conheca>. Acesso em 9 out. 2018.

[16] Vide: SUSSKIND, Richard. *The End of Lawyers? Rethinking the Nature of Legal Services.* New. York: Oxford University Press, 2010; e SUSSKIND, Richard. *Tomorrow's Lawyers: an introduction to your future.* New York: Oxford University Press, 2012.

[17] Vide: < https://www.conjur.com.br/2017-jun-26/leonardo-correa-nao-robo-mundo--capaz-substituir-advogado>. Acesso em 9 out. 2018.

[18] Fonte: <https://www.conjur.com.br/2016-nov-18/total-advogados-brasil-chega-milhao--segundo-oab>. Acesso em 9 out. 2018.

[19] Fonte: <https://g1.globo.com/educacao/guia-de-carreiras/noticia/brasil-tem-mais-faculdades-de-direito-que-china-eua-e-europa-juntos-saiba-como-se-destacar-no-mercado.ghtml>. Acesso em 8 out. 2018.

Nesse contexto, o profissional do Direito do século XXI deverá estar muito bem preparado, pois novas habilidades lhe serão necessárias. Estudo do World Economic Forum[20] aponta que, dentre as habilidades mais exigidas para o profissional de 2020, as 3 primeiras serão: (i) resolução de problemas complexos; (ii) pensamento crítico; e (iii) criatividade. Necessariamente, para fazer frente a novos desafios, o profissional da área jurídica deverá desenvolver um conhecimento transdisciplinar, conectando o Direito a outras áreas do saber. Especificamente no setor de tecnologia, podemos facilmente pensar em áreas como Engenharia, Computação, Programação, Robótica, Tecnologia da Informação e afins. Mas, antes de pensarmos em um advogado que seja exímio programador, entendemos que há 3 áreas conexas à ciência jurídica que podem contribuir, e muito, com a formação do profissional do Direito do século XXI.

2. Computadores advogados?

Muitos economistas dizem que o maior economista do país foi Mário Henrique Simonsen, um engenheiro de formação e doutor em Economia. Quem frequenta o mundo corporativo sabe que muitos CEO's não têm graduação em Administração de Empresas. Muitos excelentes escritores não são formados em letras e muitos jornalistas não tem diploma... Mas onde queremos chegar com isso?

O jornalista inglês Richard Susskind escreveu uma série de obras sobre o futuro da profissão jurídica (dentre elas "Tomorrow's Lawyers"), enquanto que o acadêmico e Professor de Harvard, David Wilkins vem também se dedicando ao estudo do impacto da globalização sobre a profissão jurídica. As barreiras regulatórias tendem a cair. Ao que tudo indica, a profissão jurídica, que durante séculos foi mantida cativa aos advogados e juízes por estritas normas corporativas, poderá vir a ser exercida por sociedades anônimas, firmas de auditoria e de consultoria e mesmo por não advogados (!) e provavelmente robôs.

Temos então de estar preparados para a competição com não advogados que estejam dispostos a resolver problemas legais (normativos)

---

[20] Vide: <https://www.weforum.org/agenda/2016/03/21st-century-skills-future-jobs-students/>. Acesso em 8 out. 2018.

de modo eficiente, criativo e sem guardar pelo Direito o mesmo prurido conceitual ou dogmático. Direito é uma arte ou ferramenta de solução de conflitos na sociedade. Certamente não fará sentido que ele seja monopólio de quem fez uma faculdade de Direito e a Ásia será o primeiro lugar onde isso provavelmente acontecerá, pois há menos barreira de entrada e menos resistência de grupos de interesse da classe jurídica. E como então devem os advogados se preparar para esse futuro?

Já se tem notícia de robôs fazendo *due diligence* em fusões e aquisições, sentenciando processos, ajudando os tribunais superiores com o excesso de recursos. As plataformas de *Online Dispute Resolution (ODR)* fazem uso massivo de tecnologia, como veremos abaixo e aí provavelmente estará o futuro das soluções de disputas.

3. Como serão as soluções de disputas com IA: o caso das ODR

Com o surgimento e a evolução das estruturas do Estado, este passou a abarcar como sua incumbência a solução de litígios como um terceiro neutro. No entanto, segundo Cappelletti e Garth, o acesso à justiça ocorre como um processo que teve como primeira onda a ampliação do número de pessoas passaram a ter acesso ao judiciário. Conforme visto, em meio ao aumento do acesso à justiça, em meio a esse processo, o Brasil vivenciou uma cultura de litígio, que pode ser conceituada como *a crença socialmente estabelecida e aceita de que a forma mais eficaz de se promover a realização dos valores juridicamente protegidos e de se alcançar a pacificação social se dá por meio das atuações e das decisões adjudicadas (sentenças) proferidas pelos juízes.*[21]

A cultura do litígio vivenciada no Brasil traz consequências que comprometem a eficiência e a qualidade jurisdicionais, evidenciados pela morosidade dos processos e pela onerosidade do Judiciário. Os métodos alternativos de solução de conflito passaram a ser disseminados como uma maneira de transpor a explosão de litigância e ainda sim trazer aos litigantes uma maneira eficiente de solucionar o conflito.

Os métodos alternativos de solução de conflitos são um reflexo dessa nova visão, que se encontra nas bases do sistema jurídico, o que pode ser

---

[21] LIMA, D. H. S. **Da cultura do litígio à do consenso: o uso de *online dispute resolution* na Comarca de Araquari (SC).** Universidade Federal de Santa Catarina. Dissertação de mestrado. Florianópolis, 2019.

exemplificado pelo Código de Processo Civil, que suscita como diretriz que o "Estado deve promover sempre que possível a solução consensual do conflito" (Código de Processo Civil, art. 3º, § 2º). Dentre os métodos que mais se destacam a autocomposição assume um papel importante, já que empodera as partes dando-lhes autonomia em meio a resolução do conflito.

Ao mesmo tempo que o aumento da judicialização permitiu o surgimento dos métodos alternativos de solução de disputas, tem-se hoje em dia o desafio da economia digital. A Organização para Cooperação e Desenvolvimento Econômico (OCDE) reconhece, por exemplo, que a economia digital afetou a longo prazo as políticas públicas.

Os meios alternativos de solução de disputas não poderiam ficar alheios a essa transformação promovida pelas tecnologias, surgindo, assim, o modelo de *online dispute resolution* (ODR), que "podem ser definidos como a transposição de métodos adequados para plataformas". Esse modelo pode abranger várias técnicas de modelos alternativos de solução de disputas, ao mesmo tempo que se utiliza de uma rede como local virtual para resolver disputas.

Segundo Arbix, as ODR são, ao mesmo tempo, "uma tendência consolidada (...), uma 'nova porta' para solucionar conflitos que talvez não possam ser dirimidos por mecanismos tradicionais de resolução de controvérsias". Mais do que isso, o autor aponta que as ODR são imprescindíveis para promover um maior acesso à justiça:

> Mecanismos de ODR eficientes podem ser cruciais para órgãos judiciais, dando vazão a uma pluralidade de demandas similares cuja equação por formas tradicionais de resolução de disputas não seria possível – assim, a absorção de mecanismos de ODR por órgãos judiciais é imprescindível para viabilizar mais acesso à justiça.[22]

De acordo com a doutrina, existem quatro modalidades de ODR: (i) sistema de reivindicação financeira; (ii) sistema de arbitragem online; (iii) serviços de Ombudsman; e (iv) sistema de mediação online, seja ela automatizada ou assistida. Em todos eles, possivelmente a IA será utilizada massivamente.

---

[22] ARBIX, D. A. Resolução online de controvérsias – **Tecnologias e Jurisdições**. Tese (Doutorado em Direito). São Paulo: Faculdade de Direito, Universidade de São Paulo, 2015.

4. Contribuições das neurociências, da análise econômica do direito, jurimetria e ciência de dados para o profissional do Direito do século XXI

Vivemos em uma sociedade orientada por dados (*data-driven society*), e esta parece ser a tendência para o futuro[23]. Em uma sociedade na qual as ações de indivíduos, famílias e organizações são cada vez mais baseadas em *big data*, redes sociais, IA, algoritmos e novas tecnologias, não é trivial o fato de que temos assistido a calorosos debates em relação à proteção de dados pessoais[24] e aos limites da nossa vida privada. De um lado, não desejamos que toda a nossa vida seja monitorada – tal qual o Big Brother do clássico orwelliano[25] –, pois isso feriria a intimidade, vida privada, honra e imagem de muitos (direitos fundamentais garantidos pela Magna Carta[26]). Por outro lado, são inegáveis os benefícios que temos – *resguardados certos limites* – quando concordamos em compartilhar certos dados e informações para usos e finalidades que venham a nos ser úteis: exemplo bastante óbvio é o do aplicativo Waze. Em meio a este mundo de volatilidade, incerteza, complexidade e ambiguidade (VUCA) em que vivemos, acredito que a visão tradicional e dogmática do Direito não é suficiente para, sozinha, dar conta de todos os desafios existentes. A provocação que arriscamos fazer é que há quatro linhas de pensamento conexas ao Direito que têm muito a contribuir para a compreensão deste novo fenômeno (*data-driven society*): (i) influxo das neurociências; (ii) Análise Econômica do Direito (AED), (iii) Jurimetria (que é sua prima mais nova) e (iv) Ciência de Dados (*data science*), aplicada ao Direito.

Em primeiro lugar, neurociências são o campo científico em que se estudam o funcionamento do sistema nervoso. Um dos seus objetivos principais é o de explicar o comportamento humano a partir da ativi-

---

[23] A esse respeito, vide: <https://bits.blogs.nytimes.com/2013/02/25/the-promise-and-peril-of-the-data-driven-society/?_r=0>.

[24] Vale notar a relevância da Nova Lei Geral de Proteção de Dados Pessoais (Lei nº 13.709, de 14 de agosto de 2018), neste contexto.

[25] ORWELL, George. *1984*. São Paulo: Companhia das Letras, 2009.

[26] "Art. 5º [...] X – são invioláveis a intimidade, a vida privada, a honra e a imagem das pessoas, assegurado o direito a indenização pelo dano material ou moral decorrente de sua violação."

dade cerebral. Ela lança luzes sobre os processos mentais e nos ajuda a compreender a subjetividade para além daquilo que a psicologia e a psiquiatria tradicionais conseguem. No estudo do comportamento a partir do cérebro, as principais técnicas de pesquisa empírica mais utilizadas são a utilização de imagem por ressonância magnética funcional (IRM), a eletroencefalografia (EEG) e magneticoencefalografia (MEG).

Os pesquisadores contemporâneos acreditam que coexistam dois sistemas decisórios cerebrais: um "automático" (rápido) e outro "manual" (devagar)[27]. O primeiro responsável pelas intuições e convicções morais – normalmente relacionadas a nossa evolução e nossa necessidade de cooperação, tal como descritas pela teoria darwiniana; o segundo, pelos cálculos complexos, pela reflexão. Segundo Joshua Greene, um dos grandes filósofos e neurocientistas contemporâneos, normalmente a moralidade do sistema "automático" (intuitivo, emocional) é suficiente para resolver dilemas decisórios simples, como aqueles derivados de deliberações de "eu vs. você" (por exemplo, não trair, não se corromper, não matar), mas insuficientes para dilemas mais complexos derivados de embates principiológicos tribalistas do "nós vs. eles" (por exemplo, aborto, lockdown, reformas legais afetando grupos de interesse como trabalhadores, empresários, ambiente e consumidores).

Percebe-se, portanto, que as neurociências têm muito a contribuir para o campo jurídico e da sua relação com IA, especialmente ao descortinar as limitações para a dogmática jurídica (fortemente ancorada nas convicções e emoções cerebrais). E também resolver dilemas de políticas públicas quando estão em jogo diferentes caminhos a serem seguidos antes do direito posto (ou pressuposto), trazendo diferentes consequências que deverão ser mensuradas ex ante e ex post, a fim de saber se intenções desejadas foram concretizadas. Além de nos trazer alertas sobre vieses cognitivos e sua exploração por meio de IA.

---

[27] Greene, J. "Tribos Morais" (2019). O autor se vale dessa metáfora para distinguir os sistemas cerebrais que auxiliam o processo decisório, sendo o "automático" aquele mais direto e imediato derivado sobretudo da amigdala cerebral mas também do cortex pre frontal ventromedial (CPFVM); o "manual" seria fruto já da utilização do cortex pre frontal dorso lateral (CPFDL).

Em *segundo* lugar, destacamos a Análise Econômica do Direito (AED)[28], que é o campo do conhecimento humano que emprega os mais variados ferramentais teóricos e empíricos econômicos e das ciências afins para expandir a compreensão e o alcance do Direito, a fim de aperfeiçoar o desenvolvimento, a aplicação e a avaliação de normas jurídicas, principalmente com relação às suas consequências[29-30]. Nesse sentido, conforme ensina Luciana Yeung, "a análise econômica constitui-se em um instrumental de observação da realidade social" e, "[a]o contrário do que o senso comum adota, o objeto de estudo da ciência econômica não é o dinheiro ou a economia (no sentido de mercados de compra e venda), mas as consequências das decisões ou escolha dos indivíduos, sob quaisquer aspectos: escolhas sobre aquisições materiais sim, mas também escolhas de alocação de tempo, de planejamento de carreira, de investimento em escolaridade, de carreira, de constituição de família, e, por que não, de cometer ou não atos ilícitos"[31]. Na mesma linha, Thomas S. Ulen (Professor Emérito de Direito da Universidade de Illinois, EUA)[32] entende que o Direito e Economia é "a mais importante inovação acadêmica do Direito. Por quê? Porque, em suma, o uso da Economia (ela própria uma disciplina científica) trouxe o método científico para o estudo do Direito. A Economia oferece uma teoria sobre como as pessoas respondem a incentivos e fornece uma série de técnicas empíricas para avaliar o quanto essa teoria suficientemente esclarece se e até

---

[28] Outrora um "patinho feio", a Análise Econômica do Direito tem, felizmente, desabrochado no Brasil, com o Congresso Anual da Associação Brasileira de Direito e Economia (ABDE) já rumando para a sua 11ª edição: <https://abde.com.br/>.

[29] Cf. GICO JUNIOR, Ivo. *Introdução ao Direito e Economia*. In: TIMM, Luciano Benetti (org.). *Direito e Economia no Brasil*. 2ª ed. São Paulo: Atlas, 2014, p. 1.

[30] Vale lembrar que a Lei de Introdução às Normas do Direito Brasileiro (Decreto-Lei nº 4.657/1942), alterada pela Lei nº 13.655, de 25 de abril de 2018, prevê, em seu novo artigo 20, o seguinte: "Nas esferas administrativa, controladora e judicial, não se decidirá com base em valores jurídicos abstratos sem que sejam consideradas as consequências práticas da decisão. Parágrafo único. A motivação demonstrará a necessidade e a adequação da medida imposta ou da invalidação de ato, contrato, ajuste, processo ou norma administrativa, inclusive em face das possíveis alternativas" . Ou seja, pura Economia...

[31] YEUNG, Luciana Luk-Tai. *Análise econômica do direito do trabalho e da reforma trabalhista (Lei nº 13.467/2017)*. Revista Estudos Institucionais, Vol. 3, 2, 2017, p. 894.

[32] E coautor da célebre obra: COOTER, Robert; ULLEN, Thomas. *Direito & economia*. Porto Alegre: Bookman, 2010.

que ponto as pessoas reagem a esses incentivos"[33-34]. Ora, como que o Direito poderá lidar com um mundo *VUCA (Volatility, Uncertainty, Complexity e Ambiguity)*, senão mediante um estudo científico e empírico da realidade social (orientada por dados) e de como as pessoas respondem a incentivos?

Em *terceiro*, é importante frisar o papel da crescente Jurimetria, que pode ser definida como "a *disciplina do conhecimento que utiliza a metodologia estatística para investigar o funcionamento de uma ordem jurídica*"[35]. Nesse sentido, Marcelo Guedes Nunes salienta que o "jurimetrista ideal seria, portanto, um bacharel em Direito capaz de especular sobre o funcionamento da ordem jurídica e familiarizado com conceitos de Direito processual e material; um estatístico capaz de discutir o planejamento de uma pesquisa e conceber testes para suas hipóteses de trabalho; e um cientista da computação capaz de operar programas para minerar e coletar dados"[36]. O leitor deverá ter percebido que há uma similitude e uma linha tênue entre o método da Jurimetria e o da AED, e não é à toa: tanto a AED[37] quanto a Jurimetria[38] têm um ancestral comum, o realismo jurídico, cujo maior expoente é Oliver Wendell Holmes, Jr. Juiz da Suprema Corte norte-americana. Ele publicou em 1897 o célebre *The Path of the Law*, que já previa que o homem do futuro é o homem da

---

[33] ULEN, Thomas S. *Direito e Economia para Todos*. In: POMPEU, Ivan Guimarães; BENTO, Lucas Fulanete Gonçalves; POMPEU, Renata Guimarães (coord.). *Estudos sobre negócios e contratos: uma perspectiva internacional a partir da análise econômica do direito*. São Paulo: Almedina, 2017, p. 17.

[34] O Professor chega até a defender que Direito e Economia deveriam se tornar "componente padrão das ferramentas de análise de todo jurista, juiz e praticante da Lei, em todos os países" (ob. cit., p. 15). E o mesmo autor complementa: "Acredito que há razões suficientes para afirmar que a abordagem Direito e Economia já caminha em direção a esse objetivo. Por exemplo, é possível que esse objetivo já tenha sido alcançado nos Estados Unidos e em Israel. Em outros países e regiões, a difusão através da academia e da prática legal acabou de começar (como na Índia), chegou a uma fase intermédia confortável (como no Brasil, Argentina, Chile e Peru, na América do Sul, e em vários países da Europa Ocidental), ou ainda mal começou (como em grande parte do Oriente Médio e da África)" (ob. cit., p. 15).

[35] NUNES, Marcelo Guedes. *Jurimetria: como a estatística pode reinventar o Direito*. São Paulo: Editora Revista dos Tribunais, 2016, p. 115.

[36] Ob. cit., p. 112.

[37] Cf. MACKAAY, Ejan; ROUSSEAU, Stéphane. Ob. cit., p. 8.

[38] Cf. NUNES, Marcelo Guedes. Ob. cit., p. 90.

12. O FUTURO À TECNOLOGIA PERTENCE

estatística e o mestre de economia[39], além de defender que todo advogado deveria procurar entender economia, e atentar para o fato de que para obter algo é necessário abrir mão de outra coisa (já antecipando a noção econômica de custo de oportunidade)[40].

Por fim, fazendo uso, em certa medida, dos conhecimentos de AED e Jurimetria, temos a pioneira Ciência de Dados Aplicada ao Direito, a qual, conforme estudo de Alexandre Zavaglia Coelho[41] é a grande tendência para os próximos anos. De acordo referido estudo, poderíamos destacar os seguintes tópicos e tendências para o futuro: (i) direito *data-driven*, (ii) dados abertos e as leis de proteção de dados, (iii) *small data* x *big data* e a integração de diversas fontes, (iv) análise volumétrica, jurimetria e gestão de risco, (v) *legal design*, (vi) o uso das novas tecnologias e a mudança de cultura da gestão jurídica e (vii) educação corporativa, capacitação para o uso das ferramentas tecnológicas e o uso da computação cognitiva (inteligência artificial) no universo jurídico. Trata-se realmente de um "caldeirão" de novos e intrigantes conhecimentos, estudos empíricos e habilidades que serão necessários, para os quais a análise econômica e a análise jurimétrica terão – e muito – a contribuir, por muitos anos a fio.

O relevante papel a ser desempenhado por estas quatro áreas do conhecimento (Neurociências, Análise Econômica do Direito, Jurimetria e Ciência de Dados) no futuro se dará na redução de assimetrias informacionais e dos custos de transação, ou, dito de outra forma, propondo-se a resolver o grave problema de incerteza e insegurança jurídica, que assola nosso país. A partir do momento em que teremos fer-

---

[39] *"For the rational study of the law the blackletter man may be the man of the present, but the man of the future is the man of statistics and the master of economics."* (HOLMES, JR., OLIVER WENDELL. *The Path of the Law.* 10 Harvard Law Review 457 (1897).)

[40] *"As a step toward that ideal it seems to me that every lawyer ought to seek an understanding of economics. The present divorce between the schools of political economy and law seems to me an evidence of how much progress in philosophical study still remains to be made. In the present state of political economy, indeed, we come again upon history on a larger scale, but there we are called on to consider and weigh the ends of legislation, the means of attaining them, and the cost. We learn that for everything we have we give up something else, and we are taught to set the advantage we gain against the other advantage we lose, and to know what we are doing when we elect."* (HOLMES, JR., OLIVER WENDELL. *Ob. cit.*).

[41] *As 7 tendências para o uso de inteligência artificial no Direito em 2018.* São Paulo: Thomson Reuters, 2018, p. 8.

ramentas econômicas, estatísticas e tecnológicas distribuídas em larga escala a um custo acessível no mercado, aptas a – fazendo uso de *big data*, inteligência artificial e softwares sofisticadíssimos – medir leis, carteiras de processos e decisões judiciais (com capacidade preditiva, inclusive), estarão solapadas as bases dogmáticas do Direito, com consequências graves a todos os profissionais do direito, na área pública ou privada. Aqueles que acompanharem este movimento exponencial estarão em franca vantagem perante os seus concorrentes, uma vez que os seres humanos continuarão sendo imprescindíveis para a tomada de decisão e a escolha de forma inteligente[42], à luz de tantos dados e informações capturados por diferentes ferramentas.

Considerações finais: lentes para o futuro

Por mais que inicialmente possamos relutar em abraçar a IA, a história do ludismo nos ensinou que de nada adianta resistir: estamos em um *point of no return*, com o florescimento de *startups*, *fintechs*, *lawtechs*, *bitcoin*, *blockchain*, inovações disruptivas e tudo o mais que as empresas do Vale do Silício têm revolucionado dia após dia. Ignorar todo esse movimento, e apegar-se à velha advocacia, não é uma decisão sensata[43].

E, quem sabe, como San Tiago Dantas já dizia em 1955[44], possamos "abandonar a didática tradicional, baseada na meditação em voz alta e na eloquência, para abrir espaço a outro método de ensino, mais apto a cingir o verdadeiro objetivo do ensino que ministramos." Afinal, como dizia o jurista, "[a] verdadeira educação jurídica, aquela que formará juristas para as tarefas da vida social, deve repetir esse esquema fundamental, colocando o estudante não em face de um corpo de normas, de que se levanta uma classificação sistemática, como outra história natural, mas em face de controvérsias, de conflitos de interesses em busca de solução. Só desse modo a educação jurídica poderá conceituar com clareza o seu fim, que é formar o raciocínio jurídico e guiar o seu emprego na solu-

---

[42] Inteligência nada mais é do que *intelligere*, isto é, a capacidade de saber escolher.

[43] Para ilustrar tal ponto, toda a reação dos táxis contra o Uber pode não mais fazer sentido em alguns anos, pois alguns preveem ser questão de tempo até que não tenhamos mais carros com motoristas.

[44] *A educação jurídica e a crise brasileira – aula inaugural dos cursos da Faculdade Nacional de Direito, em 1955*. Disponível em: <http://www.santiagodantas.com.br/wp-content/uploads/A-Educa%C3%A7%C3%A3o-Jur%C3%ADdica-e-a-Crise-Brasileira.pdf>.

ção de controvérsias. O estudo das normas e instituições constitui um segundo objetivo, absorvido no primeiro, e revelado ao longo do exame e discussão dos problemas".

E qual é, portanto, o prognóstico para o futuro da humanidade e do profissional do Direito? É muito difícil prever. A verdade é que ninguém sabe; alguns apenas se arriscam a dar palpites. O *best-seller* Homo Deus, de Yuval Noah Harari, é uma das obras que tenta nos fornecer alguns interessantes *insights* a respeito do nosso futuro (*spoiler alert*): (i) tudo por ser considerado um algoritmo, inclusive seres humanos, de modo que mesmo o *Homo sapiens* é substituível; (ii) a inteligência está de desacoplando da consciência; e (iii) algoritmos não conscientes, mas altamente inteligentes poderão, em breve, nos conhecer melhor do que nós mesmos[45]. Até lá, deveremos ter a humildade e resiliência para estarmos constantemente incorporando novos aprendizados interdisciplinares (alguns deles já elencados aqui: Neurociências, Análise Econômica do Direito, Estatística Aplicada e Ciência de Dados). Conforme a famosa frase de Alvin Toffler, "o analfabeto do século XXI não será aquele que não consegue ler e escrever, mas aquele que não consegue aprender, desaprender e reaprender". Que todos possamos aprender, desaprender e reaprender o Direito!

Referências Bibliográficas

HARARI, Yuval Noah. Homo Deus: uma breve história do amanhã. São Paulo: Companhia das Letras, 2016.

ISMAIL, Salim; MALONE, Michael; VAN GEEST, Yuri. Organizações exponenciais. São Paulo: HSM. 2015.

SUSSKIND, Richard. Online Courts and the Future of Justice. Oxford University Press: New York, 2019.

SUSSKIND, Richard. Tomorrow's Lawyers: an introduction to your future. New York: Oxford University Press, 2012.

WOLKART, Erik Navarro. Análise Econômica do Processo Civil: como a Economia, o Direito e a Psicologia podem vencer a tragédia da justiça. Revista dos Tribunais: São Paulo, 2019.

---

[45] HARARI, Yuval Noah. *Homo Deus: uma breve história do amanhã*. São Paulo: Companhia das Letras, 2016, p. 398.